ERNTE
gut,
ALLES
gut!

– SANDRA JÄGERS –

ERNTE *gut*, ALLES *gut!*

GEMÜSEGÄRTNERN

im Hochbeet, Frühbeet & Gewächshaus

EMF

EIN BUCH DER
EDITION MICHAEL FISCHER

Inhalt

SOMMER

HERBST

WINTER

MIT GRÜNER LIEBE
ins Ernteglück!

Wenn du dieses Buch in den Händen hältst, hast du bestimmt genauso viel Lust auf eigenes Gemüse aus deinem Garten wie ich. Dieses Glücksgefühl, wenn du die erste Tomate des Jahres pflückst oder sogar im Winter noch Grünkohl aus deinem Hochbeet erntest, ist einfach unbeschreiblich. Dabei benötigst du weder viel Platz noch Unmengen an Zeit und Wissen. Die wichtigsten Dinge rund um das Jahr im Gemüsegarten gebe ich dir in diesem Buch mit an die Hand. Wenn du Spaß an ein bisschen Arbeit hast, dich nicht vor schmutzigen Fingernägeln scheust und dir der Gedanke an einen prall gefüllten Erntekorb ein breites Lächeln ins Gesicht zaubert, bist du bereit loszulegen.

Nachdem ich verschiedene Anbauformen ausprobiert habe, bin ich mittlerweile begeisterte Hochbeetgärtnerin. In meinem Garten stehen diverse Hochbeete aus Holz und Metall in unterschiedlichen Größen. Dazu kommen Frühbeete und ein Gewächshaus, um die Saison zu verlängern und Jungpflanzen vorzuziehen. Mein Gemüsegarten soll mir nicht nur eine abwechslungsreiche Ernte bescheren, sondern auch optisch etwas hermachen. Genau das kannst auch du mit buntem Gemüse in den Beeten oder vielleicht sogar in einem Gewächshaus erreichen.

Warum Hochbeete, Frühbeete und Gewächshäuser große Vorteile bieten und wie man sich rund ums Jahr mit frischem, knackigem und vielfältigem Gemüse versorgen kann, möchte ich dir auf den folgenden Seiten zeigen. Dazu habe ich ein paar Beetvorschläge für dich und deinen Garten ausgearbeitet.

Dann kann es eigentlich auch schon losgehen! Ich wünsche dir viel Spaß beim Schmökern, Gärtnern und beim Genießen deines selbst angebauten Gemüses.

Grüneliebe Grüße,
deine Sandra

01

DIE BASICS
im Gemüsegarten

Wie sieht eigentlich ein klassischer Gemüsegarten aus? Da denkst du vielleicht an große ackerähnliche Beete, in denen Reihe für Reihe unterschiedliche Gemüsearten wachsen. Schön ordentlich voneinander getrennt sprießen Kohl, Salat und Zucchini aus dem Boden. Im Frühjahr wird die Erde umgegraben, um sie zu lockern. Man zieht Saatrillen und bereitet Gräben für Kartoffeln vor. Im Sommer werden Unmengen an verschiedenen Gemüsen geerntet, verarbeitet und gelagert – eher praktisch und wenig emotional.

Dass ein Gemüsegarten aber auch anders funktionieren und sowohl mit einer ansprechenden Optik als auch für angenehmes Gärtnern gestaltet werden kann, zeige ich dir in diesem Kapitel anhand verschiedener Beetformen. Außerdem erfährst du, was du alles zum Gärtnern brauchst, wie du loslegst und wie du deine Pflanzen bestmöglich durch das Gartenjahr bringst.

Außerdem wird es um Grundlegendes rund um Kräuter gehen: Es gibt einige Arten, die im Gemüsegarten nicht fehlen sollten und sich mit Bohnen, Gurken oder Tomaten richtig gut ergänzen.

Für frühe Vögel: Das Frühbeet

Hast du schon einmal im Februar Gemüse angebaut? Du dachtest bisher, dafür ist es so früh im Jahr noch viel zu kalt? Doch genau dafür gibt es das Frühbeet. Es ermöglicht, die Gartensaison früher zu starten und bis in den Winter hinein zu verlängern. Aber natürlich gibt es Unterschiede, denn Frühbeet ist nicht gleich Frühbeet.

FOLIENTUNNEL

Im Frühbeet werden Aussaaten und Pflanzen mit Folie, Hohlkammerplatten oder Glas überdacht. Die einfachste Variante eines Frühbeetes ist der Folientunnel. Er besteht aus Bögen, die in gleichmäßigen Abständen im Beet verankert werden. Darüber wird bis auf den Boden eine lichtdurchlässige Folie gespannt. Im Gartenbeet sind die Pflanzen unter einem Folientunnel aber nur bedingt vor Frost geschützt, denn die Folie speichert Wärme sehr begrenzt und schützt nicht vor Bodenfrost. Diese Variante ist daher eher für den späten Frühling gedacht, wenn sich der Boden bereits stärker erwärmt hat.

FRÜHBEETKASTEN

Einen wesentlich besseren Effekt erzielst du mit einem festen Frühbeetkasten. Er besteht aus einem gut 30 cm hohen Rahmen, um den Pflanzen genug Luft nach oben zu geben, und einem Deckel, der geöffnet und in verschiedenen Positionen arretiert werden kann, beispielsweise zum Lüften. Für Deckel und Seitenwände werden häufig Doppelstegplatten verwendet, die auch bei vielen Gewächshäusern zum Einsatz kommen. Sie sind lichtdurchlässig und sorgen dafür, dass sich die Luft im Innern schneller aufwärmt. Kalter Wind, Regen und Schnee werden von den Pflanzen ferngehalten. Falls du alte Fenster hast, kannst du diese alternativ auch für den Bau eines Frühbeetes nutzen. Mit dem Frühbeetkasten beginnt die Saison für kälteunempfindliche Sorten wie Möhren, Radieschen oder Rüben schon früh im Jahr (ab Februar). Auch im Herbst schützt er noch lange vor der beginnenden Kälte.

Um mit deinem Frühbeet den bestmöglichen Effekt zu erzielen, kannst du eine Art natürliche Heizung einbauen. Dazu wird der Erdboden etwa 50 cm tief ausgehoben und mit einer 20 cm dicken Schicht Pferdemist befüllt. Obendrauf kommt gelockerte Gartenerde, in welcher die Saaten oder Jungpflanzen wachsen werden. Der Pferdemist wirkt wie ein Heizkissen für die Pflanzen, denn Mikroorganismen und Bodenlebewesen zersetzen den Mist, wodurch Wärme entsteht. So haben es die Pflanzen von unten schön warm.

Was bedeutet Mikroklima?

Definiert ist Mikro- oder Kleinklima als das Klima, das in einem kleinen, klar begrenzten Bereich vorherrscht und abhängig ist von der Bodenbeschaffenheit, der Art und Dichte der Pflanzen sowie den vorherrschenden Lichtverhältnissen. Selbst innerhalb eines Gartens gibt es Unterschiede bezüglich Temperatur, Luftfeuchtigkeit, Licht- sowie Windverhältnissen. Eine Hecke hält beispielsweise Wind ab, verursacht aber auch mehr Schatten. Sogar zwischen Rasen- und Nutzgartenflächen herrscht unterschiedliches Kleinklima – und erst recht in einem geschlossenen Raum eines Frühbeetes im Vergleich zum Anbau im Freien.

FRÜHBEET-TIPP

Um dein Gemüse vor Wühlmäusen zu schützen, solltest du beim Ausheben der Kuhle für das Frühbeet ein engmaschiges Metallgitter auf dem Boden verlegen. Zieh das Gitter auch an den Seiten hoch, damit keine Schlupflöcher für gefräßige Nager entstehen.
Maschenweite: möglichst unter 10 mm
Drahtstärke: 0,6–0,7 mm

EIN BEET FÜR DIE ANZUCHT

Für die Anzucht von Jungpflanzen ist ein warmer, windstiller Platz ideal. Das Frühbeet eignet sich dafür großartig, da sich die kälteempfindlichen Jungpflanzen im Mikroklima des Frühbeetes, geschützt vor äußeren Widrigkeiten, bestens entwickeln. Folie oder Doppelstegplatten verhindern direkte Sonneneinstrahlung. Das ist wichtig, damit die empfindlichen Blätter der Jungpflanzen nicht verbrennen. Im Frühbeet kannst du besonders gut Mangold, verschiedene Kohlarten, Rote Bete oder Salate vorziehen.

DER GEEIGNETE STANDORT

Der beste Platz für das Frühbeet ist überwiegend sonnig und windgeschützt. Richtest du die lange Seite südwestlich aus, wird die Wärmeintensität optimal genutzt.

Besonders in den frühen und späten Monaten eines Jahres ist der niedrige Sonnenstand zu berücksichtigen. Zäune, Hecken, Bäume oder Gebäude können dem Frühbeet im Winter und im Frühling viel Licht und Sonne nehmen. Von daher wäre es sinnvoll das Frühbeet auch genau in dieser Zeit aufzustellen, um den bestmöglichen Platz zu finden.

Hoch hinaus: Das Hochbeet

Im Hochbeet erwärmt sich die Erde schnell und bleibt lange warm. Damit bietet es Pflanzen einen erheblichen Wachstumsvorteil gegenüber dem bodentiefen Beet. Es gibt ganz unterschiedliche Hochbeetformen – von fertigen Bausätzen bis hin zu maßgeschneiderten Lösungen aus Holz, Metall oder Stein.

VORTEILE DES HOCHBEETES

→ Mit der Befüllung kannst du Gartenabfälle und groben Kompost verwerten

→ Im Innern des Hochbeetes entsteht Wärme durch verrottendes Material

→ Pflanzen bekommen einen enormen Wachstumsvorsprung durch das Mikroklima im Hochbeet

→ Ein aktives Bodenleben fördert die Entstehung neuer Nährstoffe

→ Es entsteht kaum Staunässe, da das Wasser durch die Schichten gut abfließen kann

→ Im Vergleich zum Gartenbeet entsteht weniger Unkraut

→ Schnecken haben es schwerer, ins Hochbeet zu gelangen

→ Ein Hochbeet setzt ein optisches Highlight im Garten oder auf deiner Terrasse

Hochbeet auf Füßen für Balkon und Terrasse

PERFEKT ERHÖHT

Die optimale Höhe des Hochbeetes liegt bei etwa **60–80 cm.** Du kannst sie aber selbstverständlich entsprechend deiner Körpergröße anpassen. Das Arbeiten in aufrechter Position ist rücken- und knieschonend, und du benötigst fast ausschließlich leichte und kompakte Geräte.

Hochbeete aus Palettenrahmen

Hochbeet aus Cortenstahl

MATERIAL DES HOCHBEETES

Die günstigsten Hochbeete – abgesehen von selbstgebauten Upcyclingbeeten – bestehen aus einfachem Fichten- oder Kiefernholz. Sie halten meist nur wenige Jahre. Dauerhafte, dafür aber auch kostenintensivere Hochbeete bestehen aus Metall oder sind aus Stein gemauert. In der folgenden Tabelle habe ich die wichtigsten Vor- und Nachteile der Materialien für dich zusammengestellt.

TIPP

Für die Terrasse oder den Balkon gibt es Hochbeete, die auf Füßen stehen und unten geschlossen sind, damit sich das Substrat nicht auf dem Terrassenboden verteilt.

VOR- UND NACHTEILE DER MATERIALIEN

	VORTEILE	*NACHTEILE*
HOLZ	→ Natürliches Material, das sich gut in die Umgebung einfügt → Vor allem Hochbeete aus Nadelholz sind sehr günstig → Individuell gestaltbar in Größe, Form und Holzart → Relativ einfacher Aufbau	→ Durch Verrottung nur begrenzte Haltbarkeit → Für Verlängerung der Nutzungsdauer ist eine jährliche Lasierung zum Schutz notwendig
METALL	→ Sehr langlebig und witterungsbeständig → Kaum Pflegeaufwand → Viele Modelle gibt es mit passendem Zubehör wie Frühbeetaufsatz oder Schneckenschutz → Wirkt modern und kann als Gestaltungsobjekt genutzt werden	→ Material erwärmt sich in der Sonne sehr stark (Isolationsmaterial von innen kann die Wurzeln vor Verbrennungen schützen) → Hohe Investition, besonders wenn eine individuelle Form und Größe gewünscht ist
STEIN	→ Natürliche Optik → Sehr langlebig → Individuell gestaltbar, da Materialien, Größe und Form frei wählbar sind	→ Aufbau sehr aufwändig aufgrund des Materialgewichts → Kann teuer werden je nach Art der Steine → Je nach Größe ist ein Fundament notwendig

SCHATTEN ODER SONNE

Der Standort entscheidet auch darüber, welche Gemüsearten im Hochbeet gut wachsen. Hast du einen eher halbschattigen Platz, wirst du dich über Bohnen, Möhren, Kohlarten, Rote Bete, Salate oder Zwiebeln freuen. Ein vollsonniger Platz ist optimal für sonnenhungrige Pflanzen wie Gurken, Paprika, Tomaten und Zucchini.

TIPP

Berücksichtige bei deiner Gartenplanung, dass du bequem um dein Hochbeet herumgehen kannst, um von allen Seiten gut an die Pflanzen zu kommen. Mit einer normalen Armlänge kann man durch Vorbeugen Spannen von etwa 60–80 cm erreichen. Ein tieferes Hochbeet sollte daher ringsum zugänglich sein.

DAS FRÜH-HOCHBEET

Du hast nur Platz für ein Hoch- oder Frühbeet oder willst aus deinem Hochbeet noch viel länger im Jahr ernten? Dann nutze ganz einfach dein Hochbeet auch als Frühbeet und mache dir dadurch die Vorteile beider zunutze. Es entsteht ein ganz eigenes Mikroklima mit höheren Temperaturen von Erde und Luft, längerer Wärmespeicherung und optimierter Luftfeuchtigkeit unter der Überdachung. Das Beet ist somit schon ab Januar oder Februar einsatzbereit, und frisches Gemüse wächst darin bis weit in den Herbst hinein.

Für viele Bausätze gibt es den passenden Frühbeetaufsatz zu kaufen, oder du baust dir einen solchen in der benötigten Größe einfach selbst (siehe Seite 16). Auch ein Folientunnel ist im Hochbeet ganz fix eingebaut. Die Tunnelbögen werden einfach in das Hochbeet gesteckt, Folie darübergespannt, und fertig ist das Früh-Hochbeet.

Genügend Platz rings um die Hochbeete ist auch für meine fleißige Gartenhelferin sehr praktisch.

DER RICHTIGE STANDORT

Ein Hochbeet steht optimalerweise sonnig und windgeschützt. Möchtest du ganzjährig Gemüse darin anbauen, solltest du auch die umliegende Bepflanzung sowie Gebäude hinsichtlich der Standortwahl betrachten, da die Sonne zu jeder Jahreszeit unterschiedlich hoch steht. Ein sonniger Platz im Sommer kann im Winter bei niedrigem Sonnenstand durch Bäume oder Zäune beschattet sein.

KEIN ZUTRITT FÜR WÜHLMÄUSE

Viele Gemüsegärtner beklagen sich über Wühlmäuse, die sich durch die Beete futtern und angeknabbertes Wurzelgemüse zurücklassen. Die Nager können aus dem Hochbeet ausgesperrt werden, indem ein engmaschiges Wühlmausgitter darunter angebracht wird – wie auch beim Frühbeet. Es sollte außerdem an den Innenseiten circa 15–20 cm hoch befestigt werden.

HOCHBEET IM SCHICHT-SYSTEM

Ein Hochbeet wird in Schichten befüllt: Unten kommen grobe Materialien hinein, nach oben hin wird das Substrat immer feiner. Ein guter Zeitpunkt fürs Befüllen ist übrigens der Herbst. Durch die Schichtung haben deine Pflanzen beste Bodenbedingungen, die ein ausgesprochen gutes Wachstum ermöglichen.

VORTEILE DER SCHICHTUNG

→ Wurzeln haben Platz und bekommen genügend Luft, um ein dichtes Geflecht zu bilden.

→ Durch ein aktives Bodenleben finden organische Zersetzungsprozesse statt. Daraus folgt die Freisetzung von Nährstoffen und Entstehung von Wärme.

→ Feuchtigkeit wird gehalten, und gleichzeitig kann überschüssiges Wasser gut ablaufen.

TIPP

Hast du für die verschiedenen Schichten nicht genügend Materialien zur Verfügung, befüllst du das Hochbeet so, dass die Bestandteile von unten nach oben immer feiner werden. Das Verhältnis von einem gut durchlüfteten, lockeren Boden bis zum nährstoffreichen Substrat sollte möglichst ausgewogen sein. Für bequemes Arbeiten sollte dein Beet jedoch immer mindestens zu drei Vierteln befüllt sein.

BEISPIEL FÜR EIN 80 CM HOHES HOCHBEET

Oben

15 cm Pflanzenerde	Ganz oben wird das Hochbeet mit feinkrümeliger und nährstoffreicher Erde aufgefüllt, die optimal ist für die Bepflanzung.
20 cm Gartenerde	Gartenerde ist etwas weniger nährstoffreich und gröber als Pflanzerde oder Kompost. Das sorgt für eine lockere Schicht, deren Nährstoffgehalt durch die darunter- und darüberliegenden Schichten ausgeglichen wird.
20 cm Laub, zerkleinerte Pflanzenreste und grober Kompost	Diese Schicht ist voll mit Nährstoffen. Das gibt genug Futter für zahlreiche Bodenlebewesen wie Regenwürmer. Sie liegt deswegen so tief, um die Pflanzen zum Bilden längerer Wurzeln zu „zwingen".
5 cm Rasenschnitt oder Stroh. Alternativ, falls vorhanden: Rasensoden, der mit der grünen Seite nach unten gelegt wird	Dadurch werden die feineren Schichten im oberen Bereich des Hochbeetes von der groben Schicht im unteren Bereich getrennt, sodass das obere Material nicht zu schnell nach unten in die „Belüftungsschicht" durchrieseln kann.
20 cm Grobschnitt, bestehend aus Ästen, Zweigen und Heckenschnitt	Diese Schicht dient der Bodenbelüftung und wirkt gegen Fäulnis der Wurzeln.

Unten

DIY

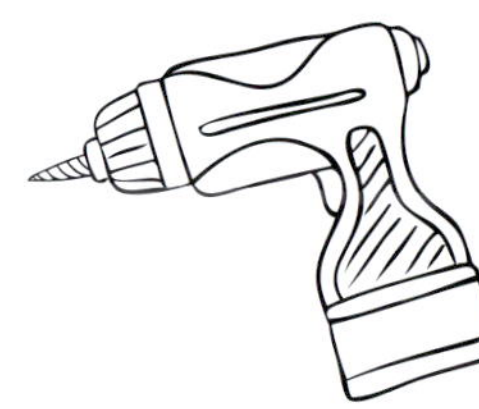

Frühbeetaufsatz

Ein Hochbeet aus Palettenrahmen ist fix aufgebaut und schnell einsatzbereit (siehe Seite 110). Um das Palettenhochbeet auch als Frühbeet zu nutzen, zeige ich dir, wie mit ein paar wenigen Materialien ein Frühbeetaufsatz dafür gebaut wird.

DAS BENÖTIGST DU

Material

→ 1 Palettenaufsatzrahmen 120 x 80 cm
→ 2 Holzlatten à 120 x 5 x 2,5 cm
→ 2 Holzlatten à 75 x 5 x 2,5 cm
→ 1 Doppelstegplatte 120 x 80 cm
→ 2 Scharniere
→ 4 Winkel, Größe mindestens 25 x 25 x 14 mm
→ ca. 30–50 Holzschrauben, ca. 12–15 mm Länge
→ Pfosten mit ca. 30 cm Länge
→ optional: 1 Griff

Werkzeug

→ Akkuschrauber

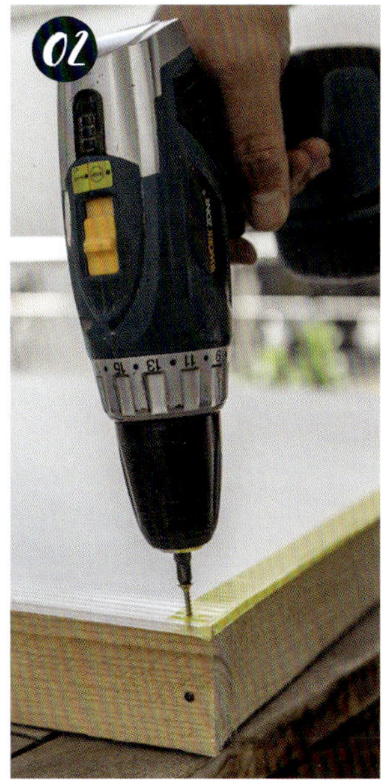

LOS GEHT'S!

01 Die vier Holzlatten legst du dir so zurecht, dass sie einen rechteckigen Rahmen mit einer Gesamtgröße von 120 x 80 cm bilden. In den Ecken werden immer zwei Bretter mithilfe eines Winkels verbunden und miteinander im rechten Winkel verschraubt.

02 Auf dem Holzrahmen wird die Doppelstegplatte verschraubt. So eine Platte gibt es in vielen Baumärkten in der benötigten Größe, oder du lässt sie dir entsprechend zuschneiden. Verwende in jeder Ecke eine und entlang der Seitenteile jeweils zwei bis drei Schrauben. Die Platte sollte auf dem Rahmen so befestigt sein, dass sie dicht mit dem Holz abschließt.

03 Der Deckel wird mit zwei Scharnieren am Palettenaufsatzrahmen verschraubt. Die Scharniere müssen in die richtige Richtung aufgehen, damit du den Deckel jederzeit hochklappen kannst.

04 Damit der Frühbeetaufsatz geöffnet bleibt, wird ein schmaler Pfosten zwischen Deckel und Palettenrahmen geklemmt. Diesen kannst du bei Bedarf jederzeit entfernen.

05 Den gesamten Frühbeetaufsatz setzt du nach Fertigstellung einfach auf dein Palettenrahmenbeet. Er passt exakt, da die Eckschienen in den darunterliegenden Rahmen greifen. So dient er dir zur Verlängerung der Gemüsegartensaison.

TIPP

Praktisch und dekorativ: Wer mag, befestigt noch einen Griff vorne am Deckel.

Geschützt: Das Gewächshaus

Im Gewächshaus gedeiht besonders wärmeliebendes Gemüse. Die klimatischen Bedingungen sind ganz anders als im Freiland, da Wind und Regen von den Pflanzen ferngehalten werden und die Temperaturen konstant höher sind als draußen. Du kannst direkt im Gartenboden oder in erhöhten Beeten gärtnern.

WELCHES GEWÄCHSHAUS?

Vor der Anschaffung eines Gewächshauses solltest du dir ein paar Fragen stellen:

→ **Welche Art soll es sein?**
→ **Wie groß darf es werden?**
→ **Für welchen Zweck wird es angeschafft?**

Es gibt Gewächshäuser mit **Verglasung oder Hohlkammerplatten** sowie mit **Folie.** Dazu zählen auch die als Tomatengewächshaus bezeichneten meist kleineren Varianten. Das Gerüst besteht aus Kunststoff, Metall oder Holz. Neben der Materialauswahl wird unterschieden zwischen freistehenden und Anlehn-Gewächshäusern, die an eine vorhandene Mauer angesetzt werden. Ein freistehendes Gewächshaus kann optimal platziert und entsprechend ausgerichtet werden. Von allen Seiten gelangt Licht an die darin wachsenden Pflanzen.

Gewächshaus mit Hohlkammerplatten

FOLIENGEWÄCHSHAUS

Einfache und in der Regel günstige Gewächshäuser haben eine Bedeckung aus Folie, die über ein Gerüst aus Metall- oder Kunststoffrohren gespannt wird. Kleinere Folienhäuser werden oft als Tomatengewächshaus angeboten und verwendet. Der Zweck ist eher kurzfristig gedacht, also zum Schutz der Pflanzen während der warmen Monate. Im Winter bietet diese Variante materialbedingt kaum Vorteile.

FOLIENGEWÄCHSHAUS

Vorteile	***Nachteile***
→ Schneller und flexibler Aufbau	→ Folie ist nicht langlebig und kann vergilben oder brüchig werden
→ Standort lässt sich leicht verändern	→ Je nach Material ist die Lichtdurchlässigkeit nicht optimal
→ Günstig in der Anschaffung	→ Folie hat kaum isolierende Eigenschaften
→ Besonders empfindliche Pflanzen, wie Tomaten, sind vor Regen und Wind geschützt	→ Plastik (schlecht recycelbar)

Gewächshaus mit Sicherheitsverglasung

GEWÄCHSHAUS AUS GLAS

Glasgewächshäuser sind neben solchen mit Hohlkammerplatten beliebt im Privatgarten. Die edle Optik durch die transparenten Scheiben bietet einen echten Blickfang im Gemüsegarten. Oft wird ein solches Gewächshaus auch als Wintergarten mit einem gemütlichen Sitzplatz genutzt. Die klaren Scheiben bieten eine hohe Lichtdurchlässigkeit und damit den Pflanzen ganzjährig gute Verhältnisse, wenngleich die Isoliereigenschaft deutlich geringer ausfällt als bei Hohlkammerplatten. Empfehlenswert sind Scheiben aus Sicherheitsglas, damit ein Glasbruch nicht zu Verletzungen führt.

GEWÄCHSHAUS AUS HOHLKAMMERPLATTEN

Sehr häufig werden als Material für Gewächshäuser sogenannte Hohlkammerplatten eingesetzt. Sie bestehen aus Polycarbonat und sind in der Regel als Doppelkammerplatten erhältlich. Hochwertigere Modelle gibt es sogar mit dreischichtigen Platten. Als isolierende Schicht befindet sich Luft zwischen den Kunststoffplatten. Je dicker und mehrschichtiger die Platten sind, desto besser ist die isolierende Eigenschaft dieser Gewächshausvariante.

HOHLKAMMERPLATTEN

Vorteile

- → Gute Isoliereigenschaften besonders in rauen Gegenden oder kalten Wintern
- → Sehr leichtes Material, wodurch der Aufbau erleichtert wird
- → Bruchsicher und langlebig

Nachteile

- → Platten sind nicht ganz transparent
- → Mit den Jahren lässt die Lichtdurchlässigkeit nach
- → Teures Material, oft kostspieliger als Glas
- → Plastik (schlecht recycelbar)

GLAS

Vorteile

- → Glas ist oft günstiger als Hohlkammerplatten
- → Pflegeleicht und sehr langlebig
- → Kaputte Scheiben lassen sich einfach und günstig ersetzen
- → Im Vergleich das nachhaltigste Material (hinsichtlich Recyling und Herstellung)

Nachteile

- → Scheiben sind schwer und bedingen ein stabiles Gerüst sowie ein gutes Fundament
- → Der Innenraum heizt sich bei Sonne stark auf
- → Durchsichtige Scheiben können zu Verbrennungen der Blätter führen
- → Isolierung im Winter nur bedingt gegeben

GEWÄCHSHAUS-TIPP

Viele Gewächshäuser werden mit einer Kombination aus Glasscheiben an den Seitenwänden und Hohlkammerplatten als Dachbedeckung angeboten. Das kombiniert eine schicke Optik mit optimaler Isolation im Dachbereich.

KALT ODER BEHEIZT

Als **Kalthaus** wird ein unbeheiztes Gewächshaus bezeichnet. Im Winter kann es demnach auch passieren, dass der Boden im Gewächshaus gefriert, auch wenn die Temperaturen durch die Bauweise höher bleiben als im Freien. Dem kann man entgegenwirken, indem eine Heizung eingebaut wird. Es gibt sowohl strom- und solarbetriebene Heizungen, als auch welche, die mit Gas oder Petroleum funktionieren. In diesem Fall spricht man von einem **beheizten Gewächshaus,** das neben frühen Anzuchten wärmeliebender Pflanzen auch das Überwintern von frostempfindlichen Pflanzen ermöglicht. Wenngleich dies natürlich mit einem hohen Energieverbrauch einhergeht.

GEWÄCHSHAUS-TIPP

Eine Grabkerze oder ein Windlicht mit großer Kerze kann als Frostwächter fungieren und das unbeheizte Gewächshaus bis zu einem gewissen Punkt frostfrei halten.

EIN GUTER STANDORT

Ein Gewächshaus sollte möglichst sonnig zu allen Jahreszeiten und windgeschützt platziert werden. Bei starken Böen ist die Windlast auf die Seitenwände und das Dach erheblich. Je nach Größe des Gewächshauses kann es in deinem Bundesland zudem bestimmte Abstandsregelungen zum Nachbargrundstück geben. Informiere dich also vorab bei deiner Stadt.

BEETFORMEN

Im Gewächshaus kannst du sowohl direkt in den offenen Gartenboden pflanzen als auch im Hochbeet oder in Kübeln Gemüse ziehen. Ein Hochbeet im Gewächshaus hat allerdings den Nachteil, dass darin nur niedrig wachsende Gemüsesorten angebaut werden können, denn die meisten Gewächshäuser für den Hobbygarten sind nicht besonders hoch. Sie beginnen oft schon bei einer Traufe von nur 1,20–1,30 m. Je höher das Gewächshaus, desto optimaler ist es für den Gemüseanbau. Rankpflanzen wie Gurke, Kürbis oder Melone wachsen auch prima in Hängekübeln, die an den Verstrebungen des Gewächshauses befestigt werden. Wenn dein Gewächshaus keine feste Bodenplatte hat, bietet sich der Anbau im Gartenboden an. Das ist die natürlichste Anbaumethode, denn die Pflanzen können tief wurzeln und profitieren vom natürlichen Bodenleben.

Anbau in erhöhten Beeten im Gewächshaus

Bodengleiche Beete im Gewächshaus

ANZUCHT IM GEWÄCHS-HAUS

Für die Anzucht von Gemüsepflanzen ist ein Gewächshaus geradezu der ideale Ort. Die Luft im Treibhaus wärmt sich schnell auf und bleibt länger warm. Selbst im unbeheizten Gewächshaus kann schon ab Februar Gemüse vorgezogen werden, das keinen allzu hohen Wärmebedarf hat. Das sind unter anderem Dicke Bohnen, Kohlrabi, Salat, Sellerie oder Spinat. Pflanzen wie Tomaten und Paprika brauchen mehr Wärme und sollten so früh im Jahr nur im beheizten Gewächshaus vorgezogen werden. Ansonsten sind für sie die Bedingungen auf der Fensterbank im Haus besser geeignet.

Übrigens ist oft nicht die Temperatur entscheidend für ein gutes Jungpflanzenwachstum. Vielen Keimlingen fehlt Licht. Selbst an einem sehr hellen Platz bekommen sie zu wenig Licht, denn die Tage sind von Januar bis März einfach noch zu kurz. Wenn du aber schon früh mit der Anzucht beginnen möchtest, kannst du deine Jungpflanzen auch im Gewächshaus mit entsprechenden Pflanzenlampen unterstützen. Das ist besonders bei weniger lichtdurchlässigen Materialien wie Hohlkammerplatten oder Folie sinnvoll.

INNENEINRICHTUNG

Besonders, wenn es um Anzuchten und Topfkulturen geht, ist eine clevere Inneneinrichtung für eine optimale Raumnutzung enorm praktisch. Stand- und Hängeregale, Pflanztreppen und Arbeitstische sorgen dafür, dass du nicht nur in einer Ebene den vorhandenen Platz nutzen kannst. Optimal sind am Gerüst des Gewächshauses angebrachte Klappregale oder -tische. Diese können platzsparend verstaut werden, wenn die Pflanzen im Sommer mehr Raum für sich beanspruchen. Nutzt du mehrere Ebenen durch Regale, solltest du immer darauf achten, dass sich die Pflanzen und Kübel nicht gegenseitig Licht und Luft wegnehmen.

TIPP

Sehr praktisch sind übrigens Gewächshausclips aus Kunststoff oder Metall, an denen Ranknetze oder Schnüre zum Leiten von langwachsenden Pflanzen, wie Tomaten oder Gurken, befestigt werden können.

Mit Handschuh, Schere & Stiefel

Für die Arbeit im Gemüsegarten sind gute Geräte und ein paar nützliche Utensilien unerlässlich. Gartenwerkzeuge sollten möglichst robust und für ergonomisch optimales Arbeiten gemacht sein. Denn nur so macht das Gärtnern Spaß und bietet Sicherheit von der Aussaat bis zur Ernte.

DIE WICHTIGSTEN UTENSILIEN IM GEMÜSEGARTEN

- → Handschuhe und gutes Schuhwerk
- → Grubber, Hacke und Harke
- → Gartenschere und Messer
- → Pflanzkelle und Unkrautstecher
- → Gießkanne
- → Bindematerial wie Bast, Draht oder Schnüre
- → Erntekorb

DREI FÜR ALLE FÄLLE

Für die Beetvorbereitungen nutze ich gerne einen **Grubber.** Er besteht aus drei stabilen Zinken, die wie eine Hühnerkralle geformt sind: zwei vorne und eine mittig dahinter. Mit dem Grubber wird fester, verdichteter Boden gelockert. Praktischer Nebeneffekt: Unkraut wird mitsamt Wurzeln aus dem Boden gelöst.

Die Erde rund um die Pflanzen wird regelmäßig mit der **Gartenhacke** gelockert, um das Wachstum der Gemüsepflanzen zu verbessern. Denn in gelockerte Erde gelangt mehr Luft und Wasser. Sie besteht auf einer Seite aus einem herzförmigen Blatt zum Ziehen von Saatrillen sowie aus zwei Zinken zum Lockern der Erde auf der anderen Seite. Hacken, Jäten, Lüften, Rillenziehen und Planieren

FÜR DIE ERDARBEIT

Grubber für die Vorbereitung, Hacke für die alltäglichen Arbeiten und der Kleinrechen für die Feinheiten

gehören zu den vielseitigen Einsatzmöglichkeiten der Gartenhacke, weshalb sie für viele der täglich anstehenden Aufgaben wunderbar geeignet ist.

Für feine, oberflächliche Arbeiten ist eine **Harke** oder ein **Kleinrechen** hilfreich. Wenn er möglichst schmal ist, kann damit gut zwischen eng stehenden Gemüsepflanzen gearbeitet werden. Mit dem Handrechen wird Erde verteilt, gelockert und geebnet sowie Unkräuter, Steine oder andere grobe Teile aus dem Beet entfernt.

HANDLICHE GERÄTE

Für die meisten Arbeiten im Früh- und Hochbeet sind Handgeräte, also solche mit kurzem Griff, ideal. Langstielige Geräte, wie **Grabegabel, Rechen, Spaten** & Co., wirst du für die Gartenarbeit im Früh- und Hochbeet eher selten benötigen. Im Gewächshaus kommen sie schon eher zum Einsatz, insbesondere dann, wenn in bodengleichen Beeten angebaut wird.

Letztendlich wirst du aber mit der Zeit selbst herausfinden, mit welchen Gartengeräten du gut zurechtkommst und womit du am liebsten arbeitest. Ich verwende beispielsweise oft einen handlichen **Unkrautstecher** anstelle einer **Pflanzkelle**, um Pflanzlöcher zu graben. Viele Hobbygärtner haben immer ein **Messer** griffbereit für schnelle Schnitt- oder Erntearbeiten. Ich persönlich schnibble stattdessen lieber mit meiner **Gartenschere**.

Sehr praktisch ist übrigens ein **Gartenwerkzeuggürtel** oder eine **Utensilientasche.** Damit hast du Handgeräte und Arbeitsmaterialien immer griffbereit, wenn du im Garten unterwegs bist. Das spart viele Wege.

Zu guter Letzt möchte ich dir für deinen Gemüsegarten noch einen **Erntekorb** empfehlen. In der Vergangenheit war ich oft mit einer Schüssel oder einem Eimer im Garten unterwegs. Aber mit einem hübschen Korb, zum Beispiel aus Korbgeflecht oder Drahtgitter und mit praktischem Henkel, macht das Ernten gleich noch viel mehr Spaß. Das Auge erntet schließlich auch mit.

Die richtige Planung

Um auch auf begrenzter Fläche in einem kleinen Garten möglichst viel Gemüse anbauen zu können, kannst du deine Beete optimieren. Dazu ist eine gute Planung sinnvoll und notwendig.

PLATZBEDARF

Ein Gemüsegarten mit Hoch- und Frühbeeten muss nicht unbedingt groß sein. Bereits eine Fläche von 10 bis 20 Quadratmetern reicht aus, um verschiedene Beete zu platzieren. Selbst ein Gewächshaus findet in kleinen Gärten Platz. Eine Größe von 7 bis 10 Quadratmeter ermöglicht die Anzucht von Jungpflanzen und den Anbau einiger Gemüsepflanzen. Für eine ordentliche Ernte sollte das Gewächshaus schon eine Größe von 10 bis 15 Quadratmeter haben. Besonders für den Gemüseanbau ist auch die Höhe des Gewächshauses entscheidend, damit die Pflanzen Platz haben zu wachsen.

Pflücksalate und Pak Choi wachsen dicht im Hochbeet

MISCHEN ERLAUBT

Als Mischkultur bezeichnet man die Kombination verschiedener Arten und Sorten auf einer Fläche. Damit sorgst du nicht nur für Artenreichtum und Abwechslung im Beet und auf dem Teller. Im Vergleich zu einer Monokultur wachsen die Pflanzen im gemischten Beet in der Regel auch gesünder und üppiger. Wie du die Arten miteinander kombinierst, kannst du auf Seite 64 nachlesen. Ein Beispiel für eine gute Mischung sind Möhren und Zwiebeln. Möhren wurzeln tief, Zwiebeln hingegen bilden flache Wurzeln. Sie machen sich im Boden den Platz nicht streitig. Auch das Milpa-Beet (siehe Seite 100) ist eine ideale Mischkultur.

KLEINWÜCHSIGE GEMÜSEARTEN

Auf den Saatguttütchen ist meistens angegeben, mit welchem Abstand die jeweilige Sorte gesät wird und welche Größe sie erreicht. Von kleinwüchsigen Arten wachsen entsprechend viele Pflanzen auf engem Raum. So kannst du in einer Reihe von einem Meter Länge etwa 30 bis 40 Radieschen, 20 Frühlingszwiebeln oder 20 bis 30 Erbsenpflanzen säen. Feldsalat, Rucola oder Pflücksalat werden ohnehin sehr dicht gesät. Wohingegen auf der gleichen Fläche nur zwei bis drei Kohlpflanzen oder vier Kopfsalate Platz hätten.

Optimal ist eine Kombination aus unterschiedlich großen Arten. Kleinwüchsige Gemüse eignen sich auch gut als Zwischen- oder Unterpflanzung, um möglichst viel auf geringer Fläche anzubauen.

Kürbis rankt aus dem Palettenbeet

Gurke und Melone bilden meterlange Ranken, die aus dem Hochbeet herunterwachsen

Gurken ranken entlang der Seiten des Hochbeetes

RANKENDE GEMÜSEARTEN

Gurken, Melonen oder Kürbisse benötigen viel Platz im Gemüsegarten. Sie bilden allerdings lange Ranken und können sehr gut an den Rand der Beete gepflanzt werden. Dadurch wachsen die Ranken aus dem Beet hinaus. Auch wenn sie im Beet selber nur wenig Platz für ihr Wurzelsystem in Anspruch nehmen, sind dies Arten, die viele Nährstoffe benötigen. Gute Erde und regelmäßiges Düngen sind bei rankenden Arten sehr wichtig für ein üppiges Wachstum.

SCHNELLWACHSENDES GEMÜSE

Durch den Anbau schnellwachsender Arten kannst du vor oder nach der Hauptkultur zusätzlich ernten. Auf Seite 62 findest du eine Liste mit einigen Gemüsearten, die du als Vor- und Nachkulturen einsetzen kannst.

ARTEN MIT GROSSER ERNTEMENGE

Es gibt Gemüse, die an nur einer Pflanze so viele Früchte tragen, dass man von einer Schwemme reden kann. In einem kleinen Gemüsegarten sind diese besonders wichtig, da du deine Erntemenge oft mit nur einer oder wenigen dieser Pflanzen enorm erhöhst. Zu diesen ergiebigen Gewächsen gehören vor allem Gurken und Zucchini, aber auch Bohnen, Physalis und Tomaten. Mit Ausnahme der Bohnen benötigen die genannten Arten pro Pflanze allerdings auch recht viel Platz. Auf der nächsten Seite findest du eine Übersicht zu besonders ertragreichen Tomaten-, Gurken- und Zucchinisorten.

TIPP

Dein Ertrag von Gurken und Zucchini ist umso größer, je öfter du erntest. Lass die Früchte nicht zu groß werden und pflücke sie regelmäßig. Ist die Pflanze gesund und wird ausreichend mit Wasser und Nährstoffen versorgt, erntet man von Juni bis weit in den September hinein.

Kombinierst du über das ganze Jahr hinweg kleinwüchsige, rankende, schnellwachsende und reichtragende Arten in deinen Beeten miteinander, nutzt du vorhandene Flächen optimal aus und holst den größtmöglichen Ertrag aus deinem Gemüsegarten.

Gurke 'Vorgebirgstraube'

Tomate 'Green Zebra'

Tomate 'Ruthje'

Zucchini 'Black Beauty'

EMPFEHLUNGEN FÜR ERTRAGREICHE SORTEN

- → Gurke 'Vorgebirgstraube': Einlegegurke, die viele kleine dunkelgrüne Früchte mit festem Fleisch trägt
- → Tomate 'Green Zebra': sehr schmackhafte, gelb-grüne Tomate
- → Tomate 'Ruthje': sehr fruchtige Sorte, deren Früchte etwas größer werden als Cocktailtomaten
- → Zucchini 'Black Beauty': Sorte mit dunkelgrünen, länglichen Früchten

HOHE UND NIEDRIGE PFLANZEN

Ein **Hochbeet** hat den Vorteil, dass du aufrecht stehend in der Erde buddeln kannst. Du kannst bequem säen, harken und gießen. Jedoch ändert sich das, wenn die Pflanzen sehr hoch werden und du kaum noch ernten kannst, weil Bohnen, Erbsen und Tomaten weit über deinen Kopf hinausragen. Von daher ist auch die zu erwartende Wuchshöhe in der Beetplanung zu berücksichtigen.

Während sich das Hochbeet mehr für niedrige bis mittelgroße Pflanzen eignet, ist hochwachsendes Gemüse im bodentiefen **Rahmen- oder Frühbeet** besser aufgehoben. Im **Gewächshaus** kommt es bezüglich der möglichen Höhen der Pflanzen ein wenig auf die gewählte Beetgestaltung und die Firsthöhe an. Pflanzt du direkt in den Erdboden, stellt der Anbau großer Pflanzen kein Problem dar. Hier ist lediglich die maximale Dachhöhe der limitierende Faktor.

TIPP

Im Gewächshaus können sehr hohe Pflanzen, wie Tomaten oder solche mit langen Ranken, auch schräg unter den Scheiben entlanggeführt werden, sodass sich ein grünes Dach bildet.

NOTIZBUCH

Notiere dir, was du wann ins Beet pflanzen willst und welches Gemüse als Nachfolger vorgesehen ist. So kannst du auch später nachvollziehen, welche Kombinationen gut funktionieren. Mir hilft eine solche Übersicht auch dabei, den Überblick über meine vorgezogenen Jungpflanzen zu behalten. Schließlich möchte ich Lücken in meinen Beeten möglichst über das ganze Jahr hinweg vermeiden.

DIE RICHTIGE ERNTEMENGE

Für die Beetplanung ist es sinnvoll zu wissen, mit welcher Erntemenge pro Pflanze zu rechnen ist. Insbesondere, wenn du dich mit deinem Nutzgarten zu einem gewissen Teil selbst versorgen möchtest.

Die Erntemenge von Wurzel- und Knollengemüse, vielen Kohlsorten sowie kopfbildenden Salaten ist ziemlich einfach zu bestimmen: ein Stück pro Pflanze.

Ungleich schwerer ist es dagegen bei Frucht- und Blattgemüse. Das kann nicht einfach pauschal beantwortet werden. Jede Sorte und jede Pflanze entwickelt sich unterschiedlich. Viele Tomatensorten tragen beispielsweise etwa zwei bis fünf Kilogramm Früchte, wohingegen ich schon Pflanzen hatte, die weit mehr als fünf Kilogramm trugen.

Wie ist denn aber eine Mengenabschätzung für die Pflanzplanung machbar? Ich halte mich an mittlere Erfahrungswerte, also das, was eine Gemüsepflanze im Durchschnitt bringen soll. Und freue mich umso mehr, wenn der Ertrag höher ausfällt.

In der Regel wird die durchschnittliche Erntemenge in Kilogramm pro Quadratmeter angegeben. Das finde ich hinsichtlich der Planung von Hoch- und Frühbeeten sowie für das Gewächshaus schwierig, da ich oft nur eine oder zwei Reihen Platz habe für eine bestimmte Art. Wenn ich das nun immer auf die Fläche umrechnen müsste, wäre der Taschenrechner wohl mein ständiger Begleiter. Daher habe ich aus eigenen Erfahrungswerten die folgenden Angaben für Frucht- und Blattgemüse in **Kilogramm pro Pflanze** zusammengestellt.

MENGENPLANUNG FÜR FRUCHT- & BLATTGEMÜSE PRO PFLANZE

GEMÜSEART	*KILOGRAMM*
Asia-Salat	0,1–0,2 kg
Bohnen	0,2–0,5 kg
Erbsen	0,1 kg
Grünkohl	0,5–1 kg
Gurken	1–3 kg
Kartoffeln	0,5–2 kg
Kürbis	5–50 kg (je nach Sorte)
Mais	0,5–1 kg
Mangold	0,5–1 kg
Melonen	1–5 kg (je nach Sorte)
Paprika	0,5–2 kg
Peperoni	0,1–0,5 kg
Rosenkohl	0,2–0,5 kg
Spinat	0,1 kg
Süßkartoffeln	1–2 kg
Tomaten	2–5 kg
Zucchini	3–5 kg

Anzucht- & Erntekalender

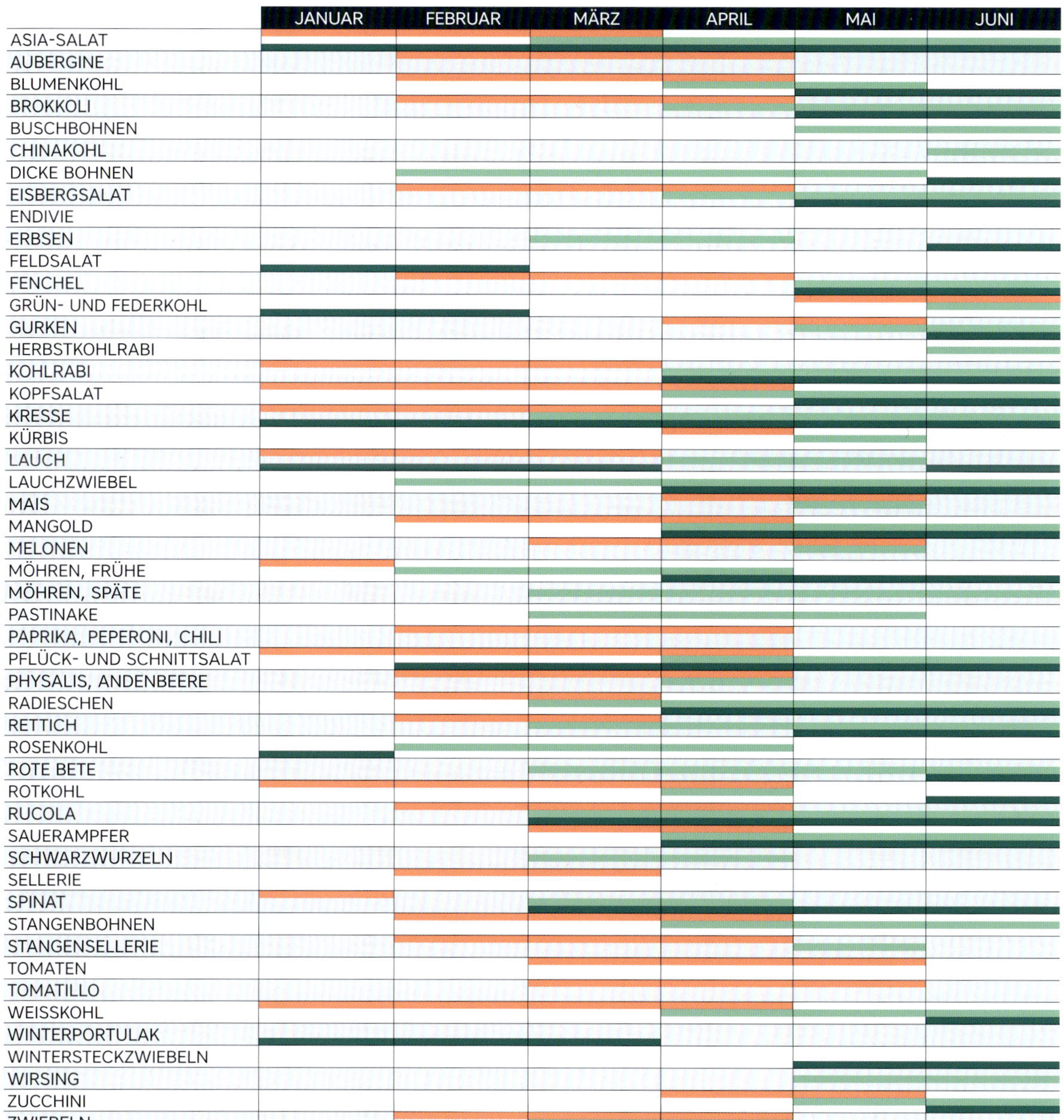

Als Übersicht habe ich dir diesen Anzucht- und Erntekalender zusammengestellt, der dir dabei helfen soll, den jeweils besten Zeitraum für Anzucht, Direktsaat und Ernte zu finden.

<u>Hinweis:</u> Die Angaben gelten für ein nicht überdachtes Hochbeet.

LEGENDE

- = ANZUCHT IM GESCHÜTZTEN BEREICH
- = DIREKTSAAT IM FREILAND
- = ERNTEZEIT

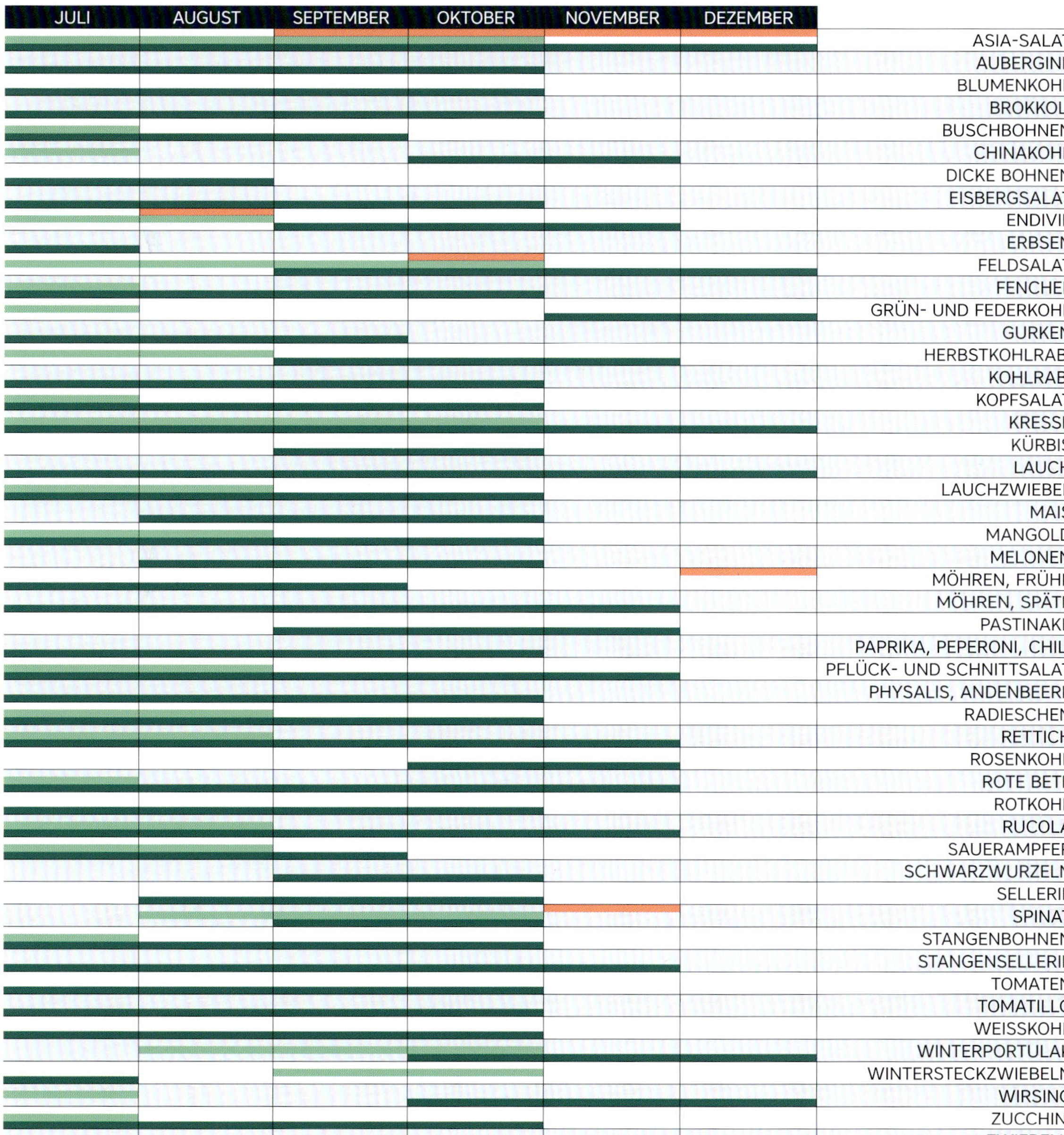

Los geht's: Die Anzucht

Nach der Planung geht es zu Beginn des Jahres an die Anzucht. Im Januar und Februar kannst du unter der Pflanzenlampe Chili- und Paprikapflanzen vorziehen. Ab März und April geht es mit Gurken, Tomaten & Co. weiter.

GUTE VORAUSSETZUNGEN

Die Anzucht von Gemüsepflanzen ist eine Philosophie für sich, und jeder Gemüsegärtner hat seinen eigenen Rhythmus. Manche starten früher, andere später. Von Schwarz-Weiß-Denken halte ich im Garten ohnehin nichts, denn es gibt kein eindeutiges Richtig oder Falsch. Wer früh im Jahr mit der Anzucht startet, braucht jedoch entsprechende Voraussetzungen. Unter anderem benötigst du ausreichend Platz, um die Jungpflanzen bis Mitte Mai gut zu versorgen.

LICHT UND TEMPERATUR

Tageslicht ist in den ersten Monaten des Jahres natürlicherweise noch nicht genug vorhanden. Optimal sind 12–16 Stunden Licht pro Tag. Wenn du dennoch so frühzeitig mit der Anzucht beginnen möchtest, ist eine spezielle **Pflanzenlampe** von Vorteil. Neben Platz und Licht ist Wärme ein entscheidender Faktor für gesundes Pflanzenwachstum. Denn die unterschiedlichen Gemüsearten keimen jeweils bei bestimmten Temperaturen.

KEIMDAUER/-TEMPERATUREN

In der folgenden Tabelle habe ich die Keimdauer (in Tagen) und die optimale Keimtemperatur (in °C) der gängigen Gemüsesorten für dich zusammengestellt.

GEMÜSEART	TAGE	C°
Asia-Salat	3–5	5–20
Aubergine	12–18	18–26
Blumenkohl	8–12	8–22
Brokkoli	8–12	8–22
Buschbohnen	8–10	8–25
Chinakohl	6–8	18–25
Eisbergsalat	6–10	10–18
Endivie	8–10	12–25
Erbsen	5–10	12–16
Feldsalat	10–12	5–20
Fenchel	14–28	6–25
Grün- und Federkohl	6–8	3–22
Gurken	10–12	10–25
Kohlrabi	5–8	12–22
Kopfsalat	6–10	3–18
Kresse	2–3	5–25
Kürbis	8–12	10–25
Lauch	15–20	8–25
Lauchzwiebel	15–20	8–25
Mais	2–4	12–25
Mangold	10–12	6–22
Melonen	10–14	18–30
Möhren	20	3–25
Paprika, Peperoni, Chili	10–14	16–25

GEMÜSEART	TAGE	C°
Pastinake	20	6–25
Pflück- und Schnittsalat	6–10	3–18
Physalis, Andenbeere	8–10	16–25
Radieschen	5–8	3–22
Rettich	8–10	8–25
Rosenkohl	5–8	8–22
Rote Bete	10–12	8–22
Rotkohl	5–8	8–22
Rucola	6–10	3–18
Salate	5–10	3–22
Sauerampfer	15–20	3–23
Schwarzwurzeln	15	3–25
Sellerie	15–20	18–25
Spinat	10–14	2–20
Stangenbohnen	5–10	8–25
Stangensellerie	15–20	18–25
Tomaten	10–15	18–28
Tomatillo	8–10	18–28
Weißkohl	5–8	8–22
Wirsing	5–8	8–22
Zucchini	8–12	10–25
Zwiebeln (Frühjahr)	15–20	3–25
Zwiebeln (Herbst)	15–20	3–25

SCHRITT 1: PLANUNG

Welches Gemüse möchtest du anbauen und ernten? Was schmeckt dir besonders gut? Notiere dir all diese Arten und Sorten in einer Liste und zeichne anschließend einen groben Plan deiner vorhandenen oder geplanten Beete, am besten maßstäblich. Mir hilft es immer, bildlich zu veranschaulichen, wie ich meine Beete bepflanzen möchte. Denn so lassen sich empfohlene Pflanzabstände bei der Planung berücksichtigen, und du kannst große und kleine Pflanzen direkt miteinander kombinieren. Beispielsweise brauchen Kürbis und Zucchini pro Pflanze etwa einen halben bis einen Quadratmeter Platz, wohingegen Mangold oder Rote Bete eher kompakt wachsen. Wenn du deinen vorhandenen Platz planst, weißt du auch, wie viele Pflanzen du ungefähr von welcher Art vorziehen kannst.

WIE VIELE PFLANZEN SIND NÖTIG?

Vorschlag 1: Für ein Palettenrahmenbeet in der Größe 120 x 80 cm kannst du drei Tomatenpflanzen und sechs Salatpflanzen vorziehen.

Vorschlag 2: In ein Beet der gleichen Größe passt eine Reihe mit sechs bis acht Buschbohnenpflanzen. Daneben werden zwei Reihen Schnittsalat direkt ins Beet gesät sowie eine weitere Reihe mit einer Gurkenpflanze eingeplant.

Vorschlag 1

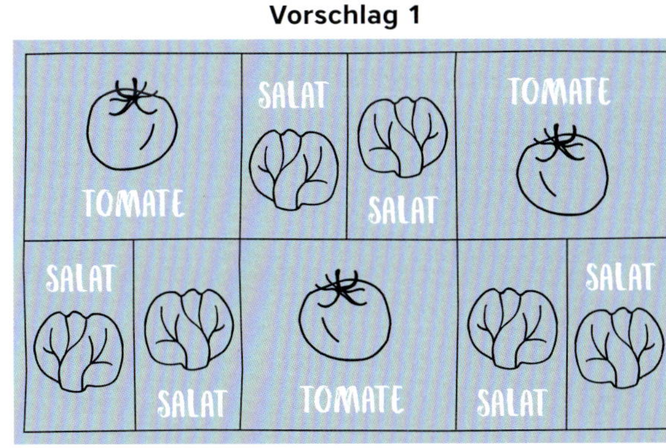

Vorschlag 2

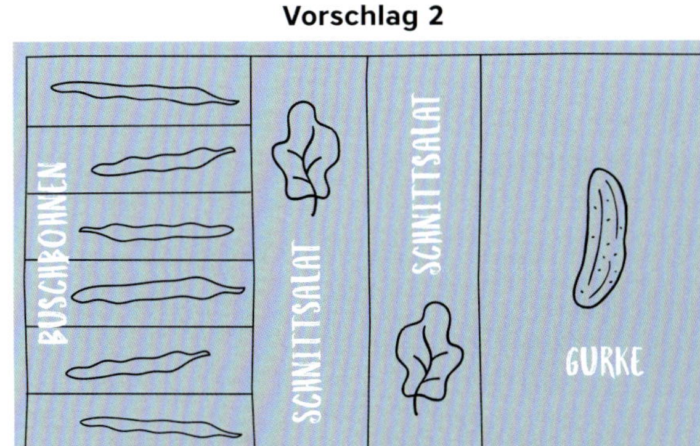

SCHRITT 2: SAATGUT

Wenn du kein Saatgut zu Hause hast, geht es jetzt an die Online-Bestellung oder den Gang ins Gartencenter. **Mein Tipp:** Erkundige dich, ob in deiner Nähe ein Saatgutfestival stattfindet. Immer beliebter wird außerdem der Saatguttausch mit anderen Hobbygärtnern über die sozialen Medien, beispielsweise Instagram oder Facebook. Du kannst auch dein eigenes Saatgut gewinnen. Wie das geht, liest du auf Seite 112 nach.

Das Saatgut sollte möglichst hochwertig und am besten samenfest sein. Samenfeste Sorten sind Pflanzen, die immer die gleichen Eigenschaften aufweisen. Das heißt, wenn du Samen von einer Pflanze sammelst und diese im nächsten Jahr aussäst, wächst daraus eine Pflanze mit denselben Eigenschaften wie bei der vom Vorjahr. Mehr zur Haltbarkeit und der Keimprobe steht auf Seite 113.

Was sind F1-Sorten?

Eine F1-Sorte ist die erste Generation einer Kreuzung aus reinerbigen Pflanzeneltern, also die erste Tochtergeneration. Ein vereinfachtes Beispiel: Kreuzt man eine große, aber wenig aromatische Tomate mit einer kleinen, sehr fruchtigen Tomate, könnte daraus eine große, fruchtige und intensiv schmeckende Tomate als F1-Hybride entstehen. F1-Sorten sind also zunächst nichts Verwerfliches. Es steckt seitens der Züchter viel Arbeit und jede Menge Zeit hinter jeder F1-Sorte. Jetzt kommt aber der wichtige Punkt: Bei einer Vermehrung von F1-Pflanzen durch Samen entsteht eine F2-Sorte, die nicht mehr die Eigenschaften der ursprünglichen Pflanze besitzt. Daher solltest du von F1-Sorten kein Saatgut aus Früchten oder Blüten sammeln. Möchtest du selber Saatgut für die nächste Saison trocknen und aufbewahren, solltest du dafür samenfeste Sorten verwenden.

EMPFEHLUNGEN FÜR ALTE UND SAMENFESTE SORTEN

- → Aubergine 'Black Beauty'
- → Chili 'Pimientos de Padron' und 'Habanero Orange'
- → Erbse 'Blauwschokker'
- → Grünkohl 'Ostfriesische Palme'
- → Gurke 'Tanja'
- → Kürbis Hokkaido 'Red Kuri'
- → Kohlrabi 'Dyna' und 'Superschmelz'
- → Palmkohl 'Nero Toscana'
- → Radieschen 'Eiszapfen'
- → Rote Bete 'Tonda di Chioggia' und 'Ägyptische Plattrunde'
- → Rosenkohl 'Rubine'
- → Salat 'Attraktion' und 'Maikönig'
- → Spinat 'Matador'
- → Tomate 'San Marzano', 'Black Plum', 'Baselbieter Röteli' und 'Berner Rose'
- → Zuckermais 'Golden Bantam' und 'Schwarzer Tortillamais'

SCHRITT 3: AUSSAAT

Der Plan steht, das Saatgut ist da: Jetzt kann es losgehen. Anzuchterde ist optimal für die Aussaat geeignet. Sie ist nährstoffarm, damit die Keimlinge sich richtig anstrengen müssen auf der Suche nach Nahrung. Dadurch bilden sie ein dichtes und kräftiges Wurzelgeflecht. Zudem ist Anzuchterde sehr feinkrümelig, luftdurchlässig sowie frei von Pilzen und Mikroorganismen.

In kleine Töpfe oder in Multitopfplatten wird Anzuchterde gefüllt und festgedrückt. In jedes Anzuchtgefäß kommen zwei bis drei Saatkörner, die mit Erde bedeckt und gut angefeuchtet werden. Bei größerem Saatgut, wie beispielsweise Kürbis oder Gurken, nimmt man pro Topf nur ein Saatkorn. Für die Bewässerung verwende ich gerne eine Sprühflasche oder eine Ballbrause, denn der feine Wasserstrahl sorgt dafür, dass die Samenkörner nicht weggeschwemmt und gleichmäßig befeuchtet werden.

DIE WICHTIGSTEN UTENSILIEN FÜR DIE ANZUCHT VON GEMÜSEPFLANZEN

→ Anzuchterde (alternativ: Kokossubstrat)
→ Töpfe oder Multitopfplatten
→ Pikierstab
→ Pflanzschilder
→ Saatgut
→ Sprühflasche oder Ballbrause
→ Sehr empfehlenswert: Mini-Gewächshaus
→ Für die frühzeitige Anzucht: Pflanzenlampe

Dunkel- & Lichtkeimer

Saatgut von **Dunkelkeimern** muss mit Erde bedeckt werden, damit der Keimprozess beginnen kann. Das ist bei den meisten Sorten der Fall. Als Faustformel kannst du dir merken: Das Saatgut wird mit etwa der gleichen Menge an Erde bedeckt, die dem Durchmesser des Saatkorns entspricht. Sehr feines Saatgut kann mit Sand vermischt werden, so lässt es sich leichter und gleichmäßiger verteilen.

Saatgut von **Lichtkeimern** beginnt auf der Erde liegend zu keimen. Die Samen werden nicht mit Erde bedeckt, da sonst keine Keimung erfolgen kann. Zu den Lichtkeimern gehören unter anderem Basilikum, Dill, Koriander, Pflück- und Kopfsalat.

SCHRITT 4: PFLEGE

Für die Anzucht von sonnenliebenden Sorten wie Aubergine, Paprika, Tomate oder Zucchini ist ein möglichst heller Standort ohne direkte Sonneneinstrahlung optimal. Die Pflänzchen mögen es gleichmäßig warm und bevorzugen hohe Luftfeuchtigkeit. Je nach Sorte liegt die optimale Temperatur zwischen **15 °C** und **25 °C**. Ganz wichtig ist, dass die Samen zu keiner Zeit austrocknen. Also immer schön mit der Sprühflasche die Erde gleichmäßig feucht halten. Die Keimdauer liegt je nach Sorte zwischen **3 und 20 Tagen**.

Viele Sorten kannst du früh im Jahr auch im Gewächshaus oder im Frühbeet vorziehen. Die Temperaturen sind hier geringer und nicht ganz so gleichmäßig wie auf der geschützten Fensterbank im Haus. Treibhaus und Frühbeet sind also besser geeignet für die Anzucht von Sorten, denen schwankende und insgesamt niedrigere Temperaturen weniger ausmachen. Dazu zählen Kohl, Lauch, Mangold, Rote Bete, Salat oder Sellerie.

Keimlinge pikieren

Du ziehst deine Jungpflanzen selber vor? Dann solltest du wissen, was Pikieren bedeutet und wie das funktioniert. Unter Pikieren ist das Vereinzeln zu dicht gewachsener Jungpflanzen zu verstehen. Das wird gemacht, damit die Pflänzchen für ihr weiteres Wachstum genügend Platz haben.

SUBSTRAT

Zum Pikieren wird, wie auch schon für die Aussaat, Anzuchterde verwendet. Die Jungpflanzen sind auch jetzt noch sehr klein und benötigen in diesem Stadium wenige Nährstoffe. Für schnellwachsende Sorten, wie Zucchini, Kürbis oder Gurken, kannst du die Anzuchterde mit etwa einem Drittel Pflanzenerde vermischen. So erreichst du eine erste schwache Düngung, denn normale Pflanzenerde ist für etwa vier bis sechs Wochen vorgedüngt.

RICHTIGER ZEITPUNKT

Nach der Keimung bilden sich zunächst Keimblätter, die bei den meisten Pflanzen ähnlich aussehen. Es sind zumeist zwei sich gegenüberliegende, ovale oder spitze Blätter. Wenn aus deren Mitte ein weiteres Blatt oder Blattpaar wächst, ist der richtige Zeitpunkt zum Pikieren gekommen. Denn das sind die ersten ‚richtigen' Blätter der Pflanze.

KEIMLING LÖSEN

Zum Pikieren wird der Keimling vorsichtig mit einem Pikierstab aus der Erde gelöst. Die feinen Wurzeln dürfen nicht verletzt werden. Zu lange Wurzeln kannst du etwas kappen. Das hilft der Pflanze, ein kräftigeres Wurzelsystem auszubilden. Jetzt ist ein bisschen Fingerspitzengefühl gefragt: Die Jungpflanzen fasst du vorsichtig und ohne Druck entweder an den Keimblättern oder am Stiel an. Sollte ein Keimblatt abreißen, ist das nicht schlimm, denn für das Pflanzenwachstum sind die „richtigen" Blätter wichtig.

EINTOPFEN

Die Keimlinge setzt du einzeln in Töpfe, die groß genug sind, damit die Pflanzen die nächsten Wochen darin gut gedeihen können. Optimal ist ein Topfdurchmesser von sieben bis zehn Zentimeter. Das Eintopfen geht ganz einfach: Erde in den Topf füllen und mit einem Pikierstab mittig ein möglichst tiefes Loch reindrücken. Die Jungpflanze vorsichtig hineinsetzen und zwar möglichst so tief, dass der Stiel nur etwa eine Daumenbreite aus der Erde ragt. Dadurch kann die Pflanze kräftige Seitenwurzeln bilden und wächst so stärker und stabiler. Jetzt nur noch das Pflanzloch mit Erde auffüllen und diese gut anfeuchten. Die pikierten Pflänzchen fühlen sich an einem hellen, nicht sonnigen und etwas kühleren Platz wohl. Bei 18–20 °C kann die Jungpflanze kräftig weiterwachsen.

TIPP

Wachsen die Keimlinge ganz lang und dünn? Dann ist es ihnen vermutlich zu dunkel oder zu warm. Probiere doch mal einen anderen Platz aus und beobachte, wie sich die Pflanzen weiterentwickeln. Du kannst die langen, dünnen Keimlinge auch umtopfen und möglichst tief in Erde pflanzen. Das gibt ihnen Stabilität für das weitere Wachstum.

Von Boden & Nährstoffen

Die Basis für einen gesunden und ertragreichen Gemüsegarten sind ein guter Boden und genügend Nährstoffe. Gemüse in „alter" Erde oder ausgelaugtem Gartenboden wachsen schlechter und sind anfällig für Krankheiten.

QUALITÄTSVOLLE ERDE

Ein guter Boden ist die Substanz für gesundes Pflanzenwachstum. Gerade im Gemüsegarten ist nährstoffreiche Erde essentiell. Mutterboden sollte immer gründlich und tief gelockert werden. Je lockerer die Erde ist, desto besser können Pflanzen ein dichtes Wurzelgeflecht bilden. Staunässe kann in lockeren Böden nicht entstehen, da Wasser abfließen kann. Gleichzeitig sollte das Substrat eine hohe Wasserspeicherkapazität haben, was beispielsweise bei sandigen Böden nicht der Fall ist.

Hochwertiges Substrat ist immer die beste Wahl, wenn du neue Erde in deine Früh- und Hochbeete oder ins Gewächshaus einbringst. Du erkennst gute Erde an einer feinkrümeligen und gleichmäßigen Struktur. Mache ruhig auch mal eine Geruchsprobe: Duftet die Erde nach frischem Waldboden und nicht muffig oder faulig, freuen sich deine Pflanzen ganz sicher über das frische Substrat. Pferdemist und Kompost sind nährstoffreich und werden im Gemüsegarten sehr gerne beigemischt.

PH-MESSGERÄT

Die meisten Pflanzen bevorzugen Böden mit einem pH-Wert zwischen 5,5 und 6,5. Bei einem optimalen pH-Wert können die Pflanzen die Nährstoffe am besten aufnehmen.

TIPP

Um den pH-Wert des Bodens zu verbessern, solltest du ihn alle zwei bis drei Jahre prüfen und gegebenenfalls im Spätsommer Gartenkalk streuen. Halte dich bezüglich der Menge an die Angaben, die auf der Verpackung des Herstellers stehen.

Torffreie Erde aus gutem Grund

Zwar bietet Torf aufgrund seiner guten Wasserspeicherfähigkeit und eines niedrigen pH-Werts für den Gemüseanbau beste Voraussetzungen, allerdings ist die Verwendung aus ökologischer Sicht nicht zu empfehlen. Durch den Torfabbau werden Moore zerstört und damit eines der artenreichsten Ökosysteme. Bis Torf entsteht vergehen viele Jahre. Der Abbau aus den Mooren erfolgt wesentlich schneller, als das wertvolle Material wieder nachwachsen kann. Verwende daher lieber Erden, deren Torfanteil durch Rindenhumus, Kompost, Kokos- oder Holzfasern ersetzt wird.

Grasschnitt als Mulch rund um Gemüsepflanzen

DEN BODEN MULCHEN

Beim regelmäßigen Pflanzenschnitt oder Rasenmähen fällt jede Menge organisches Material an. Das kannst du wunderbar zum Mulchen der Beete verwenden. Das kleingeschnittene Pflanzenmaterial verteilst du ganz einfach locker auf dem Boden rings um die Pflanzen. Es zersetzt sich mit der Zeit, wodurch wiederum Nährstoffe in den Boden gelangen. Die Bodenbedeckung verhindert zudem ein zu schnelles Austrocknen des Bodens und hemmt Unkrautwuchs. Verwende zum Mulchen aber nur gesundes Pflanzmaterial. Mit Mehltau oder anderen Krankheiten befallene Blätter sowie Unkraut mit Wurzeln oder Samen gehören nicht ins Gemüsebeet.

RICHTIG DÜNGEN

Möchtest du eine reiche Ernte, kommst du am Thema Düngung nicht vorbei. Es ist ein komplexes Thema, denn Dünger alleine macht noch keinen Erntekorb voll. Es kommt auf das richtige Zusammenspiel von Bodenbearbeitung, Nährstoffgaben und Pflanzung an.

Grundsätzlich unterscheidet man zwischen mineralischen und organischen Düngern. Mineralische Dünger sind zumeist in chemischen Prozessen hergestellte Nährsalze, die dazu dienen, dem Boden die benötigten Mineralstoffe zuzuführen. Ein Beispiel dafür ist Gartenkalk, der eingesetzt wird, wenn der Boden zu sauer ist. Organische Dünger sind pflanzlichen oder tierischen Ursprungs wie Hornspäne und -mehl, Guano, Schafswolle oder Vinasse (entzuckerte Rübenmelasse).

N-P-K

Bei Handelsprodukten wirst du oft die Bezeichnung N-P-K finden. Dies steht für Stickstoff (N), Phosphor (P) und Kalium (K). Sie sind die drei Hauptnährelemente unserer Pflanzen. Das Düngeprodukt gibt also an, wie sich der Anteil dieser Elemente verhält. Neben den Hauptnährelementen benötigen Pflanzen allerdings noch andere Elemente wie Magnesium (Mg) oder Schwefel (S).

→ **Stickstoff** fördert das vegetative Wachstum
→ **Phosphor** wird für die Blüten- und Fruchtbildung benötigt
→ **Kalium** stärkt die Zellstruktur und reguliert den Wasserhaushalt, macht die Pflanzen also robuster gegen Krankheiten, Schädlinge sowie gegen Frost

DIREKT- UND LANGZEITDÜNGER

Flüssigdünger, der in der Regel mit dem Gießwasser verabreicht wird, entfaltet seine gewünschte Wirkung sofort, da die Pflanzen über das Wasser die Nährstoffe direkt aufnehmen. Daher kann man ihn auch als Direktdünger bezeichnen. Flüssigdünger wirken aber häufig nicht so lange.

Die meisten Pflanzenerden sind für die ersten vier bis sechs Wochen vorgedüngt. Füllst du also deine Beete mit frischer Erde auf, musst du nicht sofort düngen. Erst danach wird alle ein bis zwei Wochen mit einem in Wasser verdünnten Flüssigdünger gegossen. Starkzehrer mit hohem Nährstoffbedarf, wie Gurken oder Kohl, benötigen entsprechend mehr Dünger als Schwachzehrer mit geringem Nährstoffbedarf, wie Salat oder Spinat.

Bei **festen organischen Düngern** erfolgt eine Zersetzung von grobem Düngematerial erst mit der Zeit durch Mikroorganismen und Bodenlebewesen, sie wirken somit über längere Zeit. Langzeitdünger sind so konzipiert, dass sie mit der Pflanzung in den Boden eingearbeitet werden und auch der vorgedüngten Pflanzenerde nicht in die Quere kommen. Für den Gemüsegarten kann ich Hornspäne, Schafwollpellets oder andere organische Dünger aus Pflanzenresten sehr empfehlen. Sie versorgen den Boden im Wesentlichen mit Stickstoff. Langzeitdünger führen in der Regel nicht zu einer Überdüngung, da die Nährstoffe erst nach und nach abgegeben werden.

Hornspäne als Langzeitdünger in die oberste Erdschicht einarbeiten

Stark-, Mittel- & Schwachzehrer

Im Gemüsegarten unterteilt man die Pflanzen in Stark-, Mittel- und Schwachzehrer. Das sagt aus, wie viele oder wenige Nährstoffe (insbesondere Stickstoff) sie verbrauchen, und hilft bei der Einschätzung der richtigen Düngergabe.

→ **Starkzehrer:** Gurken, Kartoffeln, viele Kohlarten, Kürbis, Paprika & Peperoni, Sellerie, Tomaten, Zucchini

→ **Mittelzehrer:** Fenchel, Knoblauch, Kohlrabi, Möhren, Radieschen, Rote Bete, Salat, Schwarzwurzel, Spinat, Zwiebeln

→ **Schwachzehrer:** Bohnen, Erbsen, Asia-Salat, Feldsalat, Rucola

TIPP

Trinkst du gerne Kaffee? Dann wirf den Kaffeesatz nicht weg, sondern verteile ihn als Dünger im Garten. Unter die Erde gemischt, fördert Kaffeesatz das Pflanzenwachstum, da der Boden mit Stickstoff versorgt wird.

MIST

Stallmist von Pferd, Rind, Schaf oder Huhn wird im Hausgarten gerne als Dünger eingesetzt, da er viele Nährstoffe für unsere Pflanzen enthält. Er zieht Kleinstlebewesen an, die den Boden zusätzlich verbessern. Außerdem können schwere Böden durch Beimischen von Mist gelockert und besser durchlüftet werden. Bevor der Mist im Gemüsebeet verteilt wird, sollte er mindestens sechs bis zwölf Monate zusammen mit Laub und Grasschnitt kompostiert werden. Frischer Mist kann Krankheitserreger und Unkrautsamen enthalten.

Mist sollte nur alle drei Jahre in den Boden eingearbeitet werden. Im zweiten oder dritten Jahr kommt zusätzlich ein Stickstoffdünger wie Hornspäne ins Beet. Der beste Zeitpunkt, um Mist ins Beet einzubringen, ist das Frühjahr, bevor die Pflanzen ins Beet kommen. So stehen ihnen die Nährstoffe direkt zur Verfügung. Pro Quadratmeter verwendest du etwa zwei bis drei Kilogramm Mist.

Falls du keinen frischen oder bereits abgelagerten Mist bekommst, kannst du fertige Düngeprodukte in Pelletform im Gartenhandel erwerben. Es gibt sogar mittlerweile Alpaka-Mist als Pellets im Handel zu kaufen.

STÄRKENDE JAUCHEN

Damit die Pflanzen auch nachhaltig gesund bleiben, kannst du dir dein eigenes, völlig natürliches Pflanzenstärkungsmittel herstellen. Jauchen sind nicht nur natürliche Dünger, sondern dienen vor allem dazu, dein Gemüse vor Krankheiten und teilweise auch vor Schädlingen zu schützen. Besonders gängig sind Jauchen aus Brennnessel, Ackerschachtelhalm, Beinwell und Rhabarber.

NATÜRLICHES DÜNGEMATERIAL

Brennnessel: Die Blätter sind sehr gutes Mulchmaterial. Als Jauche fördert Brennnessel zudem ein aktives Bodenleben sowie das Wurzel- und Pflanzenwachstum deiner Gemüsepflanzen.

Ackerschachtelhalm: Die enthaltene Kieselsäure sorgt für robuste Zellstrukturen. Eine Jauche aus Ackerschachtelhalm stärkt die Pflanzen gegen Schädlinge und Pilzerkrankungen.

Beinwell: Durch Beinwell wird der Boden vor allem mit Kalium angereichert. Er fördert zudem die Knollen- und Fruchtbildung verschiedener Gemüsesorten.

Rhabarber: Rhabarber soll Läuse und Wanzen fernhalten durch die in der Pflanze enthaltene Oxalsäure. Außerdem hilft eine Jauche zur Gesunderhaltung und Kräftigung pilzanfälliger Pflanzen.

WIE WIRD JAUCHE ZUBEREITET?

01 Schneide zunächst etwa ein Kilogramm des jeweiligen Materials klein.

02 Gieße es in einem großen Eimer mit zehn Liter Wasser auf. Wenn du die Möglichkeit hast, verwende dafür Regenwasser. Die Pflanzenteile werden komplett mit Wasser bedeckt. Den Eimer deckst du mit einem Brett ab und rührst das Gemisch täglich um. Da sich durch den Gärungsprozess ein unangenehmer Geruch entwickelt, stellst du den Eimer am besten in die hinterste Ecke des Gartens.

03 Nach etwa 10–14 Tagen ist die Brennesseljauche bereit zur Anwendung. Vor dem Gießen sollten die restlichen Pflanzenteile aus der Jauche gefiltert werden.

TIPP

Gegen den beißenden Geruch kannst du eine Handvoll Gesteinsmehl untermischen. Dadurch werden nicht nur die unerwünschten Geruchsmoleküle gebunden, auch der Boden freut sich über den mit mineralischen Spurenelementen angereicherten Sud.

ANWENDUNG

Das Gebräu mischt man für die Anwendung im Verhältnis 1:10 mit Wasser. Zehn Liter Jauche reichen demnach für etwa 100 Liter Gießwasser. Bewässere direkt im Wurzelbereich, damit die Pflanzen die Jauche gut aufnehmen können.

Gegen Schädlinge, beispielsweise Läuse, verteilst du die verdünnte Jauche direkt mit einem Pflanzensprüher auf den Blättern. Wiederhole diesen Vorgang alle zwei bis drei Tage, bis die Plagegeister verschwunden sind.

KOMPOST

Im Grunde bildet Kompost das Herzstück des Gartens und komplettiert ihn zu einem geschlossenen Kreislauf: Aus Erde, Samen und Wasser entstehen Pflanzen, an welchen Früchte wachsen. Nach ihrem Lebenszyklus, der bei Gemüsepflanzen ja in der Regel nur eine Saison andauert, verfallen diese und gehen als Pflanzenreste auf den Kompost, wo sie nach einem Zersetzungsprozess wieder zu nährstoffreicher Erde werden.

WAS WIRD KOMPOSTIERT?

Im Kompost werden neben Gartenabfällen wie Blättern, Laub, Pflanzenresten, Ästen und Rasenschnitt auch Küchenabfälle entsorgt. Das sind Kartoffel- und Apfelschalen, Gemüsereste und Ähnliches – allerdings ungekocht, denn verarbeitete Küchenabfälle können Ratten und andere Tiere anlocken.

Frische Garten- und Küchenabfälle sind reich an Stickstoff, Laub und bereits abgestorbene Pflanzenreste enthalten dagegen viel Kohlenstoff. Ein ausgewogenes Verhältnis im Kompost sorgt für gesunde und nährstoffreiche Erde.

WAS PASSIERT IM KOMPOST?

Nun könnte man ja denken, dass Gartenabfälle doch einfach dort liegenbleiben können, wo sie entstehen. Der Zersetzungsprozess sollte doch im Beet ebenso funktionieren. Das ist aber nicht ganz richtig, denn die Prozesse in einem angelegten Kompost sind ganz anders als der Zersetzungsprozess beispielsweise von Grasschnitt als Mulchschicht im Beet. Im Kompost sorgen zahlreiche Mikroorganismen, Würmer, Engerlinge, Schnecken und andere Kleinstlebewesen dafür, dass der Zersetzungsprozess innerhalb weniger Monate erfolgt. Ist der Kompost abwechslungsreich gefüllt, das Verhältnis von stickstoff- und kohlenstoffhaltigen Materialien ausgewogen und herrscht ein gutes Sauerstoffverhältnis sowie eine optimale Feuchtigkeit, wirst du nach sechs bis zwölf Monaten frische, nährstoffreiche Erde zum Düngen deiner Gemüsebeete haben. So beginnt dann der Kreislauf in deinem Garten wieder von vorne.

TIPP

Ist der Kompost zu trocken, kannst du ihn ganz einfach mit einer Gießkanne bewässern. Riecht der Kompost angenehm und fühlt sich warm an, kannst du von einem gesunden und ausgewogenen Kompost ausgehen.

ANLEGEN EINES GARTENKOMPOSTES

Wie groß der Kompost sein soll, ist ganz davon abhängig, wie viel Platz du hast und wie viele Gartenabfälle während der Saison anfallen. Bereits ein kleiner Kompost, bestehend aus Holzlatten oder Drahtgeflecht ist optimal, um einen Grundanteil an nährstoffreicher Komposterde zu erzeugen. Möglich ist auch die Kompostierung als Haufen, allerdings ist es praktischer und optisch sicher auch schöner, wenn eine Umrandung den Kompost zusammenhält. Das sorgt zudem dafür, dass die natürlichen Abfälle nicht austrocknen und die Wärme gleichmäßig erhalten bleibt. Beides ist wichtig für gesunde und gut funktionierende Zersetzungsorganismen.

Den Kompost stellst du am besten in eine Ecke des Gartens, die nicht vollsonnig ist. Halbschatten ist optimal, damit der Kompost nicht überhitzt oder austrocknet. Im Winter ruht der Kompost. Damit der Zersetzungsprozess im Frühjahr erneut beginnen kann, wird er mit einer Grabegabel durchlüftet und die Schichten umgegraben. Das bringt Sauerstoff in den Kompost und aktiviert die zahlreichen Organismen. Den Prozess des Durchlüftens solltest du drei- bis viermal pro Jahr wiederholen, damit die einzelnen Schichten sich nicht zu sehr verdichten und immer genügend Sauerstoff im Kompost vorhanden ist.

Gib den reifen Kompost durch ein Erdsieb. Die groben Materialien kommen wieder zurück in den Kompost und die frische Erde nutzt du, um deine Gemüsebeete zu düngen.

Unkräuter erkennen

Manchmal fällt es schwer, den Unterschied zwischen Unkraut und den gesäten Gemüsepflanzen zu erkennen. Im Hoch- und Frühbeet und oft auch im Gewächshaus hast du dahingehend einen entscheidenden Vorteil: Das Gemüse wird zumeist in Reihen gesät. Du kannst also grundsätzlich davon ausgehen, dass das, was in einer Reihe wächst, Gemüse ist. Und das, was aus der Reihe tanzt, ist demnach vermutlich Unkraut.

Es gibt aber, wie so oft, auch hier Ausnahmen. Denn Unkraut kennt keine Regeln und wächst auch gerne mal genau in der Reihe zwischen den Gemüsepflanzen. Aus eigener Erfahrung kann ich dir raten, mit dem Unkrautjäten zu warten, bis du es sicher als solches erkennen kannst. Haben die Jungpflanzen eine Größe von einigen Zentimetern erreicht, wird eine Identifizierung sehr viel leichter.

Häufige Unkrautpflanzen sind **Disteln, Löwenzahn, Ackerwinde** und **Melde**. Disteln lassen sich gut an ihren stacheligen Blättern erkennen. Die leuchtend gelben Blüten des Löwenzahns und die daraus entstehenden Pusteblumen kennt man aus der Kindheit. Ackerwinden wickeln sich mit Vorliebe um andere Pflanzen. Melde hat samtige, grüne Blätter, die in der Mitte zart lila werden. Du kannst Melde übrigens wie Salat zubereiten. Entferne das Unkraut möglichst frühzeitig, Samenunkräuter wie Gänseblümchen oder Vogelmiere noch bevor sie zu blühen beginnen, denn durch Samen verbreiten sie sich rasant und verteilen sich großflächig. Wurzelunkräuter wie **Giersch** oder Ackerwinde entfernst du, solange die Pflanze noch jung und die Wurzel noch nicht zu tief oder weit im Boden verbreitet ist. Zum Jäten sollte die Erde locker sein, damit du die Pflanze vollständig mitsamt ihrem Wurzelwerk aus dem Boden entfernen kannst.

Da sich Unkraut rasant verbreitet, kann es den Platz im Gemüsebeet schnell für sich vereinnahmen. Und damit nicht genug. Die unliebsamen Beikräuter bedienen sich zudem an den vorhandenen Nährstoffen, die dem Gemüse am Ende für ein ordentliches Wachstum fehlen können. Unkraut jäten gehört also zu den eher lästigen, dafür aber unabdingbaren Aufgaben im Gemüsegarten.

TIPP

Mit einem Unkrautstecher kannst du recht leicht die Pflanze mitsamt ihrer Wurzel aus dem Boden ziehen.

Distel

Löwenzahn

Unkraut zwischen Möhren

Melde

Schädlinge & Krankheiten

Im Gemüsegarten treten von Zeit zu Zeit Schadbilder auf, die durch Schädlinge und Krankheiten verursacht werden. Einige davon, und wie du ganz natürlich dagegen vorgehen kannst, findest du hier aufgeführt.

Ameisen

Blattläuse

Erdfloh

Gemüsefliege

Kohlweißling

Schnecken

Raupen

TIPP

Pflanzen, die von Anfang an gesund sind und regelmäßig gestärkt werden, sind gut gewappnet gegen typische Schädlinge und Krankheiten. Stärkung durch Pflanzenjauchen und ein gesunder Boden sind das A und O im Gemüsegarten (siehe Seite 40).

Spinnmilben

Weiße Fliege

Wurzellaus

TYPISCHE SCHÄDLINGE

	ERKENNUNG & SCHADBILD	NATÜRLICHE BEKÄMPFUNG
AMEISEN	Ameisen haben einen schlechten Ruf, weil sie Blattläuse vor anderen Insekten schützen und diese sozusagen „züchten“. Abgesehen davon sind Ameisen nicht schädlich. Im Gegenteil: Sie ernähren sich von anderen Schädlingen wie z. B. Raupen.	Regelmäßiges und kräftiges Gießen hilft, damit Ameisen sich in deinem Beet kein Nest bauen.
BLATTLÄUSE	Etwa zwei Millimeter große Tierchen in grün, schwarz oder orange. Sie bevorzugen junge Triebe, Blätter und Knospen, aus denen sie den Pflanzensaft saugen. Zu finden sind sie zumeist auf der Unterseite junger Blätter.	Blattläuse sind auch ohne chemische Mittel recht leicht zu bekämpfen. Sie können von der befallenen Pflanze mit einem kräftigen Wasserstrahl, den man auch auf die Unterseite der Blätter richtet, abgewaschen werden. Sind nur wenige Blattläuse zu finden, können sie auch mit der Hand abgestreift werden. Außerdem hilft das Besprühen mit einer Mischung aus Wasser und Rapsöl (Verhältnis 1:9). Der natürliche Feind von Blattläusen ist der Marienkäfer.
ERDFLOH	Der Erdfloh ist ein Käfer, der sich vor allem an Kohl, Radieschen, Rettich und Mais zu schaffen macht. Erdflöhe fressen kleine Löcher in die Blätter der Pflanzen. Ihre Larven ernähren sich hingegen von den Wurzeln, wodurch Schäden an Jungpflanzen entstehen.	Gegen den Schädling hilft regelmäßiges Hacken und Lockern des Bodens sowie Gießen und Mulchen. Bei einer zu großen Ausbreitung des Erdflohs kann eine Behandlung mit Wermut-Sud helfen.
GEMÜSEFLIEGE	Es gibt verschiedene Arten der Gemüsefliege, die jeweils auf bestimmte Pflanzen spezialisiert sind, wie z. B. die Möhrenfliege auf Möhren oder die Kohlfliege auf Kohlpflanzen. Die Larven verspeisen die Keimlinge und Wurzeln der Pflanze und fressen sich sogar in die Frucht hinein.	Ein Kulturschutznetz direkt nach der Aussaat kann verhindern, dass die Gemüsefliege ihre Eier ablegt. Tritt ein Befall auf, können die Pflanzen mit einer Brühe aus Rainfarn oder Salbei gespritzt werden. Bei starkem Befall hilft nur noch das Entfernen und Verbrennen der Pflanzen.

	ERKENNUNG & SCHADBILD	NATÜRLICHE BEKÄMPFUNG
KOHLWEISSLING	Der **Große Kohlweißling** legt seine leuchtend gelben Eier in größeren Paketen an der Unterseite der Blätter von Kohlpflanzen und Kreuzblütengewächsen ab. Der **Kleine Kohlweißling** legt einzelne, eher helle Eier an der Blattunterseite unter anderem von Kreuzblütlern ab. Die Larven fressen die Blätter der Pflanzen und können großen Schaden anrichten.	Du solltest regelmäßig die Blattunterseiten absuchen und die gefundenen Eier mit den Fingern wegwischen. Das ist die beste Methode, um zu verhindern, dass sich die Larven entwickeln können. Sind die Larven geschlüpft, sollten sie schnellstmöglich entfernt werden. Ein Kulturschutznetz über den Pflanzen kann verhindern, dass der Kohlweißling seine Eier ablegt.
SCHNECKEN	Nacktschnecken machen sich in der Dunkelheit und bei feuchtem Wetter über Gemüsepflanzen, insbesondere Jungpflanzen, her. Sie hinterlassen glatte Ränder oder Löcher in den Blättern und zumeist eine schleimige Spur.	Einzelne Schnecken lassen sich gut absammeln oder mit „Ablenkungspflanzen", wie Tagetes, fernhalten. Für Hoch- und Frühbeete gibt es Schneckenschutzkanten, die es den Tieren nahezu unmöglich machen, die Barriere zu überqueren. Schnecken stehen auf dem Speiseplan von Igel, Spitzmaus, Kröte, Blindschleiche und Eidechse.
RAUPEN	Raupen von Schmetterlingen ernähren sich von den Blättern unterschiedlicher Pflanzen. Charakteristisch sind abgefressene Blätter mit gezacktem Rand.	Da Raupen selten in großen Mengen vorkommen, können sie leicht abgesammelt werden. Auffällig können eingerollte Blätter sein, in die sich die Raupen zum Schutz zurückziehen.
SPINNMILBEN	Kleine Spinnentiere, die bevorzugt auf der Unterseite von Blättern oder frischen Triebspitzen sitzen und dort den Pflanzensaft aussaugen. Erkennbar wird ein Befall durch weiß-silbrig scheinende Blätter.	Die winzigen Spinnmilben lassen sich leider nur schwer bekämpfen. Da sie so extrem klein sind, kann man sie mit bloßem Auge erst erkennen, wenn sie sich stark verbreitet haben. Die Pflanzen, vor allem die Blattunterseiten, sollten gründlich mit einem kräftigen Wasserstrahl abgespritzt und befallene Pflanzenteile abgeschnitten werden. Raubmilben sind ihre natürlichen Feinde.
WEISSE FLIEGE	Keine Fliege, sondern eine Laus, die den Pflanzensaft aus Gewächsen in feuchtwarmem Klima aussaugt. Du findest sie vor allem auf Gemüsepflanzen im Gewächshaus. Sie sitzen auf den Unterseiten von Blättern und fliegen hoch, wenn man die Blätter bewegt. Der Schaden ist meist nicht erheblich.	Der natürliche Feind der Weißen Fliege ist die Schlupfwespe. Im Gewächshaus hilft vor allem häufiges Lüften.
WURZELLAUS	Wurzelläuse ähneln sehr den Blattläusen. Jedoch befallen sie vor allem die Wurzeln von Salatpflanzen oder Mohren. Ameisen sind hier ebenfalls wie bei Blattläusen Verbündete, die die Wurzelläuse schützen. Folge ist das Verwelken und Absterben der Pflanzen.	Hilfreich ist ausreichendes und regelmäßiges Gießen sowie Harken des Bodens. Im Gartenfachhandel finden sich Gemüsesorten, die resistent gegen Wurzelläuse sind.

Echter Mehltau

Falscher Mehltau

Braunfäule

TYPISCHE KRANKHEITEN

	ERKENNUNG & SCHADBILD	***NATÜRLICHE BEKÄMPFUNG***
ECHTER MEHLTAU	Die Pilzerkrankung zeigt sich in den Sommermonaten durch weißlich mehligen Belag auf den Blättern vieler Gemüsepflanzen. Der Pilz schwächt die Pflanze. Hat er sich zu stark ausgebreitet, geht sie mitsamt den Früchten ein.	Eine frühzeitige Eindämmung ist mit einer Milch-Wasser-Mischung (Verhältnis 1:9) möglich. Die Pflanze wird damit alle zwei bis drei Tage besprüht. Schon beim kleinsten Anzeichen von Mehltau sollten die betroffenen Blätter entfernt werden. Vorbeugend ist die Pflanze an einem luftigen und sonnigen Standort am besten aufgehoben. Zu enge Bepflanzung, Stauhitze und ein sehr dichtes Blätterkleid begünstigen eine Ausbreitung von Mehltau.
FALSCHER MEHLTAU	Ebenfalls eine Pilzerkrankung, die sich oft an Gurken zeigt. Charakteristisch sind eckig geformte Flecken in Gelb- bis Brauntönen an den Blättern. Auf den Blattunterseiten ist ein gräulicher, manchmal auch weißlich-gelber bis violetter Sporenteppich erkennbar.	Der Pilz bevorzugt feuchtwarmes Klima, daher sollten Pflanzen luftig stehen und befallene Blätter entfernt werden. Zur Stärkung hilft regelmäßiges Spritzen mit einer Brühe aus Ackerschachtelhalm. Pflanzen möglichst nur im Wurzelbereich gießen. Im Gewächshaus für ausreichend Belüftung sorgen. Unkraut sowie abgefallene Blätter und Blüten vom Boden entfernen.
KRAUT- & BRAUNFÄULE	Die Pilzerkrankung tritt häufig an Tomaten und Kartoffeln auf. Erkennbar ist sie durch schwarze Flecken an Blättern und Stängeln, die sich schnell ausbreiten und innerhalb kurzer Zeit die gesamte Pflanze befallen. Leider ist bei einem Befall nicht mehr viel zu retten und die Pflanzen müssen entsorgt werden, um eine großflächige Ausbreitung zu verhindern. Befallene Tomaten können leider nicht mehr verzehrt werden, wohingegen Kartoffeln noch genießbar sind.	Hilfreich ist lediglich, resistente Sorten zu verwenden. Vorbeugend sollten Pflanzen luftig stehen und die Blätter möglichst nicht nass werden.

Kräuter im Gemüsegarten

Der Duft von Thymian und der Geschmack von Schnittlauch und Petersilie dürfen weder im Garten noch in der Küche fehlen. Welche Kräuter im Gemüsebeet optimal aufgehoben sind und welche Kombinationen wirklich gut funktionieren, erfährst du auf den folgenden Seiten.

KRÄUTER IM GEMÜSEBEET

Viele Kräuter sind genügsame Gesellen im Gartenbeet. Es gibt nur wenige äußerst anspruchsvolle Kräuterpflanzen. Jedoch bestehen natürlich Unterschiede, was den optimalen Standort und Boden für die jeweilige Art anbelangt. Mediterrane Kräuter wie Rosmarin, Salbei und Thymian haben es gerne warm und trocken. Petersilie mag es hingegen gerne etwas feuchter und nährstoffreicher. Du kannst dir folgende Zuordnung merken:

Kräuter mit **sattgrünem und eher großblättrigem Blattwerk** brauchen einen nährstoffreichen Boden und gleichmäßige Feuchtigkeit.

Kräuter mit **silbrig-weißlichen Blättern** und **eher verholzendem** Wuchs sind trockenresistenter und bevorzugen kargen Boden in sonniger Lage.

Im Gemüsebeet sind ein- und zweijährige Kräuter die bessere Wahl. Das hat schon allein praktische Gründe, da man die Beete regelmäßig neu bepflanzen möchte. Eine mehrjährige Kräuterpflanze würde da in aller Regel stören, weil immer um sie herum gepflanzt werden müsste und die Wurzeln des Krauts durch ständiges Pflanzen, Ernten und Pflegen zu häufig gestört würden.

Mehrjährige Kräuter sind ideal, um Wege zu säumen oder Beete einzurahmen. Thymian und Rosmarin umgeben zum Beispiel die kleinen Pfade zwischen meinen Hochbeeten. Oregano sät sich immer wieder an verschiedenen Stellen im Garten selbst aus.

KRÄUTER FÜR DAS GEMÜSEBEET IM KURZPORTRÄT

	SORTE	*WUCHS*	*KULTUR*	*ERNTE*
	***BASILIKUM***	Einjähriges Kraut, buschiger Wuchs, 15–60 cm hoch. Sonnenliebend.	Anzucht erfolgt aus Samen. Kann ab Mitte Mai ins Freiland. Zu dicht wachsende Keimlinge pikieren und Junpflanzen entspitzen für buschigeren Wuchs.	Die Blätter werden frisch verwendet. Triebe stets über einer Blattachsel kappen, damit die Pflanze nachwächst.
	***BOHNENKRAUT***	Einjähriges Kraut, das buschig bis 50 cm hoch wächst. Sonnenliebend.	Ab Mai direkt ins Freiland säen im Abstand von etwa 20–25 cm.	Bis zum Herbst können frische Zweige geerntet und getrocknet werden.
	***BORRETSCH***	Einjähriges Kraut, das sich aber oft selbst aussät. Die Pflanzen werden bis zu 80 cm hoch und mögen es sonnig bis halbschattig.	Aussaat ab April im Freiland mit einem Abstand von 30–40 cm. Die Blüten sind wahre Insektenmagnete.	Junge Blätter und Blüten frisch ernten und verzehren. Sie schmecken leicht nach Gurke. Man sollte Borretsch aber nur in geringen Mengen essen, da er Alkaloide enthält, die bei übermäßigem Verzehr giftig sind.
	***DILL***	Einjähriges Kraut, das bis zu 150 cm hoch werden kann. Sonnenliebend.	Aussaat im Freiland ab April mit 25 cm Abstand.	Frische Blüten zum Einmachen von Gurken, Samen der getrockneten Dolden als Teegewürz verwenden. Blätter bis zum Herbst ernten.
	***ESTRAGON***	Mehrjähriges Kraut, das je nach Sorte zwischen 60–150 cm hoch werden kann. Sonnig bis halbschattig.	Vorgezogene Pflanzen kommen ab April bis Mai ins Beet. Im Frühling zurückschneiden und alle zwei bis drei Jahre teilen. Pflanzabstand: 40 cm.	Estragon wird frisch geerntet und verzehrt. Zweige mit Blütenansätzen können in Öl konserviert werden.
	***GEWÜRZ- UND TEE-FENCHEL***	Mehrjähriges Kraut mit einer Wuchshöhe bis 200 cm. Sonnenliebend.	Aussaat erfolgt ab April mit 40 cm Abstand. Im Winter ist ein Kälteschutz notwendig. Rückschnitt im Frühling.	Die Blätter werden frisch verwendet, die Samen getrocknet für Tee oder zum Würzen.

	SORTE	WUCHS	KULTUR	ERNTE
	**KAPUZINERKRESSE**	Einjähriges Kraut, das sehr ausladend wachsen kann und im Sommer wunderschön blüht. Kapuzinerkresse mag es sonnig bis halbschattig.	Im Mai erfolgt die Aussaat direkt im Beet mit 10 cm Abstand.	Verwendet werden frische Blätter und Blüten sowie Blütenknospen und junge Samen, die in Essig oder Salz eingelegt als Kapernersatz dienen.
	**KERBEL**	Einjähriges Kraut mit buschigem Wuchs von 30–60 cm. Sonnig bis halbschattig.	Ab Ende März kann die Aussaat erfolgen mit 10 cm Abstand.	Geerntet werden die jungen Blätter. Blüten sind als Deko ebenfalls verwendbar.
	**KORIANDER**	Einjähriges Kraut, das bis 50 cm hoch wird. Sonnig bis halbschattig.	Aussaat ab April mit 10–15 cm Abstand.	Die Blätter werden frisch geerntet. Getrocknete Samenkörner sind zermahlen ein intensives Gewürz.
	**KÜMMEL**	Zweijähriges Kraut, das bis zu 120 cm hoch werden kann. Im zweiten Jahr wachsen weiße Blütendolden. Sonnig bis halbschattig.	Die Aussaat erfolgt bestenfalls im April oder August mit 30 cm Abstand.	Geerntet werden im zweiten Jahr ab Juli die ausgereiften Samenkörner.
	**MAJORAN**	Ein- bis zweijähriges Kraut mit einer Wuchshöhe von 30–40 cm. Sonnenliebend.	Aussaat ab Mai im Beet mit 15–20 cm Abstand.	Im Sommer werden die Blätter frisch geerntet oder die Stängel mit geschlossenen Knospen zum Trocknen geschnitten.
	**OREGANO**	Mehrjähriges Kraut, das buschig bis 50 cm hoch wird. Sonnenliebend.	Ab April Aussaat ins Beet oder Jungpflanzen im Mai mit 20–30 cm Abstand setzen.	Geerntet werden die frischen Blätter sowie die Blüten. Oregano lässt sich gut trocknen.
	**PETERSILIE**	Zweijähriges Kraut bis 30 cm Höhe. Petersilie bevorzugt es sonnig bis halbschattig.	Die Aussaat erfolgt im März/April oder im August mit 15 cm Abstand. Der Standort von Petersilie sollte jährlich gewechselt werden.	Die Blätter werden ganzjährig frisch geerntet und können gut eingefroren werden.

	SORTE	WUCHS	KULTUR	ERNTE
	**ROSMARIN**	Mehrjähriges Kraut, das als verholzender Halbstrauch bis 120 cm hoch wird. Sonnenliebend.	Rosmarin wird im Frühjahr vorgezogen und als Jungpflanze im Mai ins Beet gepflanzt. Der Abstand sollte bei 50 cm liegen. Ein Rückschnitt ist empfehlenswert im Frühsommer, um zu starke Verholzung zu verhindern. Nicht alle Sorten sind winterhart, daher ist ein guter Winterschutz wichtig.	Frische Rosmarinzweige können laufend geerntet werden. Die Blüte lockt viele Insekten an.
	**SALBEI**	Mehrjähriges Kraut, das wie Rosmarin als verholzender Halbstrauch wächst. 30–70 cm Höhe. Sonnenliebend.	Salbei wird im März im Haus vorgezogen und die Jungpflanzen werden im Mai ins Beet gepflanzt. Ein starker Rückschnitt erfolgt im Frühjahr. Nur wenige Sorten sind winterhart, daher am besten im Warmen überwintern oder gut vor Kälte schützen.	Die Blätter können ganzjährig geerntet und gut getrocknet werden.
	**SCHNITT-KNOB-LAUCH**	Mehrjähriges Kraut, das in dichten Büscheln bis 30 cm Höhe wächst. Sonnig bis halbschattig.	Schnittknoblauch wird wie Schnittlauch angebaut.	Die Ernte erfolgt laufend. Verzehrt werden die frischen Blätter, die ein knoblauchartiges Aroma haben.
	**SCHNITT-LAUCH**	Mehrjähriges Kraut, das in dichten Büscheln bis 30 cm Höhe wächst. Sonnig bis halbschattig.	Aussaat ab April breitwürfig ins Freiland. Schnittlauch kann von Zeit zu Zeit geteilt und dadurch vermehrt werden.	Schnittlauch wird laufend frisch geerntet. Die röhrenförmigen Blätter wachsen wieder nach. Die Knospen und Blüten sind ebenfalls essbar.
	**THYMIAN**	Mehrjähriges Kraut. 10–40 cm hoher verholzender Halbstrauch. Sonnenliebend.	Thymian wird im März im Warmen vorgezogen und ab Mai mit 20 cm Abstand ins Beet gepflanzt. Bis September erfolgt ein kräftiger Rückschnitt.	Zweige werden laufend geerntet und frisch oder getrocknet verwendet. Thymian blüht im Sommer reichlich und lockt viele Insekten an.

MISCHKULTUR KRÄUTER UND GEMÜSE

Du möchtest neben Möhren, Kohl und Tomaten auch Kräuter aus den Gemüsebeeten ernten? Das ist eine wirklich gute Idee, denn es gibt einige sehr gut funktionierende Kombinationen aus Kräuter- und Gemüsepflanzen.

Sowohl beim Gemüse- als auch beim Kräuteranbau gibt es gute und schlechte Beetnachbarn (siehe Seite 64). Solche Symbiosen gibt es auch zwischen Kräutern und Gemüsepflanzen. Sie fördern sich gegenseitig im Wachstum und halten Schädlinge und Krankheiten fern. Manche Kräuter können sogar dem Gemüse ein kräftigeres Aroma verleihen.

BEETPARTNER IM GEMÜSE- UND KRÄUTERGARTEN

KRÄUTERART	*GUTE BEETPARTNER*
Basilikum	Gurke, Paprika, Peperoni, Tomate, Zucchini, Zwiebel
Bohnenkraut	Bohnen, Rote Bete, Salat
Borretsch	Gurken, Kohl, Salat, Zucchini
Dill	Bohnen, Erbsen, Gurken, Möhren, Kohl, Rote Bete, Salat
Kapuzinerkresse	Bohnen, Kartoffeln, Tomaten
Kerbel	Salat, Tomaten
Majoran	Möhren
Petersilie	Radieschen, Lauch, Tomaten
Schnittlauch/ Schnitt-knoblauch	Kohl, Möhren, Lauch, Tomaten

Ungünstige Kombinationen sind

→ **Petersilie** und Salat

→ **Dill** und Tomate

KRÄUTERBLÜTEN FÜR INSEKTEN

Für eine reiche Ernte im Gemüsegarten sind zahlreiche Bestäuber wichtig. Bienen, Hummeln, Schmetterlinge und andere Insekten fliegen von Blüte zu Blüte und erledigen ihre wichtige Arbeit. Blühende Kräuter sind also eine ziemlich gute Strategie, um möglichst viele der fleißigen Helfer in deinen Gemüsegarten zu locken. Zu den üppig blühenden Kräutern zählen verschiedene **Basilikumarten, Kapuzinerkresse, Majoran, Oregano, Rosmarin** oder **Thymian**.

Blühender, roter Basilikum und Peperoni sind gute Beetpartner

Kapuzinerkresse zieht Blattläuse an und hält sie von Gemüsepflanzen fern

KEINE GUTE WAHL

Minze und **Melisse** würde ich dir im Gemüsegarten nicht empfehlen. Sie duften zwar herrlich und sind so vielseitig in der Küche verwendbar, aber sie breiten sich unglaublich schnell und hartnäckig aus. Wenn du sie dennoch im Garten haben möchtest, pflanze sie am besten in einen Kübel. So können sich die Wurzeln nicht ausbreiten und kommen ihren Gemüse- und Kräuterkollegen im Beet nicht in die Quere. Übrigens soll der Duft von Pfefferminze Ameisen und Blattläuse verscheuchen. Und sogar Schnecken kann das duftende Kraut aus den Gemüsebeeten fernhalten. Gute Gründe also, den ein oder anderen Kübel in Beetnähe zu platzieren.

KRÄUTERPFLEGE

Auch bei Kräutern ist eine Fruchtfolge einzuhalten. Das merkst du spätestens, wenn Petersilie oder Schnittlauch nicht mehr gut wachsen, weil sie fortwährend am gleichen Platz im Beet stehen. Wechsel einfach von Jahr zu Jahr die Pflanzstelle. Genauso, wie du es auch mit deinen Gemüsesorten machst.

Zur Kräuterpflege gehört auch die Bodenpflege. Da du deine Beete aber ohnehin für den Gemüseanbau kontinuierlich durch Lockern der Erde, Aufbereiten mit Dünger und Einbringen von Gesteinsmehl verbesserst, sind die Weichen für gesunde und kräftige Kräuterpflanzen gestellt.

Meine liebsten Nützlinge

Wenn im Garten eine große Vielfalt an Pflanzen vorhanden ist und keine chemischen Pflanzenschutzmittel oder Dünger eingesetzt werden, sollte der Garten im Gleichgewicht sein. Dann sind in aller Regel zahlreiche Nützlinge vorhanden, die einen Schädlingsbefall auf ganz natürliche Weise ausgleichen. Es gibt so viele Nützlinge, wie Raubmilben, Schlupfwespen, Igel oder Blaumeisen. Im Gemüsegarten habe ich allen voran zwei Favoriten:

Marienkäfer fressen Blattläuse und sogar Pilzsporen. Selbst seine Larven fressen unzählige der kleinen Plagegeister. Bis zu 150 Blattläuse kann ein Marienkäfer am Tag verputzen. Das ist doch ganz schön ordentlich.

Der **Regenwurm** ist ein waschechter Gartenhelfer. Er gräbt den Boden um und belüftet ihn. Er kompostiert Laub und Pflanzenreste. Sein Kot ist der beste Dünger, denn er bringt wertvolle Nährstoffe zurück in die Erde. Vor einigen Jahren sagte mir jemand, ein Boden, in dem viele Regenwürmer sind, ist ein gesunder Boden. Das habe ich mir gemerkt und freue mich seither über jeden einzelnen Regenwurm, den ich beim vorsichtigen Hacken und Harken im Garten begrüßen darf.

Marienkäferlarve

Marienkäfer

Regenwurm

02

GEMÜSEGARTEN *im Frühling*

Mit dem Frühling erwacht der Garten langsam aus seinem Winterschlaf. Die Anzuchten auf der Fensterbank und im Gewächshaus werden nach und nach immer mehr. Die Vorbereitungen für die Hauptsaison im Gemüsegarten laufen auf Hochtouren. Erstes Frühjahrsgemüse kann geerntet werden, und die letzten Winterpflanzen verabschieden sich aus den Beeten.

In dieser Zeit stecke ich voller Energie und Tatendrang. Manchmal muss ich mich selbst etwas besinnen, um nicht einfach wild draufloszugärtnern. Zugegebenermaßen kann eine spontane und nicht bis ins Letzte durchgeplante Vorgehensweise recht reizvoll sein, aber der Gemüsegarten soll doch schließlich das ganze Jahr hindurch bepflanzt sein und zu jeder Zeit üppige Ernten bescheren. Also wird im Frühling geplant, was alles vorgezogen wird, und überlegt, wie die Beete bepflanzt werden.

Was im Frühling alles im Gemüsegarten zu tun ist, welche Sorten du säen, pflanzen und ernten kannst und wie du dich auf die nächsten Monate im Garten vorbereitest, erfährst du auf den folgenden Seiten.

Frühling im Überblick

In den Frühlingsmonaten von März bis Mai lassen sich Ideen und Planungen nach und nach in die Tat umsetzen. Das Wetter wird jeden Tag etwas besser, und es zieht uns nach draußen. Los geht es in eine neue Gartensaison, in welcher die Beete voll mit buntem und knackigem Gemüse sein sollen.

MÄRZ

Im März werden vor allem die **Hochbeete** für die ersten Aussaaten und Pflanzungen vorbereitet. **Frühbeet** und **Gewächshaus** hast du vielleicht schon im Februar vorbereitet. Falls nicht, steht für alle Gemüsebeete umgraben und Erde lockern mit Hacke und Harke auf dem Plan. Pflanzenreste werden eingearbeitet und reifer Kompost untergehoben. In im Herbst frisch angelegten Hochbeeten ist aller Voraussicht nach mittlerweile die Erde etwas abgesackt. Vor dem Bepflanzen wird also mit frischer Pflanzenerde aufgefüllt.

Frühbeet und Gewächshaus bieten jetzt schon gute Bedingungen für die ersten Direktsaaten und vorgezogenen Pflanzen. Steckzwiebeln und Knoblauch können im März in die Erde. Außerdem kannst du Saatkartoffeln besorgen und diese zum Vorkeimen kühl und trocken auslegen.

APRIL

Der April ist der Monat, in dem die größte Vielfalt an Pflanzen vorgezogen werden kann. Kälteunempfindliche Sorten wie Kohlrabi, Rotkohl und Salate werden im Frühbeet und im **Gewächshaus** vorgezogen. Sie benötigen zwar den Schutz durch eine Überdachung, um frostfrei zu bleiben, kommen aber mit niedrigen Temperaturen gut zurecht. Wärmeliebende Sorten wie Gurken, Kürbis und Tomaten fühlen sich dagegen auf der Fensterbank am wohlsten. Aber auch im Gewächshaus kannst du diese Gemüsepflanzen vorziehen, wenn es dort warm genug und vor allem frostfrei ist.

Pflanzen abhärten: Was bedeutet das?

Jungpflanzen zieht man in aller Regel im geschützten Raum. Damit sie später im Freiland gut mit Temperaturschwankungen, Wind, Regen und Sonne zurechtkommen, werden sie schrittweise an das Klima im Freien gewöhnt. Bei Außentemperaturen ab 10–15 °C stellst du sie für wenige Stunden raus an einen geschützten, beschatteten Platz und verlängerst sukzessive die Aufenthaltszeit im Freien. Nach und nach kannst du ihnen auch etwas Sonne gönnen.

Im März vorgezogene Jungpflanzen werden ab April in größere Töpfe umgesetzt. Ab Ende des Monats kannst du damit beginnen, die ersten im Haus vorgezogenen Jungpflanzen abzuhärten.

In den Beeten fängt das Unkraut an zu sprießen. Jäten steht ab jetzt auf dem Plan der regelmäßig zu erledigenden Aufgaben. Und auch die ersten Schädlinge zeigen sich. Im Frühjahr legen Schnecken gerne ihre Eier in Erdspalten und Hohlräumen im Boden ab. Störe sie doch einfach, indem du die Erde in den Beeten regelmäßig hackst. Dann suchen sie sich einen anderen Platz, und deine Gemüsepflanzen werden hoffentlich verschont.

MAI

Der sogenannte Wonnemonat Mai ist der Monat, der im Gemüsegarten eine ganz besondere Bedeutung hat. Denn die sogenannten Eisheiligen sind Mitte des Monats vorüber, und ab dann sollten keine Spätfröste mehr auftreten. Die gut abgehärteten, kälteempfindlichen Jungpflanzen dürfen nun ins Beet gepflanzt werden. Für die Pflanzung suchst du dir am besten einen milden, leicht bedeckten Tag ohne Regen aus. Starte früh am Tag, damit sich die Pflänzchen einige Stunden akklimatisieren können, bevor die Nacht hereinbricht. Sollte Regen oder starker Wind angekündigt sein, kann ein Vlies als Schutz in den ersten Tagen hilfreich sein.

Bei einer durchdachten Beetplanung können frühe Sorten geerntet werden und machen schon jetzt wieder Platz für andere Gemüsepflanzen. Zu den regelmäßigen Aufgaben im Mai gehört das Hacken und Mulchen der Beete.

KOPFSALAT

Im Februar gesäter Kopfsalat kann im Mai geerntet werden

ERNTE VON MÄRZ BIS MAI

- → Asia-Salate
- → Feldsalat
- → Frühlingszwiebeln
- → Kohlrabi
- → Mangold
- → sehr frühe Möhren
- → Pflücksalat
- → Radieschen
- → Rettich
- → frühe Salate
- → Spinat
- → Winterportulak

Die Eisheiligen

Die sogenannten Eisheiligen sind für viele (Hobby-)Gärtner der Anhaltspunkt für den Start in die Freilandsaison. Dabei handelt es sich um Namenstage von Heiligen, die laut Überlieferung das Ende der frostigen Jahreszeit einläuten sollen. Mit dem 15. Mai, dem Namenstag der Heiligen Sophie, sind sie vorüber und ab diesem Zeitpunkt sollen keine Fröste mehr auftreten. Nun können die jungen und zarten Pflanzen im Freiland beginnen zu wachsen. Auch wenn sich das Klima immer mehr verändert, ist die Sinnhaftigkeit der Eisheiligen für den eigenen Gartenkalender nicht ganz von der Hand zu weisen. Als Hobbygärtner entwickelt man mit der Zeit ein gewisses Gespür für das Klima. Behalte aber in jedem Fall das Wetter in deiner Region im Blick und reagiere, falls erforderlich.

WINTERPORTULAK

Ein frischer Genuss aus dem Früh- oder Hochbeet

Mein liebstes Frühlingsgemüse

Die **Asia-Salate 'Mizuna' und 'Red Giant'** werden von März bis Oktober im Freiland und von September bis März im Gewächshaus und im Frühbeet gesät. Schon wenige Wochen nach der Aussaat ist das Blattgemüse erntereif und schmeckt wunderbar als würziger Salat oder gedünstet in Gemüsepfannen. Der leicht scharfe Geschmack ist etwas ganz Besonderes, und das Gemüse enthält wertvolle Senföle sowie andere wichtige Inhaltsstoffe.

Mangold 'Bright Lights' bringt Farbe in den Frühling. Das Blattgemüse wächst in Farben von weiß-grün über gelb und rot bis pink. Es sieht im Frühlingsbeet nicht nur toll aus, sondern schmeckt zudem richtig lecker.

Rote Bete als bunte Mischung ist neben dem Mangold mein farbliches Highlight im Frühlingsgarten und vor allem in der Küche. Zu meinen Favoriten zählen die Sorten **'Golden'**, **'Ägyptische Plattrunde'** und **'Formanova'**. Wenn du sie sehr früh unter Glas säst, können die bunten Knollen schon im Mai geerntet werden.

MANGOLD 'BRIGHT LIGHTS'

Ein optisches und kulinarisches Highlight im Gemüsebeet

WAS KANN INS FRÜHBEET?

In der Zeit von März bis Mai kannst du dir die Vorteile des Frühbeetes voll und ganz zunutze machen. Durch die Kraft der Frühlingssonne wird die Luft in Frühbeetkasten und Folientunnel schnell erwärmt und in diesem geschützten System auch recht lange gehalten. Solange der Boden frostfrei bleibt, ist das Frühbeet der ideale Platz für die ersten Direktsaaten des Jahres. Arten, die schon vor März ins Frühbeet können, sind **Radieschen** oder **frühe Salate.** Sie werden zu Beginn des Frühjahres ergänzt durch die Arten im obenstehenden Kasten. Im April und Mai kannst du das Frühbeet ideal als Anzuchtbeet nutzen und in kleinen Töpfen oder Anzuchtschalen beispielsweise Kürbis, Physalis oder Mais vorziehen.

FRÜHBEET AB MÄRZ

- → Blumenkohl
- → Brokkoli
- → Dicke Bohnen
- → Fenchel
- → Frühe Möhren
- → Frühe Sorten Rot- & Weißkohl
- → Kohlrabi
- → Kresse
- → Lauch & Zwiebeln
- → Mangold
- → Pflücksalat
- → Rettich
- → Rote Bete
- → Rucola
- → Sellerie

WAS KANN INS HOCHBEET?

Die Erde im Hochbeet erwärmt sich selbst im März schon stark, da die Frühjahrssonne die Seitenwände aufheizt. Damit bietet es schon jetzt gute Voraussetzungen für erste Direktsaaten, die auch mit kühlen Temperaturen gut zurechtkommen. Die Wettervorhersage sollte dennoch immer im Blick behalten werden. Schütze deine Jungpflanzen mit einem zusätzlichen Vlies oder einem Folientunnel vor angekündigten Frösten.

TIPP

Auch wenn es schwer fällt, säe nicht zu dicht in deinem Hochbeet. Wenn die Gemüsepflanzen groß werden, benötigen sie ausreichend Platz.

DIREKTSAATEN IM HOCHBEET

Ab März

→ Asia-Salat
→ Erbsen
→ Hirschhornsalat
→ Mairübe
→ Frühe Möhren
→ Späte Möhren
→ Lauchzwiebel
→ Pastinake
→ Radieschen
→ Rettich
→ Rosenkohl
→ Rote Bete
→ Rucola
→ Schwarzwurzel
→ Spinat
→ Winterkresse
→ Zwiebeln (Direktsaat oder Steckzwiebeln)

Ab April

→ Blumenkohl
→ Brokkoli
→ Edamame
→ Gartenmelde
→ Kohlrabi
→ Kopfsalat
→ Lauch
→ Mangold
→ Pflücksalat
→ Physalis
→ Rotkohl
→ Weißkohl

Ab Mai

→ Bohnen
→ Fenchel
→ Gurken
→ Kürbis
→ Mais
→ Melonen
→ Wirsing
→ Zucchini

WAS KANN INS GEWÄCHSHAUS?

Da sich die Funktionsweise von Frühbeet und Gewächshaus stark ähnelt, kannst du in beide Systeme die gleichen Sorten säen.

Das Gewächshaus eignet sich im Frühling besonders gut zum Vorziehen von Gemüse. Du hast jetzt noch viel Platz im Gewächshaus und gegenüber dem Freilandanbau verschaffst du dir damit einen Zeitvorsprung hinsichtlich einer früheren Ernte. Die Arten aus nebenstehender Tabelle („Direktsaaten im Hochbeet“) kannst du je nach Witterung im Gewächshaus drei bis fünf Wochen früher als im Hochbeet in kleinen Töpfen und Anzuchtschalen vorziehen. Ein Beispiel: Bohnen, Fenchel oder Zucchini kannst du ab Mai ins Hochbeet säen und im Gewächshaus bereits im April vorziehen.

TIPP

Möhren, Mairüben, Pastinaken, Rettich und Rote Bete eignen sich nicht gut zur Anzucht. Sie neigen dazu, krumm zu wachsen, wenn sie vereinzelt werden. Diese Sorten säst du besser direkt.

KRUMME MÖHREN ...

... sind nicht des Gärtners Liebling, schmecken aber mindestens genauso gut wie gerade Karotten.

Der Garten erwacht

Hast du dir schon einen Plan gemacht, wie du dich in der kommenden Saison mit frischem Gemüse versorgen kannst? Damit möglichst viel aus dem vorhandenen Platz herausgeholt wird, gibt es ein paar Dinge zu beachten.

VOR- UND NACHKULTUR

Unter Vor- und Nachkultur versteht man in der Regel schnellwachsende Gemüsesorten, die vor oder nach der Hauptkultur im Beet angebaut werden.

Vorkulturen werden zu Beginn des Frühlings im Gemüsebeet gepflanzt und sind abgeerntet, wenn die Zeit für die Pflanzung der Hauptkultur gekommen ist.

Als **Nachkultur** werden Sorten gesät, die im Anschluss an die Hauptkultur ins Beet kommen. Im Herbst und Winter sind das Sorten, die gut mit niedrigen Temperaturen zurechtkommen und zum Teil sogar frosthart sind.

So werden die Beete bis ins letzte Eck genutzt und jede Menge verschiedene Sorten über das Jahr geerntet. Die meisten Vor- und Nachkulturen haben übrigens nur einen geringen Nährstoffbedarf und machen der Hauptkultur die Nahrung nicht streitig.

Für den Boden sind sie eine gute Ergänzung und können ihn sogar verbessern. Das ist bei Erbsen der Fall, die durch Knöllchenbakterien an den Wurzeln den Boden mit Stickstoff anreichern. Zudem werden die Nährstoffe im Boden gleichmäßiger genutzt und eine einseitige Schädigung beispielweise durch Stoffabgaben ins Erdreich kann nicht entstehen. Gründüngung wird ohnehin zur Bodenverbesserung eingebracht, denn je nach Art lockern deren Wurzeln das Erdreich und reichern den Boden mit Stickstoff und Nährstoffen durch die Zersetzung der Pflanzenreste nach dem Winter an.

WELCHE KULTUREN GUT ZUSAMMENPASSEN

VOR- UND NACHKULTUR	*HAUPTKULTUR*
Salate (frühe oder späte Sorten), Asia- und Pflücksalat	Auberginen, Buschbohnen, Kohlrabi (späte Sorten), Lauch, Paprika/Peperoni/Chili, Rote Bete
Spinat	Auberginen, Kohl, Kohlrabi, Tomaten
Möhren	Buschbohnen, Endivien, Stangenbohnen
Radieschen	Buschbohnen, Paprika/Peperoni/Chili, Rote Bete, Salate
Kohlrabi	Buschbohnen, Lauch, Rote Bete, Tomaten
Erbsen (frühe Sorten als Vorkultur)	Knollenfenchel, Salate
Winterlauch (als Nachkultur)	Möhren
Stangensellerie	Kohl (außer Kohlrabi)
Frühkartoffel (als Vorkultur)	Knollenfenchel
Gründüngung	Vor- und Nachkultur für zahlreiche Gemüsearten

FRUCHTFOLGE UND FRUCHTWECHSEL

Du holst den besten Ertrag aus deinen Beeten heraus, wenn du dich an eine ausgewogene Fruchtfolge und den Fruchtwechsel hältst. Wachsen auf einer Anbaufläche ständig die gleichen Gemüsearten, kann dies die Ausbreitung von Schädlingen und Krankheitserregern begünstigen.

Unter **Fruchtfolge** versteht man den Anbau verschiedener Gemüsepflanzen innerhalb einer Saison. Ein Beispiel: Im Frühjahr baust du Radieschen und Spinat an, im Sommer folgen im gleichen Beet Tomaten und Paprika. Welche Art wie lange im Beet Platz braucht, liest du auf Seite 67.

Beim **Fruchtwechsel** dagegen betrachtet man die Bepflanzung über mehrere Jahre. Sie berücksichtigt auf der einen Seite die optimale Nutzung des Bodens durch Stark-, Mittel- und Schwachzehrer (siehe Seite 40) und auf der anderen Seite einen Wechsel zwischen den unterschiedlichen Pflanzenfamilien.

In einem Beet werden Pflanzen aus derselben Familie mit einer Pause von drei Jahren gepflanzt. Pflanzpläne helfen dir, den Überblick darüber zu behalten, was wann im Beet angebaut wurde. So kannst du ganz einfach deine Beete Jahr für Jahr neu planen.

PFLANZENFAMILIEN

- → **Doldenblütler:** Dill, Fenchel, Möhre, Petersilie, Sellerie
- → **Gänsefußgewächse:** Mangold, Rote Bete, Spinat
- → **Korbblütler:** Endivie, Kopf-, Pflück-, Radicchio-, Schnittsalat, Schwarzwurzel
- → **Kreuzblütler:** Chinakohl, Mairübe, alle Kohlarten, Kresse, Radieschen, Rettich, Rucola
- → **Kürbisgewächse:** Gurke, Kürbis, Melone, Zucchini
- → **Nachtschattengewächse:** Auberginen, Kartoffel, Paprika, Physalis, Tomaten
- → **Schmetterlingsblütler:** Bohne, Dicke Bohne, Edamame, Erbse, Linse
- → **Zwiebelgewächse:** Lauch, Zwiebel

TIPP

Pflanze am besten kein Gemüse zweimal hintereinander an derselben Stelle. Solltest du das aus Platzgründen machen müssen, tausche die Erde möglichst weitestgehend aus.

GUTE BEETNACHBARN

→ ... beeinflussen ihr gegenseitiges Wachstum positiv und damit auch die Ernte
→ ... nutzen die Nährstoffe aus dem Boden optimal
→ ... helfen einander gegen Schädlinge und Krankheiten
→ ... wachsen harmonisch zusammen, da Wurzeln und Blätter sich nur wenig in die Quere kommen

SCHLECHTE BEETNACHBARN

→ ... hemmen gegenseitig ihr Wachstum
→ ... sind einer größeren Gefahr durch Pflanzenkrankheiten und Schädlinge ausgesetzt
→ ... können sich Platz und Nährstoffe streitig machen

NEUTRALE BEETNACHBARN

Diese beeinflussen sich weder positiv noch negativ und sind daher sehr gute Ergänzungspflanzen. Beispiele dafür sind Bohnen und Mangold, Gurken und Spinat oder Tomaten.

ÜBERSICHT: BEETNACHBARN

	GUTE NACHBARN	*SCHLECHTE NACHBARN*
BOHNEN	Dill, Erdbeeren, Gurken, Kohlrabi, Kartoffeln, Kohl, Kopfsalat, Kürbis, Mais, Möhren, Radieschen, Rettich, Rote Bete, Schnittsalat, Sellerie, Tomaten, Zucchini	Erbsen, Fenchel, Knoblauch, Lauch, Zwiebeln
BLUMENKOHL & BROKKOLI	Bohnen, Gartenkresse, Gurken, Kartoffeln, Lauch, Mangold, Radieschen, Rettich, Rote Bete, Sellerie, Tomaten	Zwiebeln
ENDIVIEN	Fenchel, Kohl, Lauch, Möhren, Tomaten, Zwiebeln	—
ERBSEN	Dill, Fenchel, Gurken, Kohl, Kopfsalat, Mais, Möhren, Radieschen, Rettich, Zucchini	Bohnen, Kartoffeln, Knoblauch, Lauch, Paprika/Peperoni, Zwiebeln, Tomaten
FENCHEL	Endivien, Erbsen, Feldsalat, Gurken, Kopfsalat, Radicchio	Bohnen, Paprika/Peperoni, Radieschen, Rettich, Tomaten
GURKE	Bohnen, Dill, Erbsen, Fenchel, Kohl, Kopfsalat, Koriander, Kümmel, Mais, Paprika/Peperoni, Rote Bete, Schnittsalat, Sellerie, Zwiebeln	Kartoffeln, Kürbis
KARTOFFELN	Bohnen, Knoblauch, Kümmel, Kohl, Mais, Meerrettich, Spinat	Erbsen, Gurken, Kürbis, Möhren, Paprika/Peperoni, Sellerie, Tomaten, Zucchini
KNOBLAUCH	Erdbeeren, Gurken, Himbeeren, Möhren, Rote Bete, Tomaten	Erbsen, Kohl, Stangenbohnen
KOHLARTEN (ALLE)	Beifuß, Bohnen, Dill, Endivien, Erbse, Gurke, Kartoffeln, Koriander, Kopfsalat, Kümmel, Lauch, Mangold, Paprika/Peperoni, Radieschen/Rettich, Rote Bete, Schnittsalat, Sellerie, Spinat, Tomaten	Erdbeeren, Knoblauch, Senf, Zwiebeln

	GUTE NACHBARN	SCHLECHTE NACHBARN
KOPFSALAT	Bohnen, Dill, Erbsen, Erdbeeren, Fenchel, Gartenkresse, Gurken, Kerbel, Kohl, Lauch, Mais, Möhren, Paprika/Peperoni, Radieschen, Radicchio, Rote Bete, Schwarzwurzeln, Tomaten, Zucchini, Zwiebeln	Petersilie, Sellerie
KÜRBIS	Bohnen, Mais	Gurken, Kartoffeln, Zucchini
LAUCH	Erdbeeren, Endivien, Kohl, Kopfsalat, Möhren, Petersilie, Sellerie, Schwarzwurzeln, Tomaten	Bohnen, Erbsen, Rote Bete, Sellerie
MAIS	Bohnen, Erbsen, Gurken, Kartoffeln, Kopfsalat, Kürbis, Melonen, Tomaten, Zucchini	Rote Bete, Sellerie
MANGOLD	Knoblauch, Kohl, Möhren, Radieschen, Rettich	Rote Bete, Sellerie, Spinat
MÖHREN	Bohnen, Dill, Endivien, Erbsen, Knoblauch, Kopfsalat, Lauch, Majoran, Mangold, Paprika/Peperoni, Radicchio, Radieschen, Rettich, Rosmarin, Salbei, Schnittlauch, Schnittsalat, Schwarzwurzeln, Tomaten, Zwiebeln	Kartoffeln 
PAPRIKA & PEPERONI	Basilikum, Gurke, Möhren, Kohl, Salate	Aubergine, Erbsen, Fenchel, Kartoffeln, Tomaten, Rote Bete, Sellerie
RADICCHIO	Fenchel, Kopfsalat, Möhren, Stangenbohnen, Tomaten	Sellerie, Petersilie, Radieschen
RADIESCHEN & RETTICH	Bohnen, Erbsen, Erdbeeren, Gartenkresse, Kapuzinerkresse, Kohl, Kopfsalat, Mangold, Möhren, Petersilie, Schnittsalat, Spinat, Tomaten, Zwiebeln	Fenchel, Kerbel, Wassermelone 
ROTE BETE	Bohnen, Dill, Gartenkresse, Gurken, Knoblauch, Kohl, Kopfsalat, Koriander, Kümmel, Schnittsalat, Zwiebeln	Lauch, Mais, Mangold, Paprika/Peperoni, Spinat, Sellerie
SCHWARZWURZEL	Kohlrabi, Kopfsalat, Lauch, Möhren, Schnittsalat	—
SELLERIE	Bohnen, Gurken, Kohl, Lauch, Tomaten	Kartoffeln, Kopfsalat, Lauch, Mais, Mangold, Paprika/Peperoni, Rote Bete
SPINAT	Erdbeeren, Kartoffeln, Kohl, Radieschen, Rettich, Schnittsalat, Stangenbohnen, Tomaten	Mangold, Spinat (-> Spinat oder Mangold sollte nicht direkt wieder nach Spinat gesät werden), Rote Bete
TOMATEN	Bohnen, Endivie, Kopfsalat, Kohl, Knoblauch, Lauch, Möhren, Mais, Radicchio, Radieschen, Rettich, Sellerie, Spinat	Erbsen, Fenchel, Kartoffeln, Paprika/Peperoni
ZUCCHINI	Erbsen, Mais, Stangenbohnen, Zwiebeln, Salat	Kartoffeln, Kürbis
ZWIEBELN	Endivie, Erdbeeren, Gurken, Kopfsalat, Möhren, Rote Bete, Radieschen, Zucchini	Bohnen, Erbsen, Kohl

Fruchtfolge im Gewächshaus

Du möchtest vorwiegend und am besten in jedem Jahr Auberginen, Gurken, Melonen, Peperoni oder Tomaten anbauen und fragst dich, wie Fruchtfolge und -wechsel im Gewächshaus funktionieren soll?

Ganz einfach: Damit du Jahr für Jahr deine Lieblingssorten pflanzen kannst, baust du im Gewächshaus nicht anhand der Fruchtfolge an. Dafür ist es umso wichtiger Vor-, Nach- und Zwischenkulturen zu pflanzen. Diese sollten möglichst aus anderen Pflanzenfamilien (siehe Seite 63) stammen, damit die Bodennährstoffe gleichmäßiger genutzt werden und sich einseitige Wurzelausscheidungen im Boden nicht anreichern. Um den Boden zu schützen, sollte er möglichst nicht brachliegen. Optimal sind Gemüsearten, die sich gut miteinander vertragen. Also kommen gute Beetnachbarn in vorhandene Pflanzlücken. Als Herbst- und Winterkulturen eignen sich Asia- oder Schnittsalat und Spinat. Auch eine Gründüngung kann durchaus nicht schaden, ist aber aufgrund der Beschaffenheit vieler Gewächshäuser oft nur bedingt möglich.

Außerdem ist die Stärkung der Pflanzen wichtig, damit sie gegen Schädlinge und Krankheiten gewappnet sind. Pflanzenjauchen (siehe Seite 40) sind bestens geeignet, genauso wie eine Bodenvorbereitung vor der Hauptkultur mit Urgesteinsmehl und Kompostgaben.

Das Wichtigste ist: Beobachten! Stellst du fest, dass dein Gewächshausgemüse irgendwann nicht mehr gut wächst oder sich vermehrt Probleme zeigen, wird der Boden mit viel neuer Erde aufbereitet (siehe Seite 38).

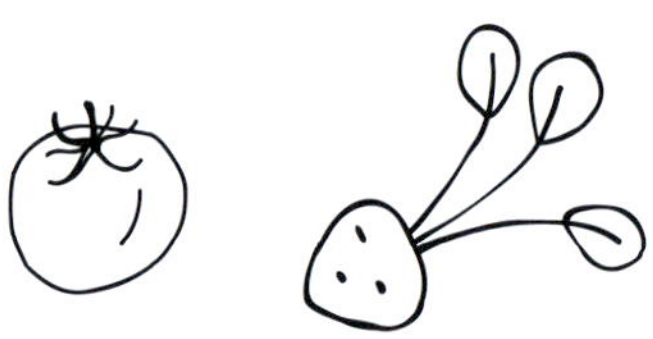

KLASSIKER

Kohlrabi und Tomaten sind eine gute Kombination im Gewächshaus

WIE LANGE IST WELCHE ART IM BEET?

Für die Beetplanung ist es gut zu wissen, wie lange die jeweilige Art im Beet verbleibt – von der Aussaat bis zur letzten Ernte. Dabei gibt es schnelle Sorten, die nur wenige Wochen im Beet kultiviert werden und solche, die bis zur letzten Ernte mehrere Monate den Platz vereinnahmen. Weiß man über die Kulturdauer in etwa Bescheid, lassen sich Beete leichter planen.

TIPP

Verkürze die Vegetationszeit im Beet, indem du die Pflanzen in Anzuchtgefäßen vorziehst oder Jungpflanzen kaufst. Die Kulturdauer verkürzt sich dadurch mitunter um mehrere Wochen.

ÜBERSICHT: KULTURDAUER

Sorten mit einer Kulturdauer von 20–50 Tagen

→ Asia-Salat und Pflücksalat
→ Radieschen und Rettich
→ Rucola
→ Salate und Spinat
→ Zucchini

Sorten mit einer Kulturdauer von 50–70 Tagen

→ Bohnen und Erbsen
→ Feldsalat
→ Kohlrabi
→ Mangold
→ Rote Bete

Sorten mit einer Kulturdauer von 70–150 Tagen

→ Aubergine
→ Chili
→ Dicke Bohne
→ Gurken
→ Endivie
→ Fenchel
→ Kohlsorten (außer Kohlrabi)
→ Kartoffeln
→ Knoblauch
→ Kürbis
→ Lauch
→ Mais
→ Möhren
→ Paprika und Peperoni
→ Pastinake
→ Physalis
→ Radicchio
→ Sellerie
→ Tomate
→ Zwiebel

Vorziehen oder kaufen!

Für mich gehört das **Vorziehen** einfach dazu. Sorten und Zeiträume können frei gewählt werden, und man erlebt die Pflanze vom Saatkorn bis zur Ernte. Allerdings ist der Aufwand viel größer, denn man muss täglich gießen und die Pflanzen müssen pikiert und abgehärtet werden. Zudem nehmen sie eine Menge Platz ein.

Bei Platz- und Zeitmangel bietet sich der **Kauf von Jungpflanzen** an. Achte aber unbedingt auf Bio-Qualität. Wenn vorgezogene, kräftige Pflanzen direkt aus dem Topf ins Beet wandern, ist das ein enormer Zeitvorteil. Allerdings ist die Auswahl eingeschränkt. Bestimmte oder gar ausgefallene Sorten sind als Jungpflanzen oft schwer zu bekommen.

Beetvorschläge für vier Jahre

Nachdem du jetzt weißt, welche Pflanzen sich gut als Vor- und Nachkulturen eignen, welche Sorten du nicht direkt nacheinander oder im gleichen Beet anbauen solltest und wie du zwischen den Pflanzenfamilien rotierst, geht es jetzt an die Umsetzung. Mit diesen Pflanzplänen kannst du dein Beet jedes Jahr optimal nutzen.

PFLANZPLAN NACH NÄHRSTOFFBEDARF

Durch den wechselnden Anbau von Stark-, Mittel- und Schwachzehrern (siehe Seite 40) wird der Nährstoffbedarf des Substrats gut genutzt. Dennoch werden die Gemüsepflanzen während der Saison gedüngt.

Dem Hochbeet gönnt man im vierten Jahr eine Erholungsphase und sät eine Gründüngung ein. Mais zählt übrigens zu den Gräsern und kann vor der Gründüngung von Mai bis September im Beet wachsen.

Willst du dein Beet auch im vierten Jahr voll nutzen, gibt es eine Alternative: Das Hochbeet wird zu etwa zwei Drittel entleert und mit frischem Material befüllt. Wie du das Substrat im Hochbeet richtig schichtest, kannst du auf Seite 15 nachlesen. So ist eine Nutzung wie im ersten Jahr wieder möglich.

TIPP

Das Substrat aus dem Hochbeet kannst du selbstverständlich kompostieren, sodass es nach der Reifezeit im Kompost zusammen mit anderen Pflanzenresten wieder zu nährstoffreichem Humus wird.

JAHR 1

→ **Hauptkultur: Starkzehrer**
Tomaten und Auberginen

→ **Begleitpflanzen**
Spinat und Pflücksalat, Basilikum und Petersilie

JAHR 2

→ **Hauptkultur: Mittelzehrer**
Möhren und Zwiebeln

→ **Begleitpflanzen**
Knoblauch und Salat, Petersilie und Schnittlauch

JAHR 3

→ **Hauptkultur: Schwachzehrer**
Buschbohnen und Radieschen

→ **Begleitpflanzen**
Spinat und Fenchel, Pflücksalat und Rucola

JAHR 4

→ **Hauptkultur: Gründündung**
Lupine, Senf, Phacelia

→ **Begleitpflanzen**
Gräser (Mais)

PFLANZPLAN NACH PFLANZENFAMILIEN

Eine andere Methode ist ein Pflanzplan für dein Hochbeet, der einen jährlichen Wechsel der Pflanzenfamilie berücksichtigt. Der Fruchtwechsel ist in diesem Fall so optimiert, dass jede Pflanzenfamilie nur einmal alle vier Jahre im selben Beet vorkommt.

Als Begleitpflanzen eignen sich solche, die schnell wachsen, relativ neutral ihren Beetnachbarn gegenüberstehen und den Platz optimal ausnutzen.

TIPP

Bist du mal unsicher, welche Sorte du als Nächstes ins Beet pflanzen sollst, probiere es einfach aus. Vertragen sich diese Pflanzen nicht gut, wirst du das zum Beispiel durch einen schwachen Wuchs oder vermehrt auftretende Schädlinge feststellen. Beim Gärtnern ist nichts in Stein gemeißelt, und manchmal lernt man schneller und besser, indem man es einfach testet. Und wenn es schiefgeht, merkst du es dir fürs nächste Mal und probierst eine andere Pflanzenkombination.

JAHR 1

→ **Kreuzblütler**
Kohlrabi und Radieschen

→ **Begleitpflanzen**
Rote Bete und Spinat

JAHR 2

→ **Schmetterlingsblütler**
Erbsen

→ **Begleitpflanzen**
Kopfsalat, Endivie und Schwarzwurzel

JAHR 3

→ **Doldenblütler**
Möhren und Fenchel

→ **Begleitpflanzen**
Zwiebeln, Knoblauch, Petersilie und Dill

JAHR 4

→ **Kürbisgewächse**
Zucchini oder Gurke

ODER

→ **Nachtschattengewächse**
Kartoffeln

→ **Begleitpflanzen**
Pflücksalat, Feldsalat und Petersilie

Meine Tipps für Gurken

Gurken sind sehr kälteempfindlich, weshalb sie erst nach den Eisheiligen Mitte Mai ins Beet gepflanzt werden. Zuvor werden sie gut abgehärtet, also schrittweise an das Klima im Freien gewöhnt. Für ein optimales Gurkenwachstum habe ich diese Tipps für dich.

ERSTE FRUCHTANSÄTZE ENTFERNEN

Gurken bilden schon in den ersten Blattachseln Fruchtansätze. Sie sehen aus wie winzig kleine Gürkchen, an deren Spitze eine gelbe Blüte wächst. Für die Pflanze kommt dieses Fruchtwachstum viel zu früh. Sie muss erst einmal Kraft in ihr eigenes Wachstum stecken. Deswegen brichst du die ersten ein bis zwei Fruchtansätze einfach mit den Fingern vorsichtig aus. Und ja, ich weiß genau, wie schwer es fällt. Aber das sorgt im weiteren Verlauf für ein üppigeres Fruchtwachstum.

GURKEN BRAUCHEN VIEL NAHRUNG

Im Laufe ihres Wachstums bilden Gurkenpflanzen mehrere meterlange Ranken mit zahlreichen Früchten. Dieses üppige Wachstum zeigt, dass sie viel Energie benötigen. Direkt bei der Pflanzung ins Freiland kommt, ein biologischer Langzeitdünger und eine Portion reifer Kompost mit ins Pflanzloch. Und während der Saison wird die Pflanze regelmäßig mit einem Flüssigdünger versorgt.

Früchte hängen am Rankgerüst herunter

Einlegegurke 'Vorgebirgstrauben' mit zahlreichen Blüten und Fruchtansätzen

Snackgurken tragen reichlich, wenn sie regelmäßig beerntet werden

Salatgurken sind erntereif, wenn die Schale glatt wird

Ein Rankgerüst hilft den Gurken beim Klettern

Erste Fruchtansätze ausbrechen für besseres Wachstum

Ein weiterer wichtiger Faktor ist Wasser. Kein Wunder, denn die Früchte bestehen zu einem Großteil daraus. Daher werden die Pflanzen regelmäßig gegossen, bevorzugt mit sonnengewärmtem Regenwasser.

REGENWASSER BEVORZUGT

Unser Leitungswasser ist von ausgesprochen guter Qualität, sofern die Wasserrohre nicht durch Ablagerungen oder schädliche Metalle belastet sind. Wir nutzen es als Trinkwasser, das wir tagtäglich zu uns nehmen. Und doch ist Regenwasser für unsere Gartenpflanzen immer die bessere Wahl. Es kommt auf natürliche Weise vor, und für dessen Nutzung wird die Wasserrechnung nicht belastet. Zudem ist es kalkfrei und verändert nicht den pH-Wert des Bodens. Es ist das Lebenselixier unserer Pflanzen und auf jeden Fall vorteilhaft für die Gartenbewässerung.

RANKGITTER FÜR GURKEN

Gurken sind echte Kletterkünstler. Die meterlangen Ranken hangeln sich liebend gerne an einem Rankgitter oder einem Gerüst mit Schnüren empor. Es darf gut und gerne zwei Meter hoch sein. So lassen sich übrigens die Gurken auch am besten ernten, da sie am Gerüst gut sichtbar sind und leicht gepflückt werden können. Die Gurkenranken können auch außen an den Wänden des Hochbeetes herunterwachsen.

WER VIEL ERNTET, WIRD BELOHNT

Hast du gewusst, dass viele Früchte nachwachsen, wenn du regelmäßig erntest? Gurken sollte man nicht zu groß werden lassen, da ansonsten die Schale sehr fest und die Kerne groß und hart werden. Schlangen- und Snackgurken sind erntereif, wenn die Schale glatt ist. Wie groß die Früchte werden, ist von Sorte zu Sorte unterschiedlich. Am besten probierst du es aus und erntest Gurken unterschiedlicher Größe. Dann weißt du, welcher Erntezeitpunkt optimal ist.

GUTE UND SCHLECHTE NACHBARN

Für Gurken gibt es Beetnachbarn, die das Wachstum und damit die Ernte beeinflussen. Gute Nachbarn im Gurkenbeet sind Bohnen, Dill, Erbsen, Fenchel, Knoblauch, Kohl, Kopfsalat, Koriander, Kümmel, Mais, Paprika/Peperoni, Rote Bete, Schnittsalat, Sellerie und Zwiebeln. Nicht zu empfehlen ist der Anbau von Gurken direkt neben Kartoffeln oder Kürbissen.

Kartoffeln im Sack

Für den Anbau von Kartoffeln ist das Hochbeet nicht optimal, da für die Ernte ordentlich gegraben werden muss. Und das ist bei einem erhöhten Beet nicht so einfach. Auf eine eigene Ernte muss dennoch auch ohne große Beetflächen nicht verzichtet werden, denn das Knollengemüse lässt sich richtig gut im Sack anbauen.

PFLANZSACK, JUTEBEUTEL ODER KÜBEL

Für den Anbau von Kartoffeln ist ein großer Pflanzsack völlig ausreichend. Ich verwende leere Erdsäcke, die sich im Laufe der Zeit ansammeln. Alternativ ist ein Jutesack oder ein großer Kübel ebenso gut geeignet. Wichtig ist, dass ein Ablaufloch für überschüssiges Regen- oder Gießwasser unten im Kartoffelsack vorhanden ist, damit keine Staunässe entstehen kann. Du kannst ganz einfach mit der Gartenschere oder einem dünnen Stock ein paar Löcher in den unteren Bereich des Beutels stechen.

DIE VORTEILE

- → Ein Pflanzsack bietet Platz für zwei bis drei Kartoffelpflanzen.
- → Er ist tief genug, sodass die Pflanze viele Knollen bilden kann.
- → Die Erde ist frisch und reich an Nährstoffen.
- → Sie wird durch den Sack fest zusammengehalten.
- → Deine Kartoffelsäcke kannst du platzsparend an die Seite des Hochbeetes stellen. So bekommen sie zudem genügend Wärme ab.
- → Die Ernte geht schnell und einfach.

Das Behältnis sollte mindestens 30–40 Liter Erde fassen. Das ist wichtig, denn Kartoffeln sind Starkzehrer, die viele Nährstoffe benötigen. Zudem brauchen die Pflanzen viel Platz, damit sich zahlreiche Knollen bilden können.

Neben dem Hochbeet stehen die Kartoffelsäcke gut geschützt

Saatkartoffeln sind gut vorgekeimt und können gepflanzt werden

VORKEIMEN

Ab März legst du Saatkartoffeln in einen offenen Eierkarton und stellst diesen an einen hellen, kühlen und trockenen Platz. Nach einiger Zeit bilden sich Keime.

PFLANZEN UND PFLEGEN

Sind die Saatkartoffeln gut vorgekeimt, kannst du ab Ende März bis Ende April damit beginnen, deine Pflanzsäcke zu befüllen.

Als Substrat wird nährstoffreiche Erde verwendet. Eine Mischung aus normaler Gartenerde, Kompost und Pflanzenerde ist optimal. Damit die Wurzeln genug Luft haben, um gesund und kräftig zu wachsen, können Holzspäne oder etwas Sand hinzugegeben werden.

Der Pflanzsack wird zunächst nur etwa 15–20 cm hoch mit Erde befüllt und darauf zwei bis drei Saatkartoffeln gelegt. Jetzt kommen weitere fünf Zentimeter Substrat darauf. Einmal kräftig angießen und ab jetzt immer feucht halten. Gieße aber nicht zu viel, Kartoffeln mögen keine zu hohe Feuchtigkeit. Der ideale Standort für deine Kartoffelsäcke ist hell und sonnig.

TIPP

An frostigen Tagen die Säcke mit Jute oder Pappe umwickeln und die Erde mit etwas Laub abdecken.

Nach ein paar Wochen wachsen die ersten Triebe. Wenn diese etwa fünf bis zehn Zentimeter hoch sind, füllst du wieder so viel Erde auf, dass alle Blätter gut bedeckt sind. Das wiederholst du noch ein bis zwei Mal, bis der Sack voll ist. Diesen Vorgang nennt man „Anhäufeln". Auf diese Weise können sich unter der Erde die Knollen entlang der Pflanze bilden. Wenn der Pflanzsack komplett befüllt ist, kann die Pflanze ungestört weiterwachsen. Im Sommer blühen die Kartoffelpflanzen, anschließend beginnen die Blätter abzusterben. Dann ist es Zeit für die Ernte.

LEICHTES ERNTEN

Im Gegensatz zum Kartoffelacker, wo die Erdwälle mit der Grabegabel durchgearbeitet werden, musst du hier lediglich den kompletten Sack ausleeren und alle Kartoffelknollen aufsammeln. Das funktioniert am besten auf einer Plane oder in einer Schubkarre. So hast du gleich die Erde beisammen, die anschließend auf dem Kompost landet.

Du kannst dich – je nach Sorte – pro Sack auf eine Erntemenge von ein bis drei Kilogramm Kartoffeln freuen.

TIPP

Nutze einige der geernteten Kartoffeln als Saatkartoffeln im folgenden Jahr und überwintere sie an einem trockenen, dunklen und kühlen Ort. Alle drei Jahre sollten allerdings frische Saatkartoffeln gekauft werden, damit sich keine Krankheiten ausbreiten.

Frühlingsbeet für Ungeduldige

Du kannst es kaum erwarten, in deinem Garten richtig loszulegen? Das Wintergemüse ist abgeerntet, und die sonnenhungrigen Pflanzen müssen sich noch gedulden? Dann starte doch einfach mit schnellen Gemüsesprintern, die dir in kürzester Zeit die erste Ernte bescheren.

PFLANZEN IM FRÜHLINGSBEET

Das Frühlingsbeet wird bepflanzt mit einem knackigen Ensemble aus frühen Möhren, Pflücksalat, Radieschen, Rucola sowie Erbsen oder Kopfsalat. Alle Sorten werden im März direkt ins Beet gesät, und das erste Gemüse kannst du wenige Wochen später ernten.

TIPP

Verwendest du vorgezogene Kopfsalatpflanzen, kannst du einige Wochen früher ernten, und die Reihe wird schneller frei für die nächste Sorte.

Hinweis: Der Pflanzplan ist auf ein Hochbeet mit den Maßen 200 x 100 cm ausgelegt. Hat dein Hochbeet andere Maße, passe die Anzahl der Pflanzen und Reihen entsprechend an.

TIPPS ZUM PFLANZEN

Radieschen werden mit einem Abstand von zwei bis drei Zentimeter zueinander gesät. Der Reihenabstand liegt bei 15–20 cm.

Pflücksalat wird dicht gesät, da der Salat keine Köpfe bildet. Er wird Blatt für Blatt geerntet, daher können die einzelnen Pflanzen eng beieinanderstehen. Der Abstand zu den anderen Gemüsereihen liegt bei etwa 20 cm.

Frühe Möhren werden im Abstand von fünf bis sechs Zentimeter gesät und im Reihenabstand von 25 bis 30 cm. Somit haben zwei Reihen Platz im Hochbeet.

Aus Platzgründen steht jetzt die Entscheidung zwischen **Erbsen und Kopfsalat** an. Beide benötigen pro Reihe etwa 40 cm Platz. **Erbsen** werden dicht gesät mit einem Abstand von drei bis fünf Zentimeter. So bekommst du etwa 20 bis 30 Pflanzen ins Beet. Alternativ setzt du in eine Reihe vier bis fünf Kopfsalate. Zuletzt gibt es noch eine Reihe **Rucola,** der wie Pflücksalat ebenfalls dicht gesät wird. Er benötigt lediglich 15–20 cm Platz pro Reihe.

WAS IST ZU TUN?

Im **März** säst du die Arten in die unkrautfreie, lockere und feinkrümelige Erde deines Hochbeetes. Ideal sind ein paar frostfreie Tage für die Aussaat. Zum Schutz gegen Kälte, aber auch gegen Vogelfraß, ist ein Vlies oder ein Frühbeetaufsatz sinnvoll.

Nach der Aussaat wird das Beet einmal kräftig gegossen und anschließend feucht gehalten. Da die Verdunstung durch die kalten Temperaturen noch gering ist, hält sich der Wasserbedarf aber sehr in Grenzen. Halte das Beet ansonsten unkrautfrei und lockere die Erde rund um die Pflanzen regelmäßig.

Die gewählten Arten keimen schnell auch bei niedrigen Temperaturen. Außerdem kannst du sie bereits nach wenigen Wochen ernten. Schon im **April** geht es also los mit der Ernte aus dem Hochbeet. Die ersten Radieschen, Pflücksalat und Rucola sind nach vier bis sechs Wochen erntereif.

TIPP

Wenn Pflücksalat und Rucola blattweise geerntet und das Herz der Pflanze stehengelassen wird, kann über mehrere Wochen geerntet werden.

Oft passiert es, dass die frühen Möhren zu dicht gesät werden, da das Saatgut sehr fein ist. Dann werden die Jungpflanzen so vereinzelt, dass nur alle fünf bis sechs Zentimeter eine Karotte wächst. Dazu ziehst du einfach zu dicht stehende Pflänzchen behutsam aus der Erde.

TIPP

Das junge Möhrengrün kannst du wunderbar in einem Smoothie oder auch im Salat verwenden. Es schmeckt herrlich frisch und zart nach Karotte.

Die Erbsen benötigen eine Rankhilfe, die relativ schnell und simpel aus ein paar Bambusstäben und etwas Schnur selbst gebaut werden kann. Mit ihren Ranken wickeln sich die Pflanzen um die Stäbe und wachsen in die Höhe. So kommen sie den anderen niedrigwachsenden Gemüsesorten nicht in die Quere.

Im **Mai** werden die ersten Reihen schon frei für die nächste Beetbepflanzung. Vorgezogene Pflanzen sind für das Freiland bereit, und das Hochbeet kann direkt weiter für die Hauptkulturen im Sommer genutzt werden. Das Substrat wird vor der Neupflanzung nochmal mit einer Portion Kompost aufbereitet und mit Urgesteinsmehl gestärkt.

03

GEMÜSEGARTEN im Sommer

Die langen Tage im Sommer beschleunigen das Wachstum im Gemüsegarten zusehends. Das Licht, die intensive Sonne und die hohe Luftfeuchtigkeit lassen deinen Gemüsegarten förmlich explodieren. So schnell, wie alles wächst, kann auch geerntet werden. Die Gemüsevielfalt ist jetzt am größten, und du erntest zahlreiche Früchte deiner bereits vor Monaten vorgezogenen Pflanzen. Das ist jedes Jahr aufs Neue ein absolutes Fest.

Sommerhitze und Trockenheit durch wenig Niederschlag können den Pflanzen allerdings ganz schön zu schaffen machen. Daher sind Belüftung und Bewässerung die Themen, die dich in den nächsten Monaten immer wieder beschäftigen.

Von Juni bis August stellst du außerdem die Weichen für deine Herbst- und Winterernte. Denn so schön das Ernten im Sommer ist, du möchtest deinen Gemüsegarten doch am liebsten ganzjährig nutzen. Es wird also aufs Neue geplant, gesät und vorgezogen.

Sommer im Überblick

Du läufst in den Sommermonaten gemeinsam mit deinem Garten zur Höchstform auf. Es gibt viel zu tun. Neben all der Gartenarbeit findest du sicher genügend Zeit, die Seele baumeln zu lassen. Denn dazu ist deine grüne Oase ja auch gedacht. Und vor allem darfst du dich über die Früchte deiner Arbeit freuen.

JUNI

Die im Mai gepflanzten Gemüsesorten legen im Juni kräftig los. Die Tagestemperaturen sind nun schon relativ hoch und konstant, und auch die Nächte bleiben in der Regel mild, wodurch das Pflanzenwachstum ordentlich angeregt wird. Das heißt aber auch, dass sich Schädlinge und Krankheiten jetzt schneller ausbreiten. Kontrolliere also immer wieder, ob du einen Befall feststellen kannst. Je früher du etwas dagegen unternimmst, desto besser. Nach den ersten Wochen im Beet benötigen Mittel- und Starkzehrer bereits eine erste Düngung. Natürliche Dünger, wie Brennnessel- oder Ackerschachtelhalmjauche, geben den Pflanzen Kraft und schützen sie vor zahlreichen Widrigkeiten im Gemüsegarten.

JULI

Meist wird es heiß im Juli. Dein Gemüsegarten braucht entsprechend viel Wasser. Es kann fleißig geerntet werden, und die ersten Reihen im **Hochbeet** oder im **Gewächshaus** werden wieder frei. Schnellwachsende Zwischensorten, wie Salate, Rettich oder Radieschen, können nachgesät werden. Außerdem kannst du Herbst- und Wintersorten vorziehen oder direkt aussäen.

Außerhalb vom Gewächshaus solltest du ab Ende Juli noch nicht befruchtete Blüten und neue Triebe von Auberginen, Kürbis, Melonen, Paprika und Peperoni, Physalis, und Tomaten abschneiden. Neue Früchte bräuchten zu lange, um noch in dieser Saison auszureifen. Die Pflanze soll ihre Kraft nun in die Reifung der schon vorhandenen Früchte stecken. Im Gewächshaus kannst du mit dem Entfernen neuer Blüten bis August warten.

AUGUST

Je nachdem, wie die Nutzung der Beete geplant ist, kann im August noch Wintergemüse gesät und gepflanzt werden. Alternativ kannst du eine Gründüngung zur Bodenverbesserung einbringen. Willst du also einem deiner Beete eine Pause gönnen, säst du Lupinen, Senf oder Phacelia ein. Das sind schnellwachsende, teilweise auch tiefwurzelnde und somit den Boden lockernde Pflanzen, die nach dem Verblühen oder Erfrieren im Winter in den Boden eingearbeitet werden und als natürlicher Kompost auf dem Beet verbleiben. Willst du stattdessen weiterhin Gemüse ernten, wird der Boden vor der Neupflanzung mit einer Handvoll Urgesteinsmehl und nach Bedarf etwas Kompost oder Pferdemist verbessert.

Auch im August werden die Beete regelmäßig bewässert. Es kann zu längeren Trockenphasen kommen. Sommergewitter können durch Starkregen und heftige Winde den Pflanzen ganz schön zusetzen. Behalte also immer die Wettervorhersage im Auge, um auf die jeweiligen Bedingungen vorbereitet zu sein.

Die Kartoffeln im Sack sind ab August erntereif. Hast du schon nachgeschaut, ob viele Knollen gewachsen sind? So lange das Wetter nicht zu feucht ist, können die Kartoffeln bedarfsweise Sack für Sack geerntet werden. Natürlich kannst du auch alle Knollen auf einmal ernten, sobald die Pflanzen komplett verblüht und abgetrocknet sind, und sie anschließend entsprechend einlagern.

ERNTE VON JUNI BIS AUGUST

- → Asia-Salate
- → Auberginen
- → Blumenkohl
- → Bohnen
- → Brokkoli
- → Chicorée
- → Chili
- → Endivie
- → Erbsen
- → Fenchel
- → Gurken
- → Kohlrabi
- → Mais
- → Mangold
- → Möhren
- → Paprika
- → Peperoni
- → Physalis
- → Radieschen
- → Rettich
- → Rote Bete
- → Rotkohl
- → verschiedene Salatsorten
- → Sommerlauch
- → Tomaten
- → Weißkohl
- → Zucchini
- → Zuckerhut
- → frühe Zwiebeln

Mein liebstes Sommergemüse

Tomate 'Ruthje' ist eine meiner liebsten Sorten aus der langen Liste von köstlichen Tomatensorten wie **'Green Zebra'**, **'Berner Rose'**, **'Black Plum'** oder **'Ochsenherz'**. 'Ruthje' trägt unglaublich viele, sehr schmackhafte Früchte, die etwas kleiner sind als Strauchtomaten. Sie können auch im reifen Zustand relativ lange an der Pflanze hängen, bevor sie aufplatzen.

Snackgurken wie die Sorten **'Piccolino'** oder **'Gambit'** sind in jedem Jahr fester Bestandteil meines Naschgartens. Die Früchte sind an heißen Sommertagen wahre Durstlöscher. Für eine reiche Ernte findest du auf Seite 70 meine Tipps für Gurken.

Die **Wassermelone 'Sugar Baby'** trägt kompakte, etwa zwei bis drei Kilogramm schwere Früchte mit herrlich süßem Fruchtfleisch. Melonen benötigen allerdings viel Wärme und gleichmäßige Wassergaben, um gut zu gedeihen. Aus eigener Erfahrung weiß ich, dass der Melonenanbau nicht immer gleich gut gelingt. Dennoch probiere ich es jedes Jahr wieder.

WAS KANN INS FRÜHBEET?

Das Frühbeet spielt im Sommer eigentlich keine große Rolle. Den meisten Gemüsesorten wäre es zu warm unter dem Schutz der Überdachung. Ich nutze den Frühbeetaufsatz allerdings gelegentlich, um meine Beete vor Vögeln zu schützen, die auf der Suche nach Würmern, Insekten oder Saatkörnern die lockere Erde durchwühlen.

Zudem schützen Folien- und Vliestunnel vor Schädlingen, wie dem Kohlweißling oder der Gemüsefliege. Wenn ein solcher Tunnel verwendet wird, muss man an heißen Tagen auf ausreichende Durchlüftung achten.

SOMMER-TIPP

Du kannst über die Bögen eines Folientunnels statt der Folie auch ein engmaschiges Gemüsekulturnetz spannen. Das hält ebenfalls Schädlinge fern, jedoch ohne dass es den Pflanzen darunter zu warm wird.

WAS KANN INS HOCHBEET?

Das Hochbeet hat jetzt Hauptsaison und wird bis ins kleinste Eckchen genutzt. Immer wenn eine Pflanze abgeerntet ist, kannst du etwas Neues säen oder pflanzen. Beachte aber Fruchtfolge und Fruchtwechsel (siehe Seite 63), damit deine Gemüsepflanzen gesund bleiben und dir den gewünschten Ertrag bringen.

DIREKTSAATEN UND PFLANZUNGEN IM HOCHBEET

Juni

→ Asia-Salate
→ Blumenkohl
→ Bohnen
→ Brokkoli
→ Chinakohl
→ Eisbergsalat
→ Erbsen
→ Federkohl
→ Fenchel
→ Grünkohl
→ Gurken
→ Kohlrabi
→ Kopfsalat
→ Lauchzwiebel
→ Mangold
→ Pflücksalat und Radicchio
→ Radieschen und Rettich
→ Rote Bete
→ späte Möhren
→ Weißkohl und Wirsing
→ Zucchini
→ Zuckerhut
→ Zuckermais

Juli

→ Asia-Salate
→ Bohnen
→ Chinakohl
→ Endivie
→ Federkohl
→ Fenchel
→ Grünkohl
→ Herbstkohlrabi
→ Kopfsalat
→ Lauchzwiebel
→ Mangold
→ Pflücksalat
→ Radicchio
→ Radieschen und Rettich
→ Rote Bete
→ Wirsing
→ Zuckerhut

August

→ Asia-Salate und Feldsalat
→ Herbstkohlrabi
→ Lauchzwiebel
→ Mangold
→ Pflücksalat
→ Rettich und Radieschen
→ Spinat

TIPP

Wenn du Salate im Abstand von ein bis zwei Wochen säst, kannst du über einen langen Zeitraum ernten. Und so verhinderst du auch, dass zu viele gleichzeitig erntereif werden und nach der Schwemme kein neuer Salat nachwächst. Gleiches gilt übrigens auch für Radieschen, Rettich, Rote Bete und Kohlrabi.

WAS KANN INS GEWÄCHSHAUS?

Das Gewächshaus wird ähnlich genutzt wie das Hochbeet. Die Arten aus der nebenstehenden Tabelle kannst du im Treibhaus analog säen und pflanzen.

Besonders die Anzuchten für die Herbst- und Winterernte sind im Gewächshaus gut aufgehoben. Die Temperaturen sind gleichmäßig, da es nachts weniger abkühlt als im Freiland, und die Pflanzen stehen windgeschützt. Eine gute Durchlüftung ist für die Keimlinge wichtig, damit sie es nicht zu warm haben. Eine Beschattung der Glasfenster kann hilfreich sein. Zu viel Wärme macht sich durch lange und dünn wachsende Keimlinge bemerkbar. Sollte es dazu kommen, stell die Anzuchtgefäße an einen kühleren Platz.

Bewässerung & Belüftung

Bei sommerlichen Temperaturen ist eine ausreichende Bewässerung und eine gute Belüftung enorm wichtig. Natürlich gibt es auch hierzu individuelle Anforderungen bezüglich Frühbeet, Hochbeet und Gewächshaus.

IM FRÜHBEET

Unter Folie, Vlies oder einem festen Dach wachsen die Pflanzen im Frühbeet geschützt vor den Widrigkeiten des Freilandklimas. Dabei ist auch im Frühbeet auf eine entsprechende **Belüftung** zu achten. Bleibt die Überdachung geschlossen, kann kein Luftaustausch erfolgen. Pflanzen brauchen Luft, und daher muss regelmäßig gelüftet werden. Im Frühbeet bestenfalls, wenn die Temperaturen nicht zu tief sind, was in der Regel tagsüber der Fall ist. Für ein gesundes Pflanzenwachstum sind mehrere Stunden Frischluft pro Tag essenziell wichtig.

Eine Gießkanne mit Regenwasser ist die ideale Bewässerung für das Frühbeet

Die Fenster des Frühbeetes

Bezüglich der **Bewässerung** kommt es auf die Beschaffenheit des Frühbeetes an. Wird direkt in den Erdboden gepflanzt, kann oft ausreichend Wasser von den Seiten an den Wurzelbereich der Pflanzen gelangen. Hast du jedoch ein geschlossenes System oder einen Frühbeetaufsatz auf dem Hochbeet, muss regelmäßig die Bodenfeuchtigkeit kontrolliert und bei Bedarf gewässert werden. Da der Anbau im Frühbeet aber zumeist in kühleren Zeiten erfolgt, ist die Verdunstung entsprechend gering und die Bewässerungsfrequenz niedrig. Manuelles Gießen mit Gießkanne oder Schlauch ist daher zumeist ausreichend.

Belüftung im Hochbeet? Ganz natürlich durch Wind!

IM HOCHBEET

Die **Belüftung** spielt im Hochbeet keine große Rolle, da es im Freiland steht und damit eine natürliche Belüftung erhält. Allerdings können eng gesetzte Pflanzen oder ein dichtes Blätterkleid den Luftaustausch verringern. Um die Ausbreitung von Krankheiten zu verhindern, werden Gemüsepflanzen daher regelmäßig entblättert. Selbstverständlich darfst du deinen Pflanzen nicht zu viele Blätter entfernen, da sie diese zur Photosynthese benötigen. Aber ein moderates Ausdünnen, um für ausreichend Luftzirkulation zu sorgen, ist empfehlenswert.

Für die **Bewässerung** im Hochbeet gehören Gießkanne oder Gartenschlauch wohl zu den am häufigsten benötigten Utensilien. Von der Sonne erwärmtes Regenwasser ist optimal für Gemüsepflanzen. Du kannst zudem Tongefäße in dein Hochbeet eingraben und diese mit Wasser aus der Gießkanne befüllen. Das Wasser wird durch den Ton nur langsam an das Substrat abgegeben, und die Wurzeln werden gezielt bewässert.

Die Hochbeetbewässerung kann wie auch im Gewächshaus automatisiert erfolgen. Das System wird am Hauswasseranschluss oder der Regentonne angebracht. Das ist insbesondere im Jungpflanzen- und Anzuchtstadium, in Urlaubszeiten und besonders trockenen Phasen von Vorteil, da eine regelmäßige und gezielte Bewässerung erfolgt. Bei regelmäßigen Niederschlägen kann die Bewässerung ausgesetzt werden, um Wasser zu sparen.

Das Wasser wird durch den Ton langsam und gleichmäßig an das Substrat abgegeben

Automatische Hochbeet-Bewässerung

Türen und Fenster zur Durchlüftung öffnen

IM GEWÄCHSHAUS

Im Gewächshaus kann es schon in den frühen Morgenstunden sehr warm werden, wenn alle Öffnungen noch geschlossen sind. Die Luftfeuchtigkeit steigt, und die Pflanzen stehen in einem nahezu tropischen Klima. Das kann die Ausbreitung von Pilzerkrankungen fördern, was einen regelmäßigen Luftaustauch notwendig macht.

Das Öffnen aller Fenster und Türen sorgt für eine ausreichende **Belüftung**. Damit du nicht ständig anwesend sein musst, empfehle ich dir automatische Fensterheber. Sie funktionieren ohne Strom und sind bei den meisten Gewächshäusern einfach einzubauen. Im Fensteröffner ist ein spezielles Wachs enthalten, welches sich durch Wärme ausdehnt und einen Kolben herausdrückt, der das Fenster öffnet. Wenn die Temperaturen sinken, zieht sich das Wachs zusammen und das Fenster schließt sich automatisch.

Da Regen als natürliche **Bewässerung** ausfällt, müssen die Pflanzen im Gewächshaus manuell mit Wasser versorgt werden. Durch die hohen Temperaturen ist zudem die Verdunstung stärker. Auch wenn die Luftfeuchtigkeit im Gewächshaus höher ist als im Freiland, muss regelmäßig gewässert werden. Optimalerweise geschieht das in den frühen Morgenstunden.

Dachfenster mit automatischen Fensterhebern sorgen für guten Luftaustausch

Automatische Bewässerung durch Wasserdüsen

Aus eigener Erfahrung kann ich eine automatische Bewässerung empfehlen, damit die Pflanzen auch während des Urlaubs ausreichend versorgt sind. Es gibt unterschiedliche Systeme wie Tropfschläuche, Bewässerungsdüsen oder Beregnungsanlagen. Letztere haben allerdings den Nachteil, dass die Pflanzen von oben beregnet werden, und genau das soll eigentlich im Gewächshaus vermieden werden. Die gezielte Bewässerung im Wurzelbereich der Pflanzen ist meiner Erfahrung nach besser. Zwischen den Pflanzen kannst du einen Tropfschlauch verlegen, der an die Regentonne oder den Wasseranschluss angeschlossen ist. Dieses System ist verhältnismäßig wassersparend und für die Versorgung der Pflanzen optimal.

TIPP

Du solltest unbedingt bei deinem Gewächshaus Regenrinnen einplanen und mithilfe von Regenfallrohren, die in Wassertonnen führen, das Regenwasser auffangen und es später zum Gießen verwenden.

Richtig gießen!

→ Lockere die Erde zwischen den Reihen und einzelnen Pflanzen regelmäßig mit der Harke. Dadurch kann der Boden das Gieß- und Regenwasser besser aufnehmen.

→ Sind die Pflanzen schon kräftig und gut verwurzelt, ist selteneres, durchdringendes Gießen besser als tägliche kleine Mengen.

→ Gieße am frühen Morgen, dann gehen die Pflanzen gestärkt in den Tag. In der Mittagshitze können sie das Wasser nicht so gut aufnehmen, es verdunstet mehr Wasser ungenutzt, und durch Wassertropfen kann es zu Verbrennungen, insbesondere an den empfindlichen Blättern, kommen. Abends lockt Feuchtigkeit Schnecken an.

→ Gieße immer direkt in den Wurzelbereich. Die meisten Arten mögen es nicht, wenn sie von oben nass werden, denn ein feuchtes Blattwerk fördert die Anfälligkeit für Pilzerkrankungen.

→ Hast du im Sommer Urlaub geplant? Eine Urlaubsbewässerung durch ein automatisches System oder liebe Gießhelfer aus der Familie und der Nachbarschaft sollten rechtzeitig organisiert werden.

Anzucht von Wintergemüse

In den Sommermonaten von Juni bis August geht es mit der Vorbereitung für die Winterernte los. In dieser Zeit vorgezogenes Gemüse kann sich kräftig entwickeln, um für die kalten Monate des Jahres gut gerüstet zu sein.

Das Gewächshaus ist ein guter Ort für die Anzucht. Im Grunde ziehst du genauso vor, wie auch schon im Frühjahr. Du benötigst kleine Töpfe, Anzuchterde und Saatgut. Mehr zu den Utensilien findest du auf Seite 30. Den großen Unterschied zur Frühjahrsanzucht machen die Temperatur und das Licht aus. Denn im Sommer ist es tagsüber sehr warm, und auch nachts kühlt es nur moderat ab. Die Tage sind lang, und die Pflanzen bekommen ausreichend Licht. Jungpflanzen sollten aufgrund

Wintergemüse kann im Gewächshaus vorgezogen werden

Anzuchttöpfe mit Winterkohl

der hohen Temperaturen am luftigsten Platz im Gewächshaus, also nahe der Türe oder an einem Fenster, platziert werden. Ist es den zarten Pflänzchen zu warm, kann es passieren, dass sie lang und dünn werden. Das nennt man „vergeilen". Solltest du ein solches Wachstum bemerken, stelle die Anzuchttöpfe an einen kühleren Platz im Gewächshaus oder nach draußen, damit die Jungpflanzen gesund und kräftig weiterwachsen können. Welche Sorten du in welchem Monat vorziehen kannst, entnimmst du dem Anzucht- und Erntekalender auf Seite 28.

Aussaat- und Pflanzzeit

WARUM FESTE ZEITEN?

Jede Gemüseart hat einen optimalen Zeitraum für die Aussaat, denn jede Pflanze benötigt bestimmte Bedingungen, um zu keimen, zu wachsen und Früchte zu tragen. Daraus ergibt sich der optimale Zeitraum für die Anzucht und Pflanzung. Viele Salatsorten vertragen beispielsweise keine große Hitze. Werden sie zu spät gesät, ist es vielleicht schon so warm, dass sie zügig in die Höhe wachsen und schnell in die Blüte gehen und somit keine festen Köpfe bilden. Das sieht zwar sehr hübsch aus, aber für die Ernte eines festen Salatkopfes ist es leider zu spät. Ein anderes Beispiel: Fruchtgemüse, wie Tomaten, haben eine lange Wachstumsdauer von der Aussaat bis zur Ernte. Säst du Tomaten zu spät, haben die Früchte keine Zeit mehr zu reifen, bevor die Pflanze eingeht, weil die Tage zu kurz und zu kalt werden.

WIE GENAU MUSS MAN SICH AN DIE VORGABEN HALTEN?

Bei den meisten Arten und Sorten sind Zeiträume angegeben. Wohnst du in einer klimatisch eher milden Gegend, in der Schnee und Frost nur selten vorkommen, kannst du diese Zeiträume wesentlich mehr ausreizen als in einer Gegend, die von rauem Klima geprägt ist. Dazu gehört ein wenig Erfahrung. Deswegen gebe ich dir, aus eigener Erkenntnis, den Tipp mit auf den Weg: Probiere dich aus! Manchmal geht es im Garten einfach schief. Aber manchmal wirst du dafür umso positiver überrascht. Ich konnte bei uns im Rheinland schon bis in den November hinein Tomaten ernten – aus einem Palettenrahmenbeet ohne Dach.

Jedes Jahr ist anders. Mal gibt es einen trockenen, heißen Sommer, mal ist er durchwachsen. Das wirkt sich natürlich auch auf das Wachstum unserer Pflanzen aus. Wenn du ein Gewächshaus oder ein großes Frühbeet hast, kannst du die Zeiträume noch mehr ausreizen. Beachte jedoch, dass unter der Überdachung die Temperaturen im Sommer oft viel höher sind. Das vertragen nicht alle Pflanzen.

Ernte gut, alles gut!

Sommerzeit ist Erntezeit! Doch wann genau ist der richtige Zeitpunkt für die Ernte? Und wie viel darf ich auf einmal ernten? Dazu gebe ich dir nun die wichtigsten Infos an die Hand.

BLATTGEMÜSE

Blattgemüse wie **Salate, Mangold** oder **Spinat** werden blattweise geerntet. Mit der Zeit bekommst du den richtigen Blick dafür, wann ein Blatt groß genug ist, um gepflückt zu werden. Die Blätter sollten kräftig sein, aber nicht zu groß. Bei Stielmangold wartest du, bis die Blattachsel unten ein bis zwei Zentimeter dick ist. Ernte Blattgemüse immer von außen nach innen, dann bleibt das Herz, also die ganz jungen Blätter in der Pflanzenmitte, stehen. Die Pflanze wächst von innen heraus weiter, und du kannst laufend ernten.

Mangold wird blattweise von außen nach innen geerntet

TIPP

Irgendwann wächst aus der Mitte vom Blattgemüse ein kräftiger Stiel, an dem Blütenansätze entstehen. Um die Erntezeit zu verlängern, kannst du die Blüte mitsamt Stiel abschneiden. So bilden sich weiterhin Blätter zum Ernten.

Kopfbildende Salate, wie **Kopfsalat, Eisbergsalat** oder **Radicchio**, werden geerntet, wenn sich ein fester Salatkopf gebildet hat. Mach eine Fühlprobe, um festzustellen, ob er groß und fest genug ist für die Ernte. Wenn es zu warm wird oder der Salat überreif ist, wächst er in die Höhe und beginnt in die Blüte zu gehen. Das kennt man auch unter dem Begriff „der Salat schießt".

Peperoni ist erntereif – die Früchte sind rot und knackig

FRUCHTGEMÜSE

Generell kann man sagen, dass fruchttragendes Gemüse die Erntereife erreicht hat, wenn die jeweilige Frucht ihre endgültige Farbe und Größe erreicht hat. Jedoch ist auch dann der Erntezeitpunkt je nach Sorte noch recht unterschiedlich.

Auberginen sind erntereif, wenn die Schale glänzt und gleichmäßig gefärbt ist. Ausnahme sind Sorten, deren Früchte mehrfarbig werden. Bist du dir unsicher, ernte eine Frucht und schneide sie längs auf. Ist das Fruchtfleisch hell und die Kerne noch winzig, ist die Aubergine reif. Ist das Fruchtfleisch noch grün, ist die Aubergine unreif und sollte nicht verzehrt werden.

Chili, Peperoni und **Paprika** sind erntereif, wenn sie ihre gewünschte Farbe haben und sich die Schote fest und knackig anfühlt. Wird das Fruchtfleisch schon weich und leicht runzlig, ist sie überreif und sollte schnellstmöglich geerntet werden. Grüne Paprika, wie man sie von der Gemüsetheke kennt, sind übrigens unreif geerntete Früchte. Du kannst also auch grüne Paprika, Peperoni oder Chili ernten. Jedoch ist der Geschmack noch nicht voll ausgereift. Die Früchte sind eher etwas bitter und nicht so fruchtig, wie ihre gelben und roten Artgenossen.

Gurken können gepflückt werden, wenn die Schale glatt wird. Da es jedoch ganz unterschiedliche Gurkensorten gibt, schau einfach mal in den Herstellerangaben nach, welche Größe die jeweilige Frucht erreicht und orientiere dich an dieser Angabe.

Kürbisse bleiben so lange an der Pflanze, bis der Strunk abtrocknet und verholzt. Sie können bis in den Herbst im Beet bleiben, sollten aber auf etwas Stroh liegen, um durch Feuchtigkeit verursachte Fäulnis zu verhindern.

Bei **Melonen** hilft ein Klopftest, um festzustellen, ob die Früchte reif sind. Hört sich die Melone beim vorsichtigen Klopfen mit den Fingern hohl an, ist sie reif. Zuckermelonen verströmen zudem einen herrlich süßen Duft, und es bilden sich feine Risse rund um den Stielansatz. Bei Wassermelonen verfärbt sich die Stelle, die auf dem Boden aufliegt, gelblich.

Physalis oder **Andenbeeren** sind reif, wenn die lampionartige Hülle um die Frucht herum abgetrocknet ist und sich leicht von der Pflanze pflücken lässt. Das gilt übrigens ebenso für Tomatillo, eine „Schwester" der Andenbeere.

Tomaten sind bereit zum Ernten, wenn die Früchte auf Druck ein wenig nachgeben und sie sich oberhalb des Fruchtansatzes am Stiel leicht abknicken lassen. Dort ist eine Art „Bruchstelle", die durch eine kleine Wölbung erkennbar ist.

Zucchini schmecken am besten, wenn sie möglichst jung geerntet werden. Da bei Zucchini sogar die Blüten essbar sind, ist eine zu frühe Ernte kaum möglich. Längliche Zucchini sind mit einer Länge von 15–20 cm optimal. Runde Zucchini sind erntereif, wenn sie etwa so groß sind wie ein Tennisball. Größere Früchte hingegen eignen sich gut zum Füllen. Allerdings ist die Schale fester und die Kerne sind groß und hart.

HÜLSENFRÜCHTE UND MAIS

Bei Hülsenfrüchten und Mais gibt es sowohl Sorten, deren Schoten oder Kerne frisch verzehrt, als auch solche, die ausreifen und trocken geerntet und verwendet werden.

Bohnen, die mitsamt Hülse verzehrt werden, erntest du, wenn sich die Kerne in der Hülse nur ganz leicht abzeichnen und diese frisch und knackig aussehen. Die Hülsen von Auskernsorten, also solchen, bei denen es auf die Kerne ankommt, werden am Strauch belassen, bis sie anfangen abzutrocknen. Dann pflückt man sie und trocknet die Hülsen in der Sonne. Sie können aber ebenso an der Pflanze trocknen.

Erbsen werden jung geerntet, wenn sie mit Schote verzehrt werden sollen. Möchtest du die Erbsen lieber auskernen, dann ernte sie, sobald die Hülsen schön prall aussehen. Belässt man die Hülsen zu lange am Strauch, werden die Erbsen hart und mehlig.

Mais wird geerntet, wenn die Bestäubungsfäden, die oben aus dem Kolben ragen, schwarz und trocken sind. Erntet man Mais zu spät, werden die Körner mehlig. Ausnahme ist Popcorn- und Tortillamais. Von diesen Sorten verwendest du ohnehin die getrockneten Kerne, die auch an der Pflanze komplett ausreifen können.

Stangenbohnen werden geerntet, solange sich die Kerne nur leicht abzeichnen.

Kohlrabi ist groß genug für die Ernte

WURZEL- UND KNOLLEN-GEMÜSE

Wurzelgemüse kann recht lange im Beet verbleiben. Du erkennst, ob **Möhren, Pastinake** oder **Rettich** ausgereift sind, wenn sich die Größe und das Blattgrün kaum noch verändern. Da du nicht sehen kannst, was unter der Erde wächst, empfehle ich dir eine Probeernte vorab.Denn manche Sorten können holzig werden oder Schaden durch zu viel Nässe oder Schädlinge erleiden.

Die essbaren Knollen von **Fenchel, Mairübchen, Radieschen, Rote Bete** und **Sellerie** wachsen teilweise über der Bodenoberfläche. Du kannst sie also gut erkennen und feststellen, ob sie die gewünschte Größe erreicht haben. Lass die Knollen nicht zu groß werden, da sie ansonsten holzig werden können.

KOHLGEMÜSE

Blumenkohl und **Brokkoli** werden geerntet, wenn die Köpfe fest und kompakt sind. Ist es zu warm oder stehen die Pflanzen zu lange im Beet, beginnen die Röschen zu blühen und die kompakten Köpfe wachsen „auseinander".

Grün-, Feder- und Palmkohl ist als Wintergemüse frostige Temperaturen gewohnt. An frostfreien Tagen erntest du ihn blattweise von außen nach innen. So kann der Kohl weiterwachsen und ähnlich wie bei Blattsalaten über einen längeren Zeitraum immer bedarfsweise geerntet werden.

Kohlrabi schmeckt am besten, wenn er nicht zu groß ist. Dann ist das Fruchtfleisch zart und nicht verholzt. Ist die Knolle mindestens so groß wie ein Tennisball, kann geerntet werden. Ausnahme ist die Sorte 'Superschmelz', die eine riesige Knolle bildet und dennoch schön zart bleibt.

Rosenkohl wird geerntet, wenn die Röschen noch geschlossen sind. Man erntet von unten nach oben, da die unteren Röschen zuerst erntereif sind.

Rotkohl, Weißkohl und **Wirsing** sind erntereif, wenn die Köpfe fest und in der gewünschten Größe sind. Du kannst sie schon recht klein ernten, allerdings kann so ein Kohlkopf auch ordentlich groß werden und immer noch hervorragend schmecken. Kohlpflanzen können ziemlich lange im Beet bleiben. Einige Sorten sind frostfest und wachsen im Winter noch im Beet.

Geerntete Zwiebeln können für die Lagerung als Zöpfe gebunden werden.

Frischer Rotkohl aus dem Hochbeet

ZWIEBELGEMÜSE

Frühlingszwiebeln werden frisch geerntet, wenn das Laub kräftig und knackig in die Höhe wächst.

Gleiches gilt für **Knoblauch,** der erntereif ist, sobald das Laub abgetrocknet ist. Wurde der Knoblauch im Herbst gesteckt, ist das erst im folgenden Frühsommer der Fall.

Lauch erntest du, wenn die Stangen kräftig sind. Die meisten Sorten vertragen Frost und können lange im Beet bleiben. Daher ist der Erntezeitpunkt für Lauch ziemlich flexibel, und er kann nach Bedarf geerntet werden. Sind die Temperaturen zu hoch, entsteht eine Blüte. Spätestens dann muss geerntet werden. Übrigens bekommt Lauch nur einen langen weißen Schaft, wenn die Pflanzen zuvor angehäufelt wurden. Anhäufeln heißt, dass du die Erde rechts und links an den Pflanzen hochschiebst und so einen kleinen Erdwall baust.

Zwiebeln sind erntereif, wenn die Schlotten – so bezeichnet man das grüne Laub von Zwiebelgewächsen – abknicken und zu welken beginnen.

Meine Tipps für Tomaten

Tomaten gehören zu meinen absoluten Lieblingen im Garten. Hat man einmal selber welche angebaut, möchte man am liebsten keine Supermarkttomaten mehr essen. Es gibt so viele verschiedene Sorten, dass du jedes Jahr wieder andere anbauen und ausprobieren kannst. Hier ein paar Tipps für gesunde Tomaten.

TOMATENDURST STILLEN

Tomaten mögen es nicht, von oben nass zu werden. Feuchte Blätter machen sie anfällig für Krankheiten, wie die Braunfäule. Daher ziehen viele Tomatengärtner ihre Lieblingspflanzen unter dem Dach. Ein Gewächshaus wäre optimal, aber auch eine einfache Überdachung, die vor Regen schützt, macht Sinn.

Was aber viele nicht wissen: Tomaten sollten gar nicht so oft gegossen werden. Zumindest dann nicht, wenn die ersten Früchte zu reifen beginnen. Kurze Trockenphasen lösen Stress bei den Pflanzen aus, was dafür sorgt, dass die Früchte süßer werden. Das trifft vor allem auf Tomatensorten zu, die kleine Früchte tragen. Fleischtomaten benötigen tendenziell etwas mehr Wasser. Gegossen werden die Tomaten direkt im Wurzelbereich und erst, wenn sich die Erde rings um die Pflanze etwa zwei bis drei Zentimeter tief trocken anfühlt. Lieber seltener, dafür kräftig bewässern.

Erntereife Tomate 'Baselbieter Röteli'

Tomaten ausgeizen

DÜNNE MACHEN

In den Blattachseln zwischen dem Haupttrieb und den Blättern bilden sich regelmäßig neue Seitentriebe. Lässt man sie wachsen, wird die Pflanze buschiger. Allerdings muss die Pflanze ihre Kraft auf das Wachstum mehrerer Triebe verteilen. Bei Stabtomaten kannst du die Geiztriebe einfach ausbrechen, damit sich die Pflanze nur auf das Wachstum des Haupttriebes und auf die daran entstehenden Früchte konzentrieren kann. Buschige Sorten können mehrtriebig wachsen, und du kannst dir das Ausgeizen sparen. Insgesamt aber wachsen die meisten Sorten mit nur einem oder zwei Haupttrieben besser.

TIPP

Stelle zur Stecklingsvermehrung einen ausgebrochenen Seitentrieb in ein Glas mit Wasser. Nach kurzer Zeit bilden sich daran Wurzeln. Pflanzt du den bewurzelten Trieb ein, hast du eine neue Tomatenpflanze. Wenn du deine Tomaten bis Ende Juni so vermehrst, haben die neuen Pflanzen genügend Zeit, um groß zu werden und viele Früchte zu bilden.

ABSTAND HALTEN

Tomatenpflanzen können ziemlich schnell groß werden und einen dichten Blätterdschungel bilden. Insbesondere, wenn mehrere Pflanzen zu dicht stehen. Damit die Luft gut zwischen den Tomaten zirkuliert, kannst du einige Blätter abschneiden. Vor allem – und das empfehle ich ohnehin – werden die unteren Blätter direkt am Haupttrieb abgeschnitten, damit das Laub nicht den Erdboden berührt. Denn das kann die Ausbreitung von Krankheiten begünstigen. Mehr als 3–4 Blätter auf einmal sollte man aber nicht abschneiden, um der Pflanze nicht zu viel Stress zuzumuten. Die abgeschnittenen Blätter werden kleingeschnitten und als Mulch auf dem Boden verteilt. Tomaten stehen gerne in ihrem eigenen Mulch.

GROSSER NÄHRSTOFFHUNGER

Tomaten gehören zu den Starkzehrern. Sie benötigen viele Nährstoffe und daher einen guten Boden. Direkt beim Pflanzen kann eine Portion Kompost und ein Langzeitdünger mit ins Pflanzloch gegeben werden. Damit die Wurzeln aber nicht direkt auf dem Dünger stehen, werden Kompost und Dünger im Pflanzloch mit etwas Erde vermischt.

Während der Wachstumsphase freuen sich die Tomaten zudem einmal pro Woche über eine Düngung mit deiner selbstgemachten Pflanzenjauche, die für ausreichend Nährstoffe sorgt (siehe Seite 40).

Im Gewächshaus wird Gemüse, wie z. B. Tomaten, an Schnüren gezogen

GUT GELEITET

Wenn man sie lässt, wachsen Tomatenpflanzen je nach Sorte mehrere Meter hoch. Damit die langen Triebe nicht umknicken, werden Tomaten gestützt. Dazu gibt es Tomatenstäbe aus Metall oder Holz, die direkt neben dem Haupttrieb in den Boden gesteckt werden. Im Gewächshaus kannst du die Tomatenpflanzen an einer Schnur ziehen, die im Dachbereich des Gewächshauses befestigt wird.

Das spart Rankstäbe oder -gitter, und es geht ganz einfach: Befestige kurz über dem Boden eine Schnur mit einer lockeren Schleife an der Pflanze – so, dass der Trieb nicht abgeschnürt wird und weiterhin gut wachsen kann. Die Schnur wickelst du dann vorsichtig so um die Pflanze, dass der Haupttrieb locker und sicher darin Halt findet. Befestigt wird die Schnur in der Dachkonstruktion des Gewächshauses. An den Verstrebungen lässt sie sich gut festbinden. Diese Rankmethode funktioniert großartig für Gurken, Melonen, Kürbisse und Tomaten.

DIY

Rankgerüst

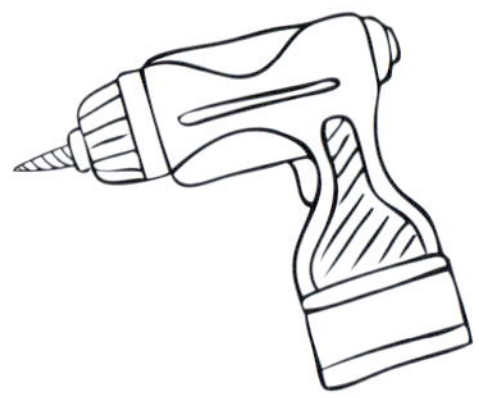

Für rankendes Gemüse wie Gurken oder Melonen lässt sich im Hochbeet mit ein paar einfachen Utensilien ein Rankgerüst bauen, an dem sich die Pflanzen festhalten können. Das spart Platz und erleichtert dir das Pflücken der Früchte.

DAS BENÖTIGST DU

Material

- → 4 stabile Bambusstäbe, Länge: ca. 150–200 cm
- → 1 stabiler Bambusstab, Länge: entsprechend der Breite deines Hochbeetes
- → Draht oder Gärtnerschnur

Werkzeug

- → Schere

LOS GEHT'S!

01 In jede Ecke des Hochbeetes wird etwa 50 cm tief und leicht schräg jeweils ein langer Bambusstab gesteckt. An den kurzen Seiten des Hochbeetes werden jeweils zwei der Bambusstäbe so mit Draht oder Gärtnerschnur zusammengebunden, dass das obere Ende über Kreuz gehalten wird. Der fünfte Bambusstab wird oben in die Verbindungen der Kreuzgerüste gelegt und ebenfalls gut mit Draht oder Schnur befestigt. Dabei entsteht ein stabiles Gerüst.

02 Damit sich die Ranken deiner Pflanzen gut am Gerüst festhalten können, wird nun eine Schnur nach und nach von einer zur anderen Seite gespannt. Je nach Kletterart der Pflanze kannst du die Schnur auch von oben nach unten spannen. Sie sollte möglichst fest sein, aber noch genügend Spiel haben, damit die Pflanzen locker emporklettern können.

03 Die Enden festknoten und schon ist das Rankgerüst im Hochbeet einsatzbereit!

LEICHTE ERNTE VOM RANKGERÜST

Gurken oder Melonen können durch das zeltförmige Rankgerüst einfach geerntet werden, da sie an den Verstrebungen herunterhängen und man sie bestens im Blätterdickicht finden kann.

Gurken ranken an Schnüren im Rankgerüst hoch

TIPP

Die Ranken tendieren dazu, nach unten zu wachsen. Hilf ihnen gelegentlich, den richtigen Weg zu finden. Dazu ziehst du sie vorsichtig nach oben und „fädelst" sie durch die Gartenschnur. So bekommen die langen Triebe schnell Halt im Rankgerüst.

Pflegeleichtes Anfängerbeet

Für deinen Start im Gemüsegarten möchte ich dir einen Beetplan mit wirklich pflegeleichten Sorten an die Hand geben, die wenig zeitaufwendig sind und schnelles Erntevergnügen von Frühling bis weit in den Herbst bringen.

DIE RICHTIGE WAHL

Zu den pflegeleichten Gemüsearten gehören **Buschbohnen, Mangold, Radieschen, Salat** und **Zucchini.** Das Anfängerbeet kannst du über einen sehr langen Zeitraum bepflanzen – mit einem Frühbeetaufsatz sogar nahezu das ganze Jahr hindurch.

TIPP

Pflanze unterschiedliche Sorten von Bohnen, Radieschen oder Salat. So wird das Beet herrlich bunt, und du bekommst eine üppige Vielfalt.

<u>Hinweis:</u> Der Pflanzplan ist ausgelegt auf ein Früh- und Hochbeet mit den Maßen 200 x 100 cm. Hat dein Beet andere Maße, passe die Anzahl der Pflanzen und Reihen entsprechend an.

SO PFLANZT DU

Als Vor- und Nachkultur eignen sich **Radieschen** und **frühe** sowie **späte Salatsorten** sehr gut. Sie haben alle eine relativ kurze Vegetationsdauer und benötigen den Platz im Beet nur für einige Wochen. Ab Februar werden sie abwechselnd in Reihen gesät. Radieschen haben einen Pflanzabstand von 3–5 cm. Pflücksalate sät man dicht in der Reihe. Jede Reihe ist etwa 15–20 cm breit. Der Pflanz- und Reihenabstand für kopfbildende Salate liegt bei etwa 20–30 cm.

TIPP

Pflanze vorgezogene Salate nicht zu tief, da die Blätter zu faulen beginnen könnten.

Zucchini wird Anfang April in einer warmen und geschützten Umgebung vorgezogen. Wenn sie gut abgehärtet ist, kann sie Mitte Mai ins Beet gepflanzt werden. Alternativ kannst du im Gartencenter auch eine vorgezogene Pflanze kaufen und diese direkt im Mai in dein Beet pflanzen. Sie nimmt in den Sommermonaten knapp einen Quadratmeter Platz im Beet ein. Dafür bringt eine Pflanze allein 10–20 Früchte.

Wenn Salat und Radieschen abgeerntet sind, können von Mai bis Juli **Buschbohnen** gesät werden. Du kannst sie entweder in Reihe oder als kleine Gruppe, in sogenannten Horsten, säen. Bei der Reihenaussaat werden die Bohnensamen mit einem Abstand von 8–10 cm einzeln in Reihen gelegt. Bei der Aussaat in Horsten legt man je sechs bis acht Samenkörner in die einzelnen Pflanzlöcher. Der Abstand der Horste liegt bei 30–40 cm. Hier habe ich zwei Reihen mit Buschbohnen eingeplant. Jede Reihe ist etwa 40 cm breit.

Mangold kannst du im Frühbeet im März vorziehen. Ohne Überdachung kommt er erst ab Mitte April ins Beet. Er wird mit einem Pflanz- und Reihenabstand von 30 cm ausgesät. Als Nachkultur bietet sich sehr gut **Feldsalat** an, den du in sämtlichen freigewordenen Bereichen des Beetes im Abstand von 20 cm in der Reihe säen kannst.

WAS IST ZU TUN?

Damit das Anfängerbeet ganzjährig genutzt werden kann, muss die Erde gut vorbereitet sein. Du lockerst sie und düngst je nach Bedarf mit Kompost und einem organischen Langzeitdünger. **Buschbohnen** sind tolles Anfängergemüse. Sie wachsen schnell und bringen einen guten Ertrag auf kleiner Fläche. Damit sie mehr Stabilität haben, kannst du den Haupttrieb mit Erde anhäufeln und diese festdrücken.

Salatsorten für den Herbst ziehst du bis August/September vor, damit sie im Oktober, wenn Zucchini und Bohnen abgeerntet sind, eingepflanzt werden können. Die Saatschalen stellst du bis dahin einfach zwischen die Pflanzen ins Beet. Die **Zucchini** braucht relativ viel Wasser. Gegossen wird direkt im Wurzelbereich. Es gibt übrigens Sorten, die resistent gegen Echten Mehltau sind, beispielsweise 'Serafina' und 'Diamant (F1)'. Mehltau verbreitet sich im Sommer häufig im Garten und befällt bevorzugt Zucchini und **Kürbisse**.

Dein Beet sollte unkrautfrei und gleichmäßig feucht gehalten werden. Staunässe ist unbedingt zu vermeiden. Im Sommer wird das Anfängerbeet im Abstand von etwa ein bis zwei Wochen regelmäßig mit einem organischen Flüssigdünger gedüngt. Ab Oktober wird die Düngung eingestellt. Von November bis Februar sollte das Beet mit einem Frühbeetaufsatz geschützt werden, damit alle Pflanzen auch frostige Zeiten gut überstehen. Nicht alle Salatsorten sind entsprechend kälteresistent, und auch Radieschen mögen keinen Frost. Daher kann es je nach Region durchaus sein, dass du von November bis Februar nicht oder nur sehr wenig ernten kannst.

Winterbeet anlegen

Ein Winterbeet im Sommer anlegen? Ja! Denn genau dann gilt es die Arten, die du im Winter ernten möchtest, vorzuziehen. Bis aus einem Saatkorn eine große und kräftige Jungpflanze gewachsen ist, dauert es einige Wochen. Also bereiten wir uns im Sommer auf den Winter vor.

WER DARF INS BEET?

Für die Winterernte eignen sich Arten, deren Blätter, Wurzeln oder Knollen frostfest sind. Das sind unter anderem **Chinakohl, Feldsalat, Radicchio** und **Zuckerhut** sowie **Grünkohl, Knollenfenchel, Knollensellerie, Möhren, Pastinaken, Rosenkohl** und **Winterlauch**.

Hinweis: Der Pflanzplan ist ausgelegt auf ein Frühbeet mit den Maßen 200 x 100 cm. Hat dein Beet andere Maße, passe die Anzahl der Pflanzen und Reihen entsprechend an.

SO PFLANZT DU

Radicchio säst du im Juli/August im Abstand von etwa 20–30 cm direkt ins Beet. In eine Reihe kannst du drei bis vier Pflanzen setzen. Der Reihenabstand liegt bei etwa 30 cm.

Grün- oder Federkohl wird groß und benötigt eine ganze Menge Platz. Vorgezogen wird er im Juni, um als kräftige Jungpflanze im Juli/August mit einem Reihenabstand von 40–60 cm eingepflanzt werden zu können. In dem vorgeschlagenen Beet kannst du maximal drei Reihen mit jeweils zwei bis drei vorgezogenen Pflanzen anlegen. Je dichter du pflanzt, umso kleiner bleiben auch die Pflanzen.

TIPP

Kohl sieht im Winter sehr beeindruckend aus, insbesondere wenn eine Mischung aus den Grün- und Federkohlsorten 'Roter Krauser', 'Ostfriesische Palme' und 'Halbhoher Grüner Krauser' sowie der Palmkohlsorte 'Nero di Toscana' gepflanzt wird.

Winterlauch benötigt lediglich eine Reihe von 30 cm Breite. Der Pflanzenabstand liegt bei 10–20 cm. Lauch ziehst du ebenfalls im Juni vor, um die Jungpflanzen im August ins Beet zu setzen. Die Pflanzen werden von Zeit zu Zeit mit Erde angehäufelt, da nur so die für Lauch typischen weißen Schäfte entstehen.

Als Zwischenpflanzung werden **Asia-Salat** und **Feldsalat** im Juli und August gesät. Da der Federkohl in die Höhe wächst und bodennah nur wenig Platz einnimmt, ist die Unterpflanzung mit den Blattsalaten optimal. Der Reihenabstand liegt bei nur etwa 20 cm.

TIPP

Hält eine Frostperiode länger an oder sinken die Temperaturen unter minus fünf Grad, sollte dein Winterbeet mit einem Vlies oder Frühbeetdeckel abgedeckt werden. Denn Radicchio verträgt nur leichten Frost.

PFLANZEN UND PFLEGEN

Damit das Winterbeet im Juli/August angelegt werden kann, beginnen die Vorbereitungen schon im Juni. **Grün- oder Federkohl** und **Lauch** werden in Anzuchttöpfen vorgezogen. Die Pflanzenanzucht funktioniert so wie im Frühjahr. Allerdings sollten die Töpfchen und Saatschalen im Freien oder an einer luftigen Stelle im Gewächshaus stehen. Bis August wachsen die Zöglinge zu kräftigen Jungpflanzen heran, um ins Winterbeet gepflanzt zu werden. Das hat den Vorteil, dass du die dafür vorgesehenen Beetreihen bis August noch anderweitig nutzen kannst.

Im Juli beginnt die Direktsaat von **Asia-Salat**, **Feldsalat** und **Radicchio**.

Der Nährstoffbedarf von Winterpflanzen ist in den kalten Monaten geringer. Daher verwendet man zwar hochwertige Pflanzenerde, es wird aber kein Langzeitdünger oder Kompost in den Boden eingebracht. Entferne Pflanzenreste aus dem Beet und lockere die Erde gut durch. Sehr viel mehr ist an Vorarbeit nicht zu leisten.

TIPP

Der Kohlweißling und die Gemüsefliege sind jetzt noch unterwegs. Schütze deine Jungpflanzen am besten mit einem Gemüseschutznetz.

Auch im Winterbeet hat Unkraut nichts zu suchen. Außerdem wird es gleichmäßig feucht gehalten, denn bis zum Herbst ist es oft sehr sonnig und trocken. Werden die Tage kühler und kürzer, wirst du nicht mehr so oft gießen müssen, da die Verdunstung abnimmt. Und nicht vergessen: Die Pflanzen regelmäßig auf Schädlinge kontrollieren.

ERNTEN AUS DEM WINTERBEET

Asia- und Feldsalat können nach wenigen Wochen geerntet werden. In freien Reihen wird direkt wieder nachgesät. Bei Asia-Salat ist das in frostfreien, milden Perioden bis Dezember möglich. Feldsalat kann bis Oktober gesät werden.

Radicchio wird bis Ende des Jahres, **Winterlauch** und **Grün- oder Federkohl** von Oktober bis Februar geerntet.

TIPP

Blätter sollten generell nie in gefrorenem Zustand geerntet werden. Warte am besten, bis sie aufgetaut sind, und pflücke sie erst dann.

Milpa im Hochbeet

Ein Milpa-Beet ist eine Mischkultur aus Mais, Bohnen und Kürbis. Es ist auch unter dem Namen „Drei Schwestern" bekannt. Indigene Völker betreiben diese Art des Gemüseanbaus schon seit vielen Jahrhunderten, um auf kleinem Raum möglichst viel zu ernten. Selbst im Hochbeet ist eine ergiebige Ernte auf geringer Fläche möglich.

SO FUNKTIONIERT ES

Diese drei Gemüsearten wachsen im Milpa-Beet in Symbiose miteinander, wobei jede Einzelne ihre spezielle Aufgabe übernimmt:

→ **Mais** wächst bis zu zwei Meter hoch und fungiert als Rankhilfe.

→ **Stangenbohnen** ranken am Mais empor und halten sich an ihm fest. An ihren Wurzeln entstehen sogenannte Knöllchenbakterien. Diese binden Stickstoff, der wiederum dem Mais und Kürbis als Nahrung zur Verfügung steht.

→ **Kürbis** wächst bodennah, schützt diesen vor Austrocknung und hält Unkraut fern.

TIPP

Falls dir der Mais durch seine Wuchshöhe im Hochbeet im wahrsten Sinne des Wortes über den Kopf wächst, plane das Milpa-Beet einfach in einem niedrigeren Beet ein. Dafür eignet sich besonders gut das Palettenrahmenbeet, da du es individuell in der Höhe variieren kannst.

MILPA-HOCHBEET ANLEGEN

Vor dem Saisonstart im Mai wird das Substrat im Hochbeet gut gelockert, von Unkraut befreit und mit einer großen Portion reifem Kompost angereichert. Außerdem kannst du ein wenig Urgesteinsmehl zur Verbesserung der Bodenstruktur und zur Stärkung der Pflanzen untermischen. Dein Hochbeet sollte an einem möglichst sonnigen Platz stehen.

Der Kürbis wird lange Ranken bilden und über den Hochbeetrand hinauswachsen. Daher achte auf ausreichend Platz rund um das Hochbeet.

Damit alle Pflanzen gleichmäßig wachsen, pflanze sie in folgenden zeitlichen Abständen:

→ **Mais:** Vorziehen ab März; ins Hochbeet pflanzen Mitte Mai

→ **Kürbis:** Vorziehen ab April; ins Hochbeet pflanzen Ende Mai

→ **Bohnen:** Direktsaat im Juni/Juli

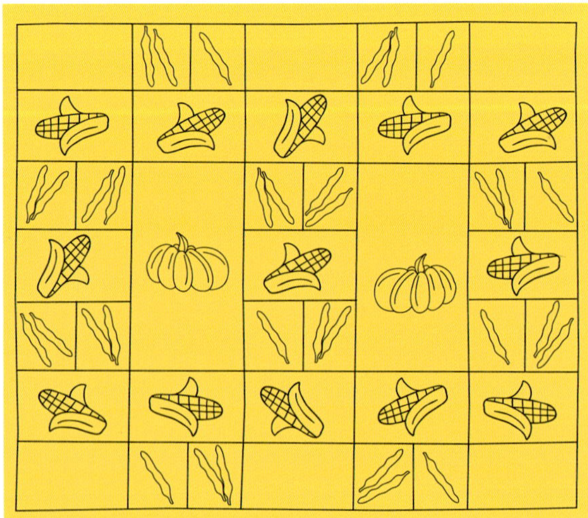

Das Milpa-Beet funktioniert gut im Hochbeet

SORTENAUSWAHL

Die Grundarten der „Drei Schwestern" sind Mais, Bohnen und Kürbis. Grundsätzlich kannst du dir deine ganz eigene Mischung zusammenstellen. Es gibt schließlich nicht nur eine Mais- oder Kürbissorte.

MAIS

Beim Mais solltest du dich auf eine Sorte beschränken, da der Platz im Hochbeet doch sehr limitiert ist. Ich habe im Milpa-Beet schon **Zuckermais (Sorte 'Bantam')** und in einem anderen Jahr **Popcornmais (Sorte 'Cinema')** angebaut. Empfehlenswert und lecker sind beide. Es sollte allerdings kein Zuckermais mit Popcorn- oder Tortillamais kombiniert werden, da der Stärkegehalt unterschiedlich ist und Zuckermais dadurch mehlig werden kann.

Zuckermais 'Bantam'

TIPP

Mais muss immer in Gruppen gepflanzt werden, damit sich die Pflanzen ausreichend gegenseitig bestäuben können.

GUT ZU WISSEN

Die Bezeichnung „Milpa" stammt aus der alten mexikanischen Sprache Nahuatl und leitet sich von dem Begriff „Mil-li-pan" ab, was so viel bedeutet wie „wir werden auf dem Feld gesät".

BOHNEN

Bei den Stangenbohnen ist es ratsam, auf schwachwüchsige Sorten zurückzugreifen. Dabei steht es dir natürlich frei, verschiedene Sorten miteinander zu kombinieren. Manche Bohnensorten blühen wunderschön, und die Früchte gibt es in unterschiedlichen Farben von Grün über Gelb bis zu Violett. Das macht auch optisch viel her im Milpa-Beet.

SORTENTIPP

'Blaue Hilde' – eine leuchtend blaue Stangenbohne; und 'Neckargold' – eine weitere Stangenbohne mit zarten gelben Bohnen

KÜRBIS

Fehlt noch die dritte Schwester im Milpa-Beet: der Kürbis. Damit alle „Schwestern" gut miteinander harmonieren, was Wuchsfreudigkeit und Platzangebot anbelangt, sind Kürbissorten mit kleineren Früchten gut geeignet. Dazu gehören beispielsweise **Hokkaido** oder **Butternut**. Meine liebste Sorte ist der Hokkaido **'Uchiki Kuri'** mit relativ kleinen, bis 1,5 kg schweren tieforangenen Früchten.

Kürbisblüte mit Fruchtansatz

04

GEMÜSEGARTEN *im Herbst*

Wenn der goldene Herbst anbricht und die tieferstehende Sonne den Garten in ihr rotgoldenes Licht taucht, wirkt alles irgendwie sanft und schillernd zugleich. Kürbisse leuchten zwischen welkenden Blättern, und Kohlköpfe werden immer kräftiger. Diese Jahreszeit ist etwas ganz Besonderes, denn auf der einen Seite, während im Garten noch reges Treiben herrscht, stellt man sich langsam auf die ruhigeren Monate im Gemüsegarten ein.

Im Spätsommer ist der Erntekorb noch sehr voll. Die letzten Auberginen, Paprika und Tomaten werden gepflückt. Bohnen, Möhren und Rote Bete sind erntereif. Es ist die Zeit, Gemüse haltbar zu machen und einzulagern sowie Saatgut deiner Lieblingssorten zu sammeln und für die nächste Saison aufzubewahren.

Die Beete werden leerer und gleichzeitig entsteht neuer Platz für vitaminreiche Gemüsesorten, die auch in den nächsten Monaten noch geerntet werden sollen. Ein erstes Resümee kann gezogen werden, auch wenn im Gemüsegarten noch lange nicht Schluss ist.

Herbst im Überblick

Die Tage werden merklich kürzer und die Temperaturen sinken. Die Herbstsonne sorgt weiterhin für reifende Früchte, und nach der Sommerernte beginnt die Herbsternte. Die Wintervorbereitungen im Garten gehen los, denn das Herbstwetter kann unvermittelt den ersten Frost mit sich bringen.

SEPTEMBER

Ab September wird das Lagergemüse reif. Alles, was nicht sofort verzehrt werden kann, wird gelagert oder eingefroren, eingekocht oder gedörrt. Außerdem ist jetzt der beste Zeitpunkt, um Knoblauch zu stecken. Einzelne Zehen kommen zwischen bestehende Gemüsepflanzen oder in freie Beetreihen. Im nächsten Frühsommer sind die Knollen erntereif.

Wenn du in einem deiner Beete Gründüngung für eine Erholungsphase säen möchtest, ist im September die letzte Möglichkeit dafür.

OKTOBER

Reifes Wurzelgemüse erntest du an trockenen Tagen im Oktober. So kann es nicht faulen und ist bereit zur Einlagerung für den Winter.

Im Oktober werden die letzten Tomaten, Paprika und Peperoni geerntet. Noch unreife Früchte lässt du an einem warmen, trockenen Platz nachreifen. Im Gewächshaus bleiben gesunde Pflanzen noch stehen. Neue Triebe oder Blüten werden jedoch abgeschnitten, damit die Pflanzen ihre restliche Kraft in die Reifung der noch vorhandenen Früchte stecken können.

In kalten Nächten kann der Frühbeetkasten zum Schutz der Pflanzen über das Beet gestellt werden. Vor dem ersten Frost sollte unbedingt die automatische Bewässerung abgestellt und die Leitungen entleert werden, damit sie nicht zufrieren und platzen.

NOVEMBER

Langsam wird es draußen ungemütlich. Ein Glück, dass Wind und Kälte dem Gemüse im **Gewächshaus** nichts anhaben können. Auch das **Frühbeet** kommt jetzt wieder zum Dauereinsatz, denn frostempfindliche Sorten müssen geschützt werden.

Im **Hochbeet** freuen sich hingegen Grün- und Rosenkohl über die ersten frostigen Nächte. Diese Gemüse entwickeln erst durch leichten Frost ihren typischen und vollen Geschmack. Beete, die du im Winter nicht neu bepflanzen möchtest, kannst du mitsamt Pflanzenresten umgraben. Organisches Material verbleibt als Mulchschicht im Beet. Pflanzen, die von Krankheiten wie Mehltau oder Braunfäule befallen waren, müssen aber unbedingt im Hausmüll entsorgt werden und dürfen nicht auf dem Beet verrotten.

ERNTE VON SEPTEMBER BIS NOVEMBER

- → Artischocke
- → Asia-Salat
- → Aubergine
- → Blumenkohl und Brokkoli
- → Bohnen
- → Chinakohl
- → Chili
- → Edamame
- → Endivien und Feldsalat
- → Fenchel
- → Gurke
- → Grün-, Feder,- und Weißkohl
- → Kartoffeln
- → Kohlrabi und Kürbis
- → Lauch
- → Mangold
- → Mais
- → Melone
- → späte Möhren
- → Paprika und Peperoni
- → Radicchio
- → Radieschen
- → Rettich
- → Rosenkohl
- → Rote Bete und Rotkohl
- → Salate, wie Batavia-, Eisberg- und Kopfsalat
- → Sellerie
- → Spinat
- → Tomaten
- → Wirsing
- → Zucchini
- → Zuckerhut
- → Zwiebeln

Mein Liebstes Herbstgemüse

Die **Buschbohne 'Canadian Wonder'** ist eine Auskernbohne. Die dunkelroten Kerne, vielleicht eher geläufig als Kidney-Bohnen, sind köstlich als Zutat im Salat und eine Bereicherung im Hochbeetgarten. Die bis zu 50 cm hohen Pflanzen blühen weiß. Aus den Blüten entstehen Hülsen mit bis zu 14 cm Länge.

Popcornmais wächst bei mir im Milpa-Beet. Da die Körner direkt am Kolben trocknen, kann der Erntezeitpunkt nicht verpasst werden. Dadurch ist der Anbau noch einfacher als der von Zuckermais. Zudem ist es einfach toll, selbstgemachtes Popcorn aus dem eigenen Garten zu naschen.

Die **Rote Bete 'Tonda di Chioggia'** bringt Farbe auf den Teller. Ihre rot-weiß geringelte Maserung verleiht den Knollen eine witzige, bonbonähnliche Optik. Als hauchdünn gehobeltes Carpaccio kommt die Färbung toll zur Geltung. Beim Kochen verliert sich die hübsche Farbgebung leider.

SORTEN-TIPP

Schwarzer Popcorn-Mais

WAS KANN INS FRÜHBEET?

Nachdem es im Sommer Pause hatte, kommt das Frühbeet im Herbst zur Saisonverlängerung wieder zum Einsatz. Besonders in kalten Nächten danken es die Pflanzen, wenn die Restwärme des Tages gespeichert wird. Kälteverträgliche, nicht frostharte Sorten fühlen sich im Herbst im Frühbeet besonders wohl und danken es dir mit gutem Wachstum.

AB SEPTEMBER

- → Asia-Salat
- → Endivie
- → Herbstrüben
- → Radieschen
- → Rettich
- → Rucola
- → Spinat
- → Winterkopfsalat

WAS KANN INS HOCHBEET?

Im Herbst findet der größte Wechsel in den Beeten statt, denn die Hauptkulturen sind zum Großteil abgeerntet und machen viel Platz für das vorgezogene Herbst- und Wintergemüse. An milden Herbsttagen werden die vorgezogenen, kräftigen Jungpflanzen ins Hochbeet gesetzt. Und zwar je früher, desto besser, damit sie noch kräftig wachsen, bevor es zu kalt wird.

Auch ein paar wenige Direktsaaten sind im Herbst noch möglich, insbesondere schnellwachsende Gemüsearten.

DIESE ARTEN KANNST DU AB JETZT DIREKT INS HOCHBEET SÄEN

September

- → Asia-Salat
- → Feldsalat
- → Mangold
- → Radieschen
- → Spinat
- → Winterkopfsalat
- → Winterportulak

Oktober

- → Asia-Salat
- → Feldsalat
- → Spinat
- → Winterportulak

November (unter Vlies/Folie)

- → Asia-Salat
- → Winterportulak

Mangold wächst auch im Herbst noch gut im Früh- und Hochbeet sowie im Gewächshaus

Im Gewächshaus wachsen im Herbst noch kräftige Tomatenpflanzen

WAS KANN INS GEWÄCHSHAUS?

Im Gewächshaus machen die letzten Auberginen, Paprika und Tomaten Platz für Nachkulturen im Herbst. Diese sind besonders wichtig, um möglichen Beeinträchtigungen durch den bedingten Fruchtwechsel im Gewächshaus entgegenzuwirken. Du kannst die gleichen Sorten säen wie ins Früh- und Hochbeet. Besonders gut eignen sich Winterblattgemüse wie **Feldsalat, Mangold, Spinat** oder **Asia-Salate**.

TIPP

Damit die Beete vor dem Kälteinbruch optimal genutzt werden: Säe schnellwachsende Arten in Lücken oder frei gewordene Beetreihen. Das sind im Herbst Asia-Salat, Pflücksalat, Radieschen, Rettich und Rucola.

LÜCKENFÜLLER

Radieschen wachsen schnell und können gut zwischen andere Pflanzen gesät werden.

Fleißig im Herbst

Nun kannst du deine Erfahrungen aus den letzten Monaten direkt in die Tat umsetzen. Plane oder baue vielleicht direkt neue Hochbeete und schmiede Pflanzpläne für die nächste Gartensaison. Für die nächste Saison wird Saatgut gesammelt, und du kümmerst dich um dein geerntetes Gemüse.

DER OPTIMALE ZEITPUNKT: HOCHBEET BAUEN

Ein Hochbeet kann im Grunde das ganze Jahr hindurch gebaut werden. Es ist sofort einsatzbereit. Der ideale Zeitraum für den Bau eines Hochbeetes ist aber im Herbst. Meiner Erfahrung nach gibt es dafür zwei gute Gründe.

MATERIAL FÜR DIE HOCHBEETFÜLLUNG

Für die Befüllung eines Hochbeetes benötigst du viel Material. Die unteren Schichten bestehen aus Strauchschnitt, Häckselmaterial und Laub. Da im Herbst viele Sträucher und Bäume geschnitten werden und eine ganze Menge Herbstlaub anfällt, bietet der Garten demnach genau jetzt reichlich Material für die Hochbeetfüllung.

ZERSETZUNG BIS ZUM FRÜHJAHR

Die Befüllung im Hochbeet sackt nach kurzer Zeit ein gutes Stück ab. Die verwendeten Materialien beginnen sich zu zersetzen und die groben Schichten fallen zusammen. Im Frühjahr kann demnach vor der ersten Bepflanzung gleich nochmal mit frischem Material aufgefüllt werden.

HOCHBEET-TIPP

In dein neues Hochbeet kannst du im Herbst direkt noch einige Wintersorten wie Asia-Salat oder vorgezogenes Wintergemüse pflanzen, welches im Frühjahr Platz macht für die Frühlings- und Sommerbepflanzung.

Im Herbst fällt viel Schnittmaterial für die Hochbeetbefüllung an

DUFTE KNOLLE

September und Oktober sind die besten Monate, um **Knoblauch** zu stecken. Im Herbst gesteckte Knoblauchzehen überwintern im Beet und können als Knollen im Folgejahr ab Juni geerntet werden.

Knoblauch kann übrigens helfen, Schädlinge, wie Blattläuse, aus dem Beet fernzuhalten. Wird er im Herbst gesteckt und wächst im Frühjahr kräftig, kann er frühzeitig einen Schädlingsbefall verhindern oder zumindest verringern. Noch dazu ist er in der Gartenküche unverzichtbar und als Pflanze wirklich pflegeleicht. Genug Gründe also, die Knollen im eigenen Gemüsegarten anzubauen.

PFLEGE

Um die Pflege der Pflanzen musst du dich kaum kümmern. Der Boden sollte locker und nährstoffreich sein. Knoblauch mag keine Staunässe, daher ist ein durchlässiger Boden wichtig. Gesteckt werden einzelne Zehen, die mit der spitzen Seite nach oben etwa 2–3 cm tief und mit einem Abstand von 10–15 cm in den Boden gesetzt werden. Es gibt Pflanzknoblauch zu kaufen, oder du verwendest Knoblauchzehen, die noch relativ frisch, deren äußere Hüllen allerdings schon angetrocknet sind. Ganz frischer Knoblauch neigt zum Faulen.

Knoblauchzehen mit der Spitze nach oben pflanzen

TIPP

Meine Empfehlung ist „Elefantenknoblauch". Er bildet riesige Knollen mit vielen dicken Zehen und braucht mehr Platz als seine kleineren Verwandten. Die Zehen werden 8–10 cm tief und im Abstand von 20 cm gepflanzt. Das Laub wächst entsprechend hoch und ähnelt sehr dem von Lauch.

Knoblauchpflanzen müssen nicht gedüngt werden, wenn der Boden zuvor locker und nährstoffreich war. Das Beet wird lediglich feucht und unkrautfrei gehalten. Knoblauch überwintert im Boden und treibt im Frühjahr mit frischem Grün aus.

ERNTE

Erntereif sind die Knollen, wenn ab Juni das Laub zu verwelken beginnt. Ernte den Knoblauch spätestens, wenn das Laub komplett abgetrocknet ist, damit die Knollen keine Feuchtigkeitsschäden davontragen.

Nach der Ernte werden die Knollen, auf dem Beet liegend in der Sonne oder aufgehängt, an einem warmen Platz getrocknet. Anschließend ist der Knoblauch an einem kühlen, dunklen Ort lagerfähig.

TIPP

Einige Zehen kannst du für die nächste Pflanzung im Herbst aufbewahren. Es ist überhaupt nicht schlimm, wenn aus der Spitze etwas Grün wächst. Das bietet dir sogar einen kleinen Wachstumsvorsprung.

Knoblauchsud gegen Blattläuse

Ein duftender Sud aus Knoblauch ist ein schnell gemachtes Hilfsmittel gegen Blattläuse. Dafür werden zwei Knoblauchzehen geschält und kleingeschnitten und in einer Schüssel mit einem Liter kochendem Wasser übergossen. Nach einer Stunde Ziehzeit filterst du die Knoblauchstückchen heraus. Dann ist der abgekühlte Sud auch schon einsatzbereit. Mithilfe einer Sprühflasche wird das natürliche Mittelchen großzügig auf der befallenen Pflanze verteilt und das Ganze regelmäßig über mehrere Tage hinweg wiederholt. Das sollte die Blattläuse vertreiben, da sie den Geruch von Knoblauch nicht mögen. Auch wenn der Knoblauchduft schnell verfliegt, empfiehlt es sich, das Gemüse vor dem Verzehr gut abzuwaschen.

DIY

Palettenrahmenbeet

Eine der schnellsten, günstigsten und flexibelsten Varianten eines Hochbeetes ist das Palettenrahmenbeet. Die Aufsatzrahmen für Paletten gibt es fertig zu kaufen. Sie können nach Belieben aufeinandergestapelt werden.

DAS BENÖTIGST DU

Material

→ Teichfolie (ca. 1 m²)

→ 3 Palettenrahmen

→ Noppen- oder Mulchfolie (ca. 4 m²)

Werkzeug

→ Spaten

→ Wasserwaage

→ Handtacker

PALETTENRAHMEN IN NORMGRÖSSE

Die Größe der Palettenaufsatzrahmen ist mit 120 x 80 x 20 cm überschaubar. Trotz der einheitlichen Größe lassen sich die Rahmen individuell einsetzen. Du kannst mehrere Rahmenbeete nebeneinanderbauen und in der Höhe variieren. Die optimale Höhe liegt bei drei bis vier Beetrahmen, das entspricht 60 bzw. 80 cm. So wird der beste Wachstumseffekt erzielt.

LOS GEHT'S!

01 Suche dir einen möglichst sonnigen Platz aus. Der Boden sollte ebenerdig und unkrautfrei sein. Wird das Beet auf eine Rasenfläche gesetzt, bietet es sich an, den Rasensoden mit dem Spaten auszustechen und diesen zur Befüllung des Hochbeetes zu nutzen. Grundsätzlich schadet es nicht, wenn der Boden etwa 20–30 cm tief umgegraben wird. Stapelst du allerdings drei bis vier Rahmen aufeinander, ist das nicht zwingend notwendig, denn durch die Höhe des Beetes haben die Pflanzen ausreichend Platz, um tief ins Substrat zu wurzeln.

02 Um das Holz etwas vor Verwitterung durch das feuchte Erdreich zu schützen, legt man Teichfolie unter den Palettenrahmen. Wichtig ist, dass das Hochbeet absolut eben steht. Mit der Wasserwaage lässt sich dies ganz einfach feststellen, und der Boden kann entsprechend begradigt werden.

03 Lege den ersten Palettenrahmen auf den vorbereiteten Boden und richte ihn im rechten Winkel aus. Nun stapelst du Rahmen für Rahmen aufeinander. Die Metallkanten greifen ineinander, sodass das Hochbeet sofort stabil steht. Du kannst aber auch unterschiedliche Höhen wählen und natürlich auch ein einzelnes Rahmenbeet alleine nutzen.

04 Von innen werden die Holzwände nun bis nach oben mit Noppen- oder Mulchfolie verkleidet. Tackere sie einfach fest. Die Folie verhindert, dass das Substrat nach außen dringt und verzögert den Verrottungsprozess des Holzes, der durch direkten Erdkontakt begünstigt würde. Außerdem hält die Folie Wärme und Feuchtigkeit im Innern des Hochbeetes.

05 Bei der Befüllung des Palettenrahmenhochbeetes kannst du ganz genauso vorgehen, wie auf Seite 15 beschrieben.

BERECHNUNG DER SUBSTRATMENGE

Es lässt sich ganz einfach berechnen, wie viel Liter Substrat pro Schicht benötigt wird:
Höhe x Länge x Tiefe (in cm) / 1.000

So kannst du auch berechnen, wie viel Material für die gesamte Hochbeetfüllung benötigt wird. Ein einzelner Rahmen fasst **192 Liter** = 120 cm x 80 cm x 20 cm / 1.000.

Eigenes Saatgut gewinnen

Hast du im Laufe der Saison ein paar Lieblingssorten für dich entdeckt? Eine bestimmte Tomatenpflanze oder eine ganz besondere Chilisorte, die du im nächsten Jahr unbedingt wieder pflanzen möchtest? Sammle das Saatgut dieser Sorten und bewahre es auf, um es im nächsten Jahr wieder zu verwenden.

WELCHES SAATGUT EIGNET SICH?

Nicht alle Arten im Gemüsegarten bilden Samen. Vieles erntest du zudem, lange bevor die Pflanze in die Bildung von Samen übergeht. Das ist bei **Kohlpflanzen, Salaten** oder **Wurzelgemüse** der Fall.

Gut geeignet für die Saatgutgewinnung ist Fruchtgemüse wie **Auberginen, Physalis, Paprika und Tomaten** sowie **Erbsen, Bohnen** und **Mais**. Bei **Gurken, Kürbis** und **Zucchini** solltest du vorsichtig sein, denn wenn verschiedene Sorten in den Beeten gepflanzt waren, können Kreuzungen entstehen. Im Folgejahr kann es passieren, dass nicht mehr die Sorte wächst, die du eigentlich aussäen wolltest. Und nicht immer sind solche Kreuzungen genießbar.

Saatkörner sind bei Paprika, Peperoni und Tomaten gut erkennbar

Saatgut auf Küchenpapier trocknen und gleich beschriften

SAATGUT SAMMELN, TROCKNEN UND AUFBEWAHREN

Verwendet wird nur das Saatgut von gesunden und gut entwickelten Früchten. Die Frucht wird aufgeschnitten und die Saatkörner mit einem Messer oder Löffel entnommen. Von **Auberginen** verwendest du für die Saatgutgewinnung überreife Früchte, da nur diese gut ausgereifte Samenkörner enthalten. **Bohnen** und **Erbsen** können mitsamt Schoten am Strauch abtrocknen. Erst dann wird das Saatgut entnommen. Ebenfalls können Maiskolben an der Pflanze abtrocknen.

Das Saatgut wird Art für Art und Sorte für Sorte auf Küchenpapier getrocknet. Am besten beschriftest du es direkt, damit du auch hinterher noch genau weißt, welche du gesammelt hast. Das gut getrocknete Saatgut wird in luftdichten Behältnissen aufbewahrt, die mit Arten- und Sortenbezeichnung und dem Erntejahr beschriftet werden.

TIPP

Lass ein paar Radieschen, Rettiche oder Salate so lange im Beet stehen, bis sich Blüten bilden. Verblühen diese, entstehen die Samen. Bei Radieschen und Rettich befinden sich die Saatkörner in Hülsen, die sich nach den Blüten bilden.

KEIMPROBE UND LAGERFÄHIGKEIT

Saatgut wird dunkel, trocken und kühl bei etwa **5–15 °C** aufbewahrt. Eine optimale Lagerung ermöglicht die Verwendung vieler Gemüsesamen über viele Jahre. Saatgut von Tomaten kann bis zu zehn Jahre lang keimen.

SO LANGE IST SAATGUT VON GEMÜSE KEIMFÄHIG

6–8 Jahre

→ Gurken
→ Kürbis
→ Zucchini

4–6 Jahre

→ Aubergine
→ Artischocke
→ Bohnen
→ Chinakohl
→ Erbsen
→ Mais
→ Mangold
→ Radicchio
→ Radieschen
→ Rettich
→ Rote Bete
→ Spinat

3–5 Jahre

→ Kohl
→ Kohlrabi
→ Kresse
→ Möhren
→ Paprika
→ Peperoni
→ Salate
→ Sellerie

2–3 Jahre

→ Zwiebelgewächse wie Lauch, Schnittlauch, Frühlingszwiebeln und Zwiebeln

Bis 2 Jahre

→ Feldsalat
→ Pastinake
→ Petersilie
→ Petersilienwurzel

In den abgetrockneten Hülsen befinden sich die Samen von Radieschen

Wenn du wissen willst, ob dein Saatgut noch keimfähig ist, führst du eine **Keimprobe** durch. Dazu legst du ein angefeuchtetes Wattepad oder Küchenpapier in eine flache Schale und verteilst darauf mehrere Samen einer Art. Dann die Schale mit Klarsichtfolie abdecken und an einen warmen Platz stellen. Die Folie sollte die Samen nicht berühren. Werden die Saatkörner immer gleichmäßig feucht gehalten, zeigt sich nach ein paar Tagen, ob sie keimfähig sind oder nicht.

Die Keimprobe kann zu unterschiedlichen Ergebnissen führen:

→ Kein Samen hat begonnen zu keimen: Das Saatgut kann leider entsorgt werden, da die Keimfähigkeit nicht mehr gegeben ist.
→ Nur wenige Samen haben gekeimt: Du kannst das Saatgut noch verwenden, solltest aber dichter säen als angegeben, damit ausreichend Pflanzen keimen.
→ (Fast) alle Samen keimen: Die Keimfähigkeit ist optimal, und das Saatgut kann ganz normal verwendet werden.

In flachen Schalen werden die Samen auf die Probe gestellt

Nach der Ernte

Am besten schmeckt das Gemüse natürlich frisch geerntet. Baust du aber mehr an als für den Direktverzehr, lohnt es sich, das Gemüse für einen späteren Zeitpunkt zu lagern, zu trocknen, einzufrieren oder einzulegen.

GEMÜSE SÄUBERN

Frisches Gemüse wird nach der Ernte zunächst gesäubert, um Erde, kleine Tierchen oder trockene Pflanzenteile zu entfernen. Das geht ganz einfach mit einer weichen Bürste und bei Bedarf mit Wasser. Lagergemüse wird nicht abgewaschen, da es durch Feuchtigkeit schneller faulen kann.

Nicht essbare Wurzeln und Teile des Blattgrüns schneidest du ab. Entfernst du das komplette Blattgrün, verkürzt sich die Haltbarkeit. Von **Möhren, Kohl, Rettich** und **Sellerie** werden nur die äußeren Blätter entfernt und die jungen Blätter in der Mitte am Gemüse belassen.

TIPP

Vorsichtig solltest du mit Roter Bete sein. Denn wird die Knolle verletzt, blutet sie aus. Die Blätter werden daher nur auf etwa 10 cm eingekürzt.

GEMÜSE LAGERN

Wurzelgemüse lagerst du am besten im Keller in Holzkisten oder Steintöpfen. In die Gefäße füllt man eine Schicht aus leicht feuchtem Sand, auf dem das Gemüse nach Arten getrennt und mit etwas Abstand verteilt wird. Das wird schichtweise so gehandhabt, bis die Behältnisse voll sind.

Kohlsorten und **Kürbisse** können in Netzen aufgehängt oder auf trockenem Stroh ausgelegt werden. Der Aufbewahrungsort sollte kühl, trocken und dunkel sein. Lagergemüse muss trocken sein und darf keine faulen oder braunen Stellen haben. Braune Blätter am Kohl werden vor der Lagerung entfernt.

Die ideale Temperatur liegt bei konstanten **4–10 °C**. Frost und zu hohe Temperaturen können das Gemüse schädigen.

Optimal ist eine hohe Luftfeuchtigkeit, die in zu trockenen Räumen durch eine Kiste mit feuchtem Sand verbessert werden kann. Kontrolliere regelmäßig, ob dein Lagergemüse noch feucht genug liegt und entferne vertrocknete oder faule Exemplare.

Möhren werden in Sand gelagert

GEMÜSE EINFRIEREN

Gemüse kann sowohl roh, blanchiert als auch zu Soße oder einer Gemüsemischung verarbeitet eingefroren werden. Durch das Einfrieren bleiben sowohl Geschmack als auch Inhaltsstoffe vieler Gemüsearten weitestgehend erhalten. Der Vorteil: Bei Temperaturen von etwa **-18 °C** können sich Bakterien und Pilze nicht vermehren, wodurch das Gemüse lange haltbar bleibt. Der Nachteil ist allerdings, dass das Gefriergut relativ viel Platz in der Tiefkühltruhe und entsprechend Energie benötigt. Gemüse, das zu einem Großteil aus Wasser besteht, wie Gurken oder Zucchini, eignen sich nicht gut zum Einfrieren.

TIPPS ZUM EINFRIEREN

GEMÜSE	VORBEREITUNG
AUBERGINEN	In Scheiben geschnittene Auberginen in Salzwasser wenige Minuten blanchieren. Anschließend in Eiswasser abschrecken.
BLUMENKOHL, BROKKOLI UND ROSENKOHL	Bei Blumenkohl und Brokkoli wird der Strunk in kleine Röschen zerteilt. Beim Rosenkohl werden die äußeren Blätter entfernt und der Strunk gekürzt. In kochendem Salzwasser wenige Minuten blanchieren, eiskalt abschrecken.
BOHNEN, ERBSEN UND ZUCKERSCHOTEN	Bohnen und Zuckerschoten waschen und die Enden abschneiden. Erbsen aus den Schoten pulen. Bohnen, Erbsen und Zuckerschoten in kochendem, leicht gesalzenem Wasser kurz blanchieren, in Eiswasser abschrecken.
KOHLRABI UND MÖHREN	Kohlrabi und Möhren schälen, in mundgerechte Stücke schneiden und in Salzwasser einige Minuten blanchieren. In kaltem Wasser abschrecken.
KÜRBIS	Kürbis kann roh oder vorbereitet als Püree oder Suppe eingefroren werden.
LAUCH	Die äußeren Blätter und den oberen Teil des Lauchs entfernen. Wurzelreste am Strunk abschneiden. Lauch waschen und in dünne Streifen schneiden. Wenige Minuten in Salzwasser blanchieren.
ROTE BETE	Rote Bete mitsamt Schale und Blättern in Salzwasser etwa 20–25 Minuten lang kochen. Danach kann die Schale unter fließendem Wasser leicht entfernt werden. Vorsicht: Rote Bete färbt die Hände intensiv rot. Beim Schälen sind Einmalhandschuhe ratsam.
ROTKOHL UND WEISSKOHL	Rot- und Weißkohl kann als fertig zubereiteter Kohl eingefroren werden. Alternativ wird er kleingeschnitten und einige Minuten blanchiert. Daraufhin eingefroren und erst nach dem Auftauen fertig zubereitet.
SELLERIE	Sellerie waschen, schälen, in Stücke schneiden und roh einfrieren.
SPINAT UND MANGOLD	Spinat und Mangold waschen und die dicken Stiele entfernen. In kochendem Wasser wenige Minuten blanchieren. Dann in Eiswasser abschrecken und gut abtropfen lassen. Portionsweise einfrieren.
TOMATEN	Eingefrorene Tomaten verwendet man für Soßen oder Suppen. Tomaten roh (mit Schale) oder als Püree (gehäutet und eingekocht) portionsweise einfrieren.

GEMÜSE DÖRREN

Beim Dörren wird dem Gemüse Feuchtigkeit entzogen. Nach dem Trocknungsprozess bleibt das konzentrierte Produkt übrig. Durch die fehlende Flüssigkeit kann kein Schimmel entstehen und Bakterien vermehren sich nicht. Getrocknetes Gemüse ist sehr lange lagerfähig.

Zum Trocknen verwendest du Früchte, die voll ausgereift sind und keine Druckstellen oder Verletzungen haben. Das Gemüse wird gut gesäubert, nach Bedarf geschält und kleingeschnitten. Je kleiner die Stücke sind, desto schneller trocknen sie. Am besten eignen sich Trocknungsgitter, auf denen das Gemüse locker ausgelegt wird. Der Trocknungsvorgang erfolgt bei einer möglichst konstanten Temperatur von **30–50 °C** über einen Zeitraum von sechs bis zwölf Stunden je nach Sorte und Größe. Eine konstante Temperatur wird im leicht geöffneten Ofen oder auf einer Heizung erreicht. Aber auch ein heißer Sommertag eignet sich gut zum Trocknen von Gemüse. Im Ofen wird das Trockengut gelegentlich gewendet, um eine gleichmäßige Trocknung zu ermöglichen.

TIPP

Möchtest du öfter Gemüse oder andere Lebensmittel dörren, lohnt sich die Anschaffung eines Dörrautomaten.

Im Dörrautomat kann viel Gemüse gleichzeitig getrocknet werden

Aufbewahrung von Dörrgut in luftdichten Behältern

Der Dörrprozess ist abgeschlossen, wenn das Gemüse knusprig ist. Das Trockengemüse vor dem Lagern gut auskühlen lassen, damit sich während der Aufbewahrung keine Kondensfeuchtigkeit bildet. Getrocknetes Gemüse bewahrst du in sauberen, trockenen Gläsern mit Schraubverschluss oder in Blechdosen auf. Lagere sie dunkel und kühl. Gelegentlich sollte geprüft werden, ob sich Restfeuchtigkeit gebildet hat, denn durch diese besteht die Gefahr von Schimmel.

TIPP

Hast du schon mal deine eigene Gemüsebrühe hergestellt? Trockne dafür verschiedene Gemüsesorten wie Möhren, Lauch, Sellerie und Petersilie, zermahle sie anschließend zu Pulver und schon hast du eine gesunde und wirklich intensiv schmeckende Gemüsebrühe, die zum Würzen von Suppen und Soßen verwendet werden kann.

Natürlich kannst du auch Kräuter trocknen. Klassische Gewürzkräuter wie **Petersilie, Dill, Oregano** oder **Rosmarin** eignen sich besonders gut. Oder du trocknest einige Sorten als Teekräuter. Mein Tipp ist eine Mischung aus getrocknetem **Thymian, Salbei** und **Gewürzfenchel.** So eine Teekräutermischung ist übrigens auch immer ein schönes Mitbringsel für Freunde und Familie.

Möhre 'Purple Haze' zum Trocknen in Scheiben geschnitten

Gut zum Trocknen geeignete Gemüsearten sind **Bohnen** und **Mais, Erbsen, Lauch, Möhren, Paprika, Peperoni** und **Chili, Tomaten, Zwiebeln** und **Knoblauch, Sellerie** sowie **Kräuter**.

TIPP

Gemüsechips aus Kürbis, Roter Bete, Sellerie, Wirsing oder Zucchini sind ein toller Snack und ganz einfach selbst gemacht: Gemüse in dünne Scheiben hobeln, mit etwas Salz und Pfeffer würzen und trocknen.

GEMÜSE EINLEGEN

Die folgenden drei Methoden habe ich für mich entdeckt, um Gemüse einzulegen und haltbar zu machen.

IN ESSIG EINLEGEN

Beim Einlegen in Essig wird durch die Säure des Essigs die Ausbreitung und Vermehrung von Fäulnisbakterien und Schimmelpilzen verhindert. Der Nachteil ist, dass sich der Geschmack des Gemüses relativ stark verändert. In Essig eingelegtes Gemüse wird für Salate, als Beilage oder als Snack verwendet.

IN ÖL EINLEGEN

In Öl eingelegtes Gemüse hält sich nicht so lange wie Essiggemüse. Es wird vor dem Einlegen beispielsweise gebraten oder gegrillt, in Öl haltbar gemacht und später als Antipasti verwendet. Durch die Verwendung von hochwertigem Olivenöl nimmt das Gemüse einen feinen Geschmack an. Eine besondere Note erhält es, wenn du zusätzlich Kräuter und Gewürze verwendest. Wichtig ist, dass Gemüse und Kräuter vor dem Einlegen möglichst trocken sind, damit kein Schimmel entstehen kann.

IN SALZLAKE EINLEGEN

Beim Einlegen in Salzlake wird das Gemüse einem Fermentierungsprozess unterzogen. Durch Milchsäuregärung entsteht säuerliches Gemüse, das lange haltbar ist.

Gut geeignet zum Einlegen sind zum Beispiel **Bohnen, Gurken, Möhren, Paprika, Kürbis, Rote Bete, Sellerie, Tomaten** und **Zucchini**.

Eingelegtes Gemüse bleibt lange haltbar

Vitaminbeet für kältere Tage

Damit auch in der kalten Jahreszeit Grüne Smoothies, Salate oder Gemüsepfannen auf deinen Tisch kommen, habe ich für den Herbst und den Winter einen Pflanzplan für ein vitaminreiches Beet mit einer köstlichen Mischung aus würzigen, vielseitigen Blattgemüsearten zusammengestellt.

DIREKTSAAT HERBST

- → Asia-Salate
- → Feldsalat
- → Hirschhornsalat
- → Rucola
- → Spinat
- → Winterkresse
- → Winterportulak
- → Winterschnittsalat

Hinweis: Der Pflanzplan ist ausgelegt auf ein Früh- und Hochbeet mit den Maßen 200 x 100 cm. Hat dein Beet andere Maße, passe die Anzahl der Pflanzen und Reihen entsprechend an.

SO PFLANZT DU

Das Vitaminbeet ist so konzipiert, dass du über die nächsten Monate immer blattweise ernten kannst. Daher werden alle Arten locker in Reihen von 20 cm gesät. Es müssen keine genauen Pflanzabstände eingehalten werden, jedoch solltest du nicht zu dicht säen, damit die Pflanzen genügend Platz haben zum Wachsen.

TIPP

Die genannten Arten sind kältetolerant, jedoch nicht alle unbedingt frostfest. Dementsprechend ist es ratsam, sie im Frühbeet zu säen. Dort kannst du die Pflanzen bei drohenden Kälteeinbrüchen durch Schließen des Deckels schützen. Das hält zudem Schnee fern, und du kannst jederzeit frisch ernten.

WAS IST ZU TUN?

Spätestens im September – bei vorhandenem Platz auch schon im August – wird gesät. Dazu bereitest du das Beet entsprechend vor, indem du Unkräuter und Pflanzenreste entfernst und die Erde gut lockerst. Düngen muss man jetzt nicht mehr, denn das Blattgemüse begnügt sich mit wenigen Nährstoffen.

Auch an dieser Stelle sei erneut erwähnt, dass ein Beet unkrautfrei und gleichmäßig feucht gehalten werden sollte. Bei allen Arten erntest du lediglich die äußeren Blätter, das Herz der jeweiligen Pflanze bleibt stehen. Auf diese Weise wachsen sie weiter, und du hast noch lange die Möglichkeit, deine kleinen Vitaminbomben zu ernten. Je nach gewählter Art und Sorte kann man fortlaufend bis Oktober nachsäen. Das gilt insbesondere für Kresse und Asia-Salate, die sogar noch in den Wintermonaten unter dem Dach des Frühbeetes oder im Gewächshaus gesät werden können.

Kontrolliere regelmäßig, ob sich Schädlinge, wie etwa Schnecken, über deine Vitaminpflanzen hermachen.

TIPP

Sollten die Blätter mal gefroren sein, warte mit dem Ernten, bis sie aufgetaut sind.

05

GEMÜSEGARTEN im Winter

Der Garten kommt zur Ruhe. Auch du möchtest sicher den ein oder anderen Moment durchschnaufen und auf dein Gartenjahr zurückblicken. So entstehen neue Pläne und Ideen für die nächste Saison. Allerdings kann selbst im Winter noch Gemüse geerntet werden, wenn im Sommer neue Pflanzen vorgezogen oder im Herbst gesät wurden. Damit deckst du den Bedarf an frischem Gemüse auch in den kalten Monaten des Jahres.

Unter dem schützenden Dach des Frühbeetes wächst Blattgemüse, im Hochbeet trotzt der Kohl den eisigen Temperaturen, und im Gewächshaus ist es an milden Tagen richtig angenehm, nicht nur für deine Pflanzen.

Winter im Überblick

Es ist ein herrliches Schauspiel, wenn Schnee und Frost den Gemüsegarten verzaubern. An frostfreien Tagen kann aus Früh- und Hochbeet sowie aus dem Gewächshaus frisches Grünzeug geerntet werden. Das ist so ein erfüllendes Gefühl und motiviert schon jetzt, bald aufs Neue zu säen und zu pflanzen.

DEZEMBER

Der Dezember ist prima geeignet für eine eingehende Bestandsaufnahme. Nimm dir etwas Zeit und säubere deine Gartengeräte. Pflanzstäbe, Schnüre oder andere Utensilien werden aus den Beeten geholt und sortiert. Dabei kannst du direkt notieren, was ersetzt werden muss. Und du kannst neue Beetpläne schmieden. Falls du während der Saison ein Gartentagebuch geführt hast, lässt sich gut nachvollziehen, welche Arten und Sorten dir viel Freude bereitet haben und was du im nächsten Jahr nicht wieder anbauen möchtest. Hast du noch Mangold im Hochbeet, kannst du ihn bis knapp über dem Boden herunterschneiden und das Herz der Pflanze mit Laub abdecken. Dann treibt er im Frühjahr erneut aus und du kannst zeitig wieder ernten.

JANUAR

Frisch gestartet ins neue Gartenjahr, geht es an die ersten Planungen. Welche Sorten möchtest du anbauen? Welche Pflanzen werden wann vorgezogen oder direkt gesät? Wie sollen die Gemüsebeete aufgeteilt werden? Fertige am besten ein paar Skizzen an und mach dir Listen für die bevorstehenden Anzuchten. Keimproben helfen dir um zu prüfen, welches Saatgut ersetzt werden muss.

Für ganz frühe Gemüseenthusiasten: Im Januar kann im Haus mit der Anzucht von **Chili**, **Paprika** und **Peperoni** begonnen werden. Mit einer entsprechenden Pflanzenlampe sorgst du für die benötigten Lichtverhältnisse.

FEBRUAR

Es kann losgehen: Im Februar ist Anzuchtstart im Haus. Die ersten wärmeliebenden Sorten, wie **Aubergine** oder **Physalis**, können ab jetzt vorgezogen werden. Im Frühbeet startet ebenfalls die Saison mit **Dicken Bohnen, Radieschen** und **Salaten**. Zuvor sollte der Boden im **Frühbeet** und im **Gewächshaus** entsprechend vorbereitet werden, das heißt: Umgraben und die Erde lockern. Grobe Reste der Gründüngung oder andere Pflanzenreste werden entfernt und auf dem Kompost entsorgt.

TIPP

Ist die Erde im Hochbeet abgesackt, kannst du den dadurch höheren Rand auch als Frühbeet nutzen. Überspanne dazu das Hochbeet mit einem Vlies oder einer Lochfolie zum Schutz der Pflanzen.

ERNTE VON DEZEMBER BIS FEBRUAR

- → Asia-Salate
- → Feldsalat
- → Grün- und Federkohl
- → Lauch
- → Radicchio
- → Radieschen
- → Rosenkohl
- → Spinat
- → Wintersalate wie Batavia oder Pflücksalat
- → Winterportulak

Mein liebstes Wintergemüse

Palmkohl 'Nero di Toscana' ist ein echter Hingucker im Winterbeet. Die länglichen, graugrünen Blätter werden wie Grünkohl verwendet. Palmkohl ist aber auch als Zierpflanze im winterlichen Garten nicht zu verachten.

Rosenkohl ist für mich immer ein optisches Highlight im Gemüsebeet, da er sich nicht zuletzt aufgrund seiner imposanten Größe von vielen anderen Pflanzen abhebt. Neben der klassischen grünen Variante sind die blumigen Röschen der Züchtung **'Flower Sprout'** oder die komplett lilafarbene Sorte **'Rubine'** spannende Alternativen im Nutzgarten.

Winterportulak wird von September bis Oktober gesät. Nach etwa acht Wochen kommst du bereits in den Genuss des Blattgemüses. Schneidest du immer nur Teile der Pflanzen ab und lässt deren Herzen stehen, kannst du Winterportulak mehrfach ernten, wenn der Gemüsegarten noch im Winterschlaf liegt. Im Schutz des Frühbeetes funktioniert sogar eine durchgängige Ernte, wenn die Temperaturen nicht zu niedrig sind. Dort ist das Gemüse zudem vor Nässe geschützt, was die Ernte erleichtert.

Im Winter haben verschiedene Kohlsorten, wie der Federkohl, Saison

WAS KANN INS FRÜHBEET?

Ins Frühbeet kannst du in frostfreien Phasen von Dezember bis Februar noch **Asia-Salat** säen. Das Blattgemüse keimt bei geringen Temperaturen und wächst sehr schnell.

Ganz frühe Salatsorten für das Frühbeet sind beispielsweise die **Kopfsalate** 'Chez-Le-Bart', 'Maikönig' oder die **Romanasalate** 'Forellenschluss' und 'St. Blaise', die ab Januar gesät werden können. Zudem gibt es eine **Spinatsorte** mit dem passenden Namen 'Erste Ernte', die ab Ende Dezember geschützt angebaut werden kann.

Im Februar geht es im überdachten Anbau los mit der Direktsaat der im folgenden Kasten aufgelisteten Arten.

DIREKTSAAT AB FEBRUAR

- → Blumenkohl
- → Brokkoli
- → Fenchel
- → Frühe Möhren
- → Frühe Salate, wie Kopfsalat, Eissalat oder Eichblattsalat
- → Kohlrabi
- → Lauch
- → Mangold
- → Radieschen
- → Rettich
- → Rot- und Weißkohl (frühe Sorten)
- → Rucola
- → Sellerie
- → Zwiebeln

WAS KANN INS HOCHBEET?

Im Hochbeet kann im Winter ohne Kälteschutz fast nichts gesät werden. Ist der Winter mild und hält längere, frostfreie Phasen bereit, können allerdings ab Februar frühe Sorten von **Rosenkohl** (Sorte 'Rubine', Möhren (Sorte 'Amsterdam 2'), **Rettich** (Sorte 'Ostergruss Rosa'), **Lauchzwiebel** und **Dicke Bohnen** gesät werden. Sollte es im weiteren Verlauf nochmal frostige Perioden geben, ist ein Vlies als Schutz für die zarten Jungpflanzen notwendig.

WAS KANN INS GEWÄCHSHAUS?

Das Gewächshaus nutzt du im Winter ähnlich wie das Frühbeet. Ab Februar beginnt im frostfreien Treibhaus die Anzucht von kälteunempfindlichen Jungpflanzen. Da allerdings die Nächte noch sehr eisig sind, ist die Anzucht wärmeliebender Pflanzen, wie **Artischocke, Chili** oder **Physalis** nur im beheizten Gewächshaus möglich. Besser startest du jedoch mit diesen Pflanzen im Haus und siedelst sie erst bei passenden Temperaturen ins Glashaus um.

Braucht der Boden eine Winterpause?

Wird das Gartenbeet nicht bepflanzt und liegt die nackte Erde offen, nennt man das Brache. Braucht der Boden diese unbegrünte Phase, um sich zu erholen? Ganz klare Antwort: Nein! Dem Boden geht es am besten, wenn er immer begrünt ist. Ein brachliegender Boden ist dagegen der Erosion, Austrocknung, Hitze und Kälte und damit dem unnötigen Verbrauch von Nährstoffen ausgesetzt. Im gesunden, durchwurzelten Erdreich leben Millionen von Mikrolebewesen. Sie stärken den Boden und halten ihn gesund und lebendig. Darum kannst du rund ums Jahr deine Beete bewirtschaften oder zumindest die Erde mit Laub oder Mulch bedecken. Für die Gesundhaltung des Bodens halte dich an die Fruchtfolge und den -wechsel (siehe Seite 63) sowie ans Mulchen und Düngen (siehe Seite 39).

Von wegen Winterschlaf

War deine Ernte im Sommer reichlich, kannst du dich vermutlich noch im Winter mit leckerem gelagertem oder eingemachtem Gemüse versorgen. Besonders schön ist es, wenn du im Winter auch frisches Gemüse aus deinen Beeten ernten kannst. Wie das geht erfährst du auf den folgenden Seiten.

Unter der Schneedecke wachsen Winterheckenzwiebeln

LICHT UND TEMPERATUR

Dass im Winter nur wenige Gemüsesorten wachsen, ist vorrangig dem natürlichen Lichtmangel sowie den geringen Temperaturen geschuldet.

Die Tage sind viel zu kurz, als dass sich die Pflanzen gut entwickeln könnten. Es fehlt ihnen schlicht und ergreifend an Tageslicht. Nicht umsonst sind Pflanzenbeleuchtungen mit integrierter Zeitsteuerung in der Regel auf einen Rhythmus von 16:8 eingestellt. Das bedeutet, das optimale Verhältnis für das Pflanzenwachstum liegt demnach bei 16 Stunden Licht und 8 Stunden Dunkelheit. Im Winter, bei weit weniger Lichtstunden am Tag, gehen viele Pflanzen in eine Art Ruhephase. Bei den meisten einjährigen Gemüsearten wäre es daher kaum sinnvoll, sie in dieser Jahreszeit zu ziehen. Zumindest nicht ohne künstliches Licht. Dennoch gibt es Arten, vor allem Blatt- und Kohlgemüse, die mit wenig Licht gut zurechtkommen. Und genau auf diese solltest du dich im Winter konzentrieren.

Neben dem Licht benötigt jede Pflanze ihre Wohlfühltemperatur, um gesund und kräftig zu gedeihen. Bei winterlichen Temperaturen stellen zahlreiche Pflanzen das Wachstum ein. So kannst du beispielsweise Winterkopfsalat im September vorziehen, aber er wird erst im Frühjahr erntereif, da er in den kalten Wintermonaten seine Entwicklung einstellt und erst wieder wächst, sobald es wärmer wird.

Ähnlich verhält es sich mit den Keimtemperaturen. Jede Gemüseart keimt bei einer bestimmten Temperatur (siehe Seite 31). Ist es zu kalt, kann keine Keimung erfolgen. An dieser Stelle können dir Frühbeet und Gewächshaus einen entscheidenden Vorteil bieten, da hier die benötigten Temperaturen früher erreicht werden als im Freiland.

Thermometer im Gewächshaus

EIS UND SCHNEE IM GEMÜSEGARTEN

Hat es im Winter ordentlich geschneit, erreichen die Schneemassen ein ganz schönes Gewicht. Nicht nur für Pflanzen kann dies erdrückend sein. Das Dach des **Gewächshauses** oder **Frühbeetkastens** muss dann ebenfalls einiges aushalten. Also heißt es jetzt: Raus in den Garten gehen und die dicken Schneeberge von den Scheiben abkehren. Dünnere Schneeschichten kannst du belassen, denn sie dienen sogar als Kälteschutz. Allerdings hält eine geschlossene Schneedecke Licht fern und ist daher nur bedingt sinnvoll, falls du auch im Winter Gemüse im Frühbeet oder im Gewächshaus anbaust.

Frost ist für viele Gemüsepflanzen schädlich. Vereinfacht ausgedrückt, gefrieren die Zellen, und die Zellwände nehmen Schaden. Das zeigt sich nach dem Auftauen durch schlappe, wässrige Blätter und Stängel. Nur frostfesten Pflanzen machen eisige Temperaturen nichts aus. Bei manchen Arten, wie dem Grünkohl, ist Frost sogar gut für die Geschmacksentwicklung.

Dennoch sollte man auch frostfeste Sorten nur ernten, wenn die Blätter nicht vereist sind. Warte mit der Ernte also, bis die Temperaturen tagsüber etwas gestiegen sind.

FROSTHARTE GEMÜSESORTEN

- → **Blattgemüse:** Asia-Salat, Endivie, Feldsalat, Spinat, Winterkresse, Winterportulak, Wintersalat
- → **Kohlgemüse:** Grün-, Feder-, Palmkohl, Rosenkohl, Rotkohl oder Weißkohl, Wirsing
- → **Wurzelgemüse:** Lauch, Pastinake, Topinambur, Schwarzwurzel, Steckrübe
- → Leichte Fröste halten **Chinakohl, Herbstrüben, Knoblauch, Kohlrabi, Mangold, späte Möhren, Rote Bete, Sellerie, Winterrettich** und **Winterzwiebeln** aus. Wenn es zu kalt wird oder die Frostperioden länger anhalten, fühlen sich diese Arten im Schutz des Frühbeetes oder unter Vlies wohl.

Im Gewächshaus sind Pflanzen viel besser vor Frost und ohnehin vor Schnee geschützt. Selbst im Kalthaus, also dem Gewächshaus ohne Heizung, wird es nicht so schnell frostig. In kalten Wintern kannst du die Wände zur Wärmedämmung von innen mit Noppenfolie, Jute oder Karton abdecken. Es muss aber noch genügend Licht an die Pflanzen gelangen. Oft ist es schon ausreichend, den unteren, bodennahen Bereich abzudichten.

Rotlaubiger Federkohl

Palmkohl 'Nero die Toscana'

Unkraut entfernen und Erde lockern

DIE BEETE FRÜHLINGSFIT MACHEN

Wenn der Schnee schmilzt und die frostigen Tage weniger werden, ist es Zeit, die Beete frühlingsfit zu machen. Nasses Laub wird entfernt, da es zu Fäulnis führen kann. Die ersten sich langsam entwickelnden Unkräuter ziehst du beim Lockern der Erde einfach heraus. Beim Durchgraben des Bodens mit der Harke entfernt man grobe Pflanzenreste und übriggebliebene Wurzeln. Steht noch Gemüse im Beet, gräbst du vorsichtig um den Wurzelbereich herum.

Auch im Gewächshaus muss der Boden gut vorbereitet werden, indem du ihn lockerst und neues Substrat sowie Kompost oder Pferdemist in die Beete einarbeitest. So sind die Beete auch schon bereit für die ersten frühen Aussaaten.

HOCHBEET AUFFÜLLEN

Das grobe Material der unteren Schichten im Hochbeet sackt mit der Zeit zusammen. Legst du im Herbst ein Hochbeet an, wird daher im Frühjahr eine neue Schicht Erde aufgeschüttet. Und ein Jahr später, also im zweiten Jahr des Hochbeetes, haben die Pflanzen so viele Nährstoffe verbraucht, dass auch die Erde an Volumen verloren hat. Dann wird mit einer Mischung aus Kompost oder Pferdemist sowie Pflanzenerde aufgefüllt. Ich lasse gerne ein paar Zentimeter bis zur oberen Beetkante frei. Dadurch sind junge Pflanzen besser vor Wind geschützt und beim regelmäßigen Harken muss man nicht so achtgeben, dass die Erde aus dem Hochbeet fällt.

GEWÄCHSHAUSERDE AUSTAUSCHEN

Im Gewächshaus ist die Einhaltung von Fruchtfolge und Fruchtwechsel etwas schwieriger. Daher pflanzt man Vor- und Nachkulturen wie Salate oder Spinat und verbessert durch Kompostgaben den Boden.

Irgendwann ist jedoch der Zeitpunkt gekommen, an dem der Boden schlicht und ergreifend ausgelaugt ist und nicht mehr den gewünschten Ertrag bringt. In diesem Fall kommst du nicht umhin, die Erde im Gewächshaus auszutauschen. Dafür trägst du den Boden etwa 20–30 cm tief ab und füllst mit der gleichen Menge frischer Pflanzenerde wieder auf. Diese Frischekur wirkt wahre Wunder, und es wird wieder eine reiche Ernte aus deinem Gewächshaus zu erwarten sein.

Wenn die Erde im Hochbeet abgesackt ist, wird mit neuem Substrat aufgefüllt

Gewächshausscheiben mit Wasser und Schwamm säubern

GEWÄCHSHAUS PFLEGEN

Ein festes Gewächshaus mit Glaseindeckung oder Hohlkammerplatten ist eine große Investition für deinen Garten. Damit du auch lange Freude daran hast, gehört ein wenig Pflege dazu. Der beste Zeitpunkt für die jährliche Reinigung ist im späten Winter. In dieser Zeit ist das Treibhaus leerer als sonst, und so hast du mehr Platz zum Reinigen.

GEWÄCHSHAUS VON AUSSEN PUTZEN

Die Glasscheiben oder Hohlkammerplatten reinigst du am besten mit einem Schwamm und warmem Wasser. Putzmittel verwendet man, wenn überhaupt, nur in geringen Mengen. Es sollte unbedingt biologisch abbaubar und nicht schädlich für Flora und Fauna sein. Bei leichten Verschmutzungen reicht warmes Wasser vollkommen aus. Die Dachscheiben kannst du mithilfe eines Teleskopstabs mit Schwamm oder Putzlappen am Ende reinigen. Stärkere Verschmutzungen lassen sich mit einem Druckstrahlreiniger lösen. Probiere vorsichtig aus, wie viel Druck das Dach verträgt. Da es aber auch heftigem Wind und Starkregen ausgesetzt ist, dürfte ein Druckstrahler kein Problem sein. Besonders in den Ecken und zwischen den Verstrebungen lagert sich gerne Grünzeug ab.

Ein milder, trockener Tag ist für die Putzaktion am besten. Scheint dann auch noch die Sonne, kann das Wasser schnell abtrocknen und gefriert nicht gleich wieder.

Während der Reinigung lässt sich leicht feststellen, ob das Gewächshaus Schäden oder undichte Stellen hat. Kleinigkeiten sind schnell repariert, oder du notierst dir, was noch in Ordnung gebracht werden muss. Holzrahmen kannst du bei deiner jährlichen Großreinigung mit einem ökologischen Holzschutzmittel streichen.

GEWÄCHSHAUS VON INNEN SÄUBERN

Verfügt dein Gewächshaus über einen Stromanschluss, schütze oder deaktiviere ihn vor der Reinigung. Stelle Töpfe, Gießkannen und Mobiliar nach draußen. Sie können bei Bedarf separat gereinigt werden. Pflanzenreste, heruntergefallene Blätter und sonstiger Schmutz werden aus dem Gewächshaus entfernt. Ebenso Unkraut, das womöglich noch in den Beeten wächst. Feuchtes und vergammeltes organisches Material ist anfällig für Krankheiten. Also weg damit, damit der Saisonstart unter guten Voraussetzungen beginnen kann.

Wächst noch Gemüse im Gewächshaus? Kein Problem. Schrubbe doch einfach vorsichtig um die Pflanzen herum, vor allem, wenn du mit einem Wasserstrahl arbeitest. Ansonsten gehst du im Innenraum ähnlich vor wie bei der Außenreinigung. Die Scheiben werden mit Schwamm und warmem Wasser gereinigt. Mit dem Druckreiniger muss man etwas vorsichtig sein, denn zumeist sind die Scheiben mit Klammern oder Gummidichtungen so eingesetzt, dass sie von außen mehr Druck aushalten als von innen.

TIPP

Haben sich im Gewächshaus während der Saison Krankheiten wie Falscher Mehltau oder Braunfäule breitgemacht? Dann sollte der Innenraum besonders sorgfältig sauber gemacht und desinfiziert werden. Schließlich sollen sich die Krankheitserreger nicht wieder verteilen. Verwende für die desinfizierende Reinigung Essig- oder Zitronensäure.

Nun werden noch Wege, Platten, Regale, Aufhängungen oder sonstige Einrichtungen gereinigt. Zu guter Letzt wird auch der Innenraum nach Schäden überprüft. Sind alle Fenster und Türen funktionsfähig? Funktioniert die Beleuchtung, und sind die Regale noch stabil genug? Kleinere Reparaturen sind schnell erledigt. Größere kommen auf die To-do-Liste der noch anstehenden Reparaturarbeiten, die vor der Pflanzzeit erledigt werden.

TIPP

Quietschende oder schwerlaufende Scharniere an Fenstern und Türen kannst du mit einigen Tropfen Öl wieder geschmeidig machen.

Beetpläne für jede Jahreszeit

Nachdem du jetzt viele Ideen für den ganzjährigen Gemüseanbau im Früh- und Hochbeet sowie im Gewächshaus hast, möchte ich dir noch Pflanzpläne mit Schwerpunkten für jede Jahreszeit vorschlagen. Für alle Beete gilt grundsätzlich: Am besten gedeihen die Pflanzen in lockerer, nährstoffreicher und unkrautfreier Erde.

PRINZIP DER BEETE

In allen Beetplänen ist die Hauptkultur in der jeweiligen Jahreszeit erntereif. Hauptkultur nenne ich sie deswegen, weil sie in aller Regel das Beet am längsten beanspruchen. Alle anderen Sorten sind Kulturen, durch die du deine Beete auch in den Monaten davor und danach bepflanzen kannst. Entstehende Lücken können wunderbar mit Pflück- und Schnittsalat, Kresse und in der kalten Jahreszeit Asia- oder Feldsalat gefüllt werden. In der Übersicht auf der nächsten Seite siehst du auf einen Blick, welches Gemüse ich als Vor-, Haupt- und Nachkultur für das jeweilige Jahreszeitenbeet geplant habe. Ab Seite 132 findest du zu jedem der Beete einen Pflanzplan, dem du entnehmen kannst, wann welches Gemüse an welcher Stelle im Beet gesät oder eingepflanzt werden sollte. Zudem erläutere ich dir jedes der Beete noch einmal genauer. Damit steht einer reichen Ernte nichts mehr im Wege.

Frühlingsbeet: siehe Seite 132

Sommerbeet: siehe Seite 133

FRÜHLINGSBEET (MÄRZ – MAI)

→ **Vorkultur:** Radieschen und Pflücksalat
→ **Hauptkultur:** Kohlrabi, Eichblattsalat und Spinat
→ **Nachkultur:** Mangold und Zucchini

SOMMERBEET (JUNI – AUGUST)

→ **Vorkultur:** Frühe Möhren und Lauchzwiebeln
→ **Hauptkultur:** Brokkoli, Gurke und Rote Bete
→ **Nachkultur:** Spinat

WINTERBEET (DEZEMBER – FEBRUAR)

→ **Vorkultur:** Frühe Salate
→ **Hauptkultur:** Grünkohl und Feldsalat
→ **Nachkultur:** Dicke Bohnen

HERBSTBEET (SEPTEMBER – NOVEMBER)

→ **Vorkultur:** Pflücksalat
→ **Hauptkultur:** Kürbis und Physalis
→ **Nachkultur:** Asia-Salat

Hinweis: Die Beete sind jeweils in der Größe 200 x 100 cm geplant. Passe einfach die Reihen und Anzahl der Pflanzen der Größe deiner Beete an.

Winterbeet: siehe Seite 135

Herbstbeet: siehe Seite 134

DAS FRÜHLINGSBEET

Als Vorkultur säst du möglichst früh im Jahr **Radieschen** und **Pflücksalat**. Unter dem Frühbeetkasten oder im Gewächshaus geht es damit schon im Januar oder Februar los.

Gleichzeitig werden **Kohlrabi** und **Eichblattsalat** in Anzuchtgefäßen vorgezogen. Allerdings unter dem wärmenden Dach, da es zu Jahresbeginn draußen einfach noch zu eisig ist. Die Jungpflanzen kommen im März ins Beet, wenn die ersten Radieschen und der Pflücksalat geerntet sind. **Spinat** wird ab März direkt ins Beet in eine Reihe von 20 cm gesät. Für **Kohlrabi** planst du pro Reihe etwa 40 cm ein, für **Eichblattsalat** 25–30 cm.

Wenn deine Hauptkultur abgeerntet ist, kannst du ab August **Mangold** und **Zucchini** entweder direkt säen, oder du setzt vorgezogene Pflanzen in dein Beet. Eine Zucchinipflanze wird bei dieser Beetgröße ausreichen. Mangold benötigt je Pflanze einen Platz von etwa 30 x 30 cm.

Im Herbst folgt wieder **Asia-** oder **Feldsalat**.

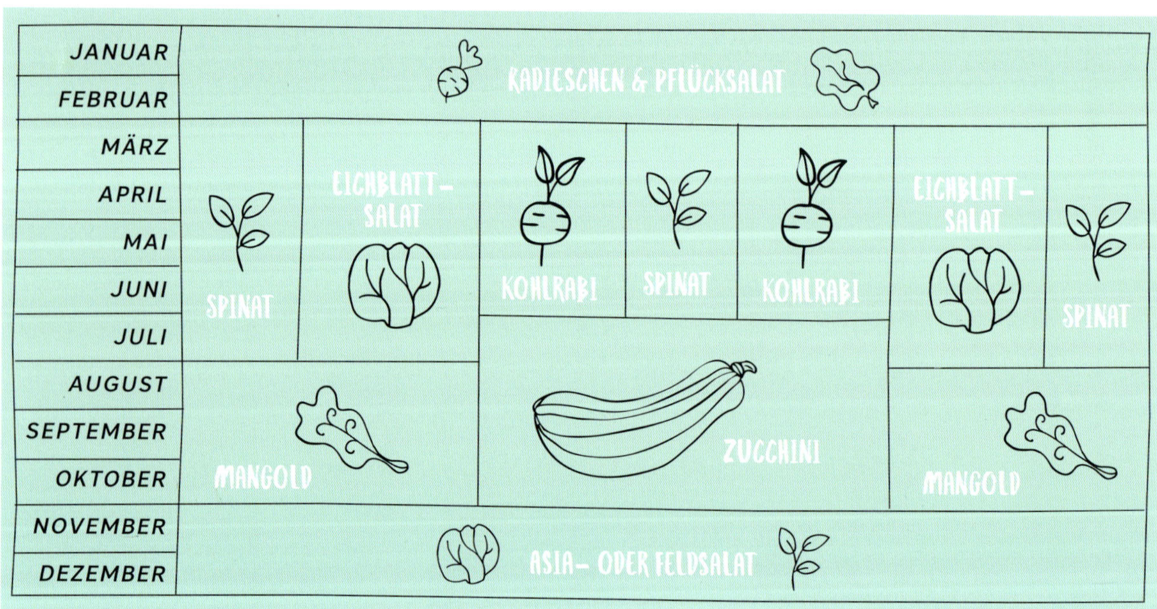

DAS SOMMERBEET

Frühe Möhren und **Lauchzwiebeln** sind deine Vorkulturen im Sommerbeet. Beide säst du im Februar. Die Reihenbreite liegt bei jeweils 20–25 cm und der Pflanzabstand bei 2–3 cm. Ernten kannst du im April und Mai.

Brokkoli wird ab März/April vorgezogen und mit einem Reihen- und Pflanzabstand von 30 cm ins Beet gepflanzt, sobald die Vorkulturen den Platz freimachen. Du kannst aber auch ab April direkt säen, sofern ausreichend Platz vorhanden ist.

Auch die **Gurke** ziehst du im April vor und pflanzt sie nach den Eisheiligen Mitte Mai ein. Die langen Ranken können aus dem Hochbeet hinauswachsen. Dadurch nimmt die Pflanze im Beet wenig Platz ein.

Rote Bete wird nach der Möhren- und Lauchzwiebelernte direkt ins Beet gesät. Bis in den Sommer kannst du das Knollengemüse nachsäen. Der Reihenabstand liegt bei 30 cm und der Pflanzabstand bei 10 cm.

Als Nachkultur kommt von August bis Oktober **Spinat** in dein Sommerbeet. Der Reihenabstand liegt bei 20–30 cm.

DAS HERBSTBEET

Kürbis und Physalis sind die Hauptkulturen im Herbstbeet. Beide Sorten werden im Mai nach den Eisheiligen als vorgezogene Pflanzen ins Beet gesetzt. Für das Herbstbeet ist eine Vorkultur optimal, die bis Mai abgeerntet ist. Daher schlage ich für das Herbstbeet verschiedene Sorten früher Pflücksalate vor. Du kannst sie ab Januar breitwürfig im ganzen Beet aussäen und erntest über einige Wochen frische und leckere Blattsalate. Der Anbau im Frühbeet oder Gewächshaus bietet sich für frühe Aussaaten an.

Kürbis kannst du ab April vorziehen. Da die Pflanze sehr groß wird, setzt du lediglich ein Exemplar ins Beet. Die Ranken können aus dem Beet hinauswachsen.

Physalis ziehst du ab März im Haus vor. Die gut abgehärteten Jungpflanzen können im Mai ins Beet gesetzt werden. Auf einen Quadratmeter passen zwei Pflanzen.

TIPP

Physalispflanzen können sehr groß und buschig werden. Wuchernde Triebe kappst du, wenn die Pflanze zu ausladend wird. Damit die Äste nicht abknicken, ist das Stützen mit Pflanzstäben hilfreich. Geerntet werden die Früchte, wenn die lampionartigen Hüllen abgetrocknet sind und sich leicht pflücken lassen. Meine Sortenempfehlung: An der Physalis 'Schönbrunner Gold' wachsen sehr große und fruchtige Beeren.

Kürbis und Physalis bleiben bis etwa Oktober im Beet. Anschließend kannst du **Asia-Salate** säen, um auch im nahenden Winter frisches Grün zu ernten.

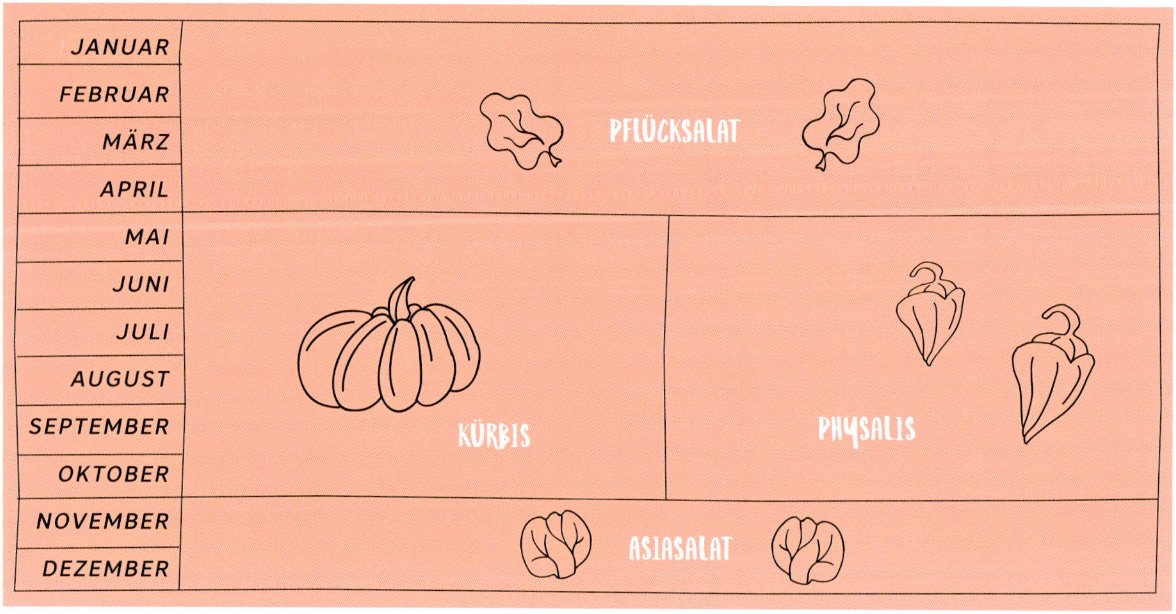

DAS WINTERBEET

Die Hauptkultur im Winter ist **Grünkohl**. **Feldsalat** dient als leckere Zwischenpflanzung im Winterbeet.

Bevor der **Grünkohl** ab etwa Juni ins Beet kommt, können frühe Salate darin wachsen. Gut geeignet sind Sorten wie **'Forellenschluss', 'Laura', 'Maikönig'** oder **'Lollo Bionda'** sowie **'Lollo Rossa'**. Eine Mischung aus verschiedenen Sorten bringt Abwechslung auf den Speiseplan. Und auch hier wieder mein Tipp: Säe im Abstand von ein bis zwei Wochen, damit nicht alle Salatköpfe zeitgleich erntereif werden. Grünkohl wird entweder ab Mai vorgezogen oder im Juni/Juli direkt gesät. Das Wintergemüse nimmt viel Platz im Beet ein. Der Pflanzabstand liegt bei 40–60 cm.

Von Juli bis Oktober säst du **Feldsalat** in Reihen von 20 cm Breite. Da Grünkohl in die Höhe wächst, eignet sich dieser Wintersalat gut für die Pflanzung dazwischen.

Natürlich kannst du in den kalten Wintermonaten als Alternative zum Feldsalat auch hier wieder **Asia- oder Pflücksalat** säen. Die frischen und würzigen Salate bereichern die Winterküche enorm.

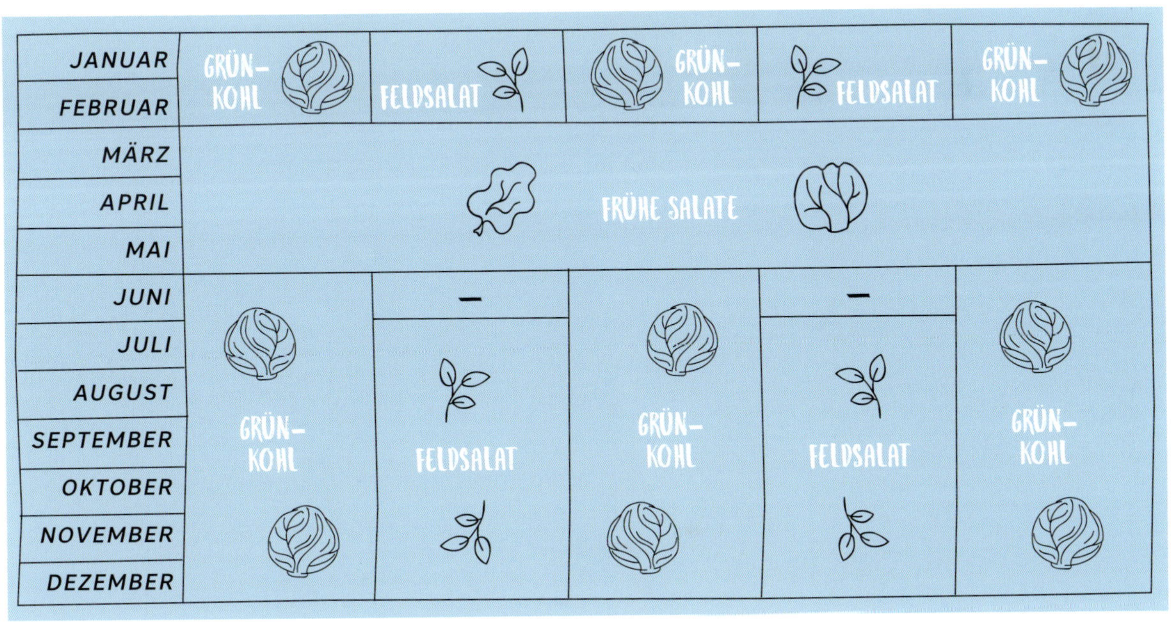

REGISTER

A

B

C

D

P

L

N

R

M

S

T

U

V

W

Z

ÜBER DIE Autorin

Ein Leben ohne (Gemüse-)Garten? Für Sandra Jägers unvorstellbar. Denn der Garten bedeutet für sie gleichermaßen Ruhepol, Rückzugsort und Inspirationsquelle. Nicht zuletzt ist es auch der Ort, an dem sie die Früchte ihrer täglichen Arbeit buchstäblich ernten kann. Seit 2012 teilt sie ihre gärtnerischen Erfahrungen und Erlebnisse auf ihrem Blog grüneliebe.de. Als zweites grünes Standbein hat sich Sandra das Unternehmen MISS GREENBALL aufgebaut, mit dem sie in eigener Handarbeit hergestellte Seedballs vertreibt und auf diese Weise versucht, die Welt ein bisschen bunter zu machen.

Blog: www.grüneliebe.de

Website: www.miss-greenball.de

Instagram: @grueneliebe_miss_greenball

Dank

Ein solches Gartenbuch zu schreiben, war ein lang gehegter Wunsch von mir. Daher möchte ich mich von ganzem Herzen beim EMF-Verlag für diese wunderbare Möglichkeit und die tolle Zusammenarbeit bedanken.

Allerdings hätte ich es auch nicht geschafft, ohne jemanden an meiner Seite zu haben, der mir während der Zeit des Gärtnerns, Schreibens und Fotografierens den Rücken freihält. Der mich bei Ideen, Texten und Fotos tatkräftig unterstützt und mich immer wieder motiviert hat, wenn zwischendurch eine Schreib- oder Kreativblockade auftrat. Dafür danke ich dir mehr, als ich sagen kann, Andi.

Ein großes Dankeschön geht an all diejenigen, die teilweise schon seit Jahren als Leser meines Blogs und Follower in den sozialen Medien hinter mir stehen. Durch euch habe ich jeden Tag aufs Neue Lust, über meine Erlebnisse im und rund um den Garten zu berichten.

Last but not least geht von Herzen Dank an meine lieben Eltern und meine Oma, die mit genauso viel Vorfreude und Begeisterung darauf gewartet haben, dieses Buch in den Händen zu halten. Den grünen Daumen habe ich sicher von euch geerbt! Und natürlich auch danke an unsere Hündin Pandai, die so manches Mal geduldig warten musste, bis sie endlich die Möhren nach dem Fotoshooting genüsslich futtern durfte.

NOCH MEHR tolle Bücher

Mit dem Hochbeet durchs Jahr

ISBN 978-3-96093-714-2
€ 15,00 (D) / € 15,50 (A)

Wildbienenfreundlich gärtnern für Balkon, Terrasse und kleine Gärten

ISBN 978-3-96093-290-1
€ 15,00 (D) / € 15,50 (A)

Von der grünen Wiese zum Selbstversorgergarten – biologisch gärtnern
ISBN 978-3-960**93-592**-6
€ 25,00 (D) / € 25,70 (A)

Mit dem Hochbeet durchs Jahr
ISBN 978-3-960**93-268**-0
€ 20,00 (D) / € 20,60 (A)

Mein Biobalkon
ISBN 978-3-863**55-881**-9
€ 15,00 (D) / € 15,50 (A)

Mein Biobalkon
ISBN 978-3-863**55-883**-3
€ 25,00 (D) / € 25,70 (A)

IMPRESSUM

Bibliografische Information der Deutschen Bibliothek.

Die Deutsche Bibliothek verzeichnet diese Publikation in der Deutschen Nationalbibliografie.

Detaillierte bibliografische Daten sind im Internet über http://www.dnb.de/ abrufbar.

EIN BUCH DER EDITION MICHAEL FISCHER

2. Auflage 2021

Cover, Layout & Satz: Silvia Keller

Projektmanagement: Anne Hörr

Lektorat: Judith Starck

Fotografien: Sandra Jägers, außer S. 42: ©Matuska/Shutterstock,
S. 50: ©Furiarossa/Shutterstock (Kümmel), S. 51: © Mikulas P/Shutterstock (Salbei).

Illustrationen: ©topform/Shutterstock

ISBN 978-3-7459-0277-8

Gedruckt bei Polygraf Print, Čapajevova 44, 08001 Prešov, Slowakei

www.emf-verlag.de

SECRET PLACES PARIS

Traumhafte Orte abseits des Trubels

Waltraud Pfister-Bläske

BRUCKMANN

INHALT

↑ Paris in all seinen Facetten (von links nach rechts): Blütenmeer im Jardin des Plantes im Südosten der Stadt; Kunstgenuss im Musée d'Orsay; die stillgelegte Bahntrasse Petite Ceinture als Grüngürtel innerhalb der Stadt; auf dem Friedhof von Montmartre; im Musée Bourdelle, das dem Bildhauer Antoine Bourdelle gewidmet ist.

WILLKOMMEN IN PARIS

JEDE MENGE WISSENSWERTES

Paris galt jahrhundertelang als kultureller Nabel Europas und vielleicht der ganzen Welt. Da die Stadt keine Kriegsschäden erlitt, ist sie wie ein aufgeschlagenes Geschichtsbuch: Keltischen Ursprungs war sie gallo-römische Außenstelle, klerikales Zentrum Europas im Mittelalter, Hochburg der Belle Époque und kulturelle Triebfeder nach dem Zweiten Weltkrieg.

STECKBRIEF PARIS

Frankreichs Hauptstadt zählt etwa **2,2 Millionen Einwohner**, womit sie die viertgrößte Stadt der Europäischen Union ist. Zählt man jedoch den Ballungsraum hinzu, kommt man auf **12,5 Millionen**. Paris liegt damit an der Spitze aller EU-Städte. Mit einer Fläche von **105,4 Quadratkilometern** ist sie auch die am dichtesten besiedelte Metropole. Zahlreiche wichtige Organisationen wie UNESCO, OECD, OSZE und ICC haben hier ihren Sitz. Die Stadt ist in 20 Arrondissements (Bezirke) eingeteilt, deren Nummerierung sich schneckenförmig aus dem Zentrum heraus entwickelt.

DIE SEINE

Die Seine fließt ganze 13 Kilometer durch Paris und trennt das Rive Droite (rechtes Ufer) vom Rive Gauche (linkes Ufer). Insgesamt führen 37 Brücken über die Seine, wobei der Pont Neuf (Neue Brücke) die älteste Steinbrücke der Stadt ist und der Pont Alexandre III die prunkvollste.

MULTI-KULTI

Seit vielen Jahrhunderten besitzt Paris eine enorme Anziehungskraft für Menschen aus aller Welt. Auffallend ist neben einem großen Anteil an Bewohnern arabischer Herkunft, der hauptsächlich im weniger privilegierten Nordosten der Stadt lebt, auch die jüdische Bevölkerung im Marais-Viertel. Die afrikanische Gemeinschaft hält sich vornehmlich um das Viertel Goutte d´Or in der Nähe des Nordbahnhofs auf, und um die Place d´Italie gibt es sogar die größte Chinatown Europas.

MODE UND LUXUS

Paris ist neben Mailand Welthauptstadt der Mode. Wichtigste Modemarken haben hier ihren Sitz. Mit Champagner, Parfum und Kosmetik, Accessoires, Schmuck und Ähnlichem ist Frankreich eines der wichtigsten Exportländer von Luxusgütern.

RESTAURANTS

Pariser gehen gern und oft in ihr Café, Bistro oder Restaurant, da Essen einen hohen Stellenwert einnimmt. Je nach Zählweise soll es über 20 000 gastronomische Betriebe in Paris geben.

GÄSTE

An die 45 Millionen Touristen sollen jährlich nach Paris strömen, was die Stadt zu einem der meistbesuchten Orte der Welt macht. Die größte Gruppe der Besucher bilden dabei die Amerikaner, gefolgt von Engländern, Deutschen, Chinesen, Spaniern, Italienern und Japanern. Zu den meistbesuchten Hotspots gehören in folgender Reihenfolge: Notre-Dame und Sacré-Cœur, der Louvre und schließlich das Symbol der Stadt, der Eiffelturm.

PARKS

Größte grüne Lungen von Paris sind die an die Stadtautobahn angrenzenden Parks Bois de Bologne im Westen und Bois de Vincennes im Osten. Auf dem Stadtgebiet gibt es 480 kleinere und größere Parks und Gärten. Zu den bekanntesten zählen der Jardin du Luxembourg, der Jardin des Tuileries, der Jardin des Plantes, der Parc Monceau, der Parc de la Villette, der Parc du Champ de Mars, der Parc Montsouris und der Parc André Citroën.

MUSEEN UND THEATER

Paris versteht sich als eine Stadt der Kultur und zieht seit Jahrhunderten Künstler aus aller Welt an. So verfügt die Stadt über rund 180 staatliche, städtische und private Museen. In den städtischen Museen ist der Eintritt meist kostenlos, in den staatlichen Museen dagegen nur am ersten Sonntag im Monat.

METRO

Die Metro von Paris wurde anlässlich der Weltausstellung von 1900 eröffnet und hat mit über 300 Stationen eines der engmaschigsten Netze der Welt. Von einer Station zur anderen läuft man im Durchschnitt 500 Meter. Dabei gilt die zentrale Station Châtelet - Les Halles, an der täglich eine dreiviertel Million Menschen umsteigen, sogar als größter unterirdischer U-Bahnhof der Welt. Mit den RER-Zügen (S-Bahn) werden auf einem Streckennetz von 587 Kilometern täglich 2,7 Millionen Passagiere aus den Vorstädten ins Zentrum befördert. Es ist geplant, bis 2030 mit dem Ausbau des Grand Paris Express die Länge des Metronetzes zu verdoppeln.

UNSER NACHHALTIGKEITSKODEX

Die Welt birgt viele Wunder, Abenteuer und spektakuläre Aussichten, die wir gerne erkunden möchten. Doch sie ist auch leicht aus dem Gleichgewicht zu bringen. Hier ein paar Tipps, wie wir unsere Welt nachhaltig entdecken können:

- **Die Hauptsaison meiden:** Wenn wir nicht gerade auf die Ferienzeiten angewiesen sind, können wir der Umwelt einen großen Gefallen tun, indem wir in der Nebensaison verreisen. Damit tragen wir zu einer gleichmäßigeren Auslastung der Umwelt und der Infrastruktur bei, und der Urlaub wird dazu auch noch wesentlich entspannter.

- **Die Aufenthaltsdauer dem Reiseziel anpassen:** Je weiter das Reiseziel ist, desto länger sollte der Aufenthalt sein. Dadurch lernen wir die Region nicht nur intensiver kennen, sondern stärken sie ganz nebenbei noch durch unsere Ausgaben vor Ort. Anfahrtsintensive Tagesausflüge sollten besser vermieden werden, das bedeutet nur Stress, sowohl für die Umwelt als auch für uns selbst.

- **Auf umweltschonende Verkehrsmittel setzen:** Wo es möglich ist, reisen wir mit öffentlichen Verkehrsmitteln an. Das reduziert nicht nur die Luftverschmutzung, sondern schont auch unsere Nerven. Falls das nicht geht, helfen verschiedenste Plattformen dabei, den CO_2-Ausstoß auszugleichen, vor allem, wenn das gewünschte Reiseziel nur mit dem Flugzeug zu erreichen ist.

- **Nur dort parken und campen, wo es erlaubt ist:** Selbst, wenn wir uns noch so vorbildlich verhalten und unseren Aufenthaltsort so hinterlassen, wie wir ihn vorgefunden haben, stören wir den Lebensraum von Wildtieren und hinterlassen Spuren und Gerüche. Auch Lagerfeuer entzünden wir ausschließlich an den dafür vorgesehenen Stellen und achten dabei auf Waldbrandstufen und Naturschutzgebiete.

- **Ressourcen gewissenhaft nutzen:** Manche Umweltressourcen sind bereits knapp, endlich sind auf jeden Fall alle. Um sie zu schonen, sollten wir sparsam mit ihnen umgehen, gerade in Gegenden, in denen zum Beispiel Wasser oder Strom nicht im Überfluss vorhanden sind.

- **Ein guter Gast sein:** Nachhaltig unsere Umgebung zu erkunden bedeutet auch, der hiesigen Flora und Fauna mit Respekt zu begegnen. Pflanzen sollten auf keinen Fall gepflückt werden, aber sie stehen uns bestimmt gerne Modell für das eine oder andere Foto. Das Gleiche gilt für wilde Tiere: Wir füttern sie nicht, halten Abstand und beobachten sie aus der Ferne.

- **Auf den Wegen bleiben:** Wer die vorgegebenen Wege verlässt, dringt nicht nur in die Rückzugsräume heimischer Arten ein, sondern trägt auch dazu bei, dass sich neue Wege bilden, was zur Erosion des Bodens führt.

- **Abfall wieder mitnehmen:** Plastikverpackungen jeglicher Art, Dosen, Flaschen und Papiertaschentücher (es dauert Jahre, bis sich ein einzelnes Taschentuch vollständig abgebaut hat!) gehören nicht in die Natur, sondern artgerecht entsorgt. Am besten gleich eine wiederverwendbare Brotdose oder Trinkflasche mitnehmen. Dazu zählen natürlich auch Toilettenpapier und der Inhalt von (Chemie-)Toiletten. Entsprechende Entsorgungsstationen finden sich überall.

- **Lokal kaufen:** Dadurch lernen wir Land und Leute besser kennen und unterstützen die regionale Wirtschaft, außerdem sind regionale Produkte meist auch preisgünstiger und qualitativ hochwertiger.

So wie wir die Umwelt respektieren, wollen wir auch unseren Mitmenschen und deren Kultur Respekt entgegenbringen, gerade im Hinblick auf deren Traditionen, Religion oder typische Gebräuche. So können ein Lächeln oder ein paar Worte in der Landessprache Berge versetzen!

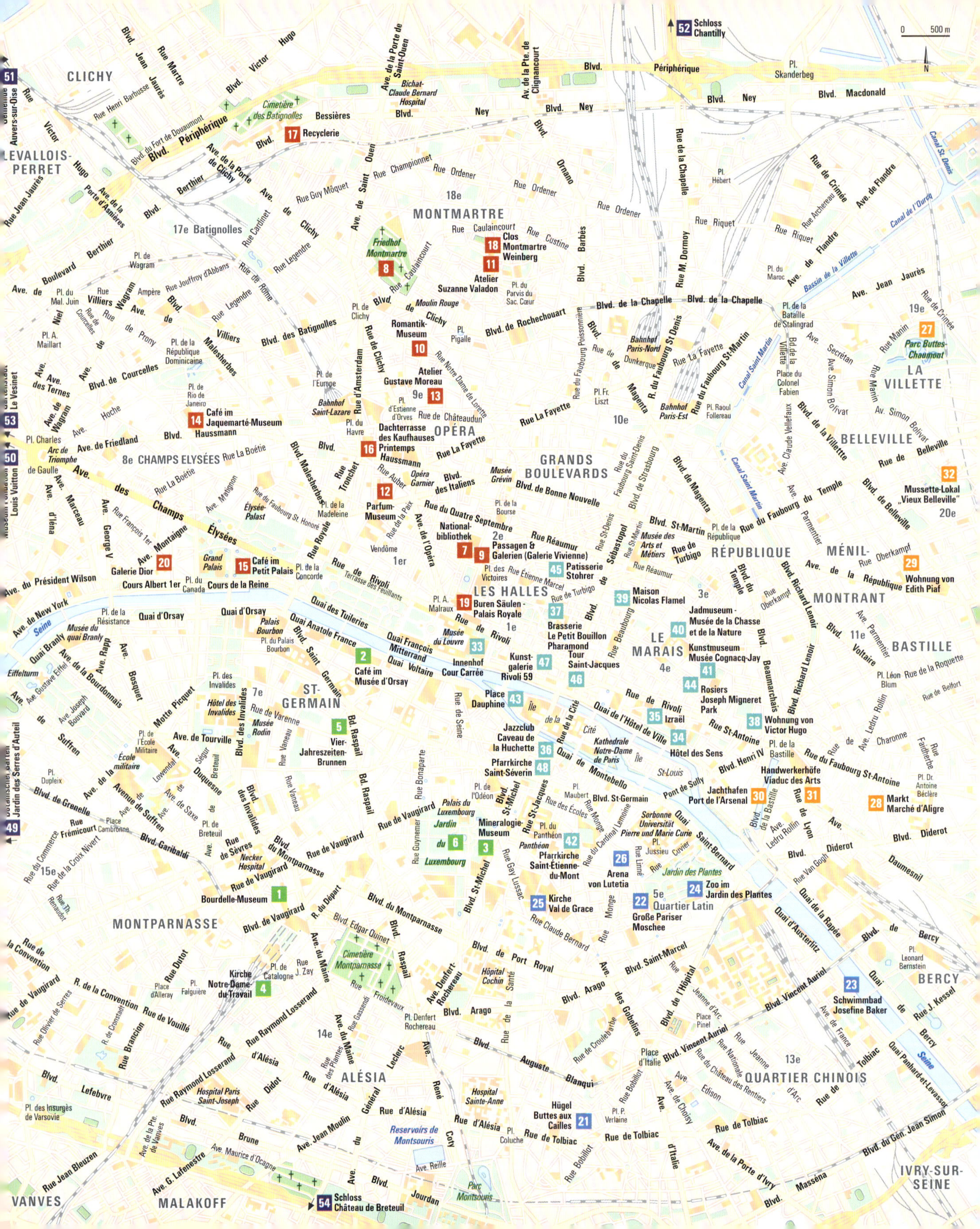

52 Schloss Chantilly
0 500 m
N
CLICHY
LEVALLOIS-PERRET
51
Périphérique
Cimetière des Batignolles
17 Recyclerie
Bichat-Claude Bernard Hospital
MONTMARTRE
18e
17e Batignolles
Friedhof Montmartre
8
18 Clos Montmartre Weinberg
11 Atelier Suzanne Valadon
Moulin Rouge
Romantik-Museum
10
Atelier Gustave Moreau
9e 13
Bahnhof Saint-Lazare
Bahnhof Paris-Nord
Bahnhof Paris-Est
10e
19e
27
Parc Buttes-Chaumont
LA VILLETTE
BELLEVILLE
14 Café im Jaquemarté-Museum
53
50
Arc de Triomphe
8e CHAMPS ELYSÉES
16 Dachterrasse des Kaufhauses Printemps Haussmann
OPÉRA
Opéra Garnier
Musée Grévin
GRANDS BOULEVARDS
32 Mussette-Lokal „Vieux Belleville“
20e
12 Parfum-Museum
Élysée-Palast
Nationalbibliothek
2e
7 9 Passagen & Galerien (Galerie Vivienne)
Musée des Arts et Métiers
RÉPUBLIQUE
MÉNIL-MONTRANT
29 Wohnung von Edith Piaf
20 Galerie Dior
Grand Palais
15 Café im Petit Palais
1er
45 Patisserie Stohrer
LES HALLES
19 Buren Säulen - Palais Royale
39 Maison Nicolas Flamel
3e
Seine
Musée du quai Branly
Palais Bourbon
37 Brasserie Le Petit Bouillon Pharamond
40 Jadmuseum - Musée de la Chasse et de la Nature
11e
BASTILLE
2 Café im Musée d'Orsay
Musée du Louvre
33
Innenhof Cour Carrée
47 Kunstgalerie Rivoli 59
Tour Saint-Jacques
46
LE MARAIS
4e
41 Kunstmuseum Musée Cognacq-Jay
Eiffelturm
7e
Hôtel des Invalides
ST-GERMAIN
44 Rosiers Joseph Migneret Park
43 Place Dauphine
35 Izraël
38 Wohnung von Victor Hugo
Musée Rodin
5 Vier-Jahreszeiten-Brunnen
Jazzclub Caveau de la Huchette
36
Kathedrale Notre-Dame de Paris
34 Hôtel des Sens
École militaire
Pfarrkirche Saint-Séverin
48
Handwerkerhöfe Viaduc des Arts
Jachthafen Port de l'Arsenal 30
31
28 Markt Marché d'Aligre
49 Jardin des Serres d'Auteuil
Jardin du Luxembourg
6
Mineralogie-Museum
3
Panthéon
42
Sorbonne Universität Pierre und Marie Curie
Necker Hospital
Pfarrkirche Saint-Étienne-du-Mont
26
Arena von Lutetia
Jardin des Plantes
24 Zoo im Jardin des Plantes
15e
1 Bourdelle-Museum
25 Kirche Val de Grace
22 Große Pariser Moschee
5e Quartier Latin
MONTPARNASSE
Cimetière Montparnasse
Kirche Notre-Dame-du-Travail
4
Hôpital Cochin
BERCY
23 Schwimmbad Josefine Baker
14e
13e
ALÉSIA
QUARTIER CHINOIS
Hospital Paris Saint-Joseph
Hospital Sainte-Anne
Hügel Buttes aux Cailles 21
Reservoirs de Montsouris
Parc Montsouris
VANVES
MALAKOFF
54 Schloss Château de Breteuil
IVRY-SUR-SEINE

DIE VERBORGENEN SCHÄTZE VON PARIS

Wer einmal begonnen hat, sich mit der glanzvollen Vielschichtigkeit von Paris zu beschäftigen, wird immer wieder zurückkehren, um seine unerschöpfliche Suche nach überraschenden Juwelen, die hinter den alten Mauern schlummern, fortzusetzen.

Eiffelturm, Champs-Élysées, Louvre, Notre-Dame und Montmartre sind besucht – und schon glauben manche Touristen mit der Besichtigung dieser Hotspots die französische Metropole abhaken zu können. Wer aber das Glück hat, länger oder zum wiederholten Mal in dieser weltweit einzigartigen Stadt verweilen zu können, kann bei seinen Streifzügen auf ungeahnte Schätze stoßen.

Wie der berühmte französische Dichter Honoré de Balzac geschrieben hat, ist »Paris ein Schatzkästchen, das niemals leer wird, und dessen Inhalt niemals völlig beschrieben werden kann«. Ja, Paris ist »unbeschreiblich«, es gilt als die Stadt der Liebe, der Lichter und der Lebenslust. Romantik und Nostalgie finden sich in den harmonischen, von Haussmann'schen Gebäuden gesäumten Straßenzeilen und entlang der Brücken über die Seine. Lichterstadt wird Paris oft genannt, weil sie als eine der ersten, herausgeputzt für die Weltausstellungen im 19. Jahrhundert, mit modernen Gaslampen ausgestattet wurde, aber auch weil sie die großen Denker der Epoche der Aufklärung hervorbrachte. Lebenslust, Leichtigkeit und das »Savoir-vivre« (»die Kunst, zu leben«) sind auf den Plätzen und Boulevards, auf den Caféterrassen und in den Restaurants zu spüren, die mit verführerischen, kulinarischen Genüssen locken. Auf Schritt und Tritt trifft man auf Spuren der grandiosen und bewegten Geschichte der Stadt. Hat man erst einmal sein Auge dafür geschärft, kann es zur Sucht werden, diesen nachzugehen, da jeder Stein zu erzählen scheint.

← Der Pavillon des Parks Buttes-Chaumont bietet einen außergewöhnlichen Blick über die Stadt.
↑ In der Südwestecke des Jardin du Luxembourg verbirgt sich die Skulptur »Joies de la famille«.
↗ Die Galerie Vivienne gilt als die Königin der überdachten Passagen.

Unerschöpfliche Vielfalt

Sei es in einer original römischen Arena, im mittelalterlichen Haus eines Alchimisten, zwischen herrschaftlichen Stadtpalais aus der Zeit des Sonnenkönigs im Marais-Viertel oder in einem futuristisch anmutenden Zeugnis moderner Architektur, der Faden der Neuentdeckungen scheint bei einem Spaziergang durch die Stadt nie enden zu wollen. Quirlige Boulevards wechseln sich ab mit versteckten Parks und Ruheoasen. Seit Jahrhunderten zieht es Menschen in diese Stadt, die Schönheit und Kunst erfunden zu haben scheint. Da Paris von Kriegszerstörungen verschont blieb, ist es hier möglich, in vergangene Zeiten zu reisen und in die Lebensphäre und Wirkungsstätten einstiger großer Persönlichkeiten einzutauchen, die dazu anregen, sich mit deren Ideenwelt näher zu beschäftigen. Deshalb ist auch die Museumslandschaft so reichhaltig wie in keiner anderen europäischen Stadt.

Mit all den Kunst- und Kulturtempeln hört die Entdeckungstour aber noch längst nicht auf. Außergewöhnliche Orte wie ein urbaner Bauernhof, Weinberge oder Hügel mit dörflichem Charme mitten in der Großstadt bieten dem Stadtspaziergänger so manche Überraschung. Und immer wieder gelingt es dieser grandiosen Metropole, moderne Elemente des 21. Jahrhundert harmonisch in das Bestehende zu integrieren, da sie sich von der geballten Kreativität früherer Zeiten nähren kann. Verweilen Sie immer wieder in einem der wunderschönen Cafés und lassen Sie sich gleich einem Flaneur des 19. Jahrhunderts treiben. Wenn Sie mit offenen Augen über die Boulevards und durch die mittelalterlichen Gassen schlendern, werden Sie an den eleganten Fassaden auf steinerne Hinweisschilder stoßen, die Ihnen interessante Informationen bieten und neue Anregungen geben. Und das Abenteuer Paris wird Sie ein Leben lang nicht mehr loslassen.

SÜD-WEST

Kunst, Brunnen und Kirchen an der Rive Gauche

Der Monumentalbrunnen der »vier Erdteile« (Fontaine des Quatre-Parties-du-Monde) oberhalb des Jardin du Luxembourg ist eines der schönsten Werke, die der Bildhauer Jean-Baptiste Carpeaux geschaffen hat.

1

KÜNSTLERATELIERS IM 14. ARRONDISSEMENT

FRÜHER UND HEUTE

Im Gegensatz zu Montmartre ist das Viertel Montparnasse nicht unbedingt ein Touristenziel. Dabei galt diese Gegend in den »verrückten« 20er-Jahren des letzten Jahrhunderts als Nabel der Welt, der die Kultur des 20. Jahrhunderts entscheidend prägte. Die Ateliers internationaler Künstler legen davon Zeugnis ab.

Die Räumlichkeiten, in denen Kreativität wächst, sind in Paris vorhanden, und heute gibt es verstärkt Bemühungen, diese zu nutzen und jungen Künstlern das Feld zu überlassen. Auf diese Weise verharrt Paris nicht mehr nur im musealen Schlaf der Vergangenheit, wie man es der Stadt bisweilen nachsagt, sondern schafft Möglichkeiten der kreativen Entfaltung. Kennt man die Hauptmuseen der Stadt, ist ein Tag auf den Spuren einstiger und heutiger Künstler des 14. Arrondissements sehr inspirierend. Einen grandiosen Abschluss kann der Tag in einer der prachtvollen Jugendstil-Brasserien des Viertels finden.

Den Kern des 14. Arrondissements bildet das Viertel Montparnasse, das in der Skyline von Paris aufgrund des ästhetisch umstrittenen Wolkenkratzers Tour Montparnasse neben dem gleichnamigen Bahnhof herausragt. Der Namen des Viertels geht auf eine ironisch gemeinte Bezeichnung der Studierenden des benachbarten Quartier Latin zurück, die den einstigen Abfallhügel, an dessen Rändern sie im 19. Jahrhundert zu den billigen Studentenkneipen pilgerten, Montparnasse nannten. Dass mit »Parnass« gleichzeitig der Name des Hügels der Musen, der Göttinnen der Künste, gewählt wurde, ist besonders passend, da das Montparnasse-Viertel zwischen der Jahrhundertwende und dem Zweiten Weltkrieg zum Viertel der Künstler und Literaten wurde. Viele Parisbesucher wähnen sich auf dem Hügel Montmartre am einzigen ehemaligen Künstlerort, doch dieser wurde schon ab 1900 von Montparnasse abgelöst.

Während sich zunächst bildende Künstler aus aller Welt wie Amedeo Modigliani, Joan Miró, Giorgio de Chirico, Marc Chagall, Pablo Picasso und Man Ray ihre Ateliers dort einrichteten, gesellten sich nach dem Ersten Weltkrieg vor allem berühmte Schriftsteller wie Ernest Hemingway, Henry Miller, Samuel Beckett, André Breton, Guillaume Apollinaire oder auch F. Scott Fitzgerald dazu.

In den Brasserien La Coupole und Le Dôme, den Stammlokalen der Künstler, wurde heftig über Kunst und Politik diskutiert. Ohne zu übertreiben, kann man sagen, dass hier eine Keimzelle der europäischen Kultur des 20. Jahrhunderts liegt. In der Brasserie La Rotonde sollen die damals mittellosen Künstler ihre Zeche oft mit Gemälden und Zeichnungen beglichen haben. Der edlen Closerie des Lilas huldigt Hemingway in seinem posthum entstandenen Werk »Paris – Ein Fest fürs Leben«. Die Zeit, in der er sich in der französischen Metropole aufhielt, also die 20er-Jahre, werden allgemein als »années folles«, die »verrückten Jahre«, bezeichnet. Unumstrittene Muse der Künstlerszene war »Kiki de Montparnasse«, deren Rückenakt, versehen mit F-förmigen Schalllöchern eines Cellos, von Man Ray in die Geschichte der Fotografie einging. Zu den Treffen in dieser turbulenten Zeit mischten sich auch Personen, die sich im

→ Der riesige Klotz des Tour Montparnasse überragt das ganze Viertel, in dem sich einst Künstler aus aller Welt trafen.

politischen Exil befanden, wie Lenin und Trotzki. In all den genannten Lokalitäten kann man heute noch in strahlendem Jugendstilambiente vorzügliche Brasserieküche genießen. Dass man dabei nicht immer tief in den Geldbeutel greifen muss, zeigt das Quartier Montparnasse (ehemals Montparnasse 1900) gegenüber dem gleichnamigen Bahnhof.

Auf den Spuren der damaligen Künstler …

… lässt es sich besonders in der Rue Campagne Première wandeln, wo auf Hausnummer 3 Modigliani, auf Nummer 5 Louis Aragon, auf Nummer 9 De Chirico, Kandinsky, Max Ernst, Joan Miró und Giacometti, auf Nummer 14 Yves Klein und auf Nummer 29 Duchamp, Francis Picabia, Tristan Tzara, Eric Satie und Man Ray ihre Werke geschaffen haben. Heute gibt es in dieser Straße von außen leider nur noch wenig zu sehen, aber eingefleischte Fans wird es dennoch beseelen, diese Orte aufgesucht zu haben. Einzig die Fassade der Hausnummer 31 mit ihren wunderschönen Ornamenten im Art-déco-Stil, die von einem kleinen gegenüberliegenden Gärtchen aus bewundert werden kann, ist eine Augenweide. Sie befindet sich neben dem Hotel Istria auf Hausnummer 29, das laut außen angebrachter Plakette im Lauf seiner Geschichte viele später berühmt gewordene Persönlichkeiten beherbergte.

Weitaus mehr zu besichtigen gibt es hingegen im ehemaligen Wohnhaus und Atelier von Antoine Bourdelle (1861–1929), dem Musée Bourdelle. Das von Touristen selten besuchte, aber äußerst sehenswerte und überraschend weitläufige Museum zeigt Skulpturen aus Ton, Gips, Bronze und Marmor. In den Innenräumen und den dazugehörigen kleinen Gärten und Innenhöfen atmet der Geist vergangener Zeit. Der Besucher fühlt sich hundert Jahre zurückversetzt. Die teils monumentalen Werke weisen hinsichtlich ihrer Pathetik auf den Lehrer Bourdelles, Auguste Rodin, hin. Aber auch Bourdelle selbst hat sein Können an berühmte Künstler wie Henri Matisse, Germaine Richier oder Alberto Giacometti weitergegeben. Auch von seinen Schülern sind neben unzähligen Fotografien, Skizzen und Gemälden etliche Werke aus der privaten Sammlung Bourdelles zu finden. Wer sich davon inspiriert fühlt, kann anschließend das Institut Giacometti in der nicht weit entfernten Rue Victor-Schoelcher besuchen. Hinter der überaus ornamentalen Art-déco-Fassade des Instituts wurde das chaotisch wirkende Atelier des Schweizer Bildhauers bis zum vollen Aschenbecher originalgetreu aufgebaut. Seine Ehefrau ließ sogar den originalen Putz des Ateliers übertragen, der voll mit Vorskizzen ihres Mannes ist. Das Haus zeigt außerdem noch unzählige Werke und Dokumente des Bildhauers. Das Gebäude an sich ist mit seinen Jugendstilelementen in den schicken Innenräumen schon eine Besichtigung wert. Allerdings sollte man beachten, dass man sich vorher über die Webseite anmelden muss, wenn man nicht vor verschlossenen Türen stehen möchte.

↗ In der Brasserie La Coupole spielte sich einst das wilde Leben des Viertels ab.
← Monumentalskulpturen im Musée Bourdelle tummeln sich in Innenhöfen und früheren Ateliersräumen.

Kreativer Geist bis in die Gegenwart

Überaus malerisch präsentiert sich die kleine Stichstrasse mit dem Schild »Chemin du Montparnasse« an der Avenue du Maine 21. Der gepflasterte, von alten Atelierfenstern flankierte Weg ist über und über von üppigem Grün, Blumen und Büschen aller Art bedeckt. Früher befand sich hier die Villa Vassilieff. Das Atelier der russischen Malerin war nicht nur Treffpunkt der Bohème des Montparnasse-Viertels, sondern Marie Vassilieff führte hier auch eine Art Kunstschule und verpflegte während des Ersten Weltkrieges mittellose Künstler. Auch das vom Verein der »Freunde des Montparnasse« eingerichtete Museum ist mittlerweile geschlossen worden. Stattdessen will man jetzt mit dem Bétonsalon Centre d'Art & de Recherche, wo Ausstellungen zeitgenössischer Künstler gezeigt werden, dem historischen Ort neues Leben einhauchen. So stellen alle drei Monate, also viermal im Jahr, internationale Künstler ihre Werke aus.

Ein ähnliches Anliegen, nämlich noch unbekannte Künstler zu fördern, verfolgt – wenn auch in viel größerem Maßstab – die Fondation Cartier in der Nähe. Der vom Schweizer Schmuck- und Uhrenimperium beauftragte Bau des Stararchitekten Jean Nouvel von 1994 ist schon ein Kunstwerk an sich. Die riesigen Bäume des umgebenden, kunst-

voll angelegten Gartens mit Selbstbedienungscafé spiegeln sich in den hohen Glasflächen der Stiftung und schaffen so eine perfekte Durchdringung von Kunst und Natur. Aber nicht nur Künstler, die hier die Möglichkeit ihres Debüts erhalten, können kennengelernt werden, sondern auch 300 namhafte französische und internationale Kunstschaffende, die mit 1000 Werken hier vertreten sind. Besonders bemerkenswert sind auch die ausgesprochen kreativ kuratierten Sonderausstellungen, die passend zu Gebäude und Garten oft einen ökologischen Anspruch erheben.

Wer mit wachem Auge unterwegs ist, wird erkennen dass das 14. Arrondissement voll von Künstlerateliers ist. Oft sind diese an lebendigen Straßen hinter verschlossenen Toren versteckt, wo man höchstens einen kleinen Hinterhof vermutet. So auch das Atelier der deutschen, schon lange in Paris lebenden Künstlerin Tatjana Labossière: Nachdem das Tor zur Straße Einlass gewährt hat, öffnet sich nach einem kleinen Durchgang des vorderen Treppenhauses ein schmaler, aber langer gepflasterter Weg, an dem sich an Vorgärten mit üppigstem Grün ein altes Atelier an das andere reiht. Im Nachbaratelier von Tatjana Labossière hat einst die weltberühmte, 1959 verstorbene Bildhauerin Germaine Richier gearbeitet. Das hohe zweistöckige, lichtdurchflutete Atelier ist ein Traum. In seinem Garten wachsen exotische Pflanzen und hohe Bananenstauden. Beim Tee erzählt die unprätentiöse, sympathische Künstlerin, die in alle Welt verkauft, von ihrem Studium an der Ecole des Beaux -Arts in Versailles. Im Erdgeschoss steht eine riesige Druckpresse, mit der sie ihre farbigen Monotypien ins Papier presst. Die an Pflanzen und Seifenblasen erinnernden aquarellartigen Gebilde haben eine sehr transparente und poetische Ausstrahlung, dass manch einer sie für Aquarelle halten könnte. Sie stehen nur scheinbar im Kontrast mit den starken, abstrakten Plastiken aus Metall und Stein. Gerade dieser Gegensatz von schwer und leicht, hart und weich interessiert die Künstlerin, wie man das unschwer an einer aufgeborstenen Metallstele erkennen kann, in deren Spalt sich weiche Federn wölben. Was diese beiden gegensätzlichen Techniken ihrer Bildhauer- und Druckkunst eint, ist vor allem das starke Interesse an den vier Elementen der Natur.

← ↖ Im Atelier der deutschstämmigen Künstlerin Tatjana Laboussiere: Zarte Radierungen und kraftvolle Skulpturen sind ihr Markenzeichen.
↗ Viele Literaten, Philosophen und bildende Künstler der Umgebung sind nun im Friedhof von Montparnasse vereint, Simone de Beauvoir und Jean Paul Sartre sogar im selben Grab.

INFO

ZUR LETZTEN RUHESTÄTTE

Die Spuren der Künstler von Montparnasse lassen sich auch bis zu ihrem Ende verfolgen. Inmitten der erwähnten Orte liegt der zweitgrößte Friedhof der Stadt, Cimetière de Montparnasse, der so groß ist, dass eine Autostraße hindurchführt. Hier findet man etwa das Grab, in dem das berühmte Literatenpaar Jean-Paul Sartre und Simone de Beauvoir liegt. Letztere hat lange hier um die Ecke in der Rue Victor Schoelcher gewohnt, und mit Blick auf die Friedhofsmauer schrieb sie ihr Buch über »Das Alter«. Eine konventionelle Ehe mit gemeinsamer Wohnung hätte der Lebensphilosophie der beiden widersprochen.
An den Inschriften vieler Grabsteine ist zu erkennen, wie international und berühmt doch die Gegend war. Es finden sich dort u. a. die Namen von Baudelaire (gest. 1867), Maupassant (gest. 1893), Samuel Beckett (gest. 1989), Antoine Bourdelle (gest. 1929), Serge Gainsbourg (gest. 1991), Ionesco (gest. 1994) Man Ray (gest. 1976), Camille Saint-Saëns (gest. 1921), Chaim Soutine (gest. 1943), Tristan Tzara (gest. 1963), Jean-Paul Belmondo (gest. 2021), Jacques Chirac (gest. 2019), Éric Rohmer (gest. 2010), Sonia Rykiel (gest.2016) und Simone Veil (gest. 2017).

WEITERE INFORMATIONEN

www.bourdelle.paris.fr
www.fondation-giacometti.fr
www.betonsalon.net
www.fondationcartier.com
https://tatjana-labossiere.com
www.paris.fr/lieux/cimetiere-du-montparnasse-4082
https://www.lacoupole-paris.com/de/
https://larotonde-montparnasse.fr
www.bouillon-chartier.com

Paris' zweitgrößter Friedhof, Cimetière du Montparnasse, wurde 1824 eröffnet.

2

CAFÉ IM MUSÉE D'ORSAY

AUS ALT MACH NEU

Das »gewisse Etwas« von Café und Restaurant im Musée d'Orsay erklärt sich aus der Baugeschichte des Gebäudes. Ein Besuch dort geht weit über die leibliche Stärkung hinaus, es ist ein Erlebnis für alle Sinne, das man sich neben dem Kunstgenuss der Impressionisten nicht entgehen lassen sollte.

Das Musée d'Orsay ist eines der meistbesuchten Museen von Paris. Für eine große Anzahl von Touristen ist es aber nicht selbstverständlich, dort auch ein Café oder ein Restaurant zu besuchen. Hinzu kommt, dass diese beiden Orte auch nicht sofort ins Auge springen. Ihre Besonderheit erklärt sich aus der spannenden Historie des Gebäudes. Zunächst hat man anlässlich der Weltausstellung im Jahr 1900 hier gegenüber dem Louvre einen

wunderschönen Bahnhof im Stil der Belle Époque errichtet. Schließlich reiste hier, ins Herz der Stadt, die ganze Welt an, und man wollte zeigen, was man hat und was man kann.

Nach nicht einmal 40 Jahren wurde der Bahnverkehr aber eingestellt, da die elektrifizierten Züge zu lang geworden waren. Nach dem Krieg war nach einer wechselnden Nutzung als Auffanglager für Kriegsgefangene, Theater, Filmkulisse und gar als Parkplatz nur noch das Grandhotel mit dazugehörigem Ballsaal in Gebrauch. Man überlegte, das ganze Gebäude, das immer mehr verfiel, abzureißen. Nachdem Präsident Georges Pompidou es unter Denkmalschutz gestellt hatte, war dies aber nicht mehr möglich. Erst nach aufwendigen zehnjährigen Umbaumaßnahmen, in denen man auf sensible Art die alte Bahnhofstruktur beibehielt, diese aber trotzdem museumsgerecht modernisierte, hat das Musée d'Orsay 1986 seine Pforten geöffnet. Der Höhepunkt der umfangreichen Sammlung sind jetzt die Impressionisten, die vorher in der zu eng gewordenen Galerie nationale du Jeu de Paume am Louvre untergebracht waren.

Ein einziger Augenschmaus

Eine der gelungensten Synthesen von Alt und Neu versteckt sich im hinter den Impressionisten befindlichen Café Campana im fünften Stock des Museums. Die riesige Bahnhofsuhr ist nun zum Fenster umfunktioniert. Die Wirkung ist gewaltig. Milchiges, gedämpftes Licht fällt von außen sanft in den stylisch eingerichteten Saal. Durch das Zifferblatt mit den großen römischen Zahlen erblickt man Seine und Louvre im Vordergrund und sogar Sacré-Cœur in der Ferne. Der Ausblick ist wirklich magisch. Das Innere des Cafés haben die brasilianischen Stardesigner Humberto und Fernando Campana in Anlehnung an Jules Vernes fiktives Unterseeboot »Nautilus« mit blau-reflektierenden Spiegelpaneelen, roten Korallen ähnelnden Paravents und Lampen mit goldenen Schuppen ausgestattet. Serviert werden neben Kaffee und Kuchen kleine Speisen wie Salate und Suppen oder Quiche. Wer es gehaltvoller möchte, kann gleich ins Restaurant du Musée d'Orsay im zweiten Stock wechseln. Das Restaurant des ehemaligen Grandhotels ähnelt mit seinen Kristalllüstern, Marmorstatuen, üppigen Wand- und Deckengemälden eher einem Schlosssaal. Die modernen, farbenfrohen, transparenten Stühle geben dem Raum, in den viel Licht aus riesigen Fensterbögen fällt, einen eleganten und trotzdem heiteren Charakter. Man kann sich kaum noch auf das ebenfalls sehr dekorativ angerichtete Essen konzentrieren.

INFO

NICHT VERPASSEN: FOTOS UND FILME

Als Museum, das sich mit der bildenden Kunst zwischen 1848 und 1914 beschäftigt, ist man auch darauf bedacht, über die Malerei hinaus ein umfassendes Bild dieser Zeit aufzuzeigen. Dabei spielen Skulpturen, aber auch Möbel sowie Architekturmodelle dieser Epoche eine Rolle. Es gibt Theorien, dass die Entstehung der Fotografie in hohem Maße zur Entwicklung des Impressionismus beigetragen habe. Deshalb besitzt das Museum auch 45 000 Fotografien von den Anfängen der Daguerreotypen von 1839 bis 1918. In abgedunkelten Nischen flimmern außerdem Kurzfilme der Brüder Lumière über die Leinwand, die 1895 mit der Erfindung des Cinematographen in Paris die Bilder zum Laufen brachten. Die heute sehr amüsant wirkenden Filmchen sollte man sich nicht entgehen lassen. Platz ist in diesen Räumlichkeiten fast immer, da alles zu den impressionistischen Gemälden strömt.

WEITERE INFORMATIONEN

www.musee-orsay.fr

↖ Restaurant im Musée d'Orsay: Prachtvoller kann kein früheres Bahnhofslokal sein.
↑ Neben der riesigen, zum Fenster umgestalteten Uhr im fünften Stock gibt es im Erdgeschoss des Museums diese kunstvoll gestaltete Uhr.

3

MUSÉE DE MINÉRALOGIE

STEINE, SO WEIT DAS AUGE REICHT

Es hat etwas Anheimelndes, in der über 200 Jahre alten Sammlung die Wunder der Natur zu bestaunen, die dort die Vitrinen füllen. Fast ist man versucht, auch die Hunderte von schmalen Holzschubladen aufzuziehen. Das Museum ist eine Entdeckung, die selbst unter den Parisern kaum bekannt ist.

Die angesehene französische Elite-Hochschule für Ingenieurswissenschaften, École nationale supérieure des mines de Paris, wurde schon 1783 auf Anordnung Ludwig XVI. gegründet. Elf Jahre später legte der erste Professor für Mineralogie an dieser Hochschule, René-Just Haüy, die Gesteinssammlung an. Damit ist das Musée de Minéralogie nach dem Louvre nicht nur eines der ältesten Museen Frankreichs, sondern zählt auch hinsicht-

lich des Umfangs und der außergewöhnlichen Exemplare zu den fünf wichtigsten Sammlungen dieser Art weltweit. Untergebracht im ehrwürdigen Stadtpalais des Hôtel de Vendôme, das am Boulevard Saint Michel direkt an den Jardin du Luxembourg angrenzt, verirrt sich kaum ein Tourist dort hinein, und oft kennen nicht einmal Pariser, die schon lange in diesem Viertel wohnen, die Kollektion. Und wenn diese rein zufällig daran vorbeilaufen, nehmen sie an, dass die Sammlung ausschließlich den Forschenden der Hochschule vorbehalten ist. Diesen Zweck erfüllt sie auch, und trotzdem kann jeder gegen einen geringfügigen Betrag in die ehrwürdigen Säle eintreten. Im monumentalen Treppenhaus sind großflächige Gemälde von Bergpanoramen und ein Deckengemälde mit der Allegorie der Wissenschaft zu bestaunen, die von den Porträts namhafter Wissenschaftler der Hochschule umkränzt wird. Beim Betreten der eigentlichen Sammlung kommt man dann aus dem Staunen nicht mehr heraus: In einer 80 Meter langen Galerie mit Rundbögen und viel Stuck an Wänden und Decken reihen sich unzählige beleuchtete Holzvitrinen mit Steinen in allen Größen, Farben, in glitzernden Variationen und bizarren Formen aneinander. Die Räume sind von Licht durchflutet, das durch die riesigen Bogenfenster in den hölzernen Raum mit dem alten knarzenden Parkett fällt. Beim Blick hinaus blitzt das Grün der benachbarten Gewächshäuser des Jardin du Luxembourg auf.

Steine in allen Formen und Farben

Auf über 1000 Quadratmeter Fläche werden von den 100 000 Steinen der Sammlung über 4000 Mineralien, Erze, Halbedelsteine und Edelsteine ausgestellt. Sorgfältig sind sie mit exotischen Namen und Fundorten aus allen Ländern der Erde beschriftet. Darunter gibt es ungewöhnliche Formen und Maserungen, die teils an Unterwasserkorallen erinnern. In den abgedunkelten Vitrinen entfalten fluoreszierende Steine ihre Leuchtkraft. Die Sammlung umfasst eine Vielzahl von Fossilien, Meteoriten und anderen geologischen Proben, darüber hinaus auch einige Exemplare, die von Geologen während der von Alexander von Humboldt und James Cook unternommenen Expeditionen gesammelt wurden. Johann Wolfgang von Goethe war auf seinen Reisen bekanntlich ebenfalls ein großer Sammler von Steinen, und nach ihm ist sogar ein Stein, der sogenannte Goethit, benannt. Auch dieser Stein fehlt hier natürlich nicht. Unter den 700 Edelsteinen finden sich auch besonders wertvolle Diamanten, Rubine und Smaragde. Seit 2016 werden in drei Vitrinen sogar französische Kronjuwelen gezeigt.

INFO

KÜNSTLER- UND LITERATENTREFF

Nur zehn Minuten Fußweg entfernt, der Sie durch den lang gezogenen Jardin des Grands-Explorateurs und vorbei an dem wunderschönen Brunnen Fontaine des Quatre-Parties-du-Monde (Brunnen der vier Teile der Erde) führt, erreichen Sie die legendäre Closerie des Lilas, die Anfang des 20. Jahrhunderts ein beliebter Treffpunkt berühmter Künstler und Literaten war. Restaurant, Brasserie und Cocktailbar strahlen noch den Charme der 1920er-Jahre aus. Neben einer reichhaltigen Auswahl an Meeresfrüchten gelten dort die Quenelles de brochet (Hechtklößchen) und der Haddock (Schellfisch) als Klassiker.

WEITERE INFORMATIONEN

www.musee.minesparis.psl.eu/Accueil
www.closeriedeslilas.fr

← ↑ Faszinierende Mineraliengebilde aus aller Welt, seit Jahrhunderten gesammelt, finden sich in den Sälen des Musée de Minéralogie sorgsam und edel aufbewahrt. Die Zeit schein hier stehen geblieben zu sein.

4

KIRCHE NOTRE-DAME-DU-TRAVAIL

KLEINE SCHWESTER DES EIFFELTURMS

Nirgendwo sonst auf der Welt ist eine solche Kirche in Eisenkonstruktion vorstellbar. Sie gilt als Hommage an die Arbeiter, die im 19. Jahrhundert die in Paris stattfindenden Weltausstellungen zu Wege brachten und die Stadt zu einem Sinnbild von Schönheit und Fortschritt erhoben. Gleichzeitig war das Gotteshaus hinsichtlich des Recyclinggedankens seiner Zeit weit voraus.

Von außen wirkt die Kirche, im neoromanischen Stil errichtet, so wie jede andere. Kaum ein Passant kommt auf die Idee, in dieses Gebäude in der Nähe des Bahnhofs Montparnasse und der alles überragenden Tour Montparnasse hineinzuschauen. Doch tut er es, wird er aufgrund der filigranen Eisenkonstruktion im Inneren mehr als überrascht. Man hat fast den Eindruck, in einem Bahnhof oder einer Fabrikhalle zu stehen. Erstaunt stellt der Besucher fest, dass die dreischiffige Halle mit offenem Dachstuhl und Rundbogenarkaden eher den Prinzipien der Romanik und Gotik gehorcht. 135 Tonnen Eisen wurden hier verarbeitet. Ein Großteil stammt von der Decke des Palais de l'Industrie, einem großen Pavillon, der für die Weltausstellung 1855 errichtet und später abgebaut wurde. Kein Wunder, dass die Kirche, die zwischen 1899 und 1902 nach den Plänen des Architekten Jules Astruc (1862–1955) entstanden ist, zum historischen Denkmal erklärt wurde.

Eine Würdigung der Arbeiter

Wie schon der Name der Kirche verrät (»travail« = Arbeit), wurde das Gotteshaus all den Arbeitern gewidmet, durch deren Mühen die Weltausstellungen realisiert werden konnten. Gerade in dieser Umgebung wohnten zahlreiche Arbeiter, die aus allen Teilen Frankreichs zugezogen waren. Das ehemalige Dorf ist im Laufe des 19. Jahrhunderts von 2000 Einwohner auf 35 000 angewachsen. Die Initiative zum Bau der Kirche geht auf den damaligen Pater der Gemeinde Soulange-Boudin zurück, der die Arbeiter würdigen und ein friedliches Miteinander von Machthabenden und Arbeiterstand fördern wollte. Die Kirche wirkt insgesamt recht nüchtern, was durch die Eisenkonstruktion noch unterstrichen wird. Einen Blick lohnen die Bilder, die Schutzheilge verschiedener Handwerkszünfte darstellen.

Notre-Dame-du-Travail ist ein einzigartiges Beispiel, was den sozialen Gedanken und die Würdigung der Arbeiter betrifft, die gerade bei der Errichtung von Repräsentationsbauten oftmals vergessen werden. Gleichzeitig stellt sie einen der wenigen klerikalen Bauten dar, die Zeugnis ablegen von der im 19. Jahrhundert aufgekommenen Eisen- und Stahlskelettbauweise, die im Zuge der Industriellen Revolution die Welt verändert hatte. Gerade in Paris konnte sich diese Bauweise zur Blüte entfalten, wie etwa das Grand Palais zeigt, der zur Weltausstellung 1900 mit einer grandiosen Kuppel versehen und mithilfe von Eisenskelettbau und Glas errichtet wurde. Widerstandsfähig ist die Eisenkonstruktion außerdem, wie das 330 Meter hohe Wahrzeichen der Stadt erkennen lässt, das immerhin seit 1889 steht.

INFO

TRADITIONSKAUFHAUS UND TRAUMBLICK

Wer nun auf den Geschmack gekommen ist und sehen möchte, was man mit raffinierter Stahlskelettbauweise noch alles zaubern kann, der sollte das 1869 eröffnete Traditionskaufhaus Samaritaine in der Nähe des Pont Neuf besichtigen, das in seinem eleganten Art-déco-Stil im Jahr 2021 mehr als prachtvoll renoviert und herausgeputzt wurde. Allein das schmiedeeiserne Treppengeländer im floralen Stil wurde mit 16 000 Blättchen Blattgold versehen. Und wenn Sie schon einmal in der Nähe der eigentlich eher störend wirkenden Tour Montparnasse sind, gönnen Sie sich doch von dessen Dachterrasse aus den wirklich atemberaubenden Blick über die Stadt und auf den Eiffelturm.

WEITERE INFORMATIONEN

www.dfs.com/en/samaritaine
www.tourmontparnasse56.com/fr
www.notredamedutravail.net

↖ Notre-Dame-du-Travail – von und für die Arbeiter der Weltausstellungen des 19. Jahrhunderts errichtet
→ Nach langem »Schönheitsschlaf« wieder erwacht: das Traditonskaufhaus Samaritaine in neuem Glanz

5

WASSER FÜR DAS VOLK

KLEINE GESCHICHTE DER PARISER BRUNNEN

Der Mensch kann nur drei Tage ohne Wasser überleben. Die Wasserversorgung im dicht besiedelten Paris war von jeher ein Problem. Aber stets gab es hier einfallsreiche Leute, die verstanden, Funktionalität mit Ästhetik zu verbinden.

In Paris soll es über 900 Brunnen geben, viele davon sind wunderschön anzusehen und haben rein dekorative Zwecke. Bekannt sind seit den Zeiten Ludwigs XIV. die Wasserspiele, die auch heute noch teils mit Musikuntermalung im Park von Versailles veranstaltet werden. Auch in Paris selbst gibt es an exponierten Stellen viele eindrucksvolle Brunnenplastiken wie zum Beispiel die Allegorien von Frankreichs Flüssen, die den größten Platz von Paris, die Place de la Concorde, zieren. In Saint-Germain-des Prés verabredet sich die Jugend am haushohen Brunnen von Saint-Michel, vor der Kirche Saint-Sulpice thront auf einem weitläufigen Vorplatz die Fontaine des Quatre Évêques (Brunnen der vier Bischöfe), an den Hallen befindet sich die Fontaine des Innocents (Brunnen der Unschuldigen), und am prachtvollen Brunnen Fontaine des Quatre-Parties-du-Monde (Brunnen der vier Erdteile) oberhalb der Sternwarte von Paris (Observatoire) tragen vier grazile Frauenfiguren aus vier Kontinenten auf tänzelnde Weise die Erdkugel. Auch wenn die Brunnen gern übersehen werden und sich nicht so bedeutungsvoll präsentieren wie die in Rom, prägen sie doch das Pariser Stadtbild.

Fassadenarchitektur als Monumentalbrunnen

Nicht vergessen werden darf, dass es in Paris neben den Brunnen, die hauptsächlich dem Auge schmeicheln sollen, auch viele gibt, die der Trinkwasserversorgung der Bevölkerung dienen. Einer der eindrucksvollsten befindet sich heute in der Rue Grenelle 59 an einer Hauswand, die den Hof des Musée Maillol verbirgt. Die Fontaine des Quatre-Saisons (Brunnen der vier Jahreszeiten) wurde schon im Jahre 1745 nach sechsjähriger Bauzeit durch den Architekten Edmé Bouchardon (1698–1762) fertiggestellt. Eine große Inschrift verrät, dass der monumentale Bau zu Ehren Ludwigs XV. in der Nähe eines damaligen Marktes errichtet wurde. Schon Voltaire hat dazu spöttisch kommentiert, dass die Bassins, die das damalige Viertel mit Wasser versorgen sollten, im Vergleich zur etwa 12 Meter hohen und 20 Meter breiten Brunnenanlage viel zu klein seien. Diese wurden dann später erweitert.

Der Brunnen ist ähnlich der Fassade eines italienischen Palazzo gestaltet – kein Wunder, hielt sich der Künstler doch zehn Jahre in Rom auf. Die Anlage erinnert an ein römisches Theater mit kunstvollen ionischen Säulen, Nischen und Portalen. In den Nischen sind die Allegorien der vier Jahreszeiten untergebracht. Die zentrale Plastik sitzt jedoch in der Mitte unter dem Dreiecksgiebel und repräsentiert in Form einer sitzenden weiblichen Figur die Stadt Paris. Zu ihren Füßen kauern rechts und links die Allegorien der Flüsse Seine und Marne. Darunter spucken vier bronzene Fratzen von Meeresungeheuern Wasser aus ihren Mäulern.

→ Der Brunnen auf der Place de la Concorde punktet mit maritimen Motiven.

← Italienisches Flair am »Brunnen der Vier Jahreszeiten« in der Rue Grenelle
↙ Für die Wasserversorgung der Bevölkerung wurde schon immer gesorgt.
↘ Der »Brunnen der Unschuldigen« von Pierre Lescot steht schon seit dem 16. Jahrhundert an den ehemaligen Hallen.

Ein englischer Wohltäter tränkt die Durstigen

Die Trinkwasserversorgung des dicht besiedelten Paris war schon immer ein Problem. Über lange Zeit hinweg trank man aus der Seine, und es war kein Wunder, dass Pest und Cholera die Bevölkerungszahl der Stadt immer wieder dezimierten. An den berühmten Hallen hat der Baumeister Pierre Lescot (siehe Cour Carrée, S. 112) den Brunnen der Unschuldigen, die Fontaine des Innocents bauen lassen. Der Brunnenname bezieht sich übrigens auf eine an diesem Ort abgerissene Kirche, die nach dem Bethlehemitischen Kindermord benannt war. Schon damals hat man nicht nur die Funktionalität, sondern auch die Ästhetik berücksichtigt. Mit seinem hohen Sockel und der kleinen Kuppel am oberen Ende diente der Brunnen als Vorbild für die vielen gusseisernen grünen Brunnen, die sich heute in fast allen Stadtvierteln finden lassen. Sie werden »Wallace-Brunnen« genannt und erinnern an den Engländer Sir Richard Wallace (1818–1890), der als großer Wohltäter der Stadt die Brunnen sowohl entwarf als auch finanzierte. Am Ende der Belagerung im deutsch-französischen Krieg 1870/71 waren die Rohre vieler Wasserleitungen zerstört. Um kein schmutziges Seinewasser trinken zu müssen, wich die Unterschicht oft auf billigen Alkohol aus, was natürlich andere Probleme aufwarf. Wallace gründete damals nicht nur ein Krankenhaus und verteilte Lebensmittel an die Armen, sondern ließ zahlreiche seiner Brunnen in kleinerer und größerer Ausführung anbringen, damit die Pariser jederzeit kostenlosen Zugang zu sauberem Trinkwasser hatten. Diese sollten zurückhaltend, aber dennoch ästhetisch und funktional sein: Auf dem hohen Sockel stehen vier Karyatiden, Frauenfiguren mit Säulenfunktion, die die Werte Güte, Einfachheit, Wohltätigkeit und Nüchternheit symbolisieren und eine kleine Kuppel tragen. Die Brunnen sind längst zum Kulturerbe von Paris erklärt worden.

Im Sinne der Ökologie

Der Gedanke, demzufolge das Volk ein Grundrecht auf Wasser hat, wird auch in der heutigen Zeit noch fortgesetzt. Nicht nur, dass in Pariser Restaurants kostenloses Leitungswasser zum Menü eine Selbstverständlichkeit ist – was gerade Familien mit vielen Kindern gerne annehmen –, auch die Tradition der Wallace-Brunnen hat sich mittlerweile so weiterentwickelt, dass über tausend moderne Trinkbrunnen über das ganze Stadtgebiet verteilt hinzugekommen sind, an denen man kostenlos Wasser für seine eigene Trinkflasche zapfen kann. An einigen dieser Brunnen wird sogar Sprudelwasser angeboten. Außerdem ist der Mineralstoffgehalt des Wassers genau aufgeführt.

Seit 2022 gibt es außerdem die Initiative »Ici je choisis l'eau de Paris« (»Hier wähle ich das Wasser von Paris«). Geschäfte aller Art haben auf ihren Schaufenstern Aufkleber mit diesem Satz angebracht und zeigen damit, dass Passanten bei ihnen ihre eigene Trinkflasche auffüllen können. So gibt es bereits an die 2000 mögliche Füllstellen auf dem Pariser Stadtgebiet. Die Unmengen von Plastikflaschen, die Touristen und Bewohner hinterlassen und die unsere Ozeane verschmutzen, sollen dadurch reduziert werden. Mit dieser Aktion ist man bestrebt, nachhaltiger zu werden und etwas gegen den Klimawandel zu tun.

INFO

KULINARISCHES UND KURIOSES

Nur ein paar Häuser vom Vier-Jahreszeiten-Brunnen entfernt gibt es an der Rue Grenelle 51 einen kleinen Käseladen, der zu einer Institution geworden ist: Die Fromagerie Nicolas Barthélémy hat keine Webseite nötig. Und ebenfalls nicht weit vom Vier-Jahreszeiten-Brunnen gibt es in der Rue du Bac 46 eine wahre Kuriosität: Deyrolle, dessen Geschäft bereits seit 1831 besteht, ist der letzte Tierpräparator von Paris. In seinen Laden kommen Sammler oder Dekorateure aus der ganzen Welt. Es gibt dort sogar ausgestopfte Zebras, Löwen oder Giraffen zu kaufen. Ein empfehlenswertes Restaurant in der gleichen Ecke ist Le Petit Lutetia ein charmantes Traditionslokal mit verlässlich anspruchsvoller Küche, in dem die Anwohner des gehobenen Wohnviertels essen gehen.

WEITERE INFORMATIONEN

www.deyrolle.com/laboutique
https://le-petit-lutetia.paris

Die Fromagerie Barthélemy ist eine Institution im Käseland Frankreich. Der Laden ist klein, aber sehr fein!

6

UNTERWEGS IM JARDIN DU LUXEMBOURG

GEHEIMNISSE EINES PARKS

Der berühmte Jardin du Luxembourg ist weit mehr als ein hübscher Vergnügungspark Erholung suchender Großstädter. Schaut man genauer in seine entlegenen Ecken, birgt der Park Überraschungen, hinter denen spannende Geschichten stecken.

Der Jardin du Luxembourg wird zu Recht als einer der schönsten Stadtparks von Paris bezeichnet. Man kennt ihn hauptsächlich als Erholungspark der vornehmen Art. Vor dem Palais du Luxembourg breitet sich das große Bassin aus, in dem schon seit dem 19. Jahrhundert Kinder ihre Bötchen anstupsen dürfen. Ringsherum sitzen elegant gekleidete Erwachsene, die Blumenpracht und die Sonne genießend. Die Statuen der bekanntesten französischen Königinnen umrahmen die Terrasse des französischen Gartens, der in einen englischen übergeht. Man vertreibt sich die Zeit mit Joggen, Tennis spielen, Kasperltheater anschauen, Pony reiten und Kaffee trinken, oder man lauscht Konzerten, die auf einem Podest unter Bäumen stattfinden. Auch Liebhaber von Boule oder Schach können hier auf eigens angelegten kleinen Parzellen ihre Gegner herausfordern. An den äußeren Enden des Gartens schließlich finden sich etwas versteckte Nischen, die nicht nur Ruhe in der prachtvollen Natur verheißen, sondern auch interessante Geschichten bergen.

Sehnsucht nach der italienischen Heimat

Nachdem ihr Mann Heinrich IV. durch ein Attentat ums Leben gekommen war, nahm die Königin Maria de' Medici die Gelegenheit wahr, dem Königsschloss, das sich damals im Louvre befand, zu entfliehen. Dort gab es ihr zu viele Intrigen, das Wasser in der Seine daneben stank, und die Räume waren recht ungemütlich. Sie ließ das Palais du Luxembourg als ihren Witwensitz errichten und lebte so ihre Sehnsucht nach Florenz aus, wo sie ihre Kindheit verbracht hatte. Denn der Palast, in dem sich heute der französische Senat befindet und in dessen Orangerie das Musée du Luxembourg exquisite Wechselausstellungen veranstaltet, ist dem Palazzo Pitti in Florenz nachempfunden. Auch der Park ist eine Reminiszenz an die italienischen Boboli-Gärten. Leider konnte die Königin, die die Kultur Frankreichs maßgeblich beeinflusste, diese herrliche Stätte kaum nutzen, da sie aufgrund von Intrigen Kardinal Richelieus nach Köln ins Exil fliehen musste.

Nach der Königinwitwe ist die verwunschen wirkende Brunnenanlage Fontaine Médicis rechts vom Eingang Porte Edmond-Rostand benannt. Mit ihrer Grotte und dem dazugehörigen 50 Meter langen Bassin, das von schmiedeeisernen Gittern mit großen Blumenamphoren umrahmt ist, gilt sie nicht nur als einer der schönsten Brunnen der Stadt, sondern auch als einer der romantischsten Orte von Paris. Oberhalb der plätschernden Kaskade wird eine mythologische Szene aus den »Metamorphosen« Ovids dargestellt: In der großen Rundbogennische in der Mitte beugt sich die gewaltige, bärtige Bronzefigur des Zyklopen Polyphem nach vorne, um, rasend vor Eifersucht, seinen

← Im Jardin du Luxembourg gibt es über hundert Statuen zu entdecken. Hier »L'Acteur Grec«, ein Werk des Bildhauers Charles-Arthur Bourgeois von 1868.

Nebenbuhler, den Hirten Acis, zu erschlagen. Darunter hält der junge Mann, noch nichts von seinem Unheil ahnend, die schöne Nymphe Galatea in den Armen. Die Geschichte endet damit, dass sich Acis' Blut in einen Fluss verwandelt, womit der Bogen zum länglichen Bassin geschlagen ist. Dem bevorstehenden Drama schauen in den Nischen links und rechts ein Faun und die Jagdgöttin Diana zu. Die beiden Figuren über ihnen, die gerade Wasserkrüge ausschütten, sind allegorische Darstellungen der Flüsse Rhône und Rhein. Sogar die Rückseite des Brunnens ist mit einem wunderschönen Relief gestaltet, das Leda und Zeus darstellt: Der Göttervater hat sich in einen Schwan verwandelt, um Leda zu umwerben.

Die flotten Bienen von Paris

An der schräg gegenüberliegenden Ecke der mit 24 Hektar recht weitläufigen Gartenanlage, am Eingang Porte Vavin, befindet sich für die Parkbesucher eine weitere Überraschung: Seit 1856 hat hier die Imkerschule Rucher-école um den Pavillon Davioud mehrere Dutzend Bienenstöcke aufgestellt. Die »Schule« ist von einem Obstgarten umgeben. Darin wachsen über 1000 Obstbäume etwa 600 verschiedener, teils sehr alter und vergessener Sorten. Die Produktion von Honig verband man lange Zeit nicht mit der Großstadt, da man annahm, dass die schlechte Luft dort wenig zuträglich sei. Interessanterweise ist gerade das Gegenteil der Fall. Die Insektizide, die intensive Landwirtschaft und die Anwendung von Pflanzenschutzmitteln haben in manchen ländlichen Regionen die Bienenvölker um 40 Prozent reduziert. Da die Blütenbestäubung durch die Bienen eine wesentliche Rolle zur Erhaltung der Artenvielfalt spielt, unterstützt die Stadtverwaltung das Aufstellen von Bienenstöcken immer mehr, sodass diese inzwischen auch auf privaten Dächern anzutreffen sind. In den Parks und Alleen von Paris wird insektizidfreier Honig hergestellt, der je nach Jahreszeit nach Akazien, Kastanien, Linden oder aufgrund der vielen angepflanzten Blumen sogar nach Lavendel duftet. Die Erträge sind insgesamt auch höher als auf dem Land, da die Temperatur in der Stadt meist um drei Grad höher liegt. Die Pariser nennen den Honig mit einem Augenzwinkern auch ihren »Betonhonig«.

In der Imkerschule des Jardin du Luxembourg kann jeder Interessierte an einem Kurs teilnehmen. Im Herbst wird regelmäßig in der Orangerie des Palais du Luxembourg der über das Jahr hinweg produzierte Honig verkauft. Auch auf den Dächern von Grand Palais und Oper wird Honig produziert, und es ist möglich, diesen, mit Herkunftsetikett versehen, als Souvenir käuflich zu erwerben. Wenn das nicht ein originelles Mitbringsel für zu Hause ist?

Was Kinderaugen zum Leuchten bringt

Die alten Karusselle in Paris sind Nostalgie pur! Sie stammen meist noch aus dem 19. Jahrhundert. Die Holztiere, auf denen die Kinder sitzend sich im Kreise drehen, wurden damals von Kunsthandwerkern liebevoll geschnitzt und mit Pastellfarben bemalt und vergoldet. Oft wird der Mechanismus noch ohne Strom auf umweltfreundliche Art wie schon vor 200 Jahren betrieben. In Paris stehen diese Karusselle an markanten Plätzen, etwa am Hôtel de Ville (Rathaus), unterhalb der Treppen von Sacré-Cœur oder vor dem Eiffelturm. Das älteste und eines der schönsten dreht sich jedoch im Jardin du Luxembourg. Der Architekt der alten Oper in Paris, Charles Garnier persönlich, hat es entworfen, weshalb es auch Manège Garnier genannt wird. Es läuft schon seit 1879! Vielleicht hat noch jemand aus dem Schulunterricht die Zeilen »Und dann und wann ein weißer Elefant« im Ohr? Die Strophe entstammt dem berühmten Gedicht »Das Karussell« von Rainer Maria Rilke aus dem Jahre 1906, das den Untertitel »Jardin du Luxembourg« trägt. Der Rhythmus des Gedichts ist dem scheinbar nie enden wollenden Rotieren des Spielgeräts nachempfunden. Welch großartige Vorstellung, dass Rilke vor genau diesem Gefährt seine Inspiration erfuhr! Der Dichter hielt sich zwischen 1902 und 1914 immer wieder längere Zeit in Paris

↖ Immer mehr und bester Stadthonig wird auf den Dächern von Paris produziert.
→ Kindervergnügen: das Anstupsen von Schiffchen am großen Bassin vor dem Palais du Luxembourg

auf. Dort schrieb er nicht nur an einer Biografie des berühmten Bildhauers Auguste Rodin, sondern verdiente sich bei ihm auch seinen Lebensunterhalt als Privatsekretär. Falls Sie an einem kühleren Tag hier sind, gibt es einen angenehmen, aber nicht ganz günstigen Geheimtipp um die Ecke. Rechts vom Eingang der Porte Edmond-Rostand wartet das Café Mademoiselle Angelina im Anbau des Musée du Luxembourg mit der besten Trinkschokolade der Stadt auf.

Venus, Diana und Co.

Über hundert steinerne und bronzene Figuren bevölkern den Jardin du Luxembourg. Während Sie im Park, der des Nachts im Übrigen abgeschlossen wird, herumschlendern, können Sie so manche Entdeckung machen. Neben den zwanzig Königinnen, die herrschaftlich auf steinernen Podesten um das große Bassin posieren, gibt es unzählige Darstellungen mythologischer Gestalten. Venus, die Jagdgöttin Diana und Flora, die Göttin der Blüte, setzen ihre Jugendlichkeit und Schönheit gekonnt in Szene, während eine Gruppe betrunkener Bacchanten sich gegenseitig stützend und taumelnd zu Boden stürzt. Eine besonders heitere Stimmung vermittelt ein Faun auf einer Säule, der ausgelassen tanzt und gleichzeitig auf seiner Flöte spielt. Manche der Figuren stellen sich als Nachbildungen antiker römischer Statuen heraus, sogar eine Bocca della Verità (Mund der Wahrheit) trifft man an. Aber anders als in Rom kann man seine Hand dort nicht hineinhalten. Sie werden bekannten Persönlichkeiten wie Georges Sand, Watteau oder Verlaine begegnen. Und natürlich steht hier auch eine der fünf in Paris existierenden Modelle der Freiheitsstatue von Bartholdi. Sehr beeindruckend ist auch die Figurengruppe, die den Brunnen schmückt, der eine Hommage an den romantischen Maler Eugéne Delacroix darstellt. Der Maler hatte nicht weit vom Luxembourggarten entfernt sein Wohnhaus und Atelier eingerichtet, das an der schönen kleinen Place Furstemberg besichtigt werden kann. Von dort hatte er nur wenige Meter zur Kirche Saint-Sulpice, dem nach Notre-Dame zweitgrößten Gotteshaus von Paris. An seinem rechten Seitenaltar stellte Delacroix 1861 nach sechs Jahren Arbeit sein berühmtes Monumentalfresko »Der Kampf Jakobs mit dem Engel« fertig.

↖ Hunderte von Figuren zieren den berühmtesten Stadtpark von Paris, Jardin du Luxembourg.
← In Saint-Sulpice fanden einige der berühmtesten Adelsfamilien Frankreichs ihre letzte Ruhestätte.
↗ Das Rummelplatzmuseum Musée des Arts Forains ist eine wahre Kuriosität.

INFO

IM »RUMMELPLATZMUSEUM«
Liebhabern alter Karusselle sei das weltweit wohl einzigartige Musée des Arts Forains, eine Art »Rummelplatzmuseum«, empfohlen. Es befindet sich neben Bercy Village im Südosten von Paris, wo ehemalige Weindepothäuschen in ein modernes Shoppingcenter umgewandelt wurden. In dem Privatmuseum wurden kurioseste Objekte von Rummelplätzen aus ganz Europa zusammengetragen, die aus den Jahren zwischen 1850 und 1950 stammen. Schiffschaukeln, Spaßobjekte und sogar ein Karussell, in dem die Teilnehmer selbst die Pedale treten, können ausprobiert werden. Ein Saal spiegelt eine farbenprächtige Illusion von Venedig und seinem Karneval wider. In großen separaten ehemaligen Lagerhäusern hat der Besucher einen Einblick in die faszinierende Welt des Tingeltangels. Vorführungen mit Zauberern, Feuerschluckern, Schlangenmenschen und Jongleuren runden den Besuch ab, der aber nur nach persönlicher Voranmeldung möglich ist.

WEITERE INFORMATIONEN
https://museeduluxembourg.fr/fr
https://arts-forains.com
www.angelina-paris.fr

Wo einst die ehemaligen Lagerhäuser für Wein untergebracht waren, befindet sich nun eine Shoppingmall mit unzähligen gastronomischen Möglichkeiten.

Die Galerie Colbert, benannt nach dem ehemaligen Finanzminister, mit ihrer großartigen Rotunde unter einer Glaskuppel

NORD-WEST

Museen, ein Weinberg und der dritt-größte Friedhof der Stadt

7

BIBLIOTHEK BNF RICHELIEU

DER SCHÖNSTE LESESAAL DER WELT

Es muss Leserinnen und Lesern schwer fallen, sich in dieser Bibliothek in die Bücher zu vergraben. Tun sie es doch und wenden ihren Blick anschließend auf das prachtvolle Deckengewölbe, wird das sicher Anlass zur Weitung des Geistes und zu großer Inspiration sein.

Kaum ein Tourist kommt wohl auf die Idee, in seinem Urlaub eine Bibliothek zu besichtigen. Doch wenn Sie die Bibliothèque Nationale de France Richelieu (Nationalbibliothek Richelieu) besuchen, werden Sie aus dem Staunen nicht herauskommen. Natürlich gibt es in Paris viele Bibliotheken, aber nur eine Nationalbibliothek. Nachdem laut französischem Gesetz von jedem gedruckten Werk hier jeweils eine Ausgabe bewahrt werden soll, platzte die Nationalbibliothek an der Rue Richelieu aus allen Nähten. Etwas Neues musste her: So entstand 1996 im Auftrag des damaligen Präsidenten François Mitterrand (deshalb auch ihr Name: Bibliothèque Nationale de France – Site François Mitterrand) im östlichen Bercyviertel eine zweite Nationalbibliothek, bestehend aus vier riesigen Hochhäusern, die aufgeschlagenen Büchern gleichen. Mit rund 40 Millionen Medieneinheiten ist sie eine der größten der Welt. Die ursprüngliche Richelieu-Bibliothek hatte der Finanzminister von Ludwig XIV., Jean Baptiste Colbert, bereits 1666 errichten lassen. Das Anwachsen der Bestände führte zu zahlreichen Umbauten, im Rahmen derer der Architekt Henri Labrouste 1868 einen Lesesaal gestaltete, der jedem, der dort eintritt, erst einmal den Atem nimmt – nicht weil ihn muffige, vollgestopfte, dunkle Räume wie in manch anderen Bibliotheken empfangen, sondern das genaue Gegenteil.

Ein Saal, der in höhere geistige Sphären entrückt

Man fragt sich, wie es die Lesenden schaffen, sich angesichts eines solch spektakulären Raums auf ihre Lektüre zu konzentrieren. Der riesige Saal Labrouste wird von einem prächtigen, aus neun Kuppeln bestehenden Gewölbe gekrönt, das von 16 filigranen hohen Eisensäulen gestützt wird. Die neun Kuppeln sind wie riesige Regenschirme von unten aneinandergefügt und kunstvoll mit Goldborten dekoriert. In jeder der mit hellen Fayence-Platten ausgekleideten Kuppeln befindet sich ein rundes Oberlicht, das den Saal in ein mildes Licht taucht. Wer den Blick nach oben richtet und die Muster auf den Fayence-Platten wahrnimmt, wird verstehen, warum der Architekt selbst die Kuppeln als »seine weißen Reifröcke« bezeichnete. Unter dem Gewölbe reihen sich Bögen mit Pflanzenmotiven. Man fühlt sich fast an byzantinische Basiliken erinnert. Die Holzvertäfelungen runden den eleganten Eindruck ab. Ganze zwölf Jahre lag die Bibliothek im Dornröschenschlaf und hat nach aufwendiger Renovierung 2022 ihre Pforten wieder geöffnet. Die daneben liegende Salle Ovale (Ovaler Saal), ein Werk eines Labrouste-Schülers, das mit dem großen ovalen Oberlicht und den umgebenden Rosettenfenstern ebenso beeindruckt wie die Salle Labrouste, wurde erst 1936 fertiggestellt. Um die Allgemeinheit für den Ort zu interessieren, gibt es u. a. auch Führungen für Schüler, die die 9000 Exemplare umfassende Comic-Sammlung bestaunen können. In den Nebenräumen sind Münzen, Manuskripte und Ähnliches ausgestellt.

INFO

FÜR EINE PAUSE UND ZUM LUFTSCHNAPPEN
Neben einigen Innenhöfen gibt es im weitläufigen Gebäudeareal auch eine Cafeteria und einen üppig mit mediterranen Pflanzen angelegten fast 2000 Quadratmeter großen Garten – und dies alles mitten in der sonst engen Bebauung des Viertels.

WEITERE INFORMATIONEN
https://www.bnf.fr/fr/la-bnf-richelieu

← Der einmalige Lesesaal der Nationalbibliothek Richelieu mit seinen außergewöhnlichen Jugendstilkuppeln entrückt in andere Sphären.
↑ Das Museum der Bibliothek umfasst eine einzigartige Sammlung von alten Münzen.

8

DER FRIEDHOF VON MONTMARTRE

EINE OASE DES EWIGEN FRIEDENS

Nicht wenige Menschen lieben es, Friedhöfe zu besichtigen. Es muss aber nicht der bekannte Friedhof Père Lachaise sein. Auch auf dem erholsameren Cimetière de Montmartre (Friedhof von Montmartre) erfährt der Besucher, dass ein solcher Ort eine Art kulturelles Gedächtnis einer Stadt darstellt.

Eine der schönsten und interessantesten Möglichkeiten, an einem heißen Sommertag dem Trubel um Sacré-Cœur zu entkommen, ist ein Gang über den Friedhof von Montmartre. Der nördlich gelegene Gottesacker ist zwar lange nicht so berühmt und so groß wie der Friedhof Père Lachaise, aber nach dem Friedhof Montparnasse immerhin der drittgrößte der Stadt. Viele bezeichnen den Cimetière de Montmartre zu Recht als den schönsten. Er liegt am Fuße des Montmartre und weist einen stattlichen Baumbestand von über 800 alten Ahorn-, Kastanien- und Lindenbäumen auf. Einst auf einem verlassenen Gipssteinbruch entstanden, führt in der jetzt sehr urbanen Gegend sogar eine Eisenbrücke durch den Friedhof. Unter den 20 000 Ruhestätten findet sich so manches verwitterte, bemooste, über 200 Jahre alte Grab, aber auch monumentale Mausoleen von reichen oder berühmten Familien.

An diesen Ort der Entschleunigung verirren sich nur wenige Touristen, oft schleichen nur herrenlose Katzen um die Gräber und sonnen sich auf den Steinen, was die mystische Atmosphäre noch unterstreicht. Zwischen den schattigen Alleen zu wandeln und doch immer wieder zufällig auf Grabsteine zu stoßen, in die bekannte Namen eingraviert sind, kann sehr anregend sein, denkt man doch über die teilweise grandiosen Leben der Daruntergebetteten und deren Schicksal nach, das alle im Tod wieder vereint. Besucher, die die Begegnung großer Namen nicht dem Zufall überlassen wollen, können sich am Eingang des Friedhofs oder schon im Vorfeld als Download von der Webseite einen Lageplan besorgen, anhand dessen sie gezielt nach den Grabstellen suchen können.

Alles was Rang und Namen hat

Je nachdem, welche Persönlichkeiten Sie interessieren, können Sie beispielsweise die letzte Ruhestätte des Komponisten Hector Berlioz oder die von Jacques Offenbach aufsuchen. Auch dem Grab der französischen Sängerin France Gall kann man einen Besuch abstatten, die 2018 neben Mann und Tochter beigesetzt wurde. Auf dem Grab der Sängerin Dalida erhebt sich eine lebensgroße Statue der Diva. Sie hat lange Zeit auf dem Montmartre-Hügel gelebt und sich trotz grandioser musikalischer Erfolge aufgrund ihres unglücklichen Privatlebens das Leben genommen. Noch nach über 30 Jahren legen ihr die Fans Blumen aufs Grab. Auch Physiker wie Léon Foucault oder André-Marie Ampère sind hier bestattet. Unter den Malern sind Edgar Degas und Gustave Moreau oder Chaim Soutine hervorzuheben. Ebenso ist die Filmwelt hier mit dem bekannten Regisseur und Begründer der Nouvelle Vague, Francois Truffaut, oder mit der berühmten 2017 verstorbenen Schauspielerin Jeanne Moreau vertreten. Manche der hier ruhenden Persönlichkeiten waren auch eng mit dem gesellschaft-

→ Grab von Dalida: Hommage an die berühmte Sängerin, die das Pariser Viertel zu ihrem Lieblingsort erkor

POULAIN
YOLANDE GIGLIOTTI
dite
DALIDA
nous a quittés le 3 mai 1987

lichen Leben von Paris verbunden wie zum Beispiel Julie Récamier, eine selbstbewusste Salondame, die besonders durch das Gemälde, das Jacques-Louis David von ihr anfertigte, Berühmtheit erlangte. Schließlich wurde nach diesem Bild später auch das bekannte Sitzmöbel benannt. Ähnlich verhielt es sich mit der Kurtisane Marie Duplessis (eigentlich Alphonsine Plessis), die durch den Roman »Kameliendame« von Alexandre Dumas dem Jüngeren in die Literaturgeschichte einging. Nach ihrem Verhältnis mit dem Schriftsteller und einer unglücklichen Liebe zu Franz Liszt verschied die Schöne im jugendlichen Alter von nur 23 Jahren. Auch auf ihrem Grab finden sich noch heute, nach über 170 Jahren, oft frische Blumen. Als dritte außergewöhnliche Dame im Kontext des Pariser Lebens und als Muse fungierend, sei Louise Weber alias »La Goulue« genannt, die nur wenige Meter vom Friedhof entfernt im Kabarett Moulin Rouge den Cancan-Tanz erfunden haben soll und dafür auf den bekannten Plakaten von Toulouse-Lautrec verewigt wurde. Natürlich fehlen an diesem ruhigen Ort auch die Schriftsteller nicht, allen voran Émile Zola, der später wegen seiner besonderen Bedeutung ins Panthéon überführt wurde. Aber auch Stendhal und der deutsche Nationaldichter Heinrich Heine fanden hier ihre letzte Ruhestätte. Auf Heines Grabstein, der in Paris ab 1831 bis zu seinem Tod 1856 lebte, steht auf der Grabplatte unter seiner weiß leuchtenden Büste geschrieben: »Wo wird einst des Wandermüden Letzte Ruhestätte sein? Unter Palmen in dem Süden? Unter Linden an dem Rhein?«. Auf Paris treffen beide Beschreibungen vom Ende seines Lebens nicht zu. Es kommt eben immer ganz anders, als man denkt …

Der beste Blick über Friedhof und Stadt

Nach dem Friedhofsbesuch bietet es sich an, in den siebten Stock des fast an die Friedhofsmauer angrenzenden Terrass Hotels zu fahren. Der Blick dort von der Rooftop-Bar aus ist wirklich atemberaubend. Bei einem Cocktail – eventuell bei Sonnenuntergang – haben Sie eine der besten Aussichten über die Stadt. Sie übertrifft bei Weitem den Blick, den man von den Treppen vor Sacré-Cœur hat, vor allem weil man hier fern von Touristenmassen und aufdringlichen Souvenirverkäufern bequem im Cocktailsessel sitzt.

↖ Die Büste des Dichters Emile Zola in steinernem Jugendstilrahmen gefasst
← Die legendäre »Kameliendame« blieb immer jung und schön, da sie schon früh aus dem Leben schied.
↗ Auf dem Dach des Terrass Hotels mit bestem Blick über Paris lässt sich gut ein Sundowner einnehmen.

INFO

DER PERFEKTE BLICK

Wenige Schritte vom Friedhof Montmartre entfernt, befindet sich an der Rue Lepic unweit vom Souvenirladen des Moulin Rouge das Café des deux Moulins (Café der zwei Mühlen), das sich vor allem als Drehort des 2001 entstandenen Films »Die fabelhafte Welt der Amelie« mit Audrey Tautou einen Namen gemacht hat. Es geht darin um ein Mädchen, das die Welt verbessern möchte, indem es im Geheimen anderen etwas Gutes tut. In Reminiszenz an den Film hat man dort die Einrichtung im Retrostil der 1950er-Jahre belassen. Und natürlich wird dort neben vielerlei vegetarischer Kost und Burgern auch die Crème brûlée angeboten, deren karamellisierte Kruste die Hauptperson des Filmes so gerne knackte.

WEITERE INFORMATIONEN

www.paris.fr/lieux/cimetiere-de-montmartre-5061
https://cafedesdeuxmoulins.fr

In das Café des deux Moulins pilgern immer wieder Fans des Films »Die fabelhafte Welt der Amelie«.

9

ÜBERDACHTE GALERIEN – PASSAGES COUVERTS

EINKAUFSBUMMEL DER ANDEREN ART

Die überdachten Galerien von Paris sind mit ihrer Pracht und der nostalgischen Atmosphäre einzigartig und haben so gar nichts mit den modernen Shoppingmalls unserer Zeit zu tun. Die meisten dieser rund 20 Passagen liegen hinter dem Palais Royal.

Früher soll es mehr als 150 gegeben haben, aber die großen Kaufhäuser (»grand magasins«) liefen ihnen den Rang ab. In seinem unvollendeten »Passagen-Werk«, in dem Walter Benjamin (1892–1940) eine Geschichtsphilosophie des 19. Jahrhunderts entwarf, bezeichnete der Philosoph die Passagen als eine Mischung von Boulevard und Kaufhaus. Viele der Passagen fielen im Laufe der Zeit in einen Dornröschenschlaf und wurden zunehmend baufällig. Zwar existieren heute noch einige bekanntere Passagen, aber selbst an diesen laufen viele Touristen, die sich auf den Trottoirs vom Fußgängerstrom mitziehen lassen, oft einfach vorbei. Außerdem sind die Passagen in vielen Stadtplänen nicht deutlich gekennzeichnet. Übrigens dürfen sich die besonders eleganten »Galerie« nennen.

Schon Ende des 17. Jahrhunderts war es nicht ganz ungefährlich, in Paris die Straße zu überqueren. Zahlreiche Unfälle mit Fußgängern wurden von den vielen unachtsamen Pferdedroschken verursacht. Fernab von Lärm und Schmutz konnten die Pariser dann in die überdachten Passagen fliehen. Dort konnte sich die feine Dame absetzen lassen, ihre Einkäufe erledigen und anschließend bei einem Plausch mit ihren Freundinnen in einem der vielen Cafés sitzen. Die Passagen wurden im Winter beheizt, und Oberlichtfenster und eine Vielzahl der neu aufgekommenen Gaslaternen sorgten für Helligkeit. Auch heute ist es für die Besucher angenehm, sich bei Regen oder zu starker Sommerhitze dorthinein zu begeben.

← Die lichtdurchflutete Galerie Vivienne lädt zu einem Einkaufsbummel wie in früheren Zeiten ein.

Die prachtvollsten

Erst vor einem knappen Vierteljahrhundert erkannte man den historischen Wert der Passagen und versuchte, sie mit viel Mühen zu renovieren. Zwar ist es sehr aufwendig und teuer, die glanzvollen überglasten Gänge, die mit edlen Materialien wie Messing, Marmor und geschnitzten Tropenhölzern ausgestattet sind, in ihren früheren Zustand zurückzuführen, aber es lohnt sich, wie man an der »Königin« der Galerien, der Galerie Vivienne, sieht. Mildes Licht fällt durch ihre Glaskuppel auf den farbenfrohen Mosaikboden, ein Werk des italienischen Mosaikkünstlers Facchina, der schon die Oper mitausgestaltete. Über den schönen Ladenfassaden aus dunklem, geschnitztem Holz befinden sich halbmondförmige Fenster. Die Galerie im pompejanischen Stil beherbergt luxuriöse Läden, die keinen internationalen Ketten angehören, sondern dem traditionellen Flair und der Altehrwürdigkeit des Ortes entsprechen. Den großen Delikatessenladen, zu dem das Restaurant Legrand Filles et Fils gehört, gibt es beispielsweise schon seit 1880. In der Galerie Vivienne hat übrigens Heinrich Heine in einem vornehmen Schuhgeschäft seine Mathilde kennengelernt, die dort als Verkäuferin arbeitete und die er schließlich in der Kirche Saint-Sulpice heiratete.

← Früher wie heute macht ein Einkaufsbummel hungrig. Abhilfe schaffen zahlreiche Cafés.
↙ Zum entspannten Shopping dürfen Ruhepausen mit französischen Delikatessen nicht fehlen.
↘ Die Passage des Princes mit ihren vielen Spielzeugläden gilt als das Paradies für Kinder.

Ebenso luxuriös, aber weniger geschäftig präsentiert sich die benachbarte Galerie Colbert. Hier gibt es keine Läden und Cafés, da die Passage hauptsächlich für kunstgeschichtliche Institute reserviert ist. Ins Auge sticht die wunderschöne Rotunde mit riesigem Glasdach. Ihren Namen hat die Galerie vom ehemaligen Finanzminister Colbert, dessen Stadtpalais einst an dieser Stelle stand. An der Seite der Galerie und ebenfalls nach dem Minister benannt, befindet sich die berühmte Brasserie Le Grand Colbert, in der u.a. Szenen des Films »Was das Herz begehrt« mit Diane Keaton und Jack Nicholson gedreht wurden.

Die kleinsten

Als »Passage« wird eigentlich nur ein »Durchgang« bezeichnet. Der Boom der Passagen setzte in den 1820er-Jahren ein. Nach der Französischen Revolution wurden die immensen kirchlichen Besitzungen verstaatlicht, und in der Folge wurden viele dieser Immobilien, die dann von Unternehmern gekauft wurden, geteilt, sodass Durchgänge nötig wurden, die man schließlich überglaste. Vorbilder waren sicher die orientalischen Souks, die in diesen Zeiten schon einige betuchte Pariser auf ihren Reisen besichtigt hatten. Übrigens waren damals die Pariser Passagen einzigartig, und man orientierte sich an ihnen bei der Errichtung anderer europäischer Galerien, etwa der Galleria Vittorio Emanuele II in Mailand.

Ein winziger Durchgang und gleichzeitige eine Abkürzung, um zum Palais Royal zu gelangen, ist die Passage de Beaujolais. Steht man vor ihrem Eingang an der Rue Montpensier, sollte man unbedingt einen Blick auf die ehemalige Rückseite des Théâtre du Palais Royal werfen, dessen Fassade kunstvolle Reihen schmiedeeiserner Geländer und geschwungener Treppen aufweist. Nachdem das Theater mit den plüschigen roten Sitzen mehrmals abbrannte, hat man hier Fluchtwege für die Zuschauer geschaffen. Durchquert man die kleine Passage de Beaujolais, kommt man an Innenhöfen und Fassaden vorbei, die mit verschiedensten Pflanzen geschmückt sind, passiert einige Cafés und gelangt schließlich auf die Straße Rue de Beaujoulais. Biegt man dann rechts in die ebenso winzige Passage du Perron ab, steht man schon im Garten des Palais Royal. Dessen Passagen, eher eine Art Laubengänge, sind bekannt für Geschäfte, die antike Spielsachen anbieten.

Die ältesten

Der Prototyp der Passagen, die Galerie de Bois (Galerie aus Holz), befand sich im Palais Royal (siehe Buren-Säulen S. 72) und trennte dort den Hof vom Park. Sie bestand bereits seit 1786 und war damit die älteste der Pariser Passagen. 1826 wurde sie allerdings abgerissen und an ihre Stelle die Galerie d'Orléans mit doppelten Kolonaden gesetzt. Somit ist heutzutage die 1799 entstandene, sich aus sechs verschiedenen Galerien zusammensetzende Passage des Panoramas die älteste. Der Name »Panorama« leitet sich von einer hier dargebotenen Attraktion her, die man als den Vorläufer des Kinos bezeichnen kann: Wechselnde, in Rundbauten präsentierte Panoramabilder sollten den

Betrachtern die Illusion geben, an einem bestimmten Ort zu sein. Dabei wurde auf riesige Leinwände zum Beispiel die Stadtansicht von Athen oder Jerusalem gemalt. Der Wunsch nach virtuellen Welten steigerte sich weiter, sodass die Brüder Lumière nicht weit von hier am Boulevard des Capucines 1895 ihre erste Vorführung mit dem Cinematographen veranstalteten. In der Passage des Panoramas hat sich einst der bekannte elsässische Graveur und Drucker Stern niedergelassen. Sein Geschäft, bei dem namhafte Bürger heute noch immer ihre Hochzeitskarten drucken lassen, besteht seit fünf Generationen. Die Passage ist außerdem ein wahres Eldorado für Sammler alter Postkarten, Münzen oder Briefmarken. Auf Nr. 17 befindet sich der Artisteneingang des Théâtre des Varietés. Hier ließ Émile Zola seinen 1880 erschienenen Roman »Nana« spielen. Als Naturalist schildert er das Elend in den Pariser Straßen und die Anziehungskraft der Prosituierten und Varietékünstlerin Nana, der die Männer verfallen sind, was als Kritik an der Dekadenz der Herrschenden zu verstehen ist.

Die Passage des Panoramas ist im Vergleich zur Galerie Vivienne etwas in die Jahre gekommen, zeigt sich aber trotzdem sehr lebendig und lädt zum Stöbern und Bummeln ein. Verlässt man sie und überquert den Boulevard Montmartre, gelangt man direkt zur nächsten, der Passage Jouffroy, wo sich das umfangreiche Wachsfigurenkabinett Musée Grévin befindet. Sie war 1847 die erste beheizte Passage. In ihr finden sich einige orientalische Läden. An die Passage Jouffroy schließt wiederum die Passage Verdeau an, in deren Läden Sammler aller Art fündig werden.

Die bei Kindern beliebteste und die versteckteste

Etwas weiter südwestlich befindet sich an der Rue Richelieu 97 der Zugang zur Passage des Princes. Diese wurde 1860 erbaut, 1985 vollständig zerstört, um dann 1995 identisch wieder aufgebaut zu werden. Hier reiht sich ein Spielzeuggeschäft an das andere.

Sehenswert ist auch die Passage Choiseul an der Rückseite des Théâtre des Bouffes-Parisiens, das Jacques Offenbach 1855 gründete. Leider ist es fraglich, ob sich die Renovierung lohnt, da diese zu wenig frequentiert wird, denn ihr Eingang an der Rue St-Augustin 23 wird oft übersehen.

Die einst Umtriebigste

Die Galerie Véro-Dodat, die man an der Rue Jean-Jacques-Rousseau 19 betritt, galt früher als die ideale Verbindung zwischen den Hallen und dem Palais Royal. Einst fuhren hier die Postkutschen mit Zielen in ganz Europa los. In der Passage gab es an die 20 Traiteure (Delikatessenhändler), bei denen die Reisenden ihren Proviant kaufen konnten und bei denen auch die Anwohner gerne bestellten. Im 19. Jahrhundert muss man sich hier Unmengen von Reisenden vorstellen, die sich die Zeit bis zur Abfahrt ihrer Kutschen vertrieben. Die Passage war eine der ersten, die mit Gaslichtern ausgestattet waren. Sie besticht durch ihre neoklassizistische Innendekoration. Architektonische Achsen, wie die Horizontalgesimse über den Geschäften, unterstreichen die Illusion einer Tiefenwirkung. Die untere Etage schmückt ein Fries mit Palmetten. Auch heute zeigt sich die Galerie in luxuriösem Gewand, auch wenn sie eine gewisse Patina aufweist.

Die höchste und die exotischste

Die Passage du Grand-Cerf (»zum großen Hirschen«) hat ihren Eingang an der Rue Saint-Denis 145 und ist zwischen 1825 und 1835 entstanden. Ihr Glasdach ist mit zwölf Metern auffallend hoch. Sie wurde 1989 neu gestaltet, sodass jetzt noch mehr Tageslicht in die Läden fällt. Schmiedeeiserne Geländer und verzierte Holzvertäfelungen an den Schaufenstern geben ihr ein harmonisches Bild.
Die Passage Brady betritt man von der Rue du Faubourg Saint-Denis 9 aus. Hier befindet man sich mitten im indischen Viertel. Die aromatischen Düfte und farbenfrohen Auslagen der Spezialitätenläden und indischen Restaurants sind ein Fest für die Sinne und locken die Besucher an. Was den baulichen Zustand betrifft, hat diese Passage allerdings schon bessere Zeiten gesehen.

↖ Oft reiht sich eine Passage an die andere, und bei Regen lässt es sich trockenen Fußes bummeln.
← Die Passage Véro-Dodat ist nach zwei Metzgern benannt , die hier Durchreisende verpflegten.
↗ Am »Platz der Siege«, Place des Victoires, lässt sich Ludwig XIV. mit einem Reiterstandbild feiern.

INFO

ABSTECHER UND EINKEHR

Bevor man die Galerie Vivienne besucht, lohnt sich ein winziger Abstecher zum ehemaligen Königsplatz, Place des Victoires (Platz der Siege). Auf überaus harmonische Art schmiegen sich die eleganten Gebäude mit Arkadengängen um die Rundung des Platzes. Dort in der Mitte präsentiert auf hohem Sockel ein aufgebäumtes bronzenes Pferd mit Ludwig XIV. als Reiter die Siege des Königs. Wer beim Besuch der Galerie Vivienne Hunger bekommt, sollte bei Legrand Filles et Fils vorbeischauen: Der Delikatessenladen mit umfangreichem Weinkeller bietet neben vorzüglichen Menüs mit Spezialitäten aus allen Teilen Frankreichs auch Weinseminare und Weinproben an.

Nach dem Besuch der Galerie Colbert verspricht Le Grand Colbert eine stilvolle Einkehr: Die prachtvolle mit vielen Spiegeln, Mosaiken und großen Palmen ausgestattete Brasserie bietet eine riesige Auswahl an Austern und Meeresfrüchten sowie ein ebenso umfangreiches Fisch- und Fleischangebot. Zum Dessert sollte man die Crème Brûlée oder Profiteroles probieren: Die mit Vanillecreme gefüllten Windbeutel, mit flüssiger Schokolade übergossen und mit Crème Chantilly dekoriert, sind eine wahre Kalorienbombe, aber köstlich!

WEITERE INFORMATIONEN

www.legrandcolbert.fr
www.caves-legrand.com/le-restaurant

Le Grand Colbert bietet einen eleganten Rahmen für ein romantisches Diner.

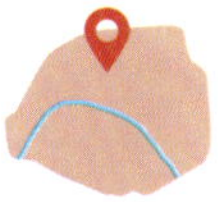

10

DAS MUSEUM DES ROMANTISCHEN LEBENS

IM DOPPELTEN SINNE ROMANTISCH

In einem verwunschenen Garten einen Kaffee zu trinken, um anschließend in die Welt der Romantik einzutauchen, ist das beste Gegengewicht zum lärmenden Massentourismus mancher Pariser Hotspots.

Auf der Flucht vor den Touristenmassen, die die Treppen von Sacré-Cœur auf dem Montmartre erklimmen, und dem etwas heruntergekommenen Rotlichtviertel rund um den tosenden Boulevard von Pigalle finden Sie nur wenige Schritte davon entfernt in einer ruhigen Seitenstraße absolute Entspannung. Im Musée de la Vie romantique können Sie sich ganz dem romantischen Leben hingeben. Romantik ist hier in doppeltem

Sinne gemeint. Zum einen geht es um die Zeitströmung der Romantik des 19. Jahrhunderts, die hier in dieser Gegend wichtige Vertreter versammelte. Das ganze Viertel wurde deshalb auch Nouvelle Athènes (»neues Athen«) genannt, da Aristokratie und Künstler, die hierherzogen, ihre Häuser im Stil der antiken griechischen Architektur, für die sie schwärmten, erbauen ließen. Zum anderen geht es auch um das persönlich erlebte Gefühl, das jeden Menschen aufgrund idyllischen Naturempfindens ereilen kann. Das Museum wird beiden Bedeutungen gerecht. Schon beim Eingang, der in einer gepflasterten Stichstraße liegt, hat man das Gefühl, in das Privathaus eines Aristokraten zum Kaffee eingeladen zu sein. Links neben der italienisch anmutenden Villa, deren hellgrün gestrichene Holzfensterläden an den großen Bogenfenstern weit geöffnet sind, tut sich ein üppiger Garten voller Flieder, Rosen, Akazien und Sträucher aller Art auf. Unter den schattigen Bäumen stehen zierliche, metallene Gartenstühle um ein paar kleine runde Tischchen. Man hört nur das Zwitschern der Vögel und ein paar leise Stimmen. Erst auf den zweiten Blick erkennt man, dass aus dem schönen schmiedeeisernen Gewächshaus leckerer Biokuchen, Kaffee und kleine Speisen geholt werden können. Romantik pur! Nach der Stärkung ist man doch neugierig auf das Haus geworden.

Alles, was Rang und Namen hatte

Über eine kleine Treppe erreicht man die Haustür. Sofern man nicht eine der Sonderausstellungen oder ein hier stattfindendes Konzert besuchen will, ist der Eintritt kostenlos. Das Haus gehörte einst dem niederländischen romantischen Maler Ary Scheffer (1795–1858). Er richtete sich hier nicht nur zwei große Ateliers ein – eines, das der Arbeit, und ein zweites, das der Betrachtung seiner Werke diente –, sondern er veranstaltete hier immer freitags seinen Salon. Im Haus versammelten sich Künstler aus den Bereichen Bildhauerei, Malerei, Literatur und Musik und befruchteten sich in ihrer Schwärmerei für die Romantik gegenseitig. Unter ihnen waren etwa Eugène Delacroix, Ingres, Charles Dickens, Victor Hugo und viele andere bekannte Künstler. Auch die Dichterin Georges Sand, die oft provokativ in Männerkleidung auftrat, und ihr noch berühmterer Geliebter Frédéric Chopin waren häufig zu Gast. Georges Sand ist das Erdgeschoss gewidmet, das Möbel, Gemälde, Büsten, Schmuck und persönliche Wertgegenstände zeigt, die vom Stardesigner Jacques Garcia so harmonisch zusammengestellt sind, dass man den Eindruck hat, das Haus wäre noch bewohnt. Sogar Kerzen flackern auf dem Kaminsims.

INFO

PERFEKT FÜR DIE NACHMITTAGSLEKTÜRE
Nur ein paar Häuser vom Museum entfernt befindet sich in der gleichen Straße die Bibliothek Louise Walser-Gaillard (ehemals Bibliothèque Chaptal). Hier können Sie in gemütlichen Sesseln nicht nur in französischen Zeitschriften blättern, sondern auch die wundervollen Säle des Palais besichtigen, in dem die Bibliothek untergebracht ist.

WEITERE INFORMATIONEN
https://museevieromantique.paris.fr/fr
https://www.paris.fr/pages/la-bibliotheque-chaptal-devient-louise-walser-gaillard-7444

↖ Das Museum des Romantischen Lebens, Musée de la Vie romantique, war einst beliebter Treffpunkt von Literaten, Künstlern und Musikern. ↑ Auch das Gartencafé dort strahlt Romantik aus.

11

ATELIER SUZANNE VALADON

DIE WELT DER BOHÈME

Abseits und trotzdem nahe der trubeligen Plätze um Sacré-Cœur und die Place du Tertre lässt es sich abtauchen in die Zeit der Künstler, die das Montmartreviertel einst prägten. In einem der ehemaligen Ateliers ist der Aufbruchsgeist der Wende zum 20. Jahrhundert noch immer spürbar.

Der Montmartre-Hügel wird vielerorts als Wiege der Modernen Kunst zur Wende des 20. Jahrhunderts bezeichnet. Kein Wunder, denn alle waren sie hier: Picasso, van Gogh, Matisse, Degas, Modigliani, um nur einige zu nennen. Wie schon Charles Aznavour in seinem berühmten Chanson »La bohème« sang, strebten die Künstler, die aus aller Welt hierherkamen, mit großer Leidenschaft nach der Revolutionierung der Kunst und nahmen dafür ein oft recht kärgliches Leben in Kauf. Eine typische Figur der Bohème war die Künstlerin Suzanne Valadon (1865–1938). Als uneheliche Tochter einer Wäscherin hat sie sich von ihrer Rolle als Modell und Muse von später namhaften Künstlern wie Henri de Toulouse-Lautrec und Pierre Puvis de Chavannes befreit und sich selbst zur Künstlerin entwickelt. Frauen war damals der Eintritt in die Kunstakademien verwehrt, doch Edgar Degas, der ihre Begabung erkannte, unterrichtete sie in der Kunst der Radierung. Zahlreiche Liebschaften wurden ihr nachgesagt, wie die mit Henri Toulouse-Lautrec oder auch mit ihrem Nachbarn, dem Komponisten Eric Satie, der sie schon in der ersten Nacht heiraten wollte. Valadon, die bereits mit 17 schwanger geworden war, hatte einen Sohn namens Maurice Utrillo, der später ebenfalls Künstler werden sollte. Den Namen für das uneheliche Kind stellte ein befreundeter spanischer Adeliger zur Verfügung. Valadon war rebellisch, künstlerisch hoch ambitioniert und äußerst selbstbewusst. Nach einer 13-jährigen Ehe mit einem reichen Bankier, der sie langweilte, ging sie eine langjährige Beziehung zum Maler André Utter ein, der 23 Jahre jünger war. Fern aller Konventionen malte sie sich noch im fortgeschrittenen Alter im Halbakt und revolutionierte diese Kunstgattung durch ihre weibliche Perspektive.

Im ältesten Haus von Montmartre

Valadon lebte mit Sohn und Geliebtem in jenem Haus in der Rue Cortot, das nicht nur das älteste des Montmartre sein soll, sondern heute auch das Musée de Montmartre beherbergt und mit Gemälden, Objekten und Fotos die Geschichte des Viertels dokumentiert. Steigt man die knarzenden Stufen des Hauses hinauf, taucht man ein in die Welt der Malerin. Nach Durchqueren ihrer noch vollständig eingerichteten Wohnung gelangt der Besucher in ihr einstiges Atelier und wird umhüllt von einer unbeschreiblichen Aura, die der lichterfüllte Raum ausstrahlt: Der gusseiserne Ofen mit blecherner Kaffeekanne darauf, der Malerkittel, der an der Wand hängt, die Paletten neben den halbausgedrückten Farbtuben – all dies erweckt den Eindruck, als hätte die Malerin nur mal kurz den Raum verlassen …

← Im Musée Montmartre werden viele Geschichten des einstigen Bohèmelebens erzählt.
↗ Als hätte die Künstlerin, Suzanne Valadon, gerade einmal kurz den Raum verlassen.

INFO

GARTENLOKAL UND DALIDA-BÜSTE

Von den großen Fenstern des Ateliers aus blickt man direkt unten auf den dazugehörigen Garten mit angrenzendem Weinberg und weiter über die ganze Stadt. Im Garten hat übrigens Auguste Renoir sein Gemälde »Die Schaukel« gemalt, der zeitweise im gleichen Haus ein Atelier gemietet hatte. Deshalb nennt sich das äußerst idyllische Gartenlokal mit Brunnen auch Le Renoir und bietet die perfekte Art, bei einer kleinen leiblichen Stärkung über die aufregende Zeit der Suzanne Valadon zu sinnieren. Vertiefenden Lesestoff bietet der Museumsladen.
Nur einen Katzensprung vom Musée de Montmartre entfernt finden Sie das Denkmal einer weiteren charismatischen Frauenfigur, die sich eng mit ihrem Wohnviertel Montmartre verbunden fühlte: die Büste der italienisch-stämmigen Sängerin Dalida (1933–1987), die Weltrang erlangte.

WEITERE INFORMATIONEN

www.museedemontmartre.fr

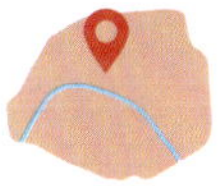

12

MUSÉE DU PARFUM – PARFUM-MUSEUM

IM REICH DER DÜFTE

Bereits seit über 3000 Jahren war es den Menschen ein Anliegen, ihrem natürlichen Körpergeruch eine besondere Note zu verleihen. In vielen Kulturen hat sich deshalb die Herstellung spezieller »Duftwässerchen« zu einer wahren Kunst entwickelt. In Frankreich wurde 1614 sogar die höchst ehrenwerte Berufsbezeichnung »Maître Gantier-Parfumeur« (Parfumeur-Meister) geschaffen.

Eine Frau, die kein Parfum trägt, hat keine Zukunft«, sagte einmal Coco Chanel. Auch wenn das Zitat der berühmten Modeschöpferin etwas übertrieben klingen mag, verlässt kaum eine Französin unparfümiert das Haus. So gehört das Parfum neben anderen Luxusprodukten wie Champagner, Mode und Delikatessen zu den wichtigsten Aushängeschildern und Exportartikeln Frankreichs.

Am Hof von Versailles erlebte die Kunst des Parfümierens einen riesigen Aufschwung. Schließlich wollte man zu dieser Zeit nicht nur üble Gerüche aufgrund mangelnder Hygiene überdecken, sondern sich durch Essenzen und Blütendüfte aller Art eine besondere Anziehungskraft verleihen. Schon damals hat sich die südfranzösische Stadt Grasse, in der übrigens auch Patrick Süskinds Bestseller »Das Parfum« spielt, als eine Hochburg der Parfumherstellung etabliert. Ein Grund war, dass in ihrer Umgebung Lavendel, Rosen, Orangenblüten und Jasmin in riesigen Mengen angebaut werden konnten. Einer der großen Söhne von Grasse war der Rokokomaler Jean Honoré Fragonard (1732–1806), der mit seinen leicht anzüglichen Frauenporträts Berühmtheit erlangte. Nach eben diesem hat sich auch das 1926 gegründete Parfumunternehmen Fragonard benannt, das schon ein Jahr darauf eine Pariser Boutique unterhielt.

Eine Reise durch die Welt der Düfte

Betritt man die Boutique gleich hinter der Opéra Garnier, hat man die Möglichkeit, an einer kostenlosen Führung durch die Geschichte des Parfums teilzunehmen. Das kleine Museum in den eleganten Räumen ist mit anregenden Objekten rund um das Thema des guten Duftes hübsch aufgemacht. Dabei führt die Duftreise weit bis zu den Anfängen im alten Ägypten zurück. Wertvolle Pomadetöpfchen aus Silberschmiedekunst und Porzellan werden ausgestellt, und geschmackvolle Flakons und Werbeplakate aus allen Epochen vermitteln die Stimmung, die mit dem jeweiligen Duft verbunden werden soll. Kuriositäten wie abnehmbare Schönheitsflecken, mit deren Position im Gesicht die Barockdame ihrem männlichen Gegenüber ihre Absichten erklären konnte, versetzen den Besucher in andere Zeiten. Dazwischen stehen, gleich modernen Skulpturen, kupferne Destillationsgeräte. Anregend sind auch die interaktiven Geruchsglocken, bei denen der Besucher Düfte erschnüffeln darf und dann testen kann, ob eine Begabung als »Nez« in ihm schlummert. Übersetzt mit »Nase«, werden so in Frankreich Parfümeure genannt, für deren Ausbildung es in Versailles sogar einen eigenen Studienzweig gibt.

← Im Parfummuseum gibt es nicht nur etwas zu schnuppern, sondern auch zu sehen.
↓ Flakons passend zu bestimmten Düften zu designen, ist eine eigene Kunst.

INFO

DURFTWORKSHOP UND KAFFEEGENUSS

An manchen Tagen ist es auch – nach Anmeldung auf der Webseite – möglich, an einem kleinen im Museum stattfindenden Workshop teilzunehmen, bei dem Sie Ihren eigenen Duft kreieren dürfen. Am besten sich mit dem selbst kreierten Duft frisch einparfümieren und danach gleich nebenan im Café de la Paix einen Kaffee gönnen. Das Café de la Paix ist eines der renommiertesten der Stadt und wurde 1842 in Anwesenheit Kaiserin Eugénies und mit musikalischer Untermalung, die Jacques Offenbach persönlich dirigierte, eingeweiht.

WEITERE INFORMATIONEN

https://musee-parfum-paris.fragonard.com
https://www.cafedelapaix.fr/fr

13

WOHNHAUS GUSTAVE MOREAU

DIE MALEREI DES UNBEWUSSTEN

Auch einen nur wenig an Malerei interessierten Besucher wird Gustave Moreaus Wohn- und Atelierhaus mit der eindrucksvollen Treppe in seinen Bann ziehen. Denn die gemalten Träume des Künstlers sind äußerst suggestiv. Für Kenner und Liebhaber des Malers aber ist das Museum ein absolutes Muss.

Elegant windet sich die schmiedeeiserne Treppe ins obere Stockwerk hinauf, ein besonderer Blickfang im Musée Gustave Moreau. Das vierstöckige Haus des Malers (1826–1898) gewährt intime Einblicke, wie sich das Leben in einem großbürgerlichen Künstlerhaus und Atelier im 19. Jahrhundert gestaltete. Es hat nichts mit dem Bohèmeleben der »armen Schlucker« zu tun, die nur wenige Schritte nördlich auf dem Montmartre-Hügel ihr künstlerisches Dasein fristen mussten. Sein vierstöckiges, umgebautes Elternhaus hat der Maler, weil es ihm an Nachkommenschaft mangelte, der Stadt Paris vermacht, unter der Bedingung, dass es als Museum genutzt würde. In der Art der Petersburger Hängung sind selbst die Wände der Privaträume mit über 1300 Gemälden und 5000 Skizzen, die als Fächerauflegung angeschaut werden können, gepflastert. Für heutige Verhältnisse wirken die Räume, mit stark farbigem himbeerroten oder moosgrünen Damast ausgekleidet, fast etwas überladen. Man sieht, dass der Maler selbst ein großer Sammler war und sich für orientalische und italienische Kunst begeisterte. Schlaf-, Ess- und Wohnräume sind mit wertvollen Teppichen, Vasen, und Seidenlampen geradezu vollgestopft. In diesem Rahmen veranstaltet das Museum immer wieder kleine Kammerkonzerte und Workshops. Die opulente Einrichtung spiegelt die überschäumende Imaginationskraft des Künstlers wider.

Gustave Moreau: der erste Symbolist

Gustave Moreau war mit der Thematik seiner Bilder seiner Zeit um Jahrzehnte voraus. Erst an der Wende zum 20. Jahrhundert, dem Fin de Siècle, setzten sich die Symbolisten wie Arnold Böcklin, James Ensor, Johann Heinrich Füssli, Odilon Redon oder Paul Gauguin mit der Psychoanalyse Sigmund Freuds auseinander, und es wurde ihnen wichtig, der inneren Welt in Bildern Ausdruck zu verleihen. Später entwickelte sich daraus die künstlerische Strömung des Surrealismus, wie man sie von Max Ernst oder Salvador Dalí kennt. Immer ging es dabei um das Unterbewusste und um Zwischenstadien zwischen Traum und Wirklichkeit. Gustave Moreau war beeinflusst von der Malerei des klassizistischen Malers Jean-Auguste-Dominique Ingres, weshalb er auch mehrere Reisen nach Italien unternahm und die Maler der Renaissance studierte. Zunehmend spielte weniger die Linie als vielmehr die Farbe eine wichtige Rolle, sodass sich Moreau an der intensiven Farbigkeit der Malerei des Romantikers Eugene Delacroix orientierte. Seine Bildinhalte stammen zwar meist aus mythologischen und religiösen Bereichen, muten aber dennoch oft rätselhaft bis unheimlich an. Chimären, Zentauren, Einhörner und mystische Landschaften entführen den Betrachter in eine Traumwelt. Kein Wunder, dass Oscar Wildes Drama »Salome« (1893) durch ein Bild von Gustave Moreau inspiriert wurde.

INFO

KULTUR UND KULINARIK

Wer die surrealistischen Welten noch nicht verlassen möchte, kann nur wenige Straßen entfernt auf dem Montmartre-Hügel das dem spanischen Maler Salvador Dalí gewidmete Museum besichtigen. Und wer Hunger bekommen hat: Rund 15 Minuten Fußweg vom Museum entfernt, treffen Sie an der Rue du Faubourg Montmartre 7 auf die legendäre Brasserie Bouillon Chartier. In ihrem riesigen Speisesaal scheint die Zeit stehen geblieben zu sein. Kellner in gestärkten weißen Schürzen servieren traditionelle französische Hausmannskost zu für Paris unglaublich niedrigen Preisen.

WEITERE INFORMATIONEN

https://musee-moreau.fr/fr
www.bouillon-chartier.com
www.daliparis.com

↖ Die geschwungene Treppe des Wohnhauses von Gustave Moreau ist ein wahrer Hingucker.
↑ Sammelobjekte, wo man nur hinschaut

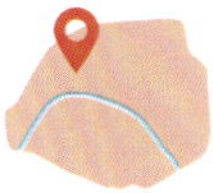

14

TEESALON IM MUSÉE JACQUEMART-ANDRÉ

TEATIME IM MUSEUM

Nicht wenige Einheimische bezeichnen das Café im Musée Jacquemart André als den »schönsten Teesalon« von Paris. Nicht zu Unrecht! Schon beim Eintreten werden Sie sich »königlich« fühlen! Das ist möglich, auch ohne das Museum zu besichtigen – doch das wäre schade!

Wann bekommt man schon einmal die Gelegenheit, unter einem echten Tiepolo-Gemälde seinen Tee zu genießen? In einem der schönsten Palais der Stadt und dem jetzigem Privatmuseum Musée Jacquemart-André unweit des Triumphbogens ist das möglich. Dabei brauchen Sie nicht einmal das Museum zu besuchen. Gehen Sie einfach an der Kasse vorbei durch den Ehrenhof des Palais. Die Treppe hochgestiegen, können Sie bei sommer-

lichen Temperaturen auf der Terrasse des Cafés mit Blick über die Balustrade die Ruhe des schönen, mit Palmen und Büschen bestandenen Hofs genießen oder in den Saal im Innern eintreten. Dort erwartet Sie ein wahrhaft royales Ambiente! An den Wänden finden sich fünf wertvolle Teppiche einer Brüsseler Manufaktur aus dem 18. Jahrhundert, die die Abenteuer der trojanischen Helden erzählen. Als eine Art Beistelltischchen dienen fein geschnitzte Holzkonsolen, die aus der Zeit Ludwigs XV. stammen. Höhepunkt im doppelten Sinn ist der Plafond mit einem Gemälde von Giambattista Tiepolo. Es stammt, ebenso wie das noch imposantere im Treppenhaus, aus der Villa Contarini in Venetien. Auf dem Kaminsims thront die marmorne Büste der ehemaligen Hausherrin und Kunstsammlerin Madame Nélie Jacquemart, die zwischen 1860 und 1912 zusammen mit ihrem Mann Édouard André auf ihren zahlreichen Reisen eine bedeutende Sammlung an Werken der italienischen Renaissance, aber auch der flämischen und französischen Malerei zusammentrug. Wenn man sich im Teesalon umschaut, wird die Eleganz wahrscheinlich ganz im Sinne von Madame in deren ehemaligem Speisesaal fortgeführt, der von vielen gut gekleideten Parisern aufgesucht wird. Leider gibt es keine Möglichkeit, hier vorher zu reservieren, und der Salon gewährt nur zu den Öffnungszeiten des Museums Einlass. Zu den diversen Tees, die auf einer reichhaltigen Karte zur Auswahl stehen, wird Gebäck aus den besten Pâtisserien von Paris auf einem Servierwagen herbeigefahren. Man kann im Teesalon auch einen kleinen Lunch einnehmen, serviert werden Quiche, Tagesmenüs oder verschiedene Salatvariationen. Am Wochenende ist Brunchtime angesagt.

Appetit auf Kunst bekommen?

Selbst wenn Sie sich nicht für Malerei interessieren, sollten Sie es nicht nur beim Besuch des Teesalons belassen. Denn das Mobiliar in den privaten Salons dieses edlen Stadtpalais könnte geschmackvoller nicht sein. Im lichtdurchfluteten Wintergarten mit geschwungener Treppe stehen Grünpflanzen aller Art. Im Musiksalon ist dezente Hintergrundmusik zu hören. Weiß getäfelte Wände mit vergoldetem Stuck schaffen eine stilvolle Atmosphäre. Sind Sie aber Kunstliebhaber, werden Sie staunen, welche Maler von höchstem Rang Sie hier vorfinden: Le Brun, Canaletto, Boucher, Rembrandt, Jacques Louis David, Gainsborough, Bernini, Botticelli, Mantegna …, um nur einige zu nennen. Die regelmäßigen Sonderausstellungen des Museums gehören zu den besten, die Paris zu bieten hat.

← Das Privatmuseum Jacquemart-André ist klein, aber fein!
↓ Stilvoll: Teetrinken unter einem Gemälde von Tiepolo

INFO

MUSÉE MARMOTTAN MONET

Wenn Ihnen das Museum gefallen hat: Es gibt in Paris noch weitere kleine, aber feine Museen mit Wohnhauscharakter, etwa das Musée Marmottan Monet. Im Palais des ehemaligen Hausherrn Jules Marmottan in der Nähe des Bois de Bologne stehen nicht nur edle Möbel aus der Zeit Napoleons, sondern hier findet sich auch eine umfassende Sammlung impressionistischer Malerei von Manet, Sisley, Renoir, Pissarro oder Berthe Morisot. Einen Schwerpunkt bilden die Gemälde von Claude Monet. Interessanterweise ist hier auch sein kleines Bild »Impression, Soleil levant« (»Eindruck der aufgehenden Sonne«) ausgestellt, nach dem die Kunstepoche benannt ist. Falls Sie keine Lust auf die langen Schlangen und überfüllten Säle im Musée d'Orsay haben, ist der Besuch dieser intimeren Sammlung eine gute Alternative.

WEITERE INFORMATIONEN

www.musee-jacquemart-andre.com/fr
www.marmottan.fr

15

CAFÉ IM PETIT PALAIS

AUF EINEN KAFFEE IM ZAUBERGARTEN

Wenige Touristen kommen auf die Idee, die steilen Stufen zum Petit Palais emporzusteigen, diesen zu durchqueren, um dann in wunderbarer Ruhe zwischen Palmen zu entspannen – eine schöne Alternative zu den manchmal etwas lauten Cafés an den Champs-Élysées um die Ecke!

Nicht weit vom allzeit herrschenden Trubel der Champs-Élysées tun sich – nachdem Sie rechts in die Avenue Winston Churchill abgebogen sind – die prachtvollen Bauten des Petit Palais (Kleiner Palast) und Grand Palais (Großer Palast) auf. Im linken Palais, dem Petit Palais, können Sie eine wahre Ruheoase finden. Sie brauchen dafür keine Eintrittskarte für das Museum zu lösen. Steigen Sie einfach die hohen Stufen zum Eingang hinauf, durchschreiten Sie das goldene Tor des Museums und die imposante Halle im Art-déco-Stil und begeben Sie sich in einen wunderschönen exotischen Garten – der Zutritt ist ebenfalls kostenlos möglich.

Zwischen den roten Marmorsäulen der im Halbrund errichteten Kolonnade sind Liegestühle aufgestellt, in denen Sie die üppige Vegetation bewundern können; den Fußboden schmücken herrliche Mosaike. Vor der Kulisse einer prächtigen Kuppel mit vergoldeten Figuren hören Sie nur das Plätschern der drei maurisch wirkenden geschwungenen Teichen und blicken auf Orangenbäume, Fächerpalmen und Ziersträucher in allen möglichen Farben. Dazu können Sie sich einen Kaffee oder einen kleinen Imbiss, etwa eine Tarte salée (salzige Quiche), Tarte au Sucre (süßes Küchlein) oder auch einen Salat, holen. Wenn das nicht Entspannung pur ist! Falls der größere Appetit lockt, gäbe es ein Stockwerk höher noch ein richtiges Restaurant, das auch wechselnde Mittagsgerichte anbietet.

Lust auf Kunst?

Wie das Grand Palais ist auch das Petit Palais zur Zeit der großen Weltausstellung im Jahre 1900 entstanden. Architekt des im Stil der Belle Époque errichteten Prachtbaus war Charles Girault. Das Petit Palais wurde von 2000 bis 2005 einer grundlegenden Renovierung unterzogen, bei der die Ausstellungsfläche vergrößert und Einbauten, die nicht dem ursprünglichen Zustand entsprachen, entfernt wurden Im »Kleinen Palast« sind Gemälde und Skulpturen zu sehen, die die Stadt Paris seit 1870 gekauft oder in Auftrag gegeben hat. Auf über 22 000 Quadrameter können Sie Kunst vom Feinsten bewundern: Dazu gehören wichtige Werke des französischen Realisten Gustave Courbet, aber auch Corot und Paul Cézanne sind bestens vertreten. Bildhauer wie Jean-Baptiste Carpeaux oder Auguste Rodin fehlen ebenfalls nicht. Kostbare Keramiken und Möbel runden das Ausstellungsangebot ab. Oft gibt es im Petit Palais auch Sonderausstellungen von Weltrang, die im Gegensatz zur ständigen Ausstellung aber kostenpflichtig sind.

INFO

MINIATURSCHWEIZ

Hinter dem Grand Palais befindet sich neben dem Palais de la Découverte eine kleine Kuriosität: Als Überbleibsel des Schweizer Pavillons, der zur Weltausstellung im Jahr 1900 errichtet wurde, gibt es hier noch eine Art »Miniaturschweiz«, ein mit Grotten und kleinem Teich versehenener »geheimer« Garten, das große Marmorrelief darin stammt von Alphonse de Moncel.

WEITERE INFORMATIONEN

www.petitpalais.paris.fr

← Das Petit Palais wartet mit imposanten Sonderausstellungen auf.
↑ Das Gartencafé im Petit Palais ist ein wunderbarer Rückzugsort.

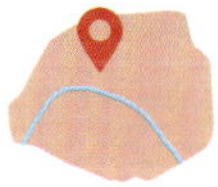

16

DACHTERRASSEN DES KAUFHAUSES PRINTEMPS

IM SIEBTEN HIMMEL – ODER HÖHER?

Die Konsumtempel von Paris mit ihren oft prachtvollen Kuppeln sind längst historische Denkmäler geworden. Damit die Geschäfte aber laufen, müssen sie sich immer wieder neu erfinden. Dazu gehören auch die herrlichen Dachterrassen, von denen aus man oft den besten Blick über Paris hat.

Neben den Galeries Lafayette, dem Samaritaine und dem Bon Marché gehört das Kaufhaus Printemps zu den großen Konsumtempeln der Stadt. Sein Flagschiff am Boulevard Haussmann Nr. 64 öffnete im Jahre 1864 seine Tore. Es war das erste Kaufhaus, das einen Schlussverkauf (1866) einführte, einen metallenen Aufzug installierte (1874) und bereits 1882 beschloss, dass Männer und Frauen die gleiche Bezahlung erhielten. Glanzstück ist die riesige Jugendstilkuppel, die dem Gebäude allerdings erst im Jahre 1921 aufgesetzt wurde. Im Gegensatz zu den benachbarten Galeries Lafayette sieht man die Kuppel, unter der man sich wie in einem riesigen Opernsaal wähnt, nicht vom Erdgeschoss aus.

Seit einiger Zeit gibt es nun nach der Grande Épicerie de Paris des Kaufhauses Bon Marché und des Lafayette Gourmet auch hier eine große Delikatessenabteilung namens Le Printemps du Goût, was so viel wie »Der Frühling des Geschmacks« bedeutet. Diese befindet sich im siebten und achten Stock der Abteilung für Herrenmode, Printemps de l'Homme, die ein eigenes Gebäude einnimmt. Im achten Stock sind die Auslagen wie in einer Markthalle aufgebaut, und es gibt überall Probierstände, deren Angebote auf der Terrasse mit herrlicher Sicht eingenommen werden können.

Essen mit Traumblick über die Stadt

Fahren Sie weiter in die neunte Etage, dann erwartet Sie das Rooftop-Restaurant Perruche in freundlichem, südfranzösisch anmutendem Ambiente, was durch die vielen mediterranen Pflanzen und die gelb-weiß gestreiften Markisen und Sitzkissen hervorgerufen wird. Auch die Küche ist mit Speisen wie Pissaladière (eine Art Zwiebelkuchen und Spezialität aus Nizza), Oktopus, Thunfisch oder Nizzasalat provenzalisch angehaucht. Natürlich zahlen Sie den Ausblick mit, aber dieser ist wirklich fantastisch: Von Oper, Madeleinekirche und Triumphbogen reicht der Blick über den Eiffelturm bis zur Kirche Sacré-Cœur – sozusagen ein 360-Grad-Blick über die Dächer von Paris!

Aber das ist noch nicht alles: Wenn Sie zum Nachbargebäude mit der Abteilung für Damenmode wechseln, befinden Sie sich direkt unter der grandiosen Kuppel, die Sie nicht verpassen sollten. Neuerdings wird hier ein offenes Konzept gepflegt: So können Sie beispielsweise Bademoden an einem aufgeschütteten Strand anprobieren und einen Drink im Liegestuhl mit Aussicht auf die Stadt einnehmen. Erlebnisshopping pur! In der nächsthöheren siebten Etage befindet sich nicht nur die neue auf Nachhaltigkeit bedachte Vintage-Abteilung, sondern auch das Café Terrasse du 7ème Ciel. Hier haben Sie im »Siebten Himmel« einen der besten Blicke über ganz Paris.

← Dachterrasse des Kaufhauses Printemps: nach dem Shopping ein Drink mit Weitblick
↓ Die Jugendstilkuppel wird oft erst auf den zweiten Blick entdeckt.

INFO

ELEGANT AUF HOHEN ABSÄTZEN

Damen, die sich in der überwältigenden Schuhabteilung des Kaufhauses dazu hinreißen haben lassen, High Heels zu kaufen, jedoch Zweifel haben, jemals darin herumstöckeln zu können, bietet sich die Möglichkeit, an einem zweistündigen Crash-Kurs in einer Talons Academy (»talon« = »Absatz«) teilzunehmen. Hier wird geübt, wie man sich auf hohen Absätzen sicher und elegant bewegt.

WEITERE INFORMATIONEN

www.printemps.com
https://perruche-restaurant.com
www.luxeandshoes.com

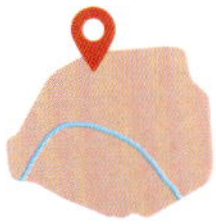

17

»DER KLEINE GÜRTEL«, EINE STILLGELEGTE EISENBAHNTRASSE

GÄRTNERN AUF VERROSTETEN SCHIENEN

Die längst stillgelegte Ringbahnline La Petite Ceinture (»Der kleine Gürtel«), die einst rund um Paris führte, wird für die Bevölkerung immer weiter zugänglich gemacht. Was jahrzehntelang eine Niemandsland war, regt zu kreativen Projekten mit dem hohem Anspruch an, die Umwelt zu retten.

Einer der »geheimsten« Pariser Orte, weil der Zutritt lange Zeit verboten war, ist sicherlich die 32 Kilometer lange Eisenbahnlinie, die Paris bis zum Jahr 1934 umrundete. Kaum kleiner als die jetzige Stadtautobahn, der Boulevard Périphérique, verlief die Ringbahn Petite Ceinture (Kleiner Gürtel) innerhalb der Stadtgrenze. Man hatte sie bereits Mitte des 19. Jahrhunderts errichtet, um die in der Stadt gelegenen Kopfbahnhöfe miteinander zu verbinden. Mit dem Ausbau des Busnetzes und vor allem der Pariser Metro wurde die Trasse überflüssig und schließlich stillgelegt. Auf der von Mauern und Stacheldraht umgebenen »Geistertrasse« hat sich nun die Natur ihre Rechte zurückgeholt. Manche Schienenabschnitte führen durch öffentliche Parks wie etwa dem Parc des Buttes-Chaumont. Dort war die Strecke in den Park integriert und natürlich schon immer begehbar. Die vielen Tunnels wurden verriegelt. Seit 1992 engagiert sich die Bürgerinitiative Association Sauvegarde Petite Ceinture (Verband zur Rettung der Petite Ceinture) dafür, möglichst viele Abschnitte zugänglich zu machen. Denn für die Stadt mit der größten Bevölkerungsdichte Europas ist jeder zusätzlich abgerungene Quadratmeter ein Gewinn. Die bisher freigegebenen Teilstrecken sind aber relativ kurz und eher als Naherholungsgebiete für die Anwohner konzipiert. Der Webseite des Verbands (s. S. 69) kann man die geöffneten Zugänge und Längen der Teilabschnitte entnehmen. Die Eingänge sind nämlich selbst für Pariser sehr schwer zu finden. Natürlich ist das übrige »verbotene« Gelände eine Einladung für viele, trotzdem illegal über die Absperrungen zu steigen. Deshalb gibt es in Paris wohl nirgendwo anders so viele Graffiti wie an den Schutzmauern der Trasse, wo sich teils auch eine Art Subkultur entwickelt hat. An den Strecken, die vom menschlichen Zugriff weitgehed verschont blieben, konnte sich dagegen die Flora und Fauna bestens entfalten. Hier lädt das Niemandsland zu ökologischen Projekten ein.

Ein Bauernhof mitten in der Stadt

Ein gutes Beispiel für ein solches Projekt ist die Recyclerie, ein urbaner Bauernhof mit Reparaturwerkstatt und Café-Restaurant und Veranstaltungsort einer ökologisch ausgerichteten Bürgerinitiative. Nachhaltigkeit wird groß geschrieben, deshalb lautet das Motto dort auch »réduire, réutiliser, recycler« – »reduzieren, wiederverwerten, recylen«. Die Recyclerie hat sich in einem stillgelegten Bahnhof in der Nähe der Porte de Clignancourt eingerichtet. Von manchen Parisern als »Öko-Hippies« verschrieen, erhält der Ort immer mehr Zulauf von jungen Menschen, die sich der heutigen Umweltproblematik bewusst sind. In der hohen alten Bahnhofshalle ist das Restaurant Cantine eingerichtet. Durch dessen riesiges Fenster kann man während des Essens auf die Gemüse- und Kräuterbeete blicken, die entlang der Gleise angepflanzt werden. Das Gemüse von

→ Die seit Langem stillgelegte Ringbahnlinie »Petite Ceinture« lässt Raum für viele Gestaltungsmöglichkeiten.

← Die Zugänge zur Petite Ceinture sind oft schwer zu finden.
↙ Gerne klettern illegale Sprayer über die Mauern der einstigen Eisenbahnlinie.
↘ Die Recyclerie: ein Vorzeigeprojekt für »Urban Farming«

dort unten landet direkt auf dem Teller und wird mit vielen anderen Zutaten schmackhaft zubereitet. Der Traubensaft als Getränk dazu stammt aus den Weintrauben, die vom Dach herunterhängen. Der Hopfen, der an der Mauer gedeiht, geht an eine lokale Brauerei. Bis zu zehn Kilogramm Honig werden hier im Jahr produziert. Die bunten Tische und Stühle, aus altem Sperrholz bestehend, sind liebevoll restauriert. Die Atmosphäre ist locker-entspannt. Nach dem Essen werden die Abfälle in verschiedene Behälter geworfen. Aus deren Inhalt entsteht wiederum Kompost für die Pflanzen. Manchmal bringen auch Anwohner ihren Kompost und erhalten dafür ein freundliches Wort und einen Kaffee. »Null Abfall« ist die Devise. Deshalb kommen auch viele Bürger zu Workshops hierher, wo sie lernen können, wie sie etwa ihren Fön reparieren können, statt sich nach kurzer Zeit einen neuen zu kaufen. Die Projekte sind sehr engagiert und kreativ. Der Recyclinggedanke geht sogar soweit, dass man Blumen in ausgediente Koffer pflanzt. Die Hühner fressen den Küchenabfall und liefern dafür Eier. Die quakenden Laufenten dagegen sind dabei, sich an den Schnecken zu laben, was wiederum den Einsatz von Pestiziden erübrigt. Manches Großstadtkind erfreut sich an den verschiedenen Kleintieren, während die Eltern, gemütlich zwischen den Anpflanzungen an den Gartentischen sitzend, ihren Wein trinken. Oft gibt es Informationsveranstaltungen zu ökologischen Themen, aber auch Konzerte und ein Freiluftkino werden angeboten. Da es die Nachbarschaft zusammenbringt, ist das Projekt nicht nur ökologisch, sondern auch sozial ausgerichtet. Gäste sind immer willkommen, zum Beispiel beim immer beliebter werdenden Sonntagsbrunch.

Chillen in ungewöhnlichem Rahmen

Etwas weniger ökologisch, aber mindestens genauso außergewöhnlich präsentiert sich nur wenige Meter weiter westlich das Kulturzentrum Le Hasard Ludique, zu dem ein Bar-Restaurant gehört, wo man sich gern bei einem Drink zum Chillen trifft. Auch dieses ist in einem der stillgelegten Bahnhöfe untergebracht. Die Sitzbänke des Lokals sind entlang der an den Gleisen verlaufenden Schutzmauern aufgereiht. Diese sind über und über mit bunten Graffiti besprüht. Auch die Metallsäulen am ehemaligen Bahnsteig sind künstlerisch bearbeitet. Das Lokal ist so beliebt, dass sich im Sommer viele junge Leute, die keinen Platz mehr finden, auf den überwachsenen Gleisen niederlassen. Eine Reise nach Berlin können sie sich sparen! Das umfangreiche Kulturprogramm, das häufig Konzerte anbietet, ist der Webseite zu entnehmen.

INFO

FLOHMARKTBESUCH

Wenn Sie sich hier oben im Nordwesten der Stadt aufhalten, bietet sich ein Besuch des Flohmarkts Marché aux puces de Paris Saint-Ouen an. Schließlich gehört es auch zum Nachhaltigkeitsgedanken, gebrauchte Dinge wiederzuverwenden. Der Markt soll nicht nur der älteste, sondern auch der größte weltweit sein. An über 3000 Ständen, die sich auf 15 verschiedene Bereiche verteilen, ist alles zu finden, was das Herz begehrt: von alten Ringen aus der Barockzeit bis hin zu einem originalen Flugzeugflügel, der sich vielleicht als Gartenskulptur verwenden lässt. Verschiedene Essensstände und kleine Restaurants und Bars sorgen dafür, dass Ihnen bei Ihrem Bummel über den Markt nicht die Puste ausgeht.

WEITERE INFORMATIONEN

https://petiteceinture.org/acceder-a-la-petite-ceinture
www.larecyclerie.com/programmation/
www.lehasardludique.paris

Im Café-Restaurant kommt das in der Recyclerie produzierte Gemüse auf den Teller.

18

DER WEINBERG CLOS DE MONTMARTRE

WEINLESE IN PARIS

Paris setzt sich aus einem Mosaik vieler früherer Dörfer zusammen. Aber nirgends wird das Dörfliche so ersichtlich wie auf dem Montmartre-Hügel. Seit langer Zeit wird dort Wein angebaut, den nicht nur die dort ansässigen Künstler der Wende zum 20. Jahrhundert schätzten.

Ein Weinberg mitten in der Großstadt Paris? Das wird vielleicht so manchen verwundern. Schon vor über 2000 Jahren haben die Römer, als sie Gallien eroberten, den Wein nach Lutetia, wie Paris damals hieß, importiert. Der Weinberg wurde Anfang des 12. Jahrhunderts im Auftrag der Königin Adelheid von Savoyen angelegt. Sie gründete auch das dazugehörige Benediktinerinnenkloster, in dem sie ihren Lebensabend als Äbtissin verbrachte. Die dazugehörige Klosterkirche Saint-Pierre de Montmartre existiert noch, ist eine der ältesten Kirchen von Paris und wird zu Unrecht neben der monumentalen, weiß-strotzenden Kirche Sacré-Cœur oftmals übersehen. Nachdem der Weinberg zumindest teilweise – besonders auch in Kriegszeiten – zu einem Kartoffelacker umfunktioniert wurde, wachsen dort heute über zwei Dutzend verschiedene Rebsorten, die von städtischen Gärtnern gepflegt werden. An die 1700 Flaschen Wein werden jährlich erzeugt. Es ist möglich, eine Führung mit Weinprobe zu unternehmen, die auch den Besuch des benachbarten Montmartre-Museums (s. S. 55) miteinschließt. Der Wein wird zwar nicht günstig verkauft bzw. versteigert, der Erlös fließt dafür aber ausschließlich karitativen Projekten zu. Um das zweite Wochenende im Oktober findet jedes Jahr ein großes Weinfest mit einem Trachtenumzug statt, an dem unzählige Produkteure befreundeter Weingebiete regionale Spezialitäten wie Käse, Wurstwaren und ähnliches anbieten.

Der agile Hase

Bevor das ehemalige Dorf Montmartre 1860 eingemeindet wurde, war der Wein hier billiger als in Paris, da er geringer besteuert wurde. Deshalb und auch aufgrund der frischeren Luft im Vergleich zum Zentrum haben sich hier immer mehr Ausflugslokale angesiedelt. Eines der legendärsten dieser Lokale gleich gegenüber dem Weinberg ist Lapin Agile. Der »agile«, also flinke »Hase« ist eigentlich ein Wortspiel und bezieht sich auf den ehemaligen Karikaturisten und Chansonnier André Gill (= Lapin à Gill, der Hase von Gill), der das Schild mit dem der Pfanne entfliehenden Hasen mit Weinflasche malte, das seit 1872 das pittoreske Häuschen ziert. In einem bekannten Gemälde von 1905 hat sich Pablo Picasso selbst, als Harlekin verkleidet, an der Bar des Lokals im Stil von Lautrec porträtiert. Das Bild, das der damals noch unbekannte Picasso dem Lokal für wenige Francs überlassen hat, hängt heute in New York und hat einen Wert von über 40 Millionen Dollar. Aber auch vorher gingen dort schon van Gogh, Renoir, Utrillo und viele andere später bekannt gewordene Künstler ein und aus.

INFO

AUF PICASSOS SPUREN

Wer nun Interesse bekommen hat, auf Picassos Spuren zu wandeln, kann nicht nur an der Rue Gabrielle 49 vorbeikommen, wo der Künstler einst wohnte, sondern auch zur Place Emile-Goudeau Nr. 13 gehen. Dort hat Picasso das revolutionäre Bild »Demoiselles d'Avignon« geschaffen, das den Kubismus begründete. In der ärmlichen Holzbaracke namens »Bateau lavoir« (Waschboot) verkehrten auch Künstler wie Max Jacob, Kees van Dongen, Modigliani, Joan Gris, Apollinaire, Cocteau oder Matisse. Es zeugt nur noch ein Schaufenster von diesem historischen Ort, trotzdem ist der mit vielen schattigen Bäumen bestandene, verkehrsberuhigte kleine Platz, an dem einige Cafés ihre Terrassen aufgebaut haben, sehr charmant und empfehlenswert.

WEITERE INFORMATIONEN:

https://au-lapin-agile.com/tv-lapin

← Der Weinberg unterhalb des Montmartre-Museums
↑ Das Lapin agile ist ein Cabaret der ganz anderen Art.

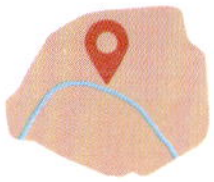

19

DIE BUREN-SÄULEN IM PALAIS ROYAL

MODERNE KUNST VOR ALTER KULISSE

Was für die Pariser zunächst gewöhnungsbedürftig war, erwies sich dann doch als eine gelungene Symbiose von Vergangenheit und Gegenwart. Modernes in die prachtvolle Umgebung jahrhundertealter Paläste zu integrieren, erfordert viel Fingerspitzengefühl. In Paris scheint dies zu funktionieren.

Mit seinen zahlreichen glanzvollen Zeugnissen vergangener Zeit wird Paris von manchen Kritikern als Museumsstadt bezeichnet, die in ihrer Zeit stehen geblieben ist. Moderne Kunst hat es tatsächlich oft schwer, sich vor traditioneller Kulisse durchzusetzen. Wie beim Bau des Centre Pompidou oder der Errichtung der gläsernen Pyramiden von Ming Pei vor dem Louvre gab es bei der Installation der 260 marmornen Säulen des französischen Künstlers Daniel Buren (geboren 1938) im Ehrenhof des Palais Royal heftige Kontroversen unter der Pariser Bevölkerung. Dabei hatte der damalige sozialistische Kulturminister Jack Lang 1985 eigentlich nur das Ziel, die Kultur zu demokratisieren und die als Parkplatz genutzten 3000 Quadratmeter ästhetisch aufzuwerten.

Mittlerweile haben sich die Bürger daran gewöhnt, und die Touristen – sofern sie nach dem Besuch des Louvre dem Sog der Rue Rivoli entkommen – nutzen die Säulen als Sockel, um sich für Fotos in Pose zu stellen. Die schwarzweißen Marmorsäulen sind übrigens nicht, wie es scheint, verschieden hoch, sondern wurden nach einem ausgeklügelten System verschieden tief in den Boden versenkt, der mit einem unterirdischem Brunnen aufwarten kann. Das Streifenmotiv wiederholt sich auf den Markisen, die den Fenstern des Palais Royal Schutz vor der Sonne bieten.

Vom Kardinalspalast zum Vergnügungviertel

Ursprünglich ließ sich der mächtige Kardinal Richelieu diesen repräsentativen Palast bauen und vermachte ihn nach seinem Tod der königlichen Familie, die sich im ungemütlichen Louvre nicht besonders wohl fühlte. Doch bekam es der junge Ludwig XIV. nach einem Überfall von Aufständischen dort mit der Angst zu tun und plante schon bald seinen Umzug nach Versailles. Den Palast schenkte er seinem Bruder, dem Herzog von Orléans. Dessen Sohn war jedoch dermaßen verschwendungssüchtig, dass der Herzog gezwungen war, unter den Arkaden Läden, Cafés, Spielhöllen und Bordelle einzurichten und zu vermieten. Im ersten Vergnügungsviertel von Paris blühte die Prostitution, und Paris erlangte europaweit einen gewissen verruchten Ruf. In einem der dort ansässigen Cafés wurde im Juli 1789 gar die Französische Revolution von Camille Desmoulins ausgerufen.

Heute geht es hier weitaus ruhiger zu. Besucher lassen ihre Kinder zwischen den Säulen spielen, bevor sie, vorbei an den erlesenen Geschäftsauslagen des Palais, in die große, gepflegte Parkanlage des Jardin du Palais Royal gelangen. Um den großen Springbrunnen dort sind Stühle aufgestellt, auf denen man sich dann mit einem Buch niederlassen und sich von der Hektik der Großstadt erholen kann.

INFO

KAISERLICH SPEISEN

Wenn Sie sich kulinarisch einmal etwas ganz Besonderes in historischem Ambiente leisten möchten, so können Sie versuchen, einen Tisch in den unter den Arkaden des Palais Royal befindlichen Gourmetrestaurants Le Grand Véfour zu ergattern. Napoleon Bonaparte speiste hier schon mit seiner Joséphine.

WEITERE INFORMATIONEN

www.grand-vefour.com

↖ Die Säulen des Künstlers Daniel Buren im Palais Royal erfüllen verschiedene Zwecke.
↑ Das Restaurant Grand Véfour unter den Arkaden des Palais Royal genießt schon seit Jahrhunderten einen exzellenten Ruf.

20

GALERIE DIOR

EIN STÜCK FRANZÖSISCHER HOCHKULTUR

Die »Shopping-Queens« unter den Touristen bereisen die Hauptstadt der Mode, weil sie ein paar hübsche Stücke mit nach Hause nehmen wollen. Ein Besuch der Galerie Dior geht aber weit über dieses Ziel hinaus. In der langjährigen Geschichte des Hauses ist das Label immer seinem Credo der größtmöglichen Eleganz treu geblieben.

Paris gilt als eine der Modehauptstädte der Welt. Neben Coco Chanel, Hubert de Givenchy und Jean Paul Gaultier zählt das Label Christian Dior zu den schillerndsten. Die Haute Couture, die hohe Schneiderkunst, ist die Königsdisziplin der Mode. Kein Wunder, dass die 2022 erschienene Wohlfühlkomödie »Mrs. Harris und ein Kleid von Dior«, die nach der Romanvorlage von Paul Gallico aus dem Jahr 1958 gedreht wurde, die Kinokassen klingeln ließ. Es geht darin um eine verwitwete, ältere Putzfrau aus London, die ihren Traum von einem Kleid von Dior verwirklichen möchte, nach Paris reist und dort bis in den Tempel des Modehimmels vordringen kann. Das können nun auch die Besucher der 2022 neu eröffneten Galerie Dior. Diese, die sich eigentlich als Museum bezeichnen könnte, befindet sich im Triangle d'Or, dem »Goldenen Dreieck« zwischen Champs-Élysées, Avenue Montaigne und Avenue George-V, in dem sich exklusive Flagship-Stores, Luxushotels und Gourmetrestaurants aneinanderreihen. Gleich um die Ecke der legendären Adresse Avenue Montaigne 30, wo sich das Stammhaus von Dior befindet, besticht in der Galerie Dior an der Rue François Ier bereits das Treppenhaus: Eine geschwungene Marmortreppe führt an einem Diorama mit über 1800 Diorobjekten vorbei, darunter 452 Miniaturen von Kleidern und Accessoires aus einem Zeitraum von 70 Jahren, die in einem aufwendigen 3D-Druckverfahren hergestellt wurden. Alle sind farblich im Verlauf eines Regenbogens bis hinauf in die Ausstellungsräume angeordnet.

Jedes einzelne Kostüm ein Kunstwerk

Es ist ratsam, oben zu beginnen, wo man anhand von Bild und Text Interessantes über Monsieur Diors Leben und Schaffen erfährt. Hier sind auch seine ersten autodidaktischen Zeichnungen und sein Glücksbringer ausgestellt, ein zufällig auf der Straße gefundener metallener Stern, den er immer wieder in den Mustern seiner Kreationen verewigte. In überaus ansprechender Weise wird sein berühmtes Bar Jacket präsentiert, ein tailliertes Jäckchen, das mit seinem femininen Schnitt die Mode der Nachkriegszeit revolutionierte. In den anschließenden 13 Räumen wird die Geschichte des Hauses mit Kreationen von Christian Dior und seinen Nachfolgern Yves Saint Laurent, Marc Bohan, Gianfranco Ferrè, John Galliano, Raf Simons und Maria Grazia Chiuri dokumentiert, die wunderschön beleuchtet und raffiniert mit neuesten Video- und Animationstechniken präsentiert werden. Das große Finale stellt eine Lightshow mit Musik dar, bei der kostbare Abendroben auf fast magische Weise inszeniert werden.

← Die ausgestellten Abendkleider der Galerie Dior sind ein echter Hingucker.
↓ Das Modemuseum Palais Galliera liegt im Grünen.

INFO

MAGEN- UND AUGENSCHMAUS

Wer nach dem Modeerlebnis Appetit bekommen hat, kann das Café in der Galerie Dior besuchen bzw. im gehobenen Restaurant Monsieur Dior im Stammhaus des Unternehmens speisen. Dort führt der Starkoch Jean Imbert das Regiment.
Wer noch nicht genug von Mode hat, kann sich zu einem etwa 20 Minuten dauernden Spaziergang zum städtischen Modemuseum im Palais Galliera aufmachen. Der noble Palast der italienischen Herzogin Galliera wurde in der zweiten Hälfte des 19. Jahrhunderts erbaut. Dort werden aus einer großen Sammlung von über 30 000 Kleidungsstücken und Accessoires sowie Unmengen von Fotos zum Thema Mode immer wieder reizvolle Sonderausstellungen organisiert. Eine Dauerbeleuchtung würde den vielen wertvollen Stoffen schaden. Die Exponate stammen aus dem 18. Jahrhundert bis heute.

WEITERE INFORMATIONEN:
www.galeriedior.com/de
www.dior.com/en_sg/fashion/news-savoir-faire/folder-news-and-events/30-montaigne-restaurant
https://www.palaisgalliera.paris.fr

Die Große Moschee von Paris stellt ein Stück Orient mitten in Paris dar.

SÜD-OST

Von den Anfängen der Stadt
zu Multi-Kulti

STREETART

21

DER HÜGEL BUTTE AUX CAILLES

DÖRFLICHER CHARME IN DER GROSSSTADT

Am südöstlichen Ende von Paris blüht in lockerer Atmosphäre moderne Streetart-Kultur, die im Kontrast zur üblichen mondänen Kunst des Zentrums steht. Inspiration dazu bietet ein überraschend dörfliches Ambiente mit gepflasterten Gässchen, die von üppigem Grün überwuchert sind.

Zwischen der Place d'Italie und dem Parc Montsouris erhebt sich ein nur 63 Meter hoher Hügel, auf dem sich eine dörfliche Idylle versteckt. Man fragt sich, wieso die charmanten kleinen Häuser, die die gepflasterten Gassen säumen, nicht der üblichen großstädtischen Entwicklung zum Opfer gefallen sind und durch Hochhäuser ersetzt wurden, wie das bei den übrigen den Hügel umgebenden Häusern des 13. Arrondissement der Fall war. Der Grund ist ganz einfach: Zur Vergrößerung der Stadt Paris benötigte man Baumaterial, das einst durch den Abbau von Kalksandstein aus dem Hügel gewonnen wurde. Wie im Viertel Montmartre standen damals zwischen den Weinhängen viele Mühlen, in denen nicht nur Mehl, sondern auch Steine gemahlen wurden. Der Untergrund des Hügels war durch den Abbau so stark ausgehöhlt, dass er unter der Last von Hochhäusern zusammengebrochen wäre. Also beließ man es bei der niedrigeren und damit leichteren Bebauung. Dieses lange Zeit eher ärmliche Viertel, wo am Rande des Stadtbachs Bièvre viele Gerbereien angesiedelt waren und in das später viele Tagelöhner zogen, um in den Mühlen zu arbeiten, haben seit einigen Jahren junge Kreative für sich entdeckt.

← Lebendige, kurzlebige Streetart auf dem Hügel Buttes aux Cailles, einem ländlichen Idyll im Hochhausdschungel des 13. Arrondissements

Die Zeit der Kirschen

Auf dem Hügel fiel aufgrund des hohen Arbeiteranteils der Aufstand der Pariser Kommune besonders kämpferisch aus. Hier eskalierte die Auseinandersetzung der sozialistischen Bewegung gegen die konservative Regierung im Mai 1871 besonders heftig und wurde aufs Blutigste niedergeschlagen. Das Liebeslied »Les temps des cerises« (»Die Zeit der Kirschen«), in dem es auch um einen unbeugsamen politischen Willen geht, mutierte schließlich zum Kampflied der Kommunarden. Auch wenn die meisten Fabriken längst geschlossen sind, gründete eine Arbeiterkooperative 1976 dort ein Restaurant, das nach dem Lied benannt ist und der mutigen Rebellen der damaligen Zeit gedenkt. Das Restaurant in der Rue de la Butte aux Cailles serviert ganz nach der Tradition einfache französische Hausmannskost wie beispielsweise geschmorte Schweinebacken oder Kirschclafoutis zu günstigen Preisen.

An die Zeit der Arbeiter erinnert nicht weit vom Restaurant die pittoreske Sozialsiedlung La Petite Alsace (Das kleine Elsass), die sich in der Rue Daviel befindet. An die vierzig kleine Häuser im elsässischen Fachwerkstil gruppieren sich um einen etwa 500 Quadratmeter großen quadratischen Platz. Zwischen den Sitzbänken und Blumenrabatten im Hof sonnen sich die Katzen in dörflicher Ruhe. Als die Häuschen 1910 von dem Architekten Jean Walter errichtet wurden, logierten hier kinderreiche Arbeiterfamilien.

Gleich gegenüber dem »Kleinen Elsass« befindet sich die Sackgasse Villa Daviel, auf der Kinder neben herausgeputzten kleinen Häusern mit üppig begrünten Vorgärten Fußball spielen. Auch so kann Großstadtkindheit aussehen.

Berliner Szene

Nirgends zeigt sich Paris so locker wie auf diesem Hügel. Die Arbeiter wichen dem aufstrebenden Szenepublikum und jungen Familien. Touristen verirren sich immer noch selten hierher. Der Hügel ist zu einer Hochburg der Street-Art geworden. Die Kunstwerke an den Mauern wechseln ständig, und erst allmählich beginnt man Führungen zu der ephemeren Kunst zu organisieren, die oft nur ein paar Wochen existiert. Neben Straßen und Gassen, wo noch gesprayt wird, hat sich hier die in Frankreich eher übliche Kunst der Stencils, der Schablonenkunst à la Banksy, breitgemacht. Teilweise sind diese mit Sinnsprüchen großer französischer Literaten wie etwa Baudelaire versehen.

Zu einer Institution ist die Künstlerin Miss.Tic geworden, die lange auf dem Hügel lebte und 2022 im Alter von 66 Jahren verstarb. Ihre Frauendarstellungen haben oft einen provozierenden und feministischen Anspruch.

Ansonsten herrscht sowohl tagsüber als auch abends in den zahlreichen Bars, Cafés und Restaurants, die besonders an der Rue de la Butte aux Cailles und der Rue des Cinq Diamants sowie in den vielen Nebengassen angesiedelt sind, das lebendige Treiben der entspannt wirkenden Anwohner. In letztgenannter Straße befindet sich an einer Ecke auch das Chez Glandines, das mit baskischer Küche, serviert auf rot-weiß-karierten Tischdecken, aufwartet.

Wer noch nicht genug hat von den idyllischen begrünten Gässchen, sollte sich etwas weiter südlich in die Cité florale (»Blumenstadt«) begeben: Das dreieckige Areal, das von den Straßen Boussingault, Brillat Savarin und Auguste Lançon gebildet wird, ist von gepflasterten Gässchen durchzogen, die nicht nur alle nach Blumennamen benannt sind, sondern mit üppiger Bepflanzung ihren Namen auch alle Ehre erweisen. So heißen die Sträßchen beispielsweise Rue des Orchidées, Rue des Glycines oder Rue des Iris (Straße der Orchideen, der Glyzinien und der Irisblüten). Das Gelände wurde 1928 auf einer Wiese angelegt, die regelmäßig von der Bièvre, einem Nebenfluss der Seine, überflutet und dann trockengelegt wurde. Die Anwohner in ihren schmucken pastellfarbigen Häusern konkurrieren untereinander in ihrem gärtnerischen Aufwand, den sie an den Fassaden, Blumenkästen und Vorgärten betreiben.

↖ Inspirierende »Berliner Atmosphäre« spiegelt das Viertel der jungen Pariser Familien wider.
← Die Siedlung »Klein-Elsass« besticht durch ein heimeliges, dörfliches Ambiente.
↗ Die »Blumenstadt«, Cité florale, macht hier ihrem Namen alle Ehre.

INFO

NATUR UND STUDENTENSIEDLUNG

Wer nun, von der »Blumenstadt« angeregt, weiterhin lieber die Natur anstelle der Großstadthektik genießen möchte, erreicht von der Cité florale aus nach nur wenigen Metern den 14 Hektar großen Parc Montsouris, der nach dem Geschmack der damaligen Zeit als englischer Landschaftsgarten angelegt wurde. Dort kann, wer Hunger verspürt, im Pavillon Montsouris speisen. Das wunderschöne Gartenrestaurant, das schon für die Weltausstellung von 1889 errichtet wurde, bietet eine anspruchsvolle Küche.
An den Park angrenzend befindet sich die 1925 gegründete Cité Internationale Universitaire. Dort ist jedem der 40 Häuser eine Nationalität zugeteilt, in denen Studenten und Forscher aus mehr als 120 Ländern untergebracht sind. Das Areal dient dem internationalen Austausch und der Völkerverständigung. Das Schweizer Haus wurde vom berühmten Architekten Le Corbusier entworfen, die deutschen Studenten sind in der Maison Heinrich Heine untergebracht.

WEITERE INFO

www.letempsdescerisescoop.com
https://chezgladines-butteauxcailles.fr/de
https://pavillon-montsouris.paris/restaurant-3/
www.ciup.fr

Im Parc Montsouris: konstruierte Natur, als wäre sie natürlich gewachsen

22

DIE GROSSE MOSCHEE VON PARIS

ZU BESUCH BEI SCHEHERAZADE

In Paris lässt sich die ganze Welt bereisen. Neben einer riesigen chinesischen Community in der Nähe der Place d'Italie gibt es auch indisch und afrikanisch geprägte Viertel. Ein zentraler Punkt der arabischen Bevölkerung und zugleich Begegnungsort aller Kulturen ist La Grande Mosquée de Paris, die große Moschee von Paris.

Eine kleine Reise nach Marokko gefällig? In Paris ist das, ohne sich lange ins Flugzeug zu setzen, möglich. 1926 wurde die größte Moschee des Landes, deren Architektur von der Qarawiyyin-Moschee in Fès inspiriert ist, zu Ehren der über 70 000 im Ersten Weltkrieg für Frankreich gefallenen Muslime eröffnet und soll als Symbol für die französisch-muslimische Freundschaft stehen. Deshalb herrscht dort auch eine sehr weltoffene Atmosphäre. Das 33 Meter hohe Minarett greift die Formen der großen Moschee im tunesischen Kairouan auf. Neben einer Schule, einem Konferenzraum und einer Bibliothek gibt es einen Gebetsraum, einen Hamam, einen Teesalon, ein Restaurant und einen Laden mit orientalischen Waren. Freitags ist die Besichtigung des Gebetsraums nicht möglich, und auch für den Besuch der anderen genannten Stätten sucht man sich besser einen anderen Wochentag, da sie freitags oft überfüllt sind. Die Besichtigung der Moschee kostet nicht viel, ein besonderer Zauber geht von dem verwunschenen Innenhof aus, in dem ein farbenfroher Keramikbrunnen umgeben von exotischer Vegetation plätschert. Hier fallen die fünf großen Palmen auf, die die fünf Säulen des Islams symbolisieren. Eine riesige, im Frühjahr fliederfarben blühende Glyzinie windet sich um die Bögen des Atriums. Die Moschee, das weiß leuchtende Juwel im Quartier Latin unweit des Jardin des Plantes, wurde von über vierhundert Kunsthandwerkern aus dem Maghreb kunstvoll gestaltet.

Gaumenfreuden aus 1001er Nacht

Die Teestube, das Café Maure, ist auch von der Straße aus betretbar, sodass man dort unabhängig von einem Besuch der Moschee einkehren kann. Auch dort ist der Garten besonders bezaubernd. Nehmen Sie an den mit Mosaiken verzierten Tischchen Platz und lassen Sie sich den duftenden süßen und starken Minztee, der in Silberkännchen serviert wird, bringen, nachdem Sie dazu vorher ein paar der leckeren Süßteilchen mit Honig oder Pistazien ausgewählt haben. Oft haben diese poetische Bezeichnungen, wie etwa Cornes des Gazelles, was so viel wie »Gazellenhörnchen« heißt. Diese Spezialität besteht aus einer Mandelmasse, aromatisiert mit Orangenblütenwasser, quasi ein »Vanillekipferl« in orientalischem Gewand.

Vielleicht zieht der Duft, der den großen Tajinegefäßen entströmt, dann doch manchen Besucher in das Innere des Restaurants. Dort werden täglich abwechslungsreiche Tajines mit Lammfleisch, konfinierten Zitronen, Pflaumen und Mandeln auf den Tisch gebracht. Natürlich steht auch eine Reihe von Couscousgerichten auf der Karte. Besonders beliebt sind hier die Variationen mit den würzigen Merguez-Würstchen. Natürlich wird auch alles in vegetarischer Form angeboten.

← Die Anlage der Großen Moschee beherbergt neben dem Gebetsraum auch Restaurant, Café, Hammam und Bibliothek. ↗ Der Duft köstlicher orientalischer Düfte aus Tausendundeiner Welt zieht durch die Säle des Restaurants.

INFO

SPA-TAG IM HAMMAM

Gerade an kühleren oder verregneten Tagen und nach anstrengenden Stadtbesichtigungen ist der angegliederte Hammam ein ganz besonderer Tipp für Freundinnen. Exklusiv für Frauen wird hier authentisches orientalisches Ambiente geboten. Unter einer blauen Kuppel und in gedämpftem Licht, das durch die mit farbigen Glasmosaiken versehenen Spitzbogenfenstern dringt, lässt es sich im Dampfbad bestens entspannen. Abbürsten mit schwarzer Seife gehört dazu, aber auch – wer mag – allerlei Arten von Massagen und Kosmetikbehandlungen. Der Minztee ist inklusive. Im gleichen Gebäude, in dem sich Hammam und Café befinden, gibt es auch einen Laden, in dem Mitbringsel für Zuhause wie feingeschnitzte Holzobjekte, Teppiche mit persischen Motiven, Keramikgefäße oder Räucherwerk eine Erinnerung an einen unvergesslichen Tag im Orient darstellen.

WEITERE INFORMATIONEN

www.grandemosqueedeparis.fr
www.la-mosquee.com/le-restaurant
www.la-mosquee.com/le-hammam

23

PISCINE JOSÉPHINE BAKER

SCHWIMMEN AUF DER SEINE

»Sous les ponts de Paris«, »Unter den Brücken von Paris«, heißt ein bekannter Schlager. Die Spaziergänge entlang der Seine gehören zu den empfehlenswertesten Erlebnissen eines Parisaufenthalts. So manch einer bekommt dabei vielleicht Lust, ein Bad zu nehmen. Perfekt dafür ist die Piscine Joséphine Baker, ein in der Seine schwimmender Pool.

Obwohl es immer wieder Pläne gibt, die Seine vollständig zu klären, ist das Schwimmen im Fluss seit 1923 wegen des regen Schiffsverkehrs und der Verschmutzung offiziell verboten. Paris ist eine Stadt, die zu Fuß erobert werden will. Doch was macht man, wenn vom vielen Marschieren und Besichtigen die Füße wundgelaufen sind und einem alle Knochen wehtun? Schwimmen ist eine gute Lösung, und das kann nicht eindrucksvoller sein als in einem auf der Seine schwimmenden Pool. Dieser befindet sich seit 2006 unterhalb der Bibliothèque national de France – Site François Mitterand, deren gewaltige Hochhaustürme vier aufgeschlagenen Büchern ähneln. Auf der gegenüberliegenden Seineseite erstreckt sich der Park von Bercy. Neben einem 25 x 10 Meter großen Becken wartet das Schwimmbad auch mit Sauna, Hammam, Jacuzzi und Fitnessstudio auf. Achtung: Im Gegensatz zu anderen Ländern sind in Frankreich Badekappen Pflicht. Besonders eindrucksvoll ist es, dort baden zu gehen, wenn sich im Sommer das riesige Glasdach öffnet und man von den Sonnenliegen aus die Boote auf der Seine vorbeiziehen sieht. An manchen Wochentagen hat die Piscine sogar bis 22 Uhr geöffnet, sodass das Baden bei Sonnenuntergang zu einem besonderen Erlebnis wird. Dann nämlich spiegelt sich der orangefarbene Himmel in den Wassern der Seine, über denen die Lichter der Großstadt zu leuchten beginnen.

Die Piscine Joséphine Baker ist aber nicht das einzige Schwimmbad in Paris. Von den anderen rund 30 Schwimmbädern sind vor allem noch die jeweils unter Denkmalschutz stehenden Bäder Pailleron im Art-déco-Stil im Nordosten der Stadt und die Piscine de la Butte aux Cailles zu nennen, die auf dem gleichnamigen dörflich anmutenden Hügel (s. S. 79) liegt und sich prächtig im Jugendstil präsentiert. Wer dagegen während des Schwimmens einen Blick auf den Eiffelturm genießen möchte, dem sei die Piscine Emile Anthoine empfohlen.

Josephine Baker, eine Heldin Frankreichs

Josephine Baker (1906–1975) war und ist für die Franzosen weit mehr als die aus Amerika stammende, temperamentvolle Revuetänzerin, die mit ihrem berühmten Tanz im Bananenröckchen in den 1930er-Jahren den Charleston in Paris salonfähig machte. Neben ihren Auftritten als Sängerin und Schauspielerin war sie vor allem auch politisch engagiert, betrieb während des Zweiten Weltkriegs Spionage für die Résistance und unterstützte die Bewegung des Freien Frankreich unter Führung von Charles de Gaulles.

← Schwimmen auf statt in der Seine – das ist im Schwimmbad Piscine Joséphine Baker möglich.
↓ Im Schatten der National-Bibliothek Site François Mitterand lässt es sich gut planschen.

INFO

ROOFTOP-BAR MIT SEINE-BLICK

Von der Piscine Joséphine Baker aus nur wenige Schritte stadteinwärts finden Sie am modernen grasgrün verkleideten Bau der Cité de la Mode et du Design eine der größten Dachterrassen der Stadt. Das 2012 entstandene Gebäude schmiegt sich unterhalb der Brücke Pont d'Austerlitz an das Ufer der Seine. Neben anderen gastronomischen Einrichtungen finden Sie dort das Café Oz, in dem Sie sich nach den Schwimmanstrengungen bei schönstem Blick über die Seine mit einem Imbiss stärken können.

WEITERE INFORMATIONEN

www.piscine-baker.fr
cafe-oz.com

Sie versteckte in ihrem Schloss an der Dordogne jüdische Flüchtlinge vor den Nationalsozialisten und adoptierte später zwölf Kinder aus fünf Kontinenten, die sie ihre Regenbogenfamilie nannte. Für ihr großes Engagement wurde sie als erste und bislang einzige Schwarze Frau 2021 von Emanuel Macron in den Ruhmestempel großer Männer und Frauen Frankreichs, das Panthéon, überführt.

24

DER KLEINE ZOO IM JARDIN DES PLANTES

EIN TAG NATURKUNDEUNTERRICHT

Nur wenige Touristen kommen vermutlich auf die Idee, sich in Paris naturwissenschaftlich weiterzubilden. Dies ist bei einem Aufenthalt im Jardin des Plantes jedoch ein willkommener Nebeneffekt. Im Vordergrund stehen beim Besuch der historischen Anlagen allerdings der Sinn für Nostalgie und – für Kinder – der Spaß an Tieren und die Faszination für gewaltige Urzeittiere.

Rainer Maria Rilkes berühmtes Gedicht »Der Panther« trägt den Untertitel »Im Jardin des Plantes« (Pflanzengarten). Und in diesem 23,5 Hektar messenden Stadtpark, der bereits 1626 als königlicher Heilpflanzengarten diente, befindet sich auch der 1793 gegründete zweitälteste Zoo der Welt, der aus der königlichen Sammlung von exotischen Tieren in Versailles hervorging. Die 1804 errichtete Rotonde, ein wunderschönes Kuppelgebäude im Art-déco-Stil, das ab 1808 Großtiere beherbergte, existiert immer noch. Man kann sich vorstellen, dass ganz Paris in Aufruhr war, als 1827 dort die erste Giraffe ihren Hals reckte. Die Ménagerie, wie der Zoo genannt wird, ist einem Forschungszentrum und dem Naturkundemuseum unterstellt, das sich ebenfalls auf dem Gelände befindet. Während der deutschen Belagerung von 1870/71 wurden viele der Tiere geschlachtet, um die hungernden Bürger zu versorgen.

Heute gibt es in diesem intimen Zoo keine Großtiere mehr, dafür kleinere Exemplare wie Reptilien, Affen, Pandas und auch Rilkes Panther. Von den rund 500 Tieren sind 40 Prozent in ihrem Bestand gefährdet. Insofern ist der Besuch auch als Appell gedacht, die Umwelt zu schützen. Um den Stadturlaub kinderfreundlich zu gestalten, ist ein Aufenthalt im Park sehr empfehlenswert. Der Zoo ist übersichtlich, und es verirren sich kaum Touristen dorthin. Doch auch Erwachsene werden dem Zauber der Pflanzenvielfalt und der historischen Tierhäuser erliegen, die den Charme vergangener Epochen widerspiegeln.

In grauer Vorzeit

Um Urzeittiere geht es gleich gegenüber der Ménagerie im Naturkundemuseum (Muséum national d'histoire naturelle), wo die paläontologische Galerie, untergebracht in einer historischen Halle, riesige Dinosaurierskelette zeigt, die nicht nur Kinder zum Staunen bringen. Wer von den naturwissenschaftlichen Erkundigungen immer noch nicht genug hat, kann seinen Wissensdurst in der Großen Evolutionsgalerie stillen, die Tiere aus aller Welt in ihren Lebensräumen vorstellt. Spannend sind die modernen multimedialen Erklärungen, die mit interessanten Licht- und Soundeffekten arbeiten.

Von den Tieren kann man sich nun ab- und wieder den Pflanzen zuwenden, denn auch die Gewächshäuser, wunderschöne Werke der Schmiedekunst, sind einen Blick wert. Vor allem bei Regen und nasskaltem Wetter empfiehlt es sich, sich in die dort herrschende tropische Wärme zu flüchten.

INFO

KARUSSELL, PONYREITEN UND MEHR

Wer ein Vergnügungsparadies für die mitreisenden Kinder sucht, dem sei der Jardin d'Acclimatation empfohlen, der sich im Bois de Bologne am westlichen Stadtrand befindet. Dort gibt es für die lieben Kleinen in einer gepflegten Parkanlage jede Menge Fahrgeschäfte, einen Streichelzoo, Ponyreiten und für heiße Tage einen lustig gestalteten Wasserpark. Viel Spaß hat der Nachwuchs auf den fantasievollen Kletterinstallationen, bei Fahrten mit kleinen Booten auf den Wasserläufen des Parks oder mit einem Miniaturzug durch den Park. Oft werden auch besondere Events wie Konzerte und Workshops angeboten. Eine abwechslungsreiche Gastronomie sorgt für das leibliche Wohl.

WEITERE INFORMATIONEN

www.jardindesplantesdeparis.fr
www.jardindacclimatation.fr

← Neben dem historischen Zoo mit Kleintieren besticht die Große Galerie des Naturkundemuseums im Jardin des Plantes.
↑ Uralte Tierknochen faszinieren nicht nur die kleinen Museumsbesucher.

25

DIE KIRCHE VAL-DE-GRÂCE

DEM SONNENKÖNIG SEI DANK

Südöstlich des Jardin du Luxembourg erhebt sich eine imposante Kirche, die nicht nur Züge des Petersdoms in Rom aufweist, sondern auch für den in Paris so typischen kühl-eleganten Stil des klassizistischen Barock steht. Wer hätte gedacht, dass die Kirche ihren Ursprung in einer lang erwarteten Mutterschaft hat.

Aus dem Graublau, das für die Pariser Dachlandschaft so charkateristisch ist, ragt neben den großen vergoldeten Kuppeln des Invalidendoms und des Panthéons vor allem die der Kirche Val-de-Grâce, übersetzt »Tal der Gnade«, hervor. Während die ersten beiden Monumente wahre Touristenmagnete darstellen, die von den Besuchern förmlich überrant werden, ist letztgenannte selbst den Parisern nicht immer bekannt.

Im vornehmen gleichnamigen Viertel, dem Quartier du Val-de-Grâce, das sich südöstlich an den Jardin du Luxembourg anschließt, hat Anne d'Autriche (Anna von Österreich) 1621 aufgrund eines Gelübdes, in dem sie um göttlichen Beistand für die lang ersehnte Schwangerschaft bat, ein Nonnenkloster errichten lassen. Schließlich war es damals die Hauptaufgabe einer Königin, für einen Thronfolger zu sorgen. Tatsächlich erfüllte sich ihr Wunsch, und sie brachte nach 23 Ehejahren 1638 ihren Sohn, den späteren Sonnenkönig Ludwig XIV. zur Welt. Später erteilte die Königin dann den Auftrag, das Kloster um ein Palais und eine Kirche zu erweitern. Die Nonnen dort waren für die religiöse Erziehung ihres Sohnes zuständig, sie dagegen erwählte das Palais zu ihrem Privat- und Alterssitz, in dem sie 1666 auch verschied.

Das prachtvolle Zentrum

Das Prunkstück der riesigen Anlage mit den sorgsam und dekorativ zurechtgestutzten Büschen im Französischen Garten ist zweifelsohne die Kirche. Während die Anlage selbst an die spanische Klosteranlage Escorial erinnert, erhebt sich das monumentale Gotteshaus im Glanz des klassizistischen Barock, eines typisch französischen Stils, der in seiner Strenge wesentlich rationaler wirkt als zum Beispiel die im Pariser Viertel Marais stehende Kirche St-Paul-St-Louis, die dem ursprünglichen bewegteren Barock der Jesuitenkirchen in Rom nachempfunden ist. Kein geringerer als François Mansart (1598–1666), der Lieblingsarchitekt Ludwigs XIII. und Ludwigs XIV. hat die Kirche entworfen. Die Ausmalung der gewaltigen Kuppel stammt von Pierre Mignard (1612–1695).

Aus dem königlichen Konvent wurde 1795 ein Militärkrankenhaus, als das es auch heute noch dient. Deshalb wird ein Teil der Anlage auch von der Fakultät für Millitärmedizin genutzt. Zusätzlich gibt es dort neben einem Forschungszentrum eine Schule für medizinisches Personal und ein Museum zum Gesundheitsdienst der Armeen.

← Die Kirche Val-de-Grâce ist das Resultat eines innigen Gelübdes.
↓ Auch im Inneren zeigt sich die Kirche im Glanz des klassizistischen Barock.

INFO

ZU EHREN MADAME CURIES

Wenige Schritte nördlich in Richtung Panthéon befindet sich das Musée Curie, das auf sehr authentische Weise den Wirkungsort von Marie Curie (1867–1934) dokumentiert. Die aus Polen stammende Physikerin erhielt 1903 als erste Frau den Nobelpreis für Physik, da ihr die bahnbrechende Entdeckung der Radioaktivität gelang. Als eine der wenigen überhaupt wurde sie kurze Zeit später sogar mit einem zweiten Nobelpreis geehrt. Kein Wunder, dass sie ihre letzte Ruhestätte wenige Schritte vom Museum entfernt im Olymp der großen Männer Frankreichs, dem Panthéon gefunden hat.

WEITERE INFORMATIONEN

https://dioceseauxarmees.fr/messes/chapelle-du-val-de-grace-2
https://musee.curie.fr

26

RÖMISCHE ARENA

WO EINST GLADIATOREN KÄMPFTEN

Wo sich heute Kinder aus der Nachbarschaft zum Fußballspielen treffen, wurden vor 2000 Jahren Gladiatorenkämpfe abgehalten. Nach einem Dornröschenschlaf von Hunderten von Jahren kam die Arena durch einen Zufall zum Vorschein.

Eines vorweg: Wenn Sie eine Arena wie in Verona erwarten, werden Sie enttäuscht sein! Trotzdem ist das 53 Meter messende sandige Oval der Arènes de Lutèce (Arena von Lutetia) mit den vielen, es umgebenden ansteigenden Stufen sehenswert – vor allem, wenn man sich vorstellt, dass dort im 1. Jahrhundert n. Chr. Gladiatorenkämpfe abgehalten wurden. Die Löwenkäfige der blutrünstigen Spiele existieren sogar noch. Selbst, wenn man den Ort (Rue Monge 49) auf Google Maps eingegeben hat, findet man ihn nicht so leicht, denn die Eingänge dieser versteckten Adresse sind einmal ein unauffälliger Hauseingang und zum anderen der Seiteneingang eines kleines Parks. Nichts ist kommerzialisiert, sodass es auch keine Tickets gibt. Fast wirkt es etwas surreal, dass jetzt die Bewohner der umgebenden Häuser die Arena täglich vor Augen haben, wenn sie aus dem Fenster blicken.

Die Römer verstanden es, ihre Provinzen zu erobern, indem sie ihnen Brot und Spiele boten. Insgesamt 17 000 Zuschauer hatten damals auf den Tribünen Platz. Als im 3. Jahrhundert die Barbaren einfielen, wurde die Arena zerstört, und man benutzte viele der Steine für die immer wieder neu zu errichtenden Stadtmauern des ständig anwachsenden Paris. Letztlich geriet die Anlage ganz in Vergessenheit. Als man jedoch im Jahre 1869 im Zuge der großen Haussmann'schen Stadterneuerung dort den Boden für den Bau eines Busdepots aushob, stieß man wieder auf das alte Gemäuer. Zunächst wollte man einfach weiterbauen. Nach langem Hin und Her überredete im Jahr 1883 kein Geringerer als Victor Hugo den Stadtrat in einem offenen Brief dazu, den Bau einzustellen, und rettete somit die Arena. 1916 riss man das Busdepot schließlich wieder ab und sanierte die Arena gründlich.

Spezialitäten auf der alten Römerstraße

Auf den Stufen dieses wahrscheinlich ältesten Bauwerks von Paris lässt sich gut eine Pause einlegen. Oft sieht man Studenten der benachbarten Eliteschulen und der Universität diskutierend auf den Stufen sitzen oder Menschen, die hier entspannt ein Buch lesen – vielleicht über den Einfluss der römischen Besatzung auf das heutige Paris … Es bietet sich dort auch ein Picknick an. Am besten holt man sich die Zutaten dafür in der nur wenige Meter entfernten Rue Mouffetard. Als ehemaliger Handelsweg zwischen Lutetia und Rom gehört die Straße zu den ältesten der Stadt. Sie fiel aufgrund ihrer Lage auf einem Hügel nicht den »grands travaux«, den großen Bauarbeiten, im 19. Jahrhundert zum Opfer, wie es beinahe der Arena passiert wäre. Die gepflasterte kleine Straße, die zur Place de la Contrescarpe mit vielen Cafés führt, ist bisweilen arg überlaufen. Für das Picknick wird man hier aufgrund der unzähligen Delikatessenläden und vielen Marktstände bestimmt leicht fündig.

INFO

DIE BESTEN CRÊPES IN PARIS

Der Imbissladen AuP'tit Grec in der Rue Mouffetard Nr. 68 ist seit Jahren der Renner. Die außen knusprigen und innen saftigen Crêpes gelten als die besten der Stadt. Aus einer riesigen Auswahl kann der Kunde salzige oder süße Zutaten selbst kombinieren. Die Crêpes ersetzen mindestens ein Mittagessen, so üppig sind sie gefüllt. Es kommt kaum einmal vor, dass sich keine Schlange vor diesem beliebten Streetfood bildet. Zusammen mit einem Getränk ist das Picknick in der Arena gesichert.

WEITERE INFORMATIONEN

www.parisinfo.com/musee-monument-paris/71451/Arènes-de-Lutèce
https://auptitgrec.com

← Eine veritable römische Arena, versteckt zwischen gewöhnlichen Wohnsiedlungen.
↑ Die Schlange vor dem Crêpes-Stand AuP'tit Grec scheint nicht abreißen zu wollen.

OSTEN

Das einstige Arbeiterviertel auf der rechten Flussseite

Am Canal Saint-Martin sitzt man entspannt am Ufer oder flaniert unter den schattenspendenden Bäumen.

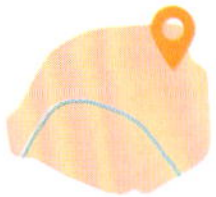

27

GROTTE MIT WASSERFALL IM PARC DES BUTTES-CHAUMONT

EINE PERFEKTE LANDSCHAFTSIDYLLE

Nur vier Kilometer vom Rathaus (Hôtel de Ville) entfernt finden von der Großstadt gestresste Pariser ein Naherholungsgebiet, bei dem sie sich wie auf dem Land fühlen können. Mit der Metro ist die Landschaftsidylle schnell erreicht, die im 19. Jahrhundert auf dem Gelände eines Steinbruchs angelegt wurde.

In einer 20 Meter hohen Grotte, in der bis zu acht Meter lange Stalaktiten von der Decke hängen, ergießt sich eine sprudelnde Kaskade in einen Bach, der schließlich in einen kleinen See mit Inselchen mündet. Nein, wir sind nicht in Disneyland Paris, sondern im Parc des Buttes-Chaumont, einem der größten Parks im Nordosten von Paris. »Buttes« bedeutet so viel wie Hügel. Bis zur Französischen Revolution hat man aus dem ehemaligen Kalksteinbruch Baumaterial für die Stadt gewonnen, danach verkam der Ort zur Müllkippe und galt als übler Ort.

Erst auf Initiative Haussmanns hin wurde dann anlässlich der Weltausstellung 1867 der Platz gesäubert, mit künstlichen Hügeln und Tälern versehen und zu einem wunderschönen Park umgestaltet, der von einem weitverzweigtem Wegenetz durchzogen ist. Mit seinem alten Baumbestand, den Liegewiesen und den mannigfaltigen Unterhaltungsmöglichkeiten dient er gerade am Wochenende vielen Parisern als Erholungsoase vom stressigen Alltag. Viele nutzen den weitläufigen Garten, um zu joggen, manche Gruppen praktizieren Tai-Chi, Kinderwägen werden ausgefahren, und teilweise gibt es auch kleine Open-Air-Konzerte. Auch an das Vergnügen der kleinen Besucher hat man mit Kasperltheater und Karussells gedacht. Und natürlich fehlt es nicht an Gastronomie und Toiletten.

Die perfekte Naturillusion

Pavillons und Brückchen zieren die Kunstlandschaft, die eine perfekte Illusion der Natur vorgaukelt – ein typisches Kennzeichen vieler im 19. Jahrhundert im englischen Stil angelegter Parks. So krönt die höchste Stelle des Parks auf einem künstlich angelegten Felsen der Sibyllentempel, der nach dem Vorbild der Rotunde im italienischen Tivoli bei Rom gestaltet wurde. Von dort hat man übrigens den mit Abstand besten Blick auf den Montmarte-Hügel, auf dessen Anhöhe die Kirche Sacré-Cœur thront.

Auch Gustave Eiffel hat sich übrigens hier im Park verewigt: Er konstruierte eine 65 Meter lange, über den zentralen See führende Hängebrücke, die an Stahlseilen aufgehängt ist und beim Überschreiten leicht schwingt.

Eine Kuriosität im Park sind die Schienen der Petite Ceinture (s. S. 66), einer 32 Kilometer langen Ringbahn, die aus dem Jahre 1854 stammt und in den Park integriert wurde. Sie verband einst die verschiedenen Pariser Bahnhöfe miteinander, bis sie 1993 stillgelegt wurde.

INFO

ROSA BONHEUR

Die »Guignette« (= Ausflugslokal), die sich im historischen Pavillon auf einer Anhöhe des Parks befindet, hat sich mit ihrer ungezwungenen Atmosphäre einen Namen gemacht. Hier wird gegessen – vor allem Tapas –, Musik gehört und getanzt. Ein gewisses südfranzösisches Flair schwingt dabei immer mit. Den Namen erhielt das Lokal von der französischen Tiermalerin Rosa Bonheur (1822–1899), die für damalige Verhältnisse einen sehr freiheitlich-emanzipierten Lebenswandel pflegte.

WEITERE INFORMATIONEN

https://www.rosabonheur.fr

↖ Eine Attraktion des Parks Buttes-Chaumont ist der zentral auf der Felsspitze einer Insel thronende Sibyllentempel.
↑ Auch der rauschende Wasserfall ist die perfekte Illusion einer natürlich angelegten Landschaft.

28

MARCHÉ D'ALIGRE

EIN KULINARISCHER AUSFLUG

Das hohe Lied auf französische Esskultur wird auf dem Marché d'Aligre gesungen. Wer die Franzosen wirklich kennenlernen will, sollte ihnen unbedingt dabei zusehen, wie sie sich an diesem Feinschmeckerparadies tummeln. Einen Spaziergang über den Markt kann man als wahren Appetizer bezeichnen, der die Glückskurve nach oben steigen lässt!

Ganze 82 Märkte soll es auf dem Stadtgebiet von Paris geben! Einer der buntesten und authentischsten ist sicherlich der Marché d'Aligre, der zwischen der Place de la Bastille und der Place de la Nation an der Place d' Aligre abgehalten wird. Neben einem kleinen günstigen Flohmarkt herrscht hier in und um die Markthalle Beauvau, eine der ältesten von Paris, lebhaftes Treiben. Hier wird dem Besucher vor Augen geführt, welche bedeutsame Rolle das Essen für das französische Savoir-vivre darstellt. Prüfend wird auf die Melone geklopft, um zu beurteilen, an welchem der folgenden Tage sie genossen werden darf. Es wird rege über die Knusprigkeit des Baguettes diskutiert, den Reifegrad von Schinken, über die Geschmacksrichtungen der Käsesorten sowie über die wundervollen Speisen, die aus all den Zutaten entstehen sollen. Vom ehemaligen französischen Präsidenten Charles de Gaulle stammt der Satz: »Wie soll man ein Land regieren, das 246 Käsesorten besitzt?«.

Alles, was Frankreich kulinarisch zu bieten hat, ist hier und in den weiteren zwei Straßenzügen zu haben. Das Angebot reicht jedoch weit über die Zutaten für die französische Küche hinaus. Zu den Ständen mit italienischen Spezialitäten gesellen sich Tische mit Leckereien aus Nordafrika, Indien oder Asien. Auch hinter den Ständen säumen zahlreiche Delikatessenläden die schmalen Straßen. Dekorativ gekachelte Fischläden bieten Meeresgetier, das am Vortag noch im Ozean schwamm. Die Pâtisserie Aux Merveilleux de Fred, in der unter üppigen Kronleuchtern köstliche Schaumteigtörtchen vor den Augen der Kunden zubereitet werden, ist so beliebt, dass sie schon zu einer Kette angewachsen ist und den berühmten Macarons fast den Rang abgelaufen hat.

Der Markt als typisches Wochenend-Event

Es fällt auf, dass auch hier »Bio« immer mehr gefragt ist. Die traditionell aufgemachte Bäckerei Le pain au naturel verbürgt sich dafür. Die Kunden sind hauptsächlich Bewohner des Viertels, ein bunter Mix aus Multi-Kulti und den sogenannten Bobos, eine Bezeichnung, die sich aus den Wörtern »bourgeois« und »bohémien« (»bürgerlich« und »bohememäßig«) zusammensetzt und eine Gesellschaftsgruppe bezeichnet, die lockeren Stil und Finanzkraft miteinander vereint. Kein Wunder, dass das Viertel immer stärker gentrifiziert wird, was mit enorm wachsenden Mieten verbunden ist. Besonders am Wochenende bevölkern die Anwohner die zahlreichen umliegenden Cafés und Bistros, wo man sich neben gefüllten Einkaufstaschen bei einem Wein stärkt und austauscht. Über was? Natürlich über das Essen!

← Meeresfrüchte auf dem Marché d'Aligre, die fangfrisch angeboten werden
↓ Ein kleiner Plausch in der Markthalle muss sein.

INFO

ESSEN UND TRINKEN

Eine wirkliche Institution ist die Weinbar Baron Rouge direkt am Platz. Die Zeit scheint dort stehen geblieben zu sein. Die Wand ist gepflastert mit Schiefertafeln, auf denen eine reichhaltige Auswahl an Weinen zu relativ vernünftigen Preisen aus allen Gegenden Frankreichs gelistet ist. Das Lokal platzt immer aus allen Nähten, sodass die Gäste auch vor dem Lokal stehen, wo man stets sehr leicht miteinander ins Gespräch kommt. Zum Wein gibt es eine vorzügliche Käse- oder Wurstplatte, Ölsardinen auf geröstetem Brot und in den Monaten Oktober bis März Unmengen von Austern, am besten mit dem passenden Wein, einem Chablis, dazu. Reservieren ist nicht möglich, man muss einfach vorbeikommen. Wer es lieber ruhiger mag, kann sich mit einigen Leckereien vom Markt auf die begrünte Promenade plantée – inzwischen Coulée verte René-Dumont genannt – zurückziehen, eine ehemalige begrünte Eisenbahnstrecke, die hier über einen Viadukt verläuft. In den darunterliegenden Gewölben haben sich spannende Galerien, Werkstätten und Kunsthandwerksläden angesiedelt.

WEITERE INFORMATIONEN

www.lebaronrouge.net
www.paris.fr/lieux/coulee-verte-rene-dumont-1772

29

DIE WOHNUNG VON EDITH PIAF

BEI EDITH ZU BESUCH

Eines der intimsten und vielleicht skurrilsten Museen von Paris ist die ehemalige Wohnung von Edith Piaf. Sie liegt im östlichen Stadtteil Ménilmontant, direkt neben dem Belleville-Viertel, wo sie geboren und aufgewachsen ist. Für einen Besuch im Musée Edith Piaf (Edith-Piaf-Museum) muss man sich persönlich anmelden – nicht bei irgendjemanden, nein, bei einem ehemaligen Freund und Verehrer ihrer Stimme.

Monsieur Bernard Marchois hat die Vierzimmerwohnung in diesem sehr einfachen Viertel von Edith Piaf übernommen. Zwei der Zimmer bewohnt er selbst, die beiden anderen sind der Huldigung des großen Stars gewidmet. Die Anmeldung erfolgt telefonisch, da der alte Herr nicht immer zu Hause ist. Wenn man Glück hat, ist er daheim, hat Zeit und verrät einem den Türcode. Mehr als acht Besucher gleichzeitig will er in den

kleinen Räumen aber nicht empfangen. Die zwei Zimmer sind vollgestopft mit privaten Gegenständen der berühmten Sängerin. Im Hintergrund laufen Lieder der Piaf. Als Erstes fällt eine lebensgroße Pappfigur der Sängerin ins Auge. Man ist erstaunt, wie winzig die 1,47 Meter kleine Frau mit der großen Stimme doch war. Sie trägt hier, wie bei den meisten ihrer Bühnenauftritte, ihr »kleines Schwarzes«. Dieses findet sich auch noch in Original auf verschiedenen Kleiderständern. Daneben sind allerlei persönliche Wertgegenstände der Sängerin ausgestellt: ihre Porzellansammlung, Schmuck, eine Unmenge von Briefen, aber auch ein überdimensionaler Teddybär, an dem sie scheinbar sehr hing und der weitaus größer ist als sie selbst. Die Wände sind vollgepflastert mit mehr oder weniger gelungenen Porträts der Sängerin, die man ihr offenbar schenkte, dazwischen ebenso viele Fotografien. Auf einer ist die Sängerin mit Bernard Marchois als jungen Mann abgebildet. Er hatte Edith Piaf bei Bekannten seiner Eltern kennengelernt und war ihr offenbar so sympathisch, dass sie ihm stets freien Einlass durch den Künstlereingang gewährte. Bei ihrem Tod 1963 war Marchois gerade einmal in seinen Zwanzigern. Zu ihrem Begräbnis auf dem nicht weit entfernt gelegenen Friedhof Père-Lachaise kamen über 40 000 Trauergäste. Mit leuchtenden Augen erzählt Monsieur Marchois, dass ihn Marlene Dietrich als enge Vertraute der Sängerin persönlich nach vorne an den Sarg geholt habe. Es scheint fast rührend, dass der alte Herr die letzten 60 Jahre damit verbracht hat, seinem Idol Ehre zu erweisen. Zum fünfzigsten Todestag von Edith Piaf hat er gar ein Buch mit dem Titel »La vraie Edith« (»Die wahre Edith«) herausgebracht.

Ein Leben, so gar nicht »en rose«

Auch wenn ihr Chanson »La vie en rose« zu ihren bekanntesten Liedern gehört, war ihr Privatleben alles andere als »rosa gefärbt«. 1915 geboren, wuchs sie unter schlimmsten Bedingungen auf. Von ihrer Mutter, italienisch-marokkanischer Abstammung, sehr bald verlassen, kam sie in die Obhut ihrer Großmutter, die sie fast verhungern ließ. Zeitweise in einem Bordell aufgewachsen, begleitete sie später ihren Vater auf einem Wanderzirkus, der sie zur Straßensängerin schulte, sie im alkoholisierten Zustand aber auch verprügelte. Trotz der unzähligen Plattenaufnahmen und der weltweiten Erfolge war ihr weiteres Leben von schweren Schicksalsschlägen, körperlichem Leid gepaart mit Drogenexzessen und unglücklichen Liebschaften geprägt. Mit ihren Liedern, die ihr tragisches Leben widerspiegeln, wurde sie zu einem Mythos für Paris und Frankreich.

INFO

EINE INSTITUTION: CAFÉ CHARBON

Nicht weit von der Rue Crespin du Gast, in der Edith Piafs ehemalige Wohnung liegt, befindet sich an der Rue Oberkampf 109 eine urige Brasserie, die sich auch bei Anwohnern großer Beliebtheit erfreut. Der Name Charbon bedeutet so viel wie Kohle und soll von den einstigen Läden im 11. Arrondissement herrühren, wo Handwerker aus der Auvergne vor allem Kohle, Kaffee und Wein vertrieben. Das Café Charbon wurde bereits 1863 gegründet. Die Küche ist französisch und mediterran geprägt und bietet ein hervorragendes Preis-Leistungs-Verhältnis. Aufgrund der langen Öffnungszeiten ist das Lokal auch bei Nachtschwärmern sehr beliebt. Es finden dort auch Musikveranstaltungen statt, diese sind der Webseite zu entnehmen.

WEITERE INFORMATIONEN

www.museeedithpiaf.fr/museeofficieledithpiaf
www.lecafecharbon.fr

← In ihrer Wohnung studierte Edith Piaf 1963 den »Chanson Milord« ein.
↑ Das Café Charbon im früheren Handwerkerviertel ist beliebt bei Nachtschwärmern.

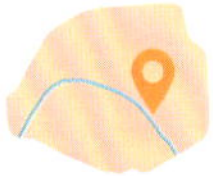

30

JACHTHAFEN PORT ARSENAL UND CANAL SAINT-MARTIN

MARITIMES FLAIR MITTEN IN DER STADT

Nicht nur die Seine spielt als Lebensader und Wasserstraße eine wichtige Rolle in der Stadt: Während an der Place de la Bastille noch der Verkehr tobt, erstreckt sich gleich darunter ein ruhiger, malerischer Hafen mit Freizeit- und Hausbooten. Dieser ist der ideale Ausgangspunkt für eine romantische Schifffahrt auf einem von alten Bäumen gesäumten Kanal.

Ein Hafen mitten in der Stadt und unterhalb der großen Juli-Säule an der Bastille verwundert und gibt einen Einblick in die historische Entwicklung von Paris. Nachdem die benachbarte Bastille in der Französischen Revolution zerstört worden war, hat man das früher angrenzende Waffenlager (Arsenal) aus dem 16. Jahrhundert ausgehoben und mit Wasser geflutet. Anschließend ließ Napoleon von hier aus einen 4,5 Kilometer langen

Kanal, den Kanal Saint-Martin, anlegen, der nördlich über das Bassin de la Villette zum Canal de l'Ourcq und weiter in Richtung des Flusses Marne führt. Damit hatte er einen weiteren nördlichen Zugang zur Seine geschaffen. Der Port de l'Arsenal ist also eng mit dem Canal Saint-Martin verknüpft. Der über 500 Meter lange und etwa 70 Meter breite Hafen hat seit 1986 auch den Beinamen »Plaisance« (»Vergnügen«, Port de Plaisance de Paris-Arsenal), da er nur als Freizeithafen fungiert. Dort liegen nun ungefähr 200 Boote mit einer maximalen Länge von 25 Metern. Der Hafen liegt drei Meter über dem Wasserspiegel der Seine, was durch die Schleuse Écluse de l'Arsenal ausgeglichen wird.

Es ist aber auch eine wahre »Plaisance«, an den parkähnlichen begrünten Uferpromenaden dieses Hafens entlangzuschlendern und die schönen Boote zu bewundern. Ein großer Teil wird von Pariser Individualisten fast das ganze Jahr über bewohnt und ebenso häuslich eingerichtet, indem sie beispielsweise sogar kleine Gärtchen auf dem Dach anlegen. Als Eigentümer muss man der Stadt übrigens trotzdem eine Adresse auf festem Boden nachweisen und ist zudem verpflichtet, den Ort für eine bestimmte Zeit im Jahr zu verlassen, um den Touristenjachten Platz zu machen. Ein Stellplatz soll dort angeblich für den doppelten Preis eines Wasserparkplatzes in Amsterdam zu haben sein. Neben vielen Möglichkeiten für ein Picknick mit Hafenblick gibt es am Ufer das Restaurant Le Grand Bleu, das über eine schöne Uferterrasse und eine Rooftop-Cocktailbar mit Aussicht verfügt.

Eine unvergessliche Kreuzfahrt auf dem Kanal

Vom Hafen aus fahren auch die Ausflugsboote des Unternehmens Canauxrama (leicht zu finden, da bestens ausgeschildert) über den Canal Saint-Martin bis in das Bassin de la Villette. Zwar sind die Bootsfahrten auf der Seine weitaus bekannter, doch gehört eine solche Fahrt über den Kanal zu den abenteuerlichsten und romantischsten Erlebnissen, die Paris bietet. Gerade Kinder lieben die Funktion der alten Schleusen und Tunnels. Fast die Hälfte der Strecke ist übertunnelt, besonders unter den Gewölben der Bastille wird es fast ein bisschen gruselig. Wieder an der Luft, schippern die Boote an herrlichen Uferalleen mit alten Baumbeständen vorüber. Über malerische gusseiserne Fußgängerbrückchen kann man von einer Seite zur anderen wechseln. Die vielen trendigen Cafés und Galerien entlang der Uferstraße Quai Valmy hebt man sich für einen Abstecher nach der Bootsfahrt auf.

← Im Jachthafen Port Arsenal unterhalb der Opéra Bastille fühlt man sich wie am Meer.
↓ Nostalgisch anmutende Brücken führen über den Canal Saint-Martin.

INFO

STAUNEN, SHOPPEN, SCHWIMMEN

Wer noch mehr über die Entwicklung der Stadt erfahren möchte, dem sei der Pavillon de l'Arsenal empfohlen, in dem man, ohne Eintritt zahlen zu müssen, viele Modelle, Pläne und Luftbilder anhand von steuerbaren Videowänden besichtigen kann. An der Uferstraße des Quai Valmy sind die farbenfrohen Ethnoläden von Antoine et Lili ein Hingucker, ebenso das Kulturzentrum Point Ephémère, das ständig wechselnde Ausstellungen und Konzerte anbietet. Wenn Sie an einem heißen Tag mit dem Boot am Bassin de la Villette ankommen, haben Sie die Möglichkeit, sich in einem drei Schwimmbecken direkt im Bassin abzukühlen!

WEITERE INFORMATIONEN

www.pavillon-arsenal.com/en
www.antoineetlili.com
https://pointephemere.org
www.paris.fr/pages/une-baignade-publique-dans-le-bassin-de-la-villette-des-l-ete-2017-4195

L'ARROSOIR
CAFÉ
GLACES

31

HANDWERKERHÖFE UND VIADUC DES ARTS

KUNSTHANDWERK UND MODERNES DESIGN

Die Ateliers der Faubourg Saint-Antoine und das Viaduc des Arts (Viadukt der Künste) stellen eine einzigartige Symbiose von traditioneller hochwertiger Handwerkskunst und modernem Design dar. Wo früher Luxusobjekte für den Versailler Hof hergestellt wurden, sind jetzt avantgardistische Start-ups am Werk.

Paris ist eine Stadt der Literatur, der Musik und der Kunst – und auch des Kunsthandwerks. Traditionell war das 11. und 12. Arrondissement die Gegend, in der sich die meisten Handwerker angesiedelt haben. So manche begrünte Hinterhöfe zeugen noch davon. Mittelpunkt des Viertels war der ehemalige Kopfbahnhof Gare de la Bastille am gleichnamigen Platz, wo das einstige Staatsgefängnis in der Revolution gestürmt und zerstört wurde.

Blick in die Geschichte

Ausgehend von der Place de la Bastille erstreckt sich die lang gezogene Rue du Faubourg Saint-Antoine, an der sich kleine versteckte Hinterhöfe wie Perlen an einer Schnur aufreihen. Hier hatten einst an die 800 Werkstätten und Kleinmanufakturen ihren Sitz. Gewichtige Gründe für die Handwerker, sich bereits ab dem 15. Jahrhundert gerade hier anzusiedeln, waren die Steuerfreiheit außerhalb der damaligen Stadtmauern und die Lage unweit der Seine, auf der die benötigten Materialien herbeigeschifft wurden. »Faubourg« bedeutet übrigens so viel wie »Vorstadt«. Schnell wurde die Gegend zum Zentrum der französischen Möbelindustrie. Mit dem Aufschwung von Versailles im 17. Jahrhundert hat man sich außerdem von der Monopolstellung Venedigs unabhängig gemacht und dort auch sein eigenes Glas hergestellt.

← Designer- und Kunsthandwerksstätten wie auch Cafés unter dem ehemaligen Eisenbahn-Viadukt

In die früheren Werkstätten mit den großen Atelierfenstern haben seit einiger Zeit junge Designer mit ihren Start-ups Einzug gehalten. Die neu entstandenen eleganten Lofts bieten nicht nur Raum für stylisches Wohnen, sondern auch Platz für Showrooms, Galerien und Designerboutiquen aller Art. Leider haben Immobilienspekulationen die Mietkosten so in die Höhe getrieben, dass sich so manches Jungunternehmen nicht halten kann.

Auf den Spuren früherer Handwerkshöfe

Von den idyllischen Handwerkerhöfen seien, ausgehend von der Place de la Bastille bis zur Metrostation Faidherbe Chaligny, nur einige genannt: Die Cour Damoye an der Place de la Bastille 2 (»Cour« bedeutet im Übrigen »Hof«) ist nach einem damals dort ansässigen Eisenwarenhändler benannt. Hier hatten sich früher viele Lumpensammler und Schrotthändler angesammelt. Nur ein Lastenaufzug erinnert an diese Zeiten. Ansonsten ist der bepflasterte Hof mit den durchgehend begrünten Häuserfassaden eine Ruheoase neben dem benachbarten verkehrsumtosten Platz an der Bastille. Die Passage du Cheval Blanc dagegen führt durch mehrere aneinandergereihte Hinterhöfe. Die Gebäude dienten einst als Holzlager, und hinter den großen Spalierfenstern türmte sich einst das Holz. An der Rue du Faubourg Saint-Antoine Nummer 30 finden Sie Les Ateliers de Paris, eine Art Gründerzentrum, in dem regelmäßige Wechselausstellungen zu Handwerk und Design statt-

finden. Sehr malerisch ist auch die darauf folgende weinberankte Cour du Bel Air, einst ein Herrenhaus, das schon die Musketiere des Königs im 18. Jahrhundert beherbergte. Die Cour des Bourguignons (Rue du Faubourg Saint-Antoine 74) ist ein einstiger Industriehof, der von einem hohen Ziegelschornstein überragt wird. Dort allein arbeiteten während der großen Weltausstellungen im 19. Jahrhundert bis zu 600 Handwerker verschiedenster Berufe.

Architektonisches »Recycling« eines Viadukts

Der einstige Bahnhof Gare de la Bastille ist Ende der 1980er-Jahre dem weithin strahlenden Bauwerk der Opéra Bastille gewichen. Übrig geblieben ist aber ein Viadukt von rund 1,6 Kilometern Länge, auf dem früher eine Eisenbahnlinie Richtung Osten verlief. Die Bögen des Viadukts entlang der Avenue Daumesnil bergen 64 rund zehn Meter hohe Gewölberäume, die in leuchtend rotem Backstein und mit riesigen Glasfronten auf das Feinste restauriert wurden. In den Gewölberäumen haben sich unter der Bezeichnung »metiers de création« einzigartige Werkstätten und Läden eingerichtet, die als Aushängeschilder hoher französischer Handwerkskunst gelten können. Diese machen den Ort zu einem Einkaufserlebnis der besonderen Art, denn manche der Handwerker lassen sich bei der Produktion ihrer Objekte sogar über die Schulter schauen. Teilweise handelt es sich dabei um Gewerke, die fast ausgestorben zu sein scheinen, sodass eingeweihte Liebhaber aus aller Welt extra dorthin reisen. So produziert beispielsweise Michel Heurtault Regen- und Sonnenschirme, die so gar nichts mit dem zu tun haben, was üblicherweise als Billigware aus China auf den Markt geworfen wird. Aus wertvollen Materialien, etwa Seidenstoffen und Horn, stellt er per Hand Unikate her, die von alten Gemälden inspiriert wurden. Kein Wunder, dass so manches Stück als Requisit für Filme dienen durfte.

In einem anderen Laden gibt es handgefertigte Manschettenknöpfe als diskreten Schmuck für den gepflegten Herrn. Und wo gibt es denn sonst noch einen Plumassier, einen »Federschmuckmacher«, der aus Vogelfedern Accessoires oder Bordüren für die Modebranche oder auch nur Staubwedel herstellt? Antike Puppen, mechanisches Spielzeug, dekorative Tapisserien, kunstvoll verarbeitete Lederbezüge für Holzmöbel oder Küchengeschirr aus Messing und Zinn werden in jeweils eigenen Ateliers angeboten. Textildesigner fertigen hier für die Modenschauen der Haute Couture an, und wer Glück hat, findet aus Stoffresten dieser Roben genähte bezahlbare Stücke. In wieder anderen Ateliers werden Musikinstrumente gebaut, Glasobjekte per Mund geblasen, Silber ziseliert, Goldschmiedearbeiten hergestellt, Mosaike gelegt, alte Gemälde restauriert oder Lichtskulpturen angefertigt.

Der ökologische Aspekt spielt bei vielen Läden und Werkstätten eine immer größere Rolle. So findet man hier auch das Label L'Herbe Rouge der Designer Arielle Levy und Thibaud Decroo, das für nachhaltige, ökologische Textilien steht. Der Recycling-Gedanke ist auch in der Werkstatt Ateliers Chutes Libres von Bedeutung. Hier können die

↖ Auch kreative Workshops werden hier angeboten.
← Die Reparatur von mitgebrachten Werkteilen unterstützt den Aspekt der Nachhaltigkeit.
↗ Über dem Viadukt lässt es sich an die fünf Kilometer stadtauswärts wandern – immer im Grünen.

Besucher gar selbst Hand anlegen und unter Anleitung freundlicher Angestellter und der Bereitstellung spezieller Werkzeuge kaputte Möbel reparieren oder eigene Entwürfe aus recycelten Materialien realisieren.

Wer vom vielen Schauen hungrig geworden ist, kann sich in eines der Lokale begeben, die ebenfalls unter den historischen Bögen untergebracht sind. Die Brasserie L'Arrosoir wartet mit typischer französischer Hausmannskost auf, während das Café Le Viaduc auch mit Burger und Pizza lockt. Besonders die Cocktails sind dort recht beliebt.

Über begrünte Atelierdächer wandeln

Verschiedene Treppen führen auf das Dach des Viaduc des Arts, und Sie spazieren sozusagen über die Köpfe der Kunsthandwerker und Ladenbesitzer hinweg. Die ehemalige Eisenbahntrasse ist wunderschön begrünt und verläuft als städtischer Höhenweg mit einer Länge von 4,7 Kilometern Richtung östlichem Bois de Vincennes nahe dem Autobahnring Périphérique. 1993 angelegt wurde der Parkwanderweg zunächst als Promenade Planté (»bepflanzter Spaziergang«) bezeichnet. 2012 erhielt er den neuen Namen Coulée verte René-Dumont, um den gleichnamigen Politiker zu würdigen, der sich in besonderem Maße für Ökologie eingesetzt hatte. Das zugrunde liegende urbane Konzept war weltweit einzigartig und diente auch als Vorbild für den 2014 eröffneten High Line Park in New York.

Es ist ein besonderes Erlebnis, zwischen üppigen Büschen, Rosensträuchern und Lavendelduft zu wandern und die Stadt aus einer vollkommen anderen Perspektive wahrzunehmen. Die Trasse überbrückt Straßenzüge, die von Häuserfronten gesäumt sind, die sich nun fern von Verkehr und Lärm genauer betrachten lassen. Hübsch mit Kletterpflanzen berankte Rundbogenspaliere unterstreichen die Romantik des Ortes. Wer möchte, kann auf einer der vielen Bänke Platz nehmen und vielleicht auch ein Picknick verzehren, das er sich vorher auf dem nahe gelegenen Marché d'Aligre (s. S. 96) zusammengestellt hat. Man kann den Weg auch verlassen und sich auf der Liegewiese im Jardin de Reuilly zur Entspannung niederlassen.

↖ Wiederhergestellte Handwerkerhöfe machen neugierig.
← Ein lang gezogenes grünes Idyll mitten in der Stadt
↗ Die Verlängerung der Promenade plantée Coulée verte René-Dumont reicht fast an die Ringautobahn Boulevard périphérique.

INFO

SÜSSES UND FORMSCHÖNES
Unweit der Place de la Bastile befindet sich an der Rue de la Roquette 40 die kleine, aber sehr feine Schokoladenmanufaktur des Kochpapstes Alain Ducasse. Nicht ganz billig, aber überaus verführerisch.
Wer bezüglich französischer Handwerkskunst und Design auf den Geschmack gekommen ist und nach »mehr« verlangt, dem sei das umfangreiche Musée des Arts décoratifs in der Nähe des Louvre empfohlen.

WEITERE INFORMATIONEN
www.leviaducdesarts.com
www.lechocolat-alainducasse.com
https://madparis.fr

Bei Alain Ducasse wird Schokolade in feinste Form gebracht.

32

MUSETTE-LOKAL LE VIEUX BELLEVILLE

HIER GEHT DIE POST AB

Mit Musette-Walzer und Akkordeonklängen eintauchen in die 30er-Jahre des letzten Jahrhunderts: Die Musiker im Vieux Belleville schaffen es immer wieder, das Publikum zu begeistern und eine einzigartige Stimmung zu erzeugen.

Viele Menschen haben, wenn sie an Paris und Musik denken, sofort Akkordeonklänge im Ohr. Es handelt sich dabei um die sogenannte Musette, Musikstücke, die schon am Hof von König Ludwig XIV., damals aber noch mit einer Art Dudelsack, vorgetragen wurden. Nach Paris eingewanderte Italiener sollen diese Art der Musik auf ihren Ziehharmonikas gespielt haben, was anfangs zu Streitigkeiten zwischen Italienern und Franzosen

geführt haben soll. Letztlich hat sich das Akkordeon gegenüber dem Dudelsack durchgesetzt und wurde gerade in der Zeit zwischen der Jahrhundertwende und dem Ersten Weltkrieg häufig auf sogenannten Bals Musettes, auf volkstümlichen Tanzfesten, zur musikalischen Begleitung der Tänze im 3/4- oder 6/8-Takt (Valse Musette) gespielt. Erst mit den Studentenrevolten und dem Auflehnen der Jugend in den 1960er-Jahren kam die Musette aus der Mode. Am längsten konnte sie sich im ehemaligen Einwanderer- und Arbeiterviertel Belleville im Pariser Osten halten, wo abseits vom großbürgerlichen Zentrum von Paris auch die kommunistische Partei von großer Bedeutung war. Auch wenn das Viertel nun zunehmend gentrifiziert wird und sich aufgrund der günstigeren Wohnungen immer mehr Künstler angesiedelt haben, ist der alte Geist des Viertels und der besondere soziale Zusammenhalt noch nicht verschwunden.

Träumen vom alten Paris und mitsingen

Als letztes Café Musette im Viertel kann zu Recht das Vieux Belleville bezeichnet werden. Es ist das genaue Gegenteil von den oft coolen Lokalen, in denen blasierte Kellner Gästen servieren, die entweder ständig auf ihr Handy schauen oder distinguiert, ohne die Tischnachbarn wahrzunehmen, dinieren. Schon beim Betreten des kleinen Lokals, in dem die Zeit stehen geblieben zu sein scheint, wird man freundlich vom Patron (»Chef«) begrüßt, der den Eindruck vermittelt, als hätte er hier nur seine Freunde eingeladen. Und tatsächlich kommen noch immer hauptsächlich Anwohner ins Vieux Belleville. Man kennt sich, ist aber auch offen für Neuankömmlinge. Als Erstes wird man gefragt, ob man einen einfachen Wein möchte oder einen gehobeneren. Das Essen, das auf alten Holztischen serviert wird, ist unkompliziert, traditionell und schmackhaft. An der Toilettentür hängt ein Plakat mit der lebensgroßen Edith Piaf, und an der Seite ist ein großes Gemälde mit einer Straßenszene aus dem Viertel gepinselt. Es stammt von dem schottischen Wandmaler Steve, einem der mitunter recht urigen Stammgäste des Lokals. Wenn dann, wie fast täglich, gegen 20 Uhr ein Musiker kommt, wird es wirklich interessant. Minelle, die Akkordeonistin, oder Ritan, der Drehorgelspieler, treten hier schon seit vielen Jahren regelmäßig auf. Flugs werden Kopien mit den Chansontexten an alle Gäste verteilt. Es werden Lieder aus der Revolutions- und der Nachkriegszeit zum Besten gegeben. Egal, ob man des Französischen mächtig ist, bald singt wirklich ausnahmslos das ganze Lokal mit. Die Melodie vieler Chansons ist oft schon bekannt. Man kommt miteinander ins Gespräch, manche tanzen auf der kleinen Fläche, die nicht von Tischen verstellt ist. Die Stimmung ist großartig! Wenn man am Ende des Abends das Lokal verlässt, links ein paar Schritte vom Lokal über den Park von Belleville den Eiffelturm sieht, wird man fast ein wenig sentimental und fragt sich, warum solche Art von Vergnügungen der Vergangenheit angehören …

INFO

ALTERNATIVE ADRESSE
Wer Musik in einem etwas weniger intimen Rahmen als im Vieux Belleville hören möchte, kann nicht weit von hier das Bellevilloise aufsuchen. Die Kulturstätte, die einst als Arbeiterinstution des Viertels fingierte, entwickelte sich zu einem sehr gesellig wirkenden Ort, an dem die Abendkonzerte einschließlich Diner und auch der Jazzbrunch besonders beliebt bei den Parisern sind.

WEITERE INFORMATIONEN
www.le-vieux-belleville.com
www.labellevilloise.com

↑ Im Le Vieux Belleville geht es musikalisch und gesellig zu.
← Im Bellevilloise tobt allabendlich der Bär.

ZENTRUM

Verborgene Schätze im Herzen der Seine-Metropole

In der Brasserie Pharamond hat sich seit der Weltausstellung im Jahr 1900 kaum etwas geändert.

33

LOUVRE-HOF COUR CARRÉE

IM QUADRATISCHEN HOF

Das weltgrößte Museum hat eine abwechslungsreiche 800-jährige Geschichte hinter sich. Mit Fokus auf die Kunst im Innern wird aber oft übersehen, dass der Palast selbst ebenfalls ein Kunstwerk ist. Besonders stiefmütterlich wird dabei der einmalige quadratische Innenhof Cour Carrée behandelt, der hinter der Glaspyramide liegt.

Mit täglich 20 000 Besuchern gilt der Louvre als das meistbesuchte Museum der Welt. Die große Mehrheit reiht sich dazu in die lange Schlange unter der Glaspyramide auf der Cour Napoléon ein und steuert dann schnurstracks auf das kleine Bildchen der Mona Lisa zu. Dabei wird oft übersehen, dass der Palast des Louvre selbst ebenfalls ein großartiges Kunstwerk darstellt.

Ganze 800 Jahre wurde an ihm gebaut. Ursprünglich war er nur eine westliche Befestigungsanlage der von Phillipp II. August (1165–1223) erweiterten Stadtmauer. Erst im 14. Jahrhundert wurde die Burg im Auftrag Karls V. in eine königliche Residenz umgewandelt, die vorher auf der Stadtinsel lag. Die tatsächliche Erneuerung fand aber erst im 16. Jahrhundert unter Franz I. statt, der die Cour Carrée völlig neu anlegte. Wenig später ließ Katharina von Medici am Ende des heutigen Tuileriengartens auf dem Platz einer ehemaligen Ziegelfabrik ihr Tuilerienschloss errichten. Unter Heinrich IV. wurde die Cour Carrée mit einer 460 Meter langen, parallel zur Seine verlaufenden Grand Galerie (großen Galerie) mit dem Tuilerienschloss verbunden. Im Sinne einer symmetrischen Ergänzung hat Napoleon I. die nördliche Verbindung zum Tuilerienschloss parallel zur Rue Rivoli vollenden lassen. Erst nach der Französischen Revolution ging die königliche Kunstsammlung in die öffentliche Hand über. Das Tuilerienschloss brannte jedoch während der Unruhen der Kommunarden im Jahr 1871 ab, so dass nun eine offene Sichtachse nach Westen freigelegt ist, die über die Prachtstraße Champs-Elysées und den Triumphbogen bis hin zur Grande Arche im Hochhaus- und Büroviertel La Défense reicht.

Von Burg über Königsschloss zum Museum

Bevor Sie sich zum Eingang unter der Pyramide begeben, ist es ratsam, erst einmal die Gesamtanlage des Louvre-Palastes zu erfassen und Richtung Osten durch das Tor des Pavillon Sully zu schreiten. Der Durchgang wird auch Pavillon de l'Horloge (Pavillon der Turmuhr) genannt, da über dem Durchgang zur weitaus ruhigeren Cour Carrée eine Uhr zu finden ist. Obwohl einzelne Bauteile des Hofs, der ursprünglich vom Architekten Pierre Lescot entworfen worden war, in großem zeitlichen Abstand errichtet sind, erscheint die Cour Carrée im harmonischen und eleganten Stil der Renaissance als einer der schönsten Plätze von ganz Paris. Besonders am Abend, wenn der Hof in sanftes Licht getaucht wird, hat der sogenannte alte Louvre eine fast magische Ausstrahlung.

In das Hofpflaster sind die Umrisse des alten Louvre eingelegt, und man erkennt, dass die Burg von Philipp II. August nur ein Viertel der Cour Carrée einnahm. Ein in diesem

→ **Die Cour Carrée im Louvre ist ein Bauwerk, das über viele Jahrhunderte hinweg ständigen Veränderungen unterzogen wurde.**

kleineren Feld befindlicher, von Pflastersteinen gebildeter Kreis, der mit einem schmiedeeisernen Gitter bedeckt ist, markiert die Stelle, an der sich der ehemalige Turm (Donjon) Karls V. befand. Es ist übrigens möglich, die darunterliegenden Überreste der Wehrburg Phillipps II. August (Vestiges du Louvre) zu besichtigen und sozusagen zum Herzen des Louvre vorzudringen. Man kann in diesem Ausgrabungsgelände auch sehr deutlich die Türme und den Unterbau der Zugbrücke der ehemaligen Festung erkennen. Bevor Sie die Cour Carrée verlassen, finden Sie im Dreiecksfeld des Tympanons an der Ostseite einen strahlenumkränzten Hahn mit ausgebreiteten Flügeln dargestellt. Der Hahn gilt als Symbol des Stolzes und als ein Emblem Frankreichs, da der lateinische Ausdruck »gallus« sowohl für Hahn als auch für Gallier steht.

Repräsentative Zugänge zur Cour Carrée

Neben einigen Nebeneingängen zum Louvre, u. a. durch einen unterirdischen Zugang von der Metrostation Louvre-Palais-Royal aus, stellt heute der Zutritt unter der 1989 von Ieoh Ming Pei errichteten Glaspyramide den Haupteingang dar. Der weltweite Andrang an Besuchern hatte stark zugenommen, und die bestehenden Eingänge waren zu klein geworden. Letztlich war der neue, aufgrund seiner Modernität zunächst umstrittene Glasbau, im Volksmund bisweilen »Käseglocke« genannt, eine Folge des von Präsident François Mitterrand initiierten Großprojekts, der die Museumsfläche von ehemals 30 000 Quadratmeter auf 60 000 verdoppeln ließ. Wer die am weitesten entfernt liegenden Räume aufsuchen möchte, muss einen Fußmarsch von zwei Kilometern zurücklegen.

Früher gab es aber bereits einen überaus repräsentativen Eingang zum Louvre, der heute meist völlig übersehen wird. Es handelt sich um die Ostfassade der Cour Carrée mit ihren 52 majestätischen von Claude Perrault errichteten Säulen. Auftraggeber dieser 170 Meter langen klassizistischen Fassade war kein geringerer als der Sonnenkönig Ludwig XIV. persönlich. Deshalb zierte die Spitze des Dreiecksgiebels an dieser Fassadenseite auch ein steinernes Porträt Ludwigs XIV. 1811 hat dann Napoleon die Büste des ehemaligen Königs in sein eigenes Abbild umarbeiten lassen. In der Zeit der Restauration wechselte man abermals zur ehemaligen Königsbüste. Da anscheinend Eile geboten war, vergaß man, das Gesicht des Korsen zu verändern. So erscheint nun Napoleon mit wallender königlicher Barockperücke. Welch' Ironie des Schicksals!

↖ Der wunderschöne Renaissanceplatz hinter den Glaspyramiden wird oft zu wenig beachtet.
← Die Fußgängerbrücke »Pont des Arts« führt schnurstracks in die Cour Carrée.
↗ Der frühere Eingang des Louvre mit seinen majestätischen Kolonnaden wird heute eher als die Rückseite des Museums betrachtet.

INFO

SEEROSEN UND MONT BLANC

Wer sich nach der ausgiebigen Würdigung der Gesamtanlage des Louvre-Palasts nicht mehr dazu aufraffen kann, sich auf die riesige Auswahl an Kunstsammlungen des Mammutmuseums Louvre einzulassen, dem sei ein Spaziergang durch den Tuilleriengarten, übrigens die älteste Gartenanlage von Paris, empfohlen. Am südwestlichen Ende des Gartens kann man sich dann doch noch ein bisschen Kunst einverleiben: Das Musée de l'Orangerie ist vor allem für die beiden ovalen Ausstellungssäle bekannt, in denen man die wunderschönen Seerosenbilder von Claude Monet bewundern kann.

Kunstgenuss macht hungrig: Nach dem Besuch des Louvre bzw. nach einem Spaziergang im Tuileriengarten stellt ein Besuch des berühmten Kaffeehauses Angelina, an der Rue Rivoli direkt gegenüber dem Tuileriengarten gelegen, einen glanzvollen Abschluss dar. Seit Jahren ist dort der »Mont Blanc« der Renner: ein edles Pâtisserie-Teil mit Baiserkern und von Maronencreme ummantelt. Im Winter ist dazu die sämige Trinkschokolade sehr zu empfehlen.

WEITERE INFORMATIONEN

www.louvre.fr
www.musee-orangerie.fr
www.angelina-paris.fr

Das Kaffeehaus Angelina wurde 1903 von einem österreichischen Konditor gegründet.

34

GOTISCHES WOHNHAUS HÔTEL DE SENS

WENN MAUERN ERZÄHLEN KÖNNTEN ...

Unglaubliche Geschichten haben sich hinter diesem burgähnlichen mittelalterlichen Palast abgespielt. Berühmteste Person, die dort gelebt hat, war eine Königin, die unschuldig verstoßen wurde und dort später, dem Schicksal zum Trotz, das verschwenderische Leben als erste Salondame führte.

Kirchen im gotischen Stil gibt es in Paris viele, Wohnhäuser aus dieser Zeit dagegen nur zwei, die hervorzuheben sind. Beide gehörten einst mächtigen Bischöfen, die sich in Paris einen repräsentativen Stadtsitz einrichteten. Das eine ist das Hôtel Cluny, in dem jetzt ein beeindruckendes Mittelaltermuseum untergebracht ist, das andere das Hôtel de Sens, das sich der Erzbischof Tristan de Salazar 1475 gönnte und es im wunderschönen hochgo-

tischen Flamboyantstil errichten ließ. Viele typische Bauelemente der Gotik wie Wasserspeier, Spitzbogenfester und filigrane Fialen schmücken die burgähnliche Anlage.

Eine der berühmtesten Persönlichkeiten, die das Haus im Laufe der Zeit bewohnten, war Margarete von Valois, auch unter dem Namen Reine Margot bekannt. Die gläubige Katholikin und Tochter Katharina de Medicis lebte zur Zeit der französischen Religionskriege und ging als erste Ehefrau des anfangs noch protestantischen Königs Heinrich IV. in die Geschichte ein. Mit ihrer Vermählung, der legendären sogenannten Bluthochzeit in der Bartholomäusnacht 1572, eskalierte der Krieg der Konfessionen. Der weitere Verlauf der Ehe war ebenfalls nicht sonderlich glücklich, und nachdem die Königin keinen Thronfolger zustande brachte, wurde sie kurzerhand für 18 Jahre ins klösterliche Exil geschickt. Nachdem sich Heinrich IV. Maria von Medici als zweite Frau erwählte, kehrte Margarete nach Paris zurück, um sich ihr Erbe zu sichern. Sie zog ohne königliche Erlaubnis ins Hôtel de Sens. Sowohl schön als auch klug, unterhielt sie dort den ersten Pariser Salon und führte wichtige Persönlichkeiten aus Kultur und Politik bei sich zum Austausch zusammen. Margarete soll außerdem ein recht ausschweifendes Leben geführt haben. So sollen sich etwa einmal zwei ihrer jungen Liebhaber vor dem Tor des Palais duelliert haben.

Ein Palast für alle Zwecke

Die weitere Geschichte des Palais ist wechselhaft. In einer Wand über einem Fenster in der zweiten Etage ist ein Relikt der Julirevolution von 1830 erkennbar: Ein Geschoss ist in der dicken Mauer stecken geblieben, wie auch eine darunter befindliche Inschrift besagt. Später diente das burgähnliche Gebäude als Station für die Postkutschen auf ihrem Weg nach Lyon. Es war üblich, dass man vor dem Einsteigen dort erst einmal sein Testament machte, so gefährlich war das Reisen damals. Im 19. Jahrhundert waren die leer stehenden Adelspaläste im Marais Handwerkern und kleinen Manufakturen gerade recht, da sie über große Räume verfügten. So musste das Gebäude gar als Wäscherei, Marmeladenfabrik und als Glaserei herhalten. 1911 hat die Stadt Paris das ziemlich heruntergekommene Palais schließlich gekauft und gründlich restauriert. Bei einem Besuch sollte man durch das große von Feigen gerahmte Hoftor treten. Einer Anekdote zufolge, die den Memoiren Margarete von Valois' zu entnehmen ist, soll sie einen Feigenbaum absägen haben lassen, da ihre Kutsche nicht wendig genug war, um

in den Hof zu gelangen. Auf diese Memoiren bezog sich später Alexandre Dumas in seinem historischen Roman »La reine Margot«, den er 1845 über die Königin schrieb. Tatsächlich heißt die Straße, in der sich das Palais befindet, Rue du Figuier, Straße des Feigenbaums, und es haben sich viele weitere dieser mediterranen Gewächse hinzugesellt.

INFO

LEKTÜRE UND ENTSPANNUNG

Es empfiehlt sich, durch den Hof des Hôtel de Sens ins Innere des Palais zu gehen, wo sich die Bibliothèque Forney befindet. Im Lesesaal der Bibliothek, die auf Bücher zu den Themen Kunstgeschichte und Kunsthandwerk spezialisiert ist und über wunderschöne Bände verfügt, staunt der Besucher über die mit hochgotischem Maßwerk versehene Ballustrade. Gleich hinter dem Palais befindet sich auf der Seineseite und in der Nähe der Brücke Pont Marie ein kleiner öffentlicher Park mit französischer Gartenanlage und vielen Bänken. Eine wahre Entspannungsoase!

WEITERE INFORMATIONEN

https://bibliothequeforney.wordpress.com

← Das Hôtel de Sens gilt als eines der wenigen gotischen Wohnhäuser der Stadt.
↑ Gotische Details, etwa ein Wasserspeier, zieren die Fassade des Hôtel de Sens.

35

DELIKATESSENGESCHÄFT IZRAËL

IN »ALIBABAS HÖHLE«

Wer in die Welt der Genüsse aus Tausendundeiner Nacht eintauchen möchte, muss zu Izraël kommen. Das Geschäft, das zwischen Tante-Emma-Laden und orientalischem Bazar rangiert, scheint aus allen Nähten zu platzen. Selbst Spitzenköche werden hier fündig.

Der Spruch »Leben wie Gott in Frankreich« wird oft variiert mit »Essen wie Gott in Frankreich«, und tatsächlich spielt die Esskultur bei unseren westlichen Nachbarn als Bestandteil des »Savoir vivre«, der Kunst, das Leben zu genießen, eine außerordentlich wichtige Rolle. Schon Kindergartenkinder lernen in der regelmäßig stattfindenden »semaine du gout« (»Woche des Geschmacks«), etwa unterschiedliche Geschmacksrichtungen

verschiedener Apfelsorten zu unterscheiden. Firmenchefs locken ihre hochkarätigen Mitarbeiter nicht mit teuren Firmenwägen wie in Deutschland, sondern mit Restaurantgutscheinen in Sternelokale.So wetteifern rund 200 der über 2000 Bäckereien in Paris jährlich um den Grand prix de la meilleure baguette de Paris (Großer Preis des besten Baguettes von Paris), um nicht nur 4000 Euro Preisgeld zu erhalten, sondern auch um ein Jahr lang als offizieller Lieferant des Präsidenten, also des Élysée-Palastes, zu gelten. Diese Auszeichnung findet sich dann natürlich als Aufkleber auf dem Schaufenster und zieht weitere Kunden an.

Um köstliche Speisen zu produzieren, braucht es neben gutem Handwerk vor allem auch qualitätvolle frische Zutaten und gut abgestimmte Gewürze. Eine Epicerie leitet sich eigentlich vom Wort »épice« (»Gewürz«) ab und bezeichnete traditionell eine Art Kolonialwarenladen, in dem alle möglichen – damals noch aus den französischen Kolonien eingeführten – Waren und Gewürze angeboten wurden. Sie ähnelten unseren einstigen Tante-Emma-Läden. Heute wird darunter eher ein Feinkostladen verstanden, in dem es hochwertige Delikatessen zu kaufen gibt. In Paris wimmelt es in allen Stadtteilen von solchen Läden. Internationalen Ruf haben sich beispielsweise Hédiard oder Fauchon erworben, die ihre Produkte nun oft auch online vertreiben.

Ein Laden als Fest für die Sinne

In den Schaufenstern der meisten dieser modernen Feinkostläden werden nur wenige Köstlichkeiten chic und »cool« präsentiert. Ganz anders geht es bei Izraël zu, einem Spezialitätenladen, der sich in einer eher weniger touristischen Ecke des Marais-Viertels an der Rue François Miron befindet. Wenn im Sommer die Tür des Ladens, in dessen Schaufenster schon die gestapelten Köstlichkeiten bis an die Decke reichen, offen steht, locken anregende kulinarische Düfte den Vorübergehenden in den Laden. Eingetreten, traut er seinen Augen kaum, da er sich inmitten eines orientalischen Bazars wähnt. In den offenen Säcken und Körben finden sich Hülsenfrüchte, Nüsse, Mandeln und Pistazien, daneben reihen sich Berge von kandierten Früchten in allen Farben, darüber hängen Ketten von Räucherwürsten aller Art, an der Seite stehen große Teller mit verschiedenen eingelegten Antipasti … ein wahres Fest für Augen und Nase, auf dass dem Besucher das Wasser im Munde zusammenlaufe. Izraël existiert als Familienbetrieb schon seit 1947. Auch der Nebenraum ist vollgestopft mit rund 50 Sorten von Ölen aus aller Welt, 25 Sorten von Pfeffer, verschiedenen Teesorten und Likören auf kleinstem Raum. Es erstaunt, wie schnell und zielsicher der Besitzer danach greift, wonach man fragt. Auch Sterneköche besuchen den Laden, da sie bei Izraël einfach alles finden, was andererorts nicht aufzutreiben ist. Kein Wunder, dass der Gault&Millau den kleinen Laden, der keine Webseite nötig hat, einmal wertschätzend als »Alibabas Höhle« bezeichnet hat.

← Im Delikatessenladen Izraël werden selbst Spitzenköche auf der Suche nach raren Ingredienzien fündig.
↓ Durstlöscher: Auswahl an verschiedenen Mineralwassern in der Grande Épicerie du Bon marché

INFO

WEITERE GAUMENFREUDEN

Wer nun im doppelten Sinne auf den Geschmack gekommen ist und sich vielleicht auch als Souvenir für zu Hause eine Köstlichkeit mitnehmen möchte, dem sei nicht nur Izraël, sondern auch La Grande Épicerie du Bon marché empfohlen. Zwar sind in diesem schmucken Traditionskaufhaus die Produkte alles andere als »bon marché«, was so viel wie »preisgünstig« bedeutet, aber die Auswahl ist wirklich enorm. In dieser prachtvoll aufgemachten Markthalle wird sich der ein oder andere möglicherweise an den verschiedenen Probierständen gleich vor Ort den kulinarischen Genüssen hingeben.

WEITERE INFORMATIONEN

www.lagrandeepicerie.com

36

JAZZCLUB CAVEAU DE LA HUCHETTE

MUSIK UND TANZ IM KELLERGEWÖLBE

Heiter-gesellige Atmosphäre herrscht im ältesten Jazzclub Europas. Doch nicht immer bot der Ort Grund, sich hier zu amüsieren. Denn in den uralten Gewölben spielten sich einst blutige Szenen ab.

Wenige Schritte von Notre-Dame entfernt befindet sich in der abends recht belebten kleinen Straße Rue de la Huchette im Viertel Saint-Germain-des-Prés ein Keller, der es in sich hat. Der Caveau (»Gewölbe«) de la Huchette gilt als der älteste Jazzkeller Europas, und sehr viele weltberühmte Musiker wie Sidney Bechet, Art Blakey, Sacha Distel, Lionel Hampton, Memphis Slim oder Bill Coleman haben in den alten Gewölben Konzerte gegeben.

Die Mauern stammen bereits aus dem 12. Jahrhundert, später sollen hier die spirituelle Gemeinschaft der Rosenkreuzer und die Templer, die im benachbarten Marais-Viertel ihren Orden gegründet hatten und dann von Staat und Kirche brutal verfolgt wurden, geheime Treffen abgehalten haben. Ab 1772 entstand in den Gewölben eine Loge der Freimaurer. Während der Französischen Revolution schließlich aß, trank und diskutierte man im oberen Saal des Gewölbes, der als Taverne diente, über die Freiheit. In den Kellergewölben dagegen fanden nicht nur geheime Treffen der Revolutionäre Robespierre, Marat und Danton statt, sondern es wurde dort auch Gericht gehalten, die Räume dienten als Gefängnis, es wurde gefoltert, und Urteile wurden vollstreckt. Der tiefe Brunnen im untersten Raum, in dem man die Verurteilten verschwinden ließ, existiert noch heute.

Musik und Tanz

Nach dem Zweiten Weltkrieg war Paris eine wichtige Anlaufstelle für amerikanische Jazzmusiker, und in die Kellergewölbe zog 1946 der Jazzclub Caveau de la Huchette. Seitdem wird hier täglich Livemusik geboten, zu der auch getanzt wird. Man kann sich aber auch einfach auf den roten Plüschsofas rund um die Tanzfläche oder auf den Bänken in der »Höhle« niederlassen und die Musik genießen. Das Alter des Publikums reicht von 18 bis 80, und die Stimmung ist meist sehr ausgelassen und gesellig. Man hat den Eindruck, die Leute kennen sich untereinander, aber wer neu dazu kommt, wird herzlich aufgenommen. Vielleicht liegt das auch an den heiteren und schwungvollen Tänzen wie Swing, Boogie-Woogie und Lindy Hop, die bei allen Generationen in den letzten Jahren ein Revival erfuhren.

Wer lieber sitzen bleibt und das Tanzbein nicht schwingen möchte, kann die Tanzeinlagen bewundern, die einige Könner bisweilen aufs Parkett bringen. Die seit vielen Jahrhunderten unveränderten Räumlichkeiten dienten auch einigen bekannten Filmen als Kulisse, darunter der Oscarpremierte Film »La La Land« von Damien Chazelle.

← Jazz unter mitttelalterlichen Gewölben, die viele Geschichten erzählen könnten.
↓ Im Caveau des Oubliettes herrscht heute ausgelassene Stimmung.

INFO

EIN WEITERER JAZZKELLER GLEICH UMS ECK

Nicht weit davon entfernt gibt es in der Rue Galande einen weiteren Jazzclub namens Le Caveau des Oubliettes, wo verzweifelte Gefangene noch während der Revolution Sprüche wie »Je serai perdu« (»Ich werde gehängt«) und »Mort à Marat« (»Tod dem Marat«) in die Gewölbemauern geritzt haben, was man heute noch gut entziffern kann. Da der Revolutionär Jean Paul Marat 1793 von einer jungen Frau in seiner Badewanne sitzend ermordet wurde, müssen die Zeilen schon vorher entstanden sein. Das blutige Geschehen ging mit dem berühmten Gemälde »Der Tod des Marat« von Jacques-Louis David in die Kunstgeschichte ein.

WEITERE INFORMATIONEN

www.caveaudelahuchette.fr
www.caveau-des-oubliettes.com

37

BRASSERIE LE PETIT BOUILLON PHARAMOND

SUPPENKÜCHE IN HOCHGLANZ

Wer in Paris essen geht, sollte für die Stadt typische Lokale besuchen, die es sonst nirgendwo auf der Welt gibt. Das müssen nicht immer die großen bekannten Brasserien sein, gerade die »kleine Suppenküche« im wunderschönen Stil der Belle Époque hat eine ganz besondere Anziehung.

Bouillon«, also »Suppenküche«, nannten sich die Lokale, die die hart in den Markthallen schuftenden Arbeiter mit einer deftigen Suppe mit Fleischeinlage versorgten. Bei dem Lokal Le Petit Bouillon Pharamond handelt es sich um eine solche Suppenküche. Der spätere Besitzer des Lokals, Alexandre Pharamond, kam zunächst regelmäßig mit seinem Pferdegespann aus der Normandie in die Hauptstadt und rief dort seine »Tripes à la mode de

Caen« (»Kutteln nach Art der normannischen Stadt Caen«) in den Straßen von Paris aus. Diese Spezialität fand bei den Parisern so großen Anklang, dass Pharamond 1832 hier ein Lokal nahe der Hallen gründete. 1889 wurde das Lokal für die internationalen Besucher der Weltausstellung im damaligen Stil der Belle Époque aufgemöbelt und zum Pavillon der Region Normandie erklärt. Die auffällige Fassade an dem verkehrsberuhigten Platz, an die sich eine weitläufige Außenterrasse anschließt, ist erst 1930 im normannischen Fachwerkstil gestaltet worden. Georges Clemenceau, Oscar Wilde, Ernest Hemingway und später auch Mitterand sollen von den dort aufgetischten Kutteln geschwärmt haben. Wohl auch deshalb lässt Hemingway eine Szene seines Romans »Fiesta«, der unter dem Titel »Zwischen Madrid und Paris« 1957 verfilmt wurde, vor dem Pharamond spielen. Auf der Webseite des Lokals kann man die Szene sehen, in der sich Ava Gardner und Errol Flynn gegenseitig bestätigen, wie gut das Essen hier sei. Sehr amüsant – und die Qualität des Essens ist bis zum heutigen Tag gleichbleibend gut.

Klassiker der französischen Küche

Kutteln oder die bekannte aus Innereien bestehende Brühwurst Andouillette sind wahrlich nicht jedermanns Sache. Auf der Karte sind darüber hinaus aber viele Klassiker der französischen Küche gelistet. Darunter finden sich eingelegter Hering, Gänseleberpastete, Weinbergschnecken oder Mayonnaise-Eier, die als Vorspeisen serviert werden. Bei den Hauptspeisen kann man zwischen Rindertartar, Bœuf Bourguignon (geschmortes Rindfleisch nach Burgunder Art), Confit de Canard (geschmorte Ente) und Fisch, etwa Dorade, wählen. Viele der Spezialitäten des Hauses stammen aus der Normandie, und auch der berühmte in der Normandie erzeugte Calvados wird oft zur Verfeinerung der Gerichte eingesetzt.

Im Vergleich zu vielen anderen Pariser Lokalen sind die Preise hier unschlagbar niedrig. Dabei wäre allein die Einrichtung einen Preisaufschlag wert. Diese ist hier nämlich ein wahrer Augenschmaus. Im floralen Dekor der Räume entfaltet sich der Jugendstil hier zu seiner vollen Blüte, ohne dabei kitschig zu wirken. Die hellen weißen bzw. gelben Wände und Decken sind über und über von filigranen Blütenmustern umsäumt. Goldgerahmte Spiegel, in denen sich die wunderschönen Art-déco-Lampen vervielfachen, lassen noch mehr Licht in die Räume fließen. Eine elegant geschwungene Wendeltreppe führt hinauf in den ersten Stock, in dem sich vier Séparées für zwei, drei, sechs oder fünfzehn Personen befinden. Mit rotem Samt bezogene Bistrostühle strahlen Gemütlichkeit aus, und üppige Grünpflanzen unterstreichen den frühlingshaften, heiter-beschwingten Gesamteindruck.

INFO

KIRCHENSCHÄTZE

Ein Sprung um die Ecke hinein in die Kirche Saint-Eustache ist lohnenswert: Sie ist eine der größten Stadtkirchen von Paris. Ein besonderes Augenmerk sollte der wertvollen marmornen Grabplastik Le Bruns gelten, die Jean-Baptiste Colbert, dem Finanzminister Ludwigs XIV. und Begründer des Merkantilismus, die letzte Ehre erweist. An der Seitenwand ist außerdem eine Plakette zu finden, die daran erinnert, dass Wolfgang Amadeus' Mutter Anna-Maria, als sie ihren Sohn auf eine Konzertreise nach Paris begleitete, verstarb und hier beigesetzt wurde.

WEITERE INFORMATIONEN

www.petitbouillonpharamond.com
www.saint-eustache.org

← In solch edlem Ambiente wie im Le Petit Bouillon Pharamond speisten früher die Arbeiter der angrenzenden Hallen.
↑ Die Kirche Saint-Eustache stammt aus dem 16. Jahrhundert.

38

WOHNUNG VON VICTOR HUGO

BEIM NATIONALDICHTER ZU HAUSE

Was galt im 19. Jahrhundert als »stylisch«? Die Wohnung des französischen Dichterpapstes verrät es. Gleichzeitig dringt der Besucher in die Privatsphäre des Dichters ein, die ihm die Persönlichkeit Victor Hugos näherbringt und ihn neugierig auf dessen Werke werden lässt. Der Blick aus dem Fenster der Wohnung auf einen der schönsten Plätze von Paris ist auch nicht zu verachten!

Auch wenn man kein Kenner der französischen Literatur ist, lohnt es sich, die ehemalige Wohnung des Nationaldichters Victor Hugo (1802–1885) zu besichtigen. Sie liegt an einem der schönsten ehemaligen Königsplätze von Paris, der Place des Vosges, mitten im Marais. In einer Ecke des schmucken Backsteinensembles aus den Anfängen des 17. Jahrhunderts weht die französische Flagge. Dort befindet sich die Maison de Victor Hugo.

Aus Gründen der Volksbildung – kein französisches Schulkind kommt an Victor Hugo vorbei – ist der Eintritt ins Museum kostenlos, und man sollte es sich nicht entgehen lassen, zu sehen, wie man Mitte des 19. Jahrhunderts in Paris lebte – in den gehobenen Kreisen, versteht sich. Denn der Dichter konnte es sich leisten, von 1832 bis 1848 hier in Bestlage mit Frau und vier Kindern auf 280 Quadratmetern zu residieren. Dazu trug wohl auch der enorme Erfolg seines 1831 erschienenen Romans »Der Glöckner von Notre-Dame« bei. In der französischen Fassung wird das Werk übrigens nur »Notre-Dame de Paris« genannt, und Victor Hugo ließ darin den dringenden Appell verlauten, die heruntergekommene Kathedrale endlich zu renovieren. Seine Aufforderung hatte Erfolg, und kurz darauf begann der Architekt Eugène Viollet-le-Duc mit umfangreichen Sanierungsarbeiten.

Auch Hugos Roman »Les Misérables« (»Die Elenden«) gehört zur Weltliteratur. Aufgrund seines oft kritischen Tons sah sich der Dichter schließlich gezwungen, sich auf die Insel Guernsey zurückzuziehen, wo er die Jahre zwischen 1851 und 1870 verbrachte.

Sogar bis ins Schlafzimmer ...

Die drei Etagen des Museums sind in die drei Epochen vor, während und nach dem Exil gegliedert. Der Besucher wandert durch die charmanten Wohnräume, deren Wände mit farbenfrohen Damasttapeten überzogen sind, und erfährt viel Wissenswertes aus dem Leben des Dichters. Er muss ein großer Sammler gewesen sein. Edle Kleinmöbel mit dekorativen Holzeinlegearbeiten und zierliche Porzellanobjekte schaffen eine freundliche Atmosphäre. Man merkt, dass damals »Asien« groß in Mode war, da viele Gegenstände chinesische Motive aufweisen. Überraschen mag so manchen Besucher, dass Victor Hugo auch Zeichentalent besaß, wie einige seiner Skizzen zeigen.

Die Tintenfässer des Dichters sind ordentlich auf seinem Schreibpult aufgereiht. Am vornehmsten ist der »Rote Salon«, in dem der Dichter oft prominente Besucher wie Théophile Gautier, Alexandre Dumas oder David d'Angers empfing. Von Letzterem stammt auch eine Marmorbüste Victor Hugos, die sich in der Wohnung befindet. An den Möbeln des Esszimmers lassen sich Einflüsse der Neogotik erkennen, wie es typisch für die Zeit der Romantik war. Im hinteren Zimmer befindet sich das Bett, in dem der große Dichter die Welt am 22. Mai 1885 für immer verließ.

INFO

MUSEUM FÜR STADTGESCHICHTE

Wer mehr über die Stadtgeschichte und wichtige Persönlichkeiten erfahren möchte, die in Paris gelebt und gewirkt haben, der muss nur wenige Meter von der Place des Vosges in das Musée Carnavalet gehen. Das umfangreiche Museum, ebenfalls mit kostenlosem Eintritt, ist in einem geschmackvollen Palais untergebracht, zeigt eine Fülle von Objekten, Modellen und Gemälden und ist seit der Restaurierung 2021 auf Hochglanz gebracht.

WEITERE INFORMATIONEN

www.maisonsvictorhugo.paris.fr
www.carnavalet.paris.fr

↖ Der Geist Victor Hugos ist noch in seiner vornehmen Wohnung an der Place des Vosges zu spüren.
↑ Die Place des Vosges misst 140 x 140 Meter und wurde von Louis Métezeau entworfen.

39

MAISON NICOLAS FLAMEL

DER SAGENUMWOBENE EINSTIGE ERBAUER

Unedle Metalle in edle zu verwandeln oder ewige Jugend zu erlangen gehören schon immer zu den Träumen der Menschheit. Nicolas Flamel, der berühmte Bewohner des ältesten Hauses von Paris, regt noch heute die Fantasie der Menschen an.

Lange Zeit galten die schönen Fachwerkhäuser in der Rue Miron 11 und 13 als die ältesten Häuser der Stadt. Sie lassen die Zeit, in der Patrick Süskinds Roman »Das Parfum« spielt, wiederaufleben. Dann bedachte man das Fachwerkhaus in der heutigen Rue Volta 3 mit diesem Superlativ. Inzwischen steht aber fest, dass dieser Titel der Maison du Grand Pignon (Haus des großen Giebels) – bekannt auch als Maison Nicolas Flamel – in der Rue Montmorency 51 gebührt. Zwar ohne Fachwerk, kann das Haus aber mit einem illustren einstigen Besitzer aufwarten. Nicolas Flamel hatte das Haus 1407 erbauen lassen. Als Sohn konvertierter Juden war er gebildet und überaus sprachbegabt, handelte mit kostbaren Handschriften und arbeitete als öffenlicher Schreiber. Zunächst betrieb er zusammen mit seiner Frau Pernelle einen kleinen Laden in der Nähe der heutigen Tour Saint-Jacques (Jakobsturm, s. S. 140). Schnell gelangte Flamel zu so großem Reichtum, dass er zahlreiche Stiftungen für Kirchen und Hospize sowie Armenspeisungen finanzierte. In den oberen Stockwerken seines Hauses ließ er Obdachlose wohnen, unter der einzigen Bedingung, dass sie täglich ein Gebet für ihn sprachen. Viele der Orte, die er finanziell unterstützte, sind mit seinen Initialen »NF« gekennzeichnet. Flamel entwarf außerdem seinen eigenen Grabstein, der im Mittelaltermuseum Musée national du Moyen Âge ausgestellt ist.

Flamels Erbe an die Nachwelt

Den spektakulären Ruf, der bis in die heutige Zeit währt, erlangte Flamel aber nicht als Wohltäter, sondern als Alchemist, zu dem er posthum erklärt wurde. Ob dies alles nur Legende ist, sei dahingestellt. Als gesichert gilt jedoch, dass Flamel Bücher zu diesem, in der damaligen Zeit sehr beliebten Thema verfasste. Sein plötzlicher Reichtum, der auch in seiner einträglichen Verheiratung und in seinen erfolgreichen Immobiliengeschäften begründet sein kann, schürte die Gerüchte, nach denen er Quecksilber in Silber und später auch in Gold umwandeln konnte. Angeblich soll er nicht nur den »Stein der Weisen« gefunden, sondern auch ein Elixier für das ewige Leben hergestellt haben. Man sagte Flamel deshalb lange Zeit nach, dass er seinen eigenen Tod und den seiner Frau nur vorgetäuscht habe und noch immer unter den Lebenden weile. In vielen modernen Fantasy-Werken tritt Flamel tatsächlich noch häufig auf, wie zum Beispiel in der sechsbändigen Buchreihe »Die Geheimnisse des Nicolas Flamel« von Michael Scott. Auch in Umberto Ecos »Das Foucaultsche Pendel« spielt er eine Rolle. Die bekannte Bestsellerautorin Joanne K. Rowling lässt Flamel in ihrem 1997 erschienenen Buch »Harry Potter und der Stein der Weisen« nach 650 Jahren sterben, da der Stein in ihrem Buch 1992 zerstört wurde.

INFO

STERNEKÜCHE UND ZAUBERMUSEUM

Im Erdgeschoss des Hauses von Nicolas Flamel befindet sich heute ein Sternerestaurant: In der Auberge Nicolas Flamel können Sie bei kulinarischem Hochgenuss über die bemerkenswerte Wirkung des ehemaligen Bewohners nachdenken.
Wer einen Sinn für Zauberei und Magie hat und seine Kenntnisse vertiefen möchte, kann sich in das Zaubermuseum Musée de la Magie im Marais-Viertel begeben.

WEITERE INFORMATIONEN

https://auberge.nicolas-flamel.fr
www.museedelamagie.com

← ↑ In der Maison Nicolas Flamel, dem ältesten Haus der Stadt, ist heute das Sternelokal Auberge Nicolas Flamel untergebracht, das Gourmets mit kunstvollen Menüs verwöhnt.

40

MUSEUM FÜR JAGD UND NATUR

PRÄCHTIGER HIRSCH IM EDLEN SALON

Dass das Kuratieren von Ausstellungen eine eigene Kunst darstellt, beweist das Musée de la Chasse et de la Nature, das in einem der prunkvollsten Stadtpalais des Marais-Viertels untergebracht ist. Kreativer und ästhetischer kann man das Thema Jagd und Natur nicht präsentieren als in diesem 2019 vergrößerten und renovierten Ort.

Das Musée de la Chasse et de la Nature ist in doppelter Hinsicht ein echtes Juwel im Herzen des Marais-Viertels: zum einen wegen seines architektonischen Rahmens und der Räumlichkeiten, zum anderen wegen seiner außergewöhnlichen Exponate. Das noble Stadtpalais Hôtel Guénégaud, in dem sich das Museum befindet, ist ein Meisterwerk des berühmten Architekten François Mansart aus dem 17. Jahrhundert und wurde zum »Historischen

Monument« erklärt. Eine großzügige Erweiterung erfuhr das Museum durch die Angliederung des benachbarten Hôtel Mongelas aus dem 18. Jahrhundert. Wer im Inneren des Museums nur Jagdtrophäen und Waffen erwartet, wird überrascht sein. Und auch Besucher, die sich nicht im Geringsten für das Thema Jagd interessieren, werden begeistert sein. So beinhaltet der Titel des Museums zurecht das Thema Natur. Auf sensible und respektvolle Weise setzt sich die ästhetische und kreative Zusammenstellung der Exponate mit der Beziehung zwischen Mensch und Tier seit der Antike bis in die heutige Zeit auseinander.

Ein Museum als Erlebnisraum

Im prunkvollen Rahmen eines Salons, ausgestattet mit edlen Gobelins, Seidendamasttapeten und schweren Vorhängen, wurde in stolzer Haltung hinter edlem Salonmobiliar ein ausgestopfter Hirsch postiert, was eine fast surreale Atmosphäre schafft. Unterstrichen wird der traumhafte Eindruck noch dadurch, dass in demselben Raum ein moderner Künstler eine Ansammlung von Geweihen senkrecht aus der edlen Holzdecke wachsen lässt. Gerade der Kontrast zwischen alten, edlen Exponaten in Form von exklusiven Gemälden berühmter Maler wie Rubens oder Breughel und moderner Kunst, immer mit Bezug zum Thema Tier oder Jagd, macht den besonderen Reiz der Ausstellung aus. Man erschrickt erst einmal, wenn man auf einem edlen Louis-XV-Sessel einen zusammengerollten Fuchs entdeckt – und erst auf den zweiten Blick erkennt, dass auch dieser ausgestopft ist. Die Fantasie des Besuchers wird permanent angeregt. In manchen Räumen finden sich in mildes Licht getauchte ausgestopfte Eulen und andere Vögel. Die Illusion, in einem Wald zu stehen, wird durch Käuzchenschreie und Vogelgezwitscher noch verstärkt. Skurrile Objekte wie eine Hundehütte in vornehmem Barockstil oder ein Sessel mit Lehnen aus Hirschgeweihen wechseln sich ab mit modernen Holzskulpturen und vergoldeten Objekten, die das Thema Tier und Jagd aufgreifen.

In einer Nische befindet sich gar eine mit allem nötigen Zubehör ausgestattete Jagdhütte. Zeichnungen, Drucke und Fotos zum Thema runden die Sammlung ab. Videos und Guckkastenbilder sorgen für eine anregende didaktische Aufbereitung. Fast immer werden anspruchsvolle Sonderausstellungen gezeigt, darunter auch solche, die den Kontrast zur prunkvollen Ausstattung ins Extreme steigern, wie etwa die Ausstellung internationaler Streetart-Künstler, die das Thema Tiere in der Wildnis bildnerisch umsetzten.

← ↓ Das Musée de la Chasse et de la Nature ist äußerst geschmackvoll eingerichtet und nähert sich den Themen Jagd und Natur auf ungewöhnliche und kreative Weise.

INFO

CRÊPES FÜR JEDEN GESCHMACK

Das Museé de la Chasse et Nature ist wegen der vielen Tiere und seines didaktischen Anspruchs mit Guckkastenanimationen auch bestens für Kinder geeignet. Das macht natürlich hungrig. Was kann es dann Besseres geben als eine Crêperie in der Nähe, die mit einer großen Auswahl an süßen Crêpes oder herzhaften Galettevariationen aus Buchweizen sicherlich den Geschmack der Kleinen trifft? Nur wenige Straßen weiter befindet sich in der Rue Vielle-du-Temple 109 eine Filiale der Crêperiekette Breizh, das bretonische Wort für Bretagne und der Herkunftsort der dünnen, knusprigen Pfannkuchen. Besonders empfehlenswert ist dort die Crêpe caramel beurre salé, Crêpe mit salziger Karamellsoße.

WEITERE INFORMATIONEN

www.chassenature.org
www.creperieparisbreizh.fr/restaurants

41

MUSÉE COGNACQ-JAY

WOHNEN WIE FRÜHER DER ADEL

Der Besuch dieses Palais kann als wahrer Ausflug in das Lebensgefühl des 18. Jahrhunderts bezeichnet werden. Eleganz und Intimität treffen an diesem wenig besuchten Ort aufeinander.

Zahlreiche Adelspaläste aus dem 17. und 18. Jahrhundert bevölkern das Marais-Viertel. Das liegt daran, dass die Adligen ihre Stadtpalais, »Hôtels Particuliers« genannt, um den damaligen Königsplatz, die heutige Place des Vosges, gruppiert hatten. Im 1575 erbauten Hôtel Donon an der ruhigen Rue Elzévir ist das kleine, aber feine Musée Cognacq-Jay untergebracht, das kostenlosen Eintritt gewährt. Das Museum wird im sonst sehr lebendigen Viertel mit der angrenzenden Rue des Francs-Bourgeois und ihren vielen Boutiquen und Cafés meist völlig übersehen. Umso besser, dann hat man die Räumlichkeiten fast für sich und kann sich gut vorstellen, wie man als Adliger des 18. Jahrhunderts gelebt hat. Das ehemalige Wohnhaus strahlt eine sehr intime und dennoch noble Atmosphäre aus. Wer sich in einem der Räume mit den kunstvollen holzgeschnitzten Wänden, den edlen Teppichen und Vorhängen befindet, würde sich nicht wundern, wenn gleich eine Gräfin in rauschendem Reifrock und hoher Perücke einträte. Der Name des Museums rührt von dem Ehepaar Ernest Cognacq und Marie-Louise Jay her, aus deren Sammlung das Museum hervorging. Aus einfachen Verhältnissen stammend, gelangte das Paar mit der Gründung des Kaufhauses Samaritaine 1870 zu großem Reichtum. Als Wohltäter der Stadt finanzierten sie unter anderem Waisenhäuser, Schulen und Altersheime. Einen weiteren Teil ihres Geldes gaben sie für ihre Leidenschaft aus, Kunst und Kunsthandwerk des 18. Jahrhunderts zusammenzutragen.

Ein wahres Schatzkästchen

Die reichhaltige Sammlung wird sehr ansprechend in den eleganten Wohn- und Schlafsalons präsentiert und spiegelt das heiter verspielte Lebensgefühl der Epoche des Rokoko und der Zeit Ludwigs XV. wider. Neben Gemälden gibt es viele kunsthandwerkliche Objekte zu bewundern, wie etwa Glasvitrinen mit chinesischem Porzellan oder zierliche mit Holzintarsien, Perlmutt und Messing geschmückte Tischchen, dazwischen goldumrandete Spiegel, vergoldete Toilettenkästchen, Marmorbüsten und wunderschöne Sofas und Stühle. Es ist erstaunlich, wie viele bekannte Maler dieser Zeit vertreten sind: Jean-Honoré Fragonard, Jean Siméon Chardin und Maurice Quentin de La Tour finden sich darunter, aber auch Italiener wie Tiepolo, Francesco Guardi oder Canaletto mit seinen venezianischen Veduten fehlen nicht. Besonders hervorzuheben sind Rembrandts »Bileam und die Eselin«, eine Szene aus dem Alten Testament, und François Bouchers »Retour de chasse de Diane« von 1745. Letzteres zeigt, wie die junge Göttin in Begleitung dreier Nymphen gerade von der Jagd zurückkommt und sich nicht nur ihrer Waffen und ihrer Beute, sondern auch ihrer Kleidung entledigt. Diese frivolerotischen Szenen waren ein beliebtes Thema des Rokoko, wie es sich nur unschwer an vielen weiteren Werken des Museums erkennen lässt.

↖ Das Musée Cognacq-Jay zeigt, wie man im 18. Jahrhundert gelebt hat.
↗ Das Kaufhaus Uniqlo präsentiert sich in historischem Industrie-Ambiente.

INFO

EINKAUFEN IM INDUSTRIAL STYLE

Wenige Schritte vom Museum entfernt befindet sich in der Rue des Francs-Bourgeois eine Filiale des japanischen Kaufhauskonzerns Uniqlo. Selbst wenn Sie nicht daran interessiert sind, dort einzukaufen, lohnt sich ein kurzer Blick auf die Achitektur. Untergebracht in einer ehemaligen Goldschmelzerei, beeindrucken der schmiedeeiserne Dachstuhl und der verglaste Giebel, aus dem ein 35 Meter hoher Backsteinschlot durch das Glasdach herausragt. Im Untergeschoss werden sogar noch die Instrumente gezeigt, mit denen man Juwelierabfälle und Schmuck aus Gold, Silber und Platin säubern und in Barren gießen ließ. Der sicherlich aufwendige Umbau und die Modernisierung unter Beibehaltung der alten Gebäudestruktur ist dem japanischen Konzern bestens gelungen.

WEITERE INFORMATIONEN:
www.museecognacqjay.paris.fr
www.uniqlo.com

42

KIRCHE SAINT-ÉTIENNE-DU-MONT

SPITZENBÄNDER AUS STEIN

Ein Kirchenjuwel mit außergewöhnlichem Innenleben steht für abwechslungsreiche architektonische Entwicklungen und erinnert an die große Zeit der Pilgerströme zur Schutzpatronin von Paris, Sainte-Geneviève, der heiligen Genoveva.

Die Kirche Saint-Étienne-du-Mont (Stephanskirche) auf der Montagne Sainte-Geneviève (dem Hügel der hl. Genoveva) gleich hinter dem Panthéon gilt manchen als das schönste Gotteshaus von Paris. Kein Wunder! Ihr aufgrund der riesigen Glasfenster lichtdurchfluteter Innenraum wirkt freundlich und einladend. Sicher trägt dazu auch der schwungvoll gestaltete Lettner im Vierungsraum der Kirche bei. Ein Lettner stellt eine manns-, bisweilen auch fast raumhohe Schranke dar, die den Klerus von den Laien trennen sollte. Der Lettner in Saint-Étienne-du Mont ist aber nicht nur der einzige noch existierende von Paris, sondern präsentiert sich auch mit ungewöhnlich filigraner Ornamentik. Fast wirkt es, als würde sich ein aus Marmor geklöppeltes Spitzenband, versehen mit einer Mischung aus Mustern der Gotik und Renaissance, über die Balustrade ziehen, um sich schließlich elegant an seinen beiden Enden um die jeweils rechte und linke Säule zu winden. Die spiralförmige Windung stellt gleichzeitig das Geländer zweier Wendeltreppen dar, die die Empore mit dem daruntergelegenen Kirchenraum verbinden.

Die lange Bauzeit der Kirche, die zwischen 1491 und 1626 errichtet wurde, erklärt die vielfältigen architektonischen Einflüsse von Hochgotik über Renaissance bis hin zum Barock. Während der untere Teil der Fassade den Eindruck eines griechischen Tempels mit vier korinthischen Säulen entstehen lässt, befindet sich darüber ein Rundbogenfeld, in dem das Martyrium des hl. Stephan dargestellt ist, nach dem die Kirche benannt ist.

Die Stadtheilige, verehrt und geschändet

Die weit wichtigere Heilige dieser Kirche ist jedoch die Schutzheilige von Paris: Sainte-Geneviève (hl. Genoveva). Ursprünglich bewahrte man ihre Gebeine in der benachbarten Abtei Sainte-Geneviève auf, die heute zerstört, aber noch in Teilen in das benachbarte renommierte Elitegymnasium Henri IV integriert ist. Aufgrund der zunehmenden Zahl an Pilgern, die aus allen Teilen Frankreichs hierher strömten, wurde ihr Reliquienschrein schließlich in die Kirche Étienne-du-Mont überführt. Die für ihre Askese bekannte Heilige, die nur zweimal in der Woche gegessen haben soll, ist im Jahr 502 im Alter von 80 Jahren gestorben. Ihr großes Verdienst war es, die Stadt Paris durch ihre Gebete vor dem Einfall der Hunnenheere Attilas gerettet und den Frankenherrscher Chlodwig I. zum christlichen Glauben bekehrt zu haben. Trotzdem schmolzen die Revolutionäre 1793 den Reliquienschrein ein, verbrannten die Knochen der Heiligen und warfen ihre Asche kurzerhand in die Seine. Ein paar Reliquien sind aber wohl noch übrig geblieben, die in Saint-Étienne-du-Mont aufbewahrt werden.

INFO

RUHMESHALLE DER FRANZOSEN

Als Ludwig XV. schwer erkrankte, legte er das Gelübde ab, im Falle seiner Genesung eine Kirche auf dem Hügel der hl. Genoveva errichten zu lassen. Er wurde wieder gesund und beauftragte den Architekten Jacques-Germain Soufflot mit der Planung eines imposanten Kuppelbaus, der zwischen 1764 und 1790 realisiert wurde. Die Revolutionäre, die mit Religion nichts mehr zu tun haben wollten, widmeten die Kirche jedoch um und erklärten das heutige Panthéon zu einer nationalen Gedenkstätte. Dort können Sie nicht nur die Grabstätten berühmter französischer Persönlichkeiten besichtigen, sondern haben vom Dach aus einen umwerfenden Blick über die Stadt.

WEITERE INFORMATIONEN

www.saintetiennedumont.fr
www.paris-pantheon.fr

← Der Altarraum der Kirche Sainte-Etienne-du-Mont ist von einzigartig filigraner Natur.
↑ Grab der hl. Geneviève, der Schutzheiligen von Paris, in der Kirche Étienne-du-Mont

43

PLACE DAUPHINE

KÖNIGLICHE IDYLLE AUF DER INSEL

Von den fünf Königsplätzen in Paris ist dieser zwar nicht der älteste, aber der romantischste. Es ist belegt, dass die Seineinsel bereits von Kelten und Römern besiedelt war, schließlich diente der Fluss als erste natürliche Stadtmauer. Die Place Dauphine ist erst durch die Aufschüttung dreier ehemaliger Schwemminseln entstanden, wodurch sich ihre markante Dreiecksform erklärt.

Die Place Dauphine ist einer der ältesten Königsplätze von Paris und könnte nicht zentraler liegen, befindet sie sich doch mitten im Herzen der Stadt auf der Insel Île de la Cité. Trotzdem wird der Platz gerne übersehen. Warum? Weil alles zu Notre-Dame eilt, die nur wenige Schritte davon entfernt liegt. Vielleicht ist das auch gut so, dann kann man das ganz besondere Pariser Flair hier wirklich in aller Ruhe genießen.

Was als Erstes ins Auge fällt, ist die außergewöhnliche Dreiecksform des Platzes. Die Spitze des Dreiecks endet an der ältesten Brücke von Paris, dem Pont Neuf, was eigentlich »Neue Brücke« bedeutet. Sie ist die erste Steinbrücke der insgesamt 37 Übergänge über die Seine. Richtet man den Blick über die Spitze der Place Dauphine hinaus, sieht man das Reiterstandbild Heinrichs IV., der die Brücke 1607 einweihte und den Platz zu Ehren seines Sohnes Ludwig XIII. (»Dauphin« bedeutet »Thronfolger«) benannte.

Was aber macht den besonderen Reiz dieses Platzes aus? Erst einmal ist er komplett verkehrsberuhigt und bietet mitten in Paris eine Oase der Ruhe. Von der Spitze ausgehend verlaufen die beiden Uferstraßen Quai des Orfèvres (Kai der Goldschmiede) und Quai de l'Horloge (Kai der Uhr) parallel zu den Wegen, die den idyllischen Platz begrenzen. Am Kai der Goldschmiede hatte sich einst direkt am Wasser und beim ehemaligen Königsschloss die ganze Goldschmiedezunft von Paris niedergelassen. Hier stellten auch die Juweliere Boehmer und Bassange das berühmte Halsband her, das Königin Marie Antoinette zum Verhängnis wurde. Die älteste öffentliche Uhr der Stadt, die seit dem 15. Jahrhundert an der Mauer der Conciergerie hängt, war Namensgeber für den Quai de l'Horloge.

Wie in einer südfranzösischen Kleinstadt

Entlang der gepflasterten Wege, die den Platz säumen, reihen sich Cafés und Restaurants aneinander, deren Tische sich teilweise auch auf die mit Sand bedeckte Platzmitte ausbreiten. Im Sommer lässt es sich hier gut unter den schattigen Bäumen sitzen. Während die Eltern an den Tischen ein Getränk genießen, können sie ihre Kinder getrost in der Mitte des Platzes herumspringen lassen. Seinen besonderen Zauber erhält der Platz vielleicht auch durch die harmonische Bebauung. Die 32 den Platz umgebenden Häuser erinnern in ihrer Farbigkeit – sie bestehen aus rotem Backstein, weißem Kalkstein und anthrazitfarbigem Schiefer – an die Place des Vosges im Marais. Allerdings weisen die Häuser hier keine Arkaden auf, der Platz ist dafür zu klein. An der Stirnseite des Platzes spielen unter den dichter belaubten Bäumen fast immer ältere Herren Boule. Fast könnte man meinen, man sei in einer südfranzösischen Kleinstadt. Auf Nummer 15, wo sich jetzt das Restaurant Paul befindet, hat lange Zeit das Traumpaar Yves Montand und Simone Signoret gewohnt. Hinter dem Bouleplatz, wo einst das erste Königsschloss stand, erhebt sich heute der wuchtige Bau des Palais de Justice (Justizpalast).

← Der kleine Dreiecksplatz Place Dauphine steht im Schatten der Kathedrale Notre-Dame.
↓ Die Königskapelle Sainte-Chapelle ist ein Meisterwerk der Hochgotik.

INFO

DIE HEILIGE KAPELLE

Zwar machte das Königsschloss dem Justizpalast Platz, doch haben sich von der einstigen königlichen Residenz noch die Conciergerie (ehemaliger Sitz des königlichen Verwalters und späteres Staatsgefängnis) und die Königskapelle, Sainte-Chapelle, erhalten. Dieses Meisterwerk der Hochgotik ließ Ludwig IX. errichten, um dort die kostbaren Passionsreliquien, u.a. die Dornenkrone Christi, aufzubewahren. Sainte-Chapelle ist eine der wenigen Kirchen in Paris, in denen Eintritt verlangt wird, aber dieser zahlt sich aus! Die atemberaubenden Glasfenster sind am besten während eines der häufig dort stattfindenden klassischen Konzerte zu bestaunen.

WEITERE INFORMATIONEN

www.restaurantpaul.fr
www.sainte-chapelle.fr

44

JARDIN ROSIERS – JOSEPH MIGNERET

EIN KLEINER GEHEIMER GARTEN

Die Gärten der ehemaligen privaten Stadtpaläste, wo einst die Adligen ihre Siesta abhielten, werden in neuerer Zeit teilweise geöffnet und den Passanten als grüne Ruhe-Inselchen angeboten. Diese kleinen, oft sehr feinen Gärten werden in Paris »Jardins secrets« (»geheime Gärten«) genannt.

Das Marais ist eines der schönsten und lebendigsten Viertel von Paris. Schmucke alte Stadtpaläste, jüdische Feinschmeckerlokale, trendige Boutiquen, eine Fülle von Cafés und Bistros und nicht zuletzt der prachtvolle alte Königsplatz, die Place des Vosges, verleihen dem Ort eine große Anziehungskraft. Eine der quirligsten Straßen und das Herz des jüdischen Viertels des Marais ist die Rue des Rosiers. Auf Nummer 10 gibt es einen kleinen Eingang, an dem die meisten achtlos vorbeilaufen. Tritt man hingegen ein, staunt man nicht schlecht. Es tun sich zwei jeweils über 1000 Quadratmeter große hintereinanderliegende Gärten auf, die man hier gar nicht erwartet hätte, obwohl viele der »Hôtels Particuliers«, wie die meist aus dem 17. und 18. Jahrhundert stammenden Stadtpalais genannt werden, hinter der geschlossenen Straßenfassade einen versteckten Innenhof aufweisen. Seit 2014 sind diese zwei Gärten nun geöffnet und Besuchern zugänglich gemacht.

Stadtmauerreste zwischen Obst und Gemüse

Gleich hinter dem Eingang sind die Überreste eines der ehemals 77 Wehrtürme zu sehen, die einst zur fünf Kilometer langen Mauer gehörten, die Philippe Auguste Anfang des 13. Jahrhunderts errichten ließ. Entlang der Stadtmauer wurden in früheren Zeiten Rosenstöcke gepflanzt, woher auch der Name Rue des Rosiers rührt. An einem riesigen Feigenbaum vorbei, der hier in geschützter Lage wunderbar gedeiht, trifft man auf eine äußerst abwechlungsreiche Vegetation, die Gartenfreunden das Herz höher schlagen lässt. Auf einer Liegewiese lagern Sonnenanbeter, einige packen ihr Picknick aus, oft eine leckere Falafel, die es an jeder Ecke der Rue Rosiers zu kaufen gibt. Andere haben auf einer der vielen die Wiese umgebenden Sitzbänke Platz genommen und lesen im Schatten der Bäume ein Buch. Wiederum andere bewundern die mit Obst und Gemüse bepflanzten Beete neben den eleganten Fassaden der Palais. So manches Großstadtkind lernt hier, wo die Erdbeeren oder Zucchini aus dem Supermarkt herkommen. Schweift der Blick nach oben, ist der schlanke hohe Backsteinschlot der einstigen Goldschmelzerei zu sehen, in die eine Filiale der japanischen Kaufhauskette Uniqlo (s. S. 131) gezogen ist. Deren Eingang liegt allerdings an der Rue des Francs Bourgeois, wo man diese Oase der Ruhe auch wieder verlassen kann.

Der Garten Joseph Migneret ist übrigens nach dem ehemaligen Schuldirektor einer benachbarten Schule benannt, der während des Zweiten Weltkriegs zwölf jüdische Kinder vor der Deportation gerettet hatte.

INFO

FALAFEL UND MEHR

Die besten Falafel gibt es bei L'As du Fallafel, zu erkennen an den langen Schlangen, die sich dort auf der Rue des Rosiers bilden. Die frittierten Kichererbsenbällchen in Pitabrottasche werden mit gegrillten Auberginen und knackigem Krautsalat gereicht und mit einer Knoblauch-Joghurt-Sauce übergossen. Meist ist das ausreichend für ein kleines Mittagessen. Haben Sie nicht so viel Zeit, sich bei L'as du Fallafel anzustellen, können Sie auch mit den anderen Falafelständen vorlieb nehmen.
Wer tiefer in die Geheimnisse der jüdischen Küche eindringen möchte, dem sei Chez Marianne genannt, schon lange eine Institution in der Rue Rosiers.

WEITERE INFORMATIONEN

www.chezmarianne.fr

← Die ehemals privaten Gärten an der quirligen Rue des Rosiers laden zum Verweilen ein.
↑ Ideal für einen Mittagsimbiss im Marais-Viertel: L'As du Fallafel in der Rue des Rosiers

45

PÂTISSERIE STOHRER

SEIT FAST 300 JAHREN EINE INSTITUTION

Den süßen Versuchungen in der lebendigen Marktstraße nahe der Hallen kann kaum ein Vorübergehender widerstehen. Ein Zuckerbäcker des Hofes von Versailles hat hier einst die erste Konditorei von Paris eröffnet. Ein Fest für Augen und Gaumen!

Die verkehrsberuhigte kleine Straße Rue Montorgeuil in der Nähe der Pariser Hallen ist bereits seit dem 13. Jahrhundert eine einzige Genussmeile. Cafés, Fromagerien (Käseläden), Läden mit dekorativ präsentierten Meeresfrüchten und kunstvoll aufgetürmtem Obst und Gemüse machen den Ort zu einem Paradies für Feinschmecker. Marktstände mitten auf der Straße schaffen eine lebendige Atmosphäre. Auf der rechten Straßenseite stadtaus-

wärts sticht das Traditionslokal L'Escargot de Montorgeuil mit einer riesigen goldenen Schnecke über dem Namensschild hervor, das seit 1832 Schnecken, Gänseleberpastete und Froschschenkel serviert. Schräg links gegenüber hat die älteste – und, wie viele behaupten, auch die beste – Pâtisserie von Paris ihren Laden, und das schon seit 1730!

Wie kam es dazu? Als Maria Leszczyńska, die Tochter des polnischen Königs Stanislaus Leszczynski, 1725 Ludwig XV. heiratete, bestand sie darauf, ihren Lieblingskonditor Nicolas Stohrer mit an den Versailler Hof nehmen zu dürfen. Natürlich wurde der Feinschmeckerin der Wunsch gewährt, auf diese Weise ein Stück Heimat in der Fremde zu haben. Am Hof von Versailles wurden Stohrers kleine Sünden mit Raffinesse verfeinert, sodass ein Dekor mit echtem Blattgold keine Ausnahme war. Doch beschränkte sich der Konditor nicht nur auf den Versailler Hof, sondern eröffnete im Zentrum des Genusses, den alten Markthallen, die später in einem Roman von Émile Zola auch als »Bauch von Paris« bezeichnet wurden, einen Laden. Die kleine Pâtisserie ist mittlerweile ein »Monument national«, dem sogar die einstige englische Königin Elisabeth während eines Staatsbesuchs in Paris eine Visite abstattete.

Aufgereiht wie Juwelen

Das Konditorhandwerk wurde in Frankreich längst zu einer Art Kunst erklärt. Dem entspricht auch die Innenausstattung des Ladens: Decke und Wände wurden von einem Schüler des Dekorateurs der Pariser Oper elegant ausgestaltet. Noch kunstvoller sind aber die gleich wertvollen Schmuckstücken sorgsam arrangierten Teilchen in der Auslage. Es ist alles da, was das französische Konditorhandwerk im Repertoire hat: Éclairs au café (Brandteigstangen mit Kaffeecreme), Religieuses (mit ähnlicher Zusammensetzung, aber in runder Form, die wahrscheinlich kleine Nonnen darstellen sollen), Mille-feuilles (geschichtete Blätterteigteilchen), Fruchttörtchen in den Variationen Tartelettes aux Framboises (mit Himbeeren), Tarte Tatin (gestürzter und karamellisierter Apfelkuchen) oder Tarte au Citron (Zitronenküchlein, oft mit Baiserhäubchen), Opéra (geschichteter, eckiger Schokoladenkuchen, getränkt mit Grand Marnier) … Die Kassenschlager bei Stohrer sind aber Puits d'amour, Blätterteigkörbchen mit Vanillecreme, und, noch bekannter, Baba au Rhum, ein kleiner Gugelhupf, der in Rum eingelegt ist und mit einer Sahnecreme, der Creme Chantilly, dekoriert wird. Achtung, recht alkoholisch! Die kleinen Teilchen haben ihren Preis, aber halten Sie es wie die Pariserinnen, die für die Wahrung ihrer schlanken Linie bekannt sind: lieber Qualität statt Quantität und den kalorienfreien Nachgeschmack noch lange genießen!

INFO

DER KÜCHENSPEZIALIST

Wer nun Lust bekommen hat, einige der im Parisurlaub kennengelernten Spezialitäten zu Hause nachzukochen/-backen, sollte sich unbedingt um die Ecke zu Dehillerin begeben. Dort gibt es in einem Ambiente, in dem die Zeit stillgestanden zu sein scheint, alles, was an Kochutensilien möglich ist. Auch Sterneköche werden hier fündig.

WEITERE INFORMATIONEN

https://stohrer.fr
www.edehillerin.fr/fr

↖ ↑ Delikatessen in der ältesten Konditorei der Stadt. Am berühmtesten ist in der Pâtisserie Stohrer aber der Baba au Rhum, ein kleiner mit Rum getränkter Napfkuchen.

46

TOUR SAINT-JACQUES

ES MUSS NICHT IMMER DER EIFFELTURM SEIN

Die Tour Saint-Jacques (Jakobsturm) als Relikt einer ehemaligen Kirche erinnert an einen florierenden Wirtschaftszweig im Mittelalter und an die radikale Zerstörungswut der Revolutionäre. Gleichzeitig stellt der Turm einen wichtigen Startpunkt der französischen Pilger Richtung Santiago de Compostela dar.

Nicht weit vom Pariser Rathaus, dem Hôtel de Ville, entfernt, erhebt sich ein 51 Meter hoher Turm in spätgotischem Stil. Das mit feinster Flamboyant-ornamentik und vielen Figuren und Wasserspeiern gestaltete Bauwerk erweckt sofort den Eindruck einer gotischen Kathedrale, der aber etwas fehlt: nämlich das Kirchenschiff. Dieses wurde während der Französischen Revolution zerstört. Das heißt: Die Kirche wurde zunächst geschlossen, dann als Versammlungsort des revolutionären Komitees entweiht, und schließlich wurde der größte Teil der Kirche bis auf den Turm einfach abgebaut.

Dabei hatte die Kirche eine ereignisreiche Geschichte hinter sich. Zunächst wurde sie 1253 zur offiziellen Kirche der Metzgerinnung ernannt – so erklärt sich auch der Name Église Saint-Jacques-de-la-Boucherie. Die Fleischer gehörten einem angesehenen Berufszweig an, und ihre Schlachtereien befanden sich nur wenige Schritte von der ehemaligen Kirche entfernt an den berühmten Hallen von Paris.

Um die Kirche wurde auch ein Friedhof angelegt, der allerdings schnell ausgelastet war, sodass man mit den Bestattungen auf den Friedhof Cimetière des Innocents bei den Hallen ausweichen musste. Doch auch dieser war aufgrund der stetig wachsenden Stadtbevölkerung und der vielen an Hungersnöten und Pestepidemien Verstorbenen im Laufe der Zeit so überfüllt, dass Anwohner an den austretenden Faulgasen erstickten und der Friedhof aus hygienischen Gründen geschlossen werden musste. In der Folgezeit wurden über eine halbe Million Tote quer durch die Stadt in die Katakomben gebracht, wo die Gebeine heute noch feinsäuberlich aufgestapelt verharren.

Naturwissenschaftliche Versuche auf dem Turm

Der Universalgelehrte Blaise Pascal (1623–1662) nutzte die für damalige Verhältnisse große Höhe der Tour Saint-Jacques und unternahm auf der Turmspitze naturwissenschaftliche Forschungen zur Messung des Luftdrucks, aus denen er seine »Theorie zum Gleichgewicht der Flüssigkeiten« entwickelte. Ihm zu Ehren hat man 1857 eine Statue errichtet, die sich unterhalb des Turms befindet. Auf der Turmspitze dagegen thront die Figur des hl. Jakob, die 1870 von Paul Chenillon geschaffen wurde. Die Kirche stellte bereits von alters her eine wichtige Station des berühmten Jakobswegs nach Santiago de la Compostela dar. 1998 wurde der Turm als Teil des Weltkulturerbes »Wege der Jakobspilger in Frankreich« von der UNESCO gekürt.

Mit etwas sportlichem Ehrgeiz kann man heute die über 300 Stufen einer engen und steilen, spiralförmig angelegten Wendeltreppe hinaufsteigen und hat von dort aus einen der schönsten Ausblicke von ganz Paris.

INFO

PICKNICK UND NOCH MEHR SPORT

Durch den kleinen Park Square de la Tour Saint-Jacques, der den Turm umgibt, führen einige Wege. Es gibt Parkbänke, die dazu einladen, inmitten der sonst recht belebten Umgebung ein Picknick abzuhalten. Wer noch mehr sportliche Betätigung sucht, kann sich nur wenige Schritte vom Jakobsturm entfernt die Tour Jean-sans-Peur, den Johann-Ohnefurcht-Turm, vornehmen. Dieser ist allerdings nicht Überbleibsel einer Kirche, sondern Relikt eines ehemaligen Palastes der Herzöge von Burgund.

← Der Jakobsturm legt noch Zeugnis von der alten Metzgerskirche ab.
↑ Statue des Universalgelehrten Blaise Pascal im Gewölbe der Tour Saint-Jacques

47

KÜNSTLERHAUS RIVOLI 59

INSEL DER KREATIVITÄT

Es ist ein Vorurteil zu glauben, in Paris gäbe es nur die hohe elitäre Kunst, die in die Vergangenheit gewandt und in Museen eingesperrt ist. Im inspirierenden Künstlerhaus Rivoli 59 könnte man fast meinen, man befände sich in Berlin.

Die Fassade der Hausnummer 59 fällt neben den vielen Shoppingketten an der Rue de Rivoli sofort auf. Riesige bunte Wandobjekte, die immer wieder wechseln, sind hier an der sonst eleganten, die Straße säumenden Häuserreihe angebracht. Hier wird Kunst fabriziert – ganz andere als die, die man nur einen Katzensprung entfernt im ehrwürdigen Louvre besichtigen kann.

In den 1990er-Jahren war hier noch eine noble Bank untergebracht. Als diese ihre Pforten schloss, stand das Gebäude 15 Jahre leer. Der Vermieter verlangte für die Immobilie im Herzen der Stadt zu hohe Summen. Da diese niemand bezahlen wollte, ließ er es eben ungenutzt. 1999 drangen drei Künstler in das Haus ein, richteten sich dort wohn- und arbeitsmäßig ein und zogen weitere nach sich. Natürlich wollte man die Hausbesetzer vertreiben, aber vor den damaligen Bürgermeisterwahlen versprach Bertrand Delanoë, dass die Künstler bleiben könnten, falls er gewählt würde. Der Sozialist gewann die Wahl, das Haus wurde von der Stadt Paris gekauft und steht seitdem jungen, aufstrebenden Künstlern aus aller Welt zur Verfügung. Insgesamt gibt es 30 Ateliers, in der einen Hälfte der Ateliers leben und wohnen die Künstler fest, in der anderen Hälfte wechseln die Künstler in einem Turnus von drei Monaten.

Die Kunst lebt

Schon beim Eintreten in das Gebäude ist man überwältigt von der Kreativität und dem Meer aus Farben. Die elegante Spiraltreppe der ehemaligen Bank, deren Stufen, Wände und Decken wild bemalt sind, führt über sechs Etagen nach oben, die mit Künstlerateliers aller Art belegt sind. Das Haus versteht sich selbst als Gesamtkunstwerk. Gemälde, Zeichnung, Skulpturen, Mosaik und Streetart wechseln sich ab. Im Falle, dass die Künstler gerade tätig sind, darf man ihnen über die Schulter schauen, Fragen stellen und mit ihrer Erlaubnis auch fotografieren. Es ist möglich, Werke dort käuflich zu erwerben. Vielleicht ist die Situation der Kreativen hier ja mit den Künstlern am Montmartre zur Wende zum 20. Jahrhundert vergleichbar – dann würde das Souvenir aus Paris sogar noch deutlich an Wert gewinnen. Im Gegensatz zu einer herkömmlichen Galerie gibt es keinen einheitlichen Stil. Von kitschig und skurril bis genial kann alles dabei sein. Man muss sich bei der Auswahl auf sein Gefühl verlassen. Der kreativen Freiheit werden hier keine Grenzen gesetzt. Es besteht allerdings nicht im Geringsten ein Kaufzwang. Auch der Eintritt ins Haus ist kostenlos, eine Spendenbox steht jedoch bereit, und die teils noch unbekannten Künstler können jeden Cent gebrauchen. Als besonderes Highlight gibt es im Erdgeschoss eine alle zwei Wochen wechselnde Sonderausstellungen, bei denen sich die Künstler des Hauses präsentieren. Auch finden am Wochenende Konzerte und schillernde Partys statt.

↖ Im Rivoli 59 wird an der gleichnamigen Adresse Kunst gemacht.
↗ Den Künstlern kann man hier über die Schultern schauen, aber auch Werke erwerben.

INFO

DIE KÜNSTLER VON BELLEVILLE
Künstler, die noch nicht so bekannt sind, können sich normalerweise eine Miete im Zentrum kaum leisten. Viele haben ihre Ateliers deshalb im günstigeren Osten der Stadt, beispielsweise im Viertel Belleville. Zwar sind diese nur an den »Tagen der offenen Tür« zu besichtigen, der Besuch lohnt sich aber. Auf der Webseite sind die genauen Daten zu erfahren. Es gibt dort auch einen Plan, nach dem Sie einen Parcours von über 100 Ateliers mit über 150 Künstlern innerhalb kurzer Gehwege ablaufen können. Für Kunstsammler, die nicht zu viel ausgeben wollen, ist das ein echter Geheimtipp!

WEITERE INFORMATIONEN
www.59rivoli.org
https://ateliers-artistes-belleville.fr

48

DIE KIRCHE SAINT-SÉVERIN

IM STEINERNEN PALMENWALD

Äußerlich leicht angegraut, wird diese etwas klobig wirkende Kirche in der quirligen Touristenmeile meist völlig übersehen. Doch die Atmosphäre unter dem einzigartigen floral wirkenden Gewölbe, auf das ein fast mystisches Licht fällt, ist mit nichts zu vergleichen!

Im Schatten der nicht weit entfernten Notre-Dame wird der massive Bau dieser ältesten Kirche des Rive Gauche, des linken Seineufers, gern völlig übersehen. Aber steht man erst einmal vor dem Hauptportal, erkennt man bereits von außen, dass diese Kirche etwas Besonderes ist. An ihrer Südseite strecken unzählige Wasserspeier ihre furchterregenden Fratzen in Richtung eines umfriedeten Kirchhofs. Diese typischen gotischen Schmuckelemente sind hier weitaus besser zu erkennen als an der Kirche Notre-Dame, da sie viel niedriger angebracht sind. Im Kirchgarten soll übrigens Mitte des 15. Jahrhunderts die erste Operation unter freiem Himmel stattgefunden haben. Der Patient, der dabei seine Nierensteine los wurde, soll noch lang überlebt haben!

Der Name der Kirche geht auf den Einsiedler Severinus zurück, der dort im 6. Jahrhundert gelebt hat. Während der Glockenturm noch aus dem 7. Jahrhundert stammt, wurde das Kirchenschiff an der Stelle einer früheren Kirche erst zwischen dem 13. und 15. Jahrhundert errichtet. Beim Eintreten in die Kirche ist man zunächst verwundert. Aufgrund des Verzichts auf ein Querhaus fehlt der für die Gotik charakteristische Eindruck himmelstrebender Höhe, und Saint-Séverin scheint erst einmal wenig mit der üblichen gotischen Architektur zu tun zu haben. Sie misst lediglich 17 Meter Höhe, was eine gewisse Intimität erzeugt. Die 50 Meter Länge und die 34 Meter Breite sind durch ihre Fünfschiffigkeit bedingt. Diese wiederum hat zur Folge, dass die Säulen des doppelten Chorumgangs den Eindruck eines sich ständig überschneidenden Kreuzrippengewölbes erzeugen und wie ein steinerner Palmenwald wirken. Die meisten Besucher werden magisch angezogen, sich nach vorne unter das Gewölbe zu begeben.

Perfekte Harmonie von Alt und Neu

Der Chorumgang im wunderschönen Flamboyant-Stil besticht durch seine florale Wirkung. Um die vorderen Säulen winden sich, Kletterpflanzen gleich, steinerne Bänder, um sich dann fächerförmig Richtung Gewölbe zu entfalten. Diese Wirkung wird durch das Licht unterstrichen, das durch die mit gotischem Maßwerk verzierten Fenster einfällt. Kein Wunder, dass Robert Delaunay, der große Maler des Lichts, Anfang des vorigen Jahrhunderts genau hier eine Serie von Bildern schuf. Einige Jahrzehnte später hat man den Künstler Jean Bazaine beauftragt, das Fensterglas zu erneuern. Die Strahlkraft der abstrakten Muster ist unglaublich, und es ist bemerkenswert, wie harmonisch sich hier das Moderne in das Alte einfügt.

INFO

MITTELALTERGARTEN UND -MUSEUM

Nur einen kurzen Fußweg von fünf Minuten entfernt bietet sich passend zum Besuch der Kirche eine Stippvisite im Jardin médiéval (mittelalterlichen Garten) an. Dieser gehört zum angrenzenden Mittelaltermuseum Musée de Cluny – Musée national du Moyen Âge, das in einem stattlichen gotischen Palast untergebracht ist, der einst den Bischöfen von Cluny gehörte. Der Park mit kostenlosem Eintritt weist neben einem Kinderspielplatz eine besondere Bepflanzung auf, die sich auf verschiedene Gärten verteilt. So gibt es einen Jardin des simples medicines, der medizinische Heilpflanzen des Mittelalters aufweist, einen Jardin céleste (»himmlischer Garten«), in dem Blumen gedeihen, die als Attribute der Gottesmutter gelten, und den Jardin d'amour, der der höfischen Liebe gewidmet ist. So manche Blüte dort lässt sich auf dem berühmten Wandteppich »Die Dame und das Einhorn« wiederfinden, der im Mittelaltermuseum zu bewundern ist und auch nach fünf Jahrhunderten nichts von seiner Strahlkraft verloren hat.

WEITERE INFORMATIONEN

https://saint-severin.com
www.musee-moyenage.fr

← Saint-Séverin ist eine uralte Kirche, die einem Einsiedler gewidmet ist.
↑ Die römischen Thermen sind ein Bestandteil des Mittelaltermuseums.

AUSSERHALB

Schlösser, Villen und Ausflugslokale vor den Toren der Stadt

Das elegante Schloss Chantilly, rund 50 Kilometer nordöstlich von Paris, ist mit seinem Park, der Gemäldesammlung und dem Gestüt einen Abstecher wert.

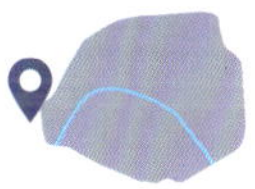

49

GEWÄCHSHÄUSER VON AUTEUIL

WANDELN IN TROPISCHEN GEFILDEN

Der botanische Garten Jardin des Serres d'Auteuil (Garten der Gewächshäuser von Auteuil) ist ein Fest für die Sinne. Begleitet von Vogelgezwitscher und Wasserplätschern flaniert man zwischen exotischen Pflanzen und farbig leuchtenden Blüten, deren Duft betört.

Seit einiger Zeit gibt es von der Parfummarke Condensé einen wohlriechenden Duft, der sich »Dans le Calme des Serres d'Auteuil« nennt, was so viel heißt wie »In der Ruhe der Gewächshäuser von Auteuil«. Auteuil gehört zum vornehmen 16. Arrondissement im Westen von Paris und umfasst auch einen Teil des riesigen Parks Bois de Bologne, in dessen südöstlicher Ecke sich der Jardin des Serres d'Auteuil befindet. Wenn nicht gerade ein Turnier im dort befindlichen Tennisstadion Roland Garros stattfindet, ist es im Garten ruhig und beschaulich.

Schon Ludwig XV., ein großer Pflanzenliebhaber, ließ auf dem Gelände eine kleine Anpflanzung errichten, aber professionell und großflächig angelegt hat den Garten erst der Landschaftsarchitekt Jean Camille Formigé im 19. Jahrhundert. Damals kamen gerade die Wintergärten in Mode, und Formigé entwarf wunderschöne Glashäuser mit metallenen Verstrebungen in Blau, Türkis und Grün im Stil der Belle Époque. Um einen hübschen französischen Garten sind fünf dieser Häuser angeordnet. Auf dem etwa sieben Hektar umfassenden Gelände erstrecken sich aber auch noch große Freiflächen, wo ein englischer Garten, ein japanischer Garten und ein mediterraner Garten angelegt sind. Auch eine Orangerie gibt es.

Versammlung von Pflanzen aus aller Welt

Höhepunkt bildet das Palmarium, das von einer 16 Meter hohen Glaskuppel überwölbt wird. Hier gibt es nicht nur riesige Palmen, vielfältige Ficusarten und Bananengewächse zu bewundern, sondern weitere über 200 Arten subtropischer, oft sehr seltener Pflanzen aus allen Teilen der Welt. Ganz besonders wohltuend ist hier ein Besuch im Winter, da dort beständig angenehme 25 Grad mit 80-prozentiger Luftfeuchtigkeit herrschen. Den davor befindlichen Brunnen ziert das Relief »Triumph des Bacchus«, das Aimé Jules Dalou schuf, während die vierzehn gusseisernen Fratzengesichter, die an der Stützmauer angebracht sind, aus dem Atelier Auguste Rodins stammen. Im Kakteenhaus mit den vielen mehr als mannshohen Kakteen fühlt sich der Besucher wie in einer amerikanischen Wüste. Der japanische Garten besticht durch kleine Pagoden und Teiche, in denen Fische schwimmen.

Insgesamt sind über 5000 Pflanzenarten thematisch nach Gruppen geordnet, wie zum Beispiel Gewächse, die aus Überseegebieten wie Neukaledonien kommen. Exotische Orchideenarten runden die Vielfalt ab. Die Blumenbeete verursachen eine wahre Farbexplosion, graue Tage werden farbig, und die Stimmung jeden Besuchers hebt sich im Angesicht dieser Idylle. Da kann man nur sagen: Augen schließen und den Duft »der Ruhe der Gewächshäuser von Auteuil« einsaugen!

INFO

GEGEN HUNGER UND DURST

Leider besitzt der botanische Garten kein Restaurant. Am besten also ein Getränk mitbringen, denn gerade die warmen Gewächshäuser machen durstig! Nicht weit vom botanischen Garten entfernt befindet sich aber in einem umgebauten früheren Bahnhof die italienisch angehauchte Brasserie Auteuil, die sich ebenfalls die Pflanzen zum Motto gemacht hat: Sowohl innen als auch außen gedeihen allerhand Gewächse. Die Räume sind lichtdurchflutet, und sogar eine Dach- und eine Außenterrasse gibt es. Neben Pizza, Carpaccio und Burrata gibt es alles, was die italienische, aber auch die französische Küche zu bieten hat.

WEITERE INFORMATIONEN

www.paris.fr/lieux/jardin-des-serres-d-auteuil-1780
www.auteuil-brasserie.com

↖ Die weitläufigen Gewächshäuser von Auteuil grenzen direkt an das Tennisstadion Roland Garros.
↑ An Regentagen flüchtet man am besten in die Gewächshäuser unter Palmen.

50

BLICK VOM DACH DER FONDATION LOUIS VUITTON

WIE AUF WOLKEN SCHWEBEN

Es ist spannend, in diesem »Wolkenhaus moderner Architektur« zu wandeln. Und vom Dach der Fondation Louis Vuitton aus haben Sie einen außergewöhnlichen Blick über Paris, der nicht nur die Umgebung der Stadt, sondern auch die Wolkenkratzer von La Défense miteinbezieht.

Selbst wenn Sie normalerweise kein Fan moderner Architektur sein sollten, bietet die Fondation Louis Vuitton ein einzigartiges Erlebnis, das man nicht verpassen sollte. Gerade das Erklimmen der gläsernen »Segel« des Baus vermittelt ein spektakuläres Raumgefühl. Besonders von der mit viel Grün aufgelockerten Dachlandschaft des phänomenalen Bauwerks hat man einen fantastischen Blick, der über den Park Bois de Boulogne bis hin zu den

Wolkenkratzern von Europas größter Bürostadt La Défense und stadteinwärts über ganz Paris samt Eiffelturm reicht. Wenn man sich diesem umwerfenden Bauwerk nähert – am besten mit einem der häufig verkehrenden Shuttle-Busse, die am Triumphbogen abfahren – kann man sich kaum vorstellen, dass es möglich sein könnte, dort auf das Dach zu steigen. Manchen mutet der Bau von Weitem wie ein überdimensionales Insekt mit verschachtelten Panzern an, für andere gleicht er einer schwebenden Wolke oder einem Raumschiff, jedenfalls nicht von dieser Welt. Der Erbauer Frank Gehry sagte selbst, dass er ein Bauwerk schaffen wollte, das sich bewegt wie ein Schiff unter vollen Segeln. Und tatsächlich kann man als Betrachter auch diese Möglichkeit der Interpretation nachvollziehen. Man könnte meinen, dass der Wind die zwölf riesigen Glassegel und die dahinter verborgenen Materialien wie Stahl, Holz und Beton gerade auseinanderzupusten versucht.

Bauwerk der Superlative

Die Fondation wurde 2014 im Auftrag des Multimilliardärs Bernard Arnault errichtet, dem Besitzer des Luxusgüterimperiums LVMH, zu dem u.a. Dior, Louis Vuitton, Hennessy und Moët & Chandon gehören. Nach 50 Jahren soll das Museum in den Besitz der Stadt Paris übergehen, die das Gelände zur Verfügung gestellt hat. Arnault bringt in der Fondation viele Objekte aus seiner eigenen Kunstsammlung unter, die aus Werken berühmter Künstler wie Yves Klein, Henri Matisse, Jeff Koons, Mark Rothko und vielen anderen besteht. Das größte Kunstwerk mit hohem Erlebniswert ist jedoch das Gebäude selbst.

Eindrucksvoll ist es auch, sich ins Untergeschoss zu begeben. Dort entführt der dänische Künstler Olafur Eliasson in eine begehbare monumentale Installation mit dem Titel »Inside the horizon«, in dem sich die Besucher wie in einem Raumschiff fühlen. Entlang einer Reihe gelb beleuchteter Säulen, die teils verspiegelt sind, führt ein unterirdischer Bach, der außerhalb des Baus in einem überdimensionalen getreppten Brunnen endet. Dies alles wird mit sphärischer Musik klanglich untermalt.

2021 zog im Übrigen Arnaults Konkurrent, der Pariser Multimilliardär François Pinault nach, und ließ die ehemalige Getreidebörse in der Nähe der Pariser Hallen umbauen, um dort seine ebenfalls umfangreiche Kunstsammlung unterzubringen. Vielleicht ein Ausweg für Gemeinde und Staat angesichts oft leerer Kassen?

INFO

FREIZEITPARK MIT TRADITION

Im Ticketpreis der Fondation ist auch der Eintritt in den benachbarten Jardin d'Acclimatation enthalten, ein wunderschön gestalteter Kinderpark mit Seen, Teichen, Streichelzoo, Minizug und vielen Fahrgeschäften. Für Letztere muss aber extra gezahlt werden. Der Freizeitpark ist eine tolle Alternative zu Disneyland, gerade auch für jüngere Kinder!

WEITERE INFORMATIONEN

www.fondationlouisvuitton.fr
www.pinaultcollection.com/fr/boursedecommerce
www.jardindacclimatation.fr

← Von der Fondation Louis Vuitton aus erschließt sich ein fantastischer Blick auf das Büroviertel La Défense.
↑ Das Bauwerk von Frank Gehry scheint vor Leichtigkeit fast abzuheben.

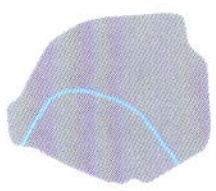

51

DORF AUVERS-SUR-OISE

DIE LETZTEN TAGE VON VAN GOGH

Eine kleine Pause von der Großstadt gefällig? Das 30 Kilometer entfernte Auvers-sur-Oise bietet Ihnen ein bisschen Rast und Entspannung. Gleichzeitig können Sie auf anrührende Weise den dramatischen letzten Tagen eines der größten Maler nachspüren.

Das etwa 70 Kilometer von Paris entfernte Giverny, wo sich Claude Monets Wohnhaus und der berühmte Garten mit dem Seerosenteich befinden, ist mittlerweile von Touristen derart überlaufen, dass sich die einstige Inspirationsquelle des berühmten Impressionisten nur schwer genießen lässt. Ganz anders dagegen Auvers-sur-Oise: Das etwa 7000 Einwohner zählende Dorf ist nur 30 Kilometer von Paris entfernt und hat sich seine Authen-

tizität bewahrt. Es liegt im malerischen Tal des Flusses Oise und ist mit der Bahn leicht vom Stadtzentrum aus zu erreichen. Für Fans von Vincent van Gogh ist es fast ein Muss. Kenner seiner Gemälde oder Besucher des Musée d'Orsay werden sich sofort heimisch fühlen, wenn sie dort einige Motive wiedererkennen. An den Orten, die dem Maler als Vorlage dienten, sind Tafeln aufgestellt, die über van Goghs Interpretation informieren. So erkennt man sogleich die frühgotische Kirche mit den romanischen Kapellen und das Rathaus von Auvers, die er auf seine Leinwand bannte.

Der Maler verbrachte hier die letzten 70 Tage seines Lebens, arbeitete in dieser kurzen Zeit wie ein Besessener und schuf ganze 75 Bilder. Er kam nach einem Aufenthalt in einer Nervenklinik in Saint-Rémy und einem Zwischenstopp in Paris bei seinem Bruder Theo hierher. Dieser hatte ihn sein Leben lang moralisch und finanziell unterstützt. Der Impressionist Camille Pissarro und einige andere Künstler hatten sich schon vorher von der ländlichen Idylle in Auvers-sur-Oise inspirieren lassen. Pissarro war es auch, der den Maler an den Arzt Dr. Gachet verwies, obwohl er eigentlich als psychisch geheilt galt. Das einzige Bild, das van Gogh in seinem Leben verkaufte, ging an diesen Arzt. Heute wird das Porträt des Dr. Gachet auf einen hohen zweistelligen Millionenwert geschätzt. Die Kunsthistoriker werden wohl nie damit aufhören zu rätseln, ob der Tod des Malers ein Unfall, ein Mord oder ein Selbstmord war.

Die letzten Tage des großen Malers

Die Pension Ravoux, in der van Gogh für wenige Francs unterkam, ist noch heute ein Gasthaus. Weiße gestärkte Vorhänge, bäuerliches Keramikgeschirr und rustikale Speisen wie Fleischterrinen, herzhaftes dunkles Brot und kräftiger Wein, serviert auf einfachen Eichentischen, laden zur Einkehr ein. Man kann sich den Maler gut an einem der Tische vorstellen. Ganz anders wird es dem Besucher jedoch, wenn er die schmale Holztreppe zu van Goghs Zimmer emporsteigt und er sich vorstellt, wie sich der Maler hier am 29. Juli 1890 mit einer Kugel im Bauch hochschleppte. Das sieben Quadratmeter große Kämmerchen mit der kleinen Dachluke ist vollkommen kahl. Dies ist kein Raum für Touristen, eher für Pilger. Die Aura ist gerade in der Abwesenheit jeglichen Mobiliars intensiv, da jeder sie selbst mit seinen Vorstellungen füllen kann. In den letzten zwei Tagen dieses vielleicht leidenschaftlichsten und unglücklichsten Künstler aller Zeiten kam noch sein Bruder Theo nach Auvers, in dessen Armen Vincent van Gogh starb. Das Zimmer wurde anschließend nie mehr vermietet. Noch eindrücklicher als die audiovisuelle Dokumentation im Haus ist aber ein Gang zum Friedhof von Auvers-sur-Oise, wo Vincent van Gogh in einem schlichten, mit Efeu berankten Grab ruht und wohin ihm sein Bruder nur wenige Monate danach folgte.

↖ Über dem nostalgischen Restaurant verbrachte Vincent van Gogh seine letzten Tage.
↗ Auf dem Friedhof von Auvers-sur-Oise liegt der große Künstler neben seinem Bruder Theo.

INFO

WEITERE SEHENSWÜRDIGKEITEN IN AUVERS
Neben dem Haus des Dr. Gachet ist in Auvers-sur-Oise auch das Haus des Malers Charles-François Daubigny zu besichtigen, der zur Schule von Barbizon zählt und die Impressionisten nachhaltig beeinflusste. Die Wände des romantischen Sommerhauses wurden von Daubignys berühmten Künstlerfreunden wie etwa Corot mit wunderschönen Landschaftsmotiven bemalt. Wenn Sie schon den Weg raus aus dem Zentrum von Paris auf sich genommen haben, können Sie in diesem kleinen Ort noch ein Schloss besichtigen, wo Sie mit Videopräsentationen über die Geschichte der Impressionisten informiert werden. Oder Sie besuchen ein Museum zum Thema Absinth, einem Getränk, dem auch viele Künstler nicht abgeneigt waren.

WEITERE INFORMATIONEN
www.maisondevangogh.fr
www.atelier-daubigny.com
www.chateau-auvers.fr
www.musee-absinthe.com/lemusee.htm

52

SCHLOSS CHANTILLY

ALLERERSTE SAHNE

Versailles sollte man einmal im Leben gesehen haben. Hat man aber gerade keine Lust auf große Menschenansammlungen, ist das Schloss Chantilly eine besonders empfehlenswerte Alternative, die vor allem für Pferdeliebhaber und Kunstinteressierte einige besondere Schätze bietet.

In weniger als einer halben Stunde ist das Schloss vom Bahnhof Gare du Nord aus erreicht, ein wahres Juwel mit abwechslungsreicher Geschichte. Eines der delikatesten Ereignisse, die sich auf dem Schloss abspielten, war die Einladung Ludwig XIV. im April 1671, der mit einem Gefolge von 3000 Adligen eintraf. Als schon das geplante Feuerwerk aufgrund des Wetters nicht gut zündete, stand sein Starkoch und Maître de plaisir (eine Art »Eventmanager«)

François Vatel unter enormem Stress, da auch der Fisch für das Buffet nicht ankommen wollte. Aus Scham über sein Versagen stürzte sich Vatel ins Schwert und setzte seinem Leben ein Ende. Dieses Vorkommnis ist in »Vatel – ein Festmahl für den König« mit Gerard Dépardieu in der Hauptrolle filmisch umgesetzt worden. Angeblich – was aber nicht belegt ist – soll Vatel auch die berühmte Crème Chantilly erfunden haben, die aus leicht gesüßter, mit Vanille, Zitronenschale oder Orangenblütenwasser aromatisierter Sahne besteht. Man sollte es sich nicht entgehen lassen, diese Köstlichkeit in dem im Hameau untergebrachten Restaurant/Café im Schlosspark zu probieren. Mit »Hameau« ist der idealisierte kleine Bauernhof gemeint, in dem sich schon zu Zeiten Ludwigs XIV. die Adeligen die Zeit vertrieben und wo in der dazugehörigen Molkerei die Crème hergestellt wurde.

Pferde und Kunst vom Feinsten

Das berühmte Pferderennen »Prix de Diane Longines«, bei dem die eleganten Damen der Gesellschaft ihre neuesten – teils sehr extravaganten – Hutkreationen ausführen, wird alljährlich im Hippodrom von Chantilly ausgetragen. Nähert man sich dem Schloss vom Bahnhof aus, kann es passieren, dass man die Stallungen Grandes Écuries erst einmal für das Schloss selbst hält, so prächtig und monumental sind diese. Sie wurden Anfang des 18. Jahrhunderts für über 240 Pferde angelegt. Unter ihrer 28 Meter hohen Kuppel werden oft raffinierte Pferdeshows aufgeführt, bei denen auch Akrobatik und prächtige Kostümen zu sehen sind. Den großen Pferdeställen angegliedert ist ein sehr sehenswertes Museum, das sich mit der Beziehung des Menschen zum Pferd seit den Anfängen der Zivilisation beschäftigt. In den 15 Ausstellungssälen wird sowohl in künstlerischer als auch in ethnologischer Hinsicht anhand vieler Objekte und Drucke auf die Bedeutung des Pferdes eingegangen.

In den prachtvollen fürstlichen Gemächern finden sich unzählige Wertgegenstände und kostbares Mobiliar. Höhepunkt des Schlosses ist jedoch das Musée Condé, eine Gemäldesammlung, die über 800 Meisterwerke berühmter französischer, italienischer und flämischer Künstler zeigt und unter den französischen Museen gleich an zweiter Stelle nach dem Louvre rangiert. Neben den berühmten »Drei Grazien« von Raffael und einigen seiner herausragenden Madonnen findet man hier auch das »Porträt der Simonetta Vespucci« von Piero di Cosimo, Gemälde von Fra Angelico, Sandro Botticelli und Nicolas Poussin. Aber auch Jean-Auguste-Dominique Ingres, Eugène Delacroix, Antoine Watteau und François Clouet sind hier neben vielen weiteren Künstlerberühmtheiten vertreten.

INFO

SCHLOSSKÜCHE

Die langen Wege in Park und Schloss machen hungrig. Wenn Sie nicht in dem bereits erwähnten malerischen Gartencafé Aux Goûters Champêtres Restaurant du Hameau eine Kleinigkeit, etwa Kuchen oder Salat, zu sich genommen haben, sei Ihnen La Capitainerie empfohlen, wo typische französische Küche und zum Dessert eine köstliche Tarte Tatin (gestürzter und karamellisierter Apfelkuchen) serviert werden. Halten Sie sich vor Augen, dass Sie hier in den Gewölben speisen, wo sich Vatels Küchen befanden. Aber keine Angst, der Koch wird sich schon nicht gleich umbringen! Und vergessen Sie bloß nicht, die Crème Chantilly zu kosten!

WEITERE INFORMATIONEN

https://chateaudechantilly.fr

← Das Schloss Chantilly ist nur eine halbe Stunde vom Zentrum von Paris entfernt.
↑ Das Schloss verpflichtet sich ganz der Bildenden und der Reitkunst.

53

GARTENSTADT LE VÉSINET UND UMGEBUNG

EIN AUSFLUG IN DEN EDLEN WESTEN

Ein Ausflug in den schon immer privilegierten Westen von Paris ist lohnenswert: Die Gartenstadt Le Vésinet ist für ihre stattlichen alten Villen und die ehemalige Königsstadt Saint-Germain-en-Laye für ihr guten Einkaufsadressen bekannt, während sich der kleine Ort Chatou als eine der Wiegen impressionistischer Malerei erweist.

Die Region Île-de France besteht größtenteils aus dem über 12 Millionen Einwohner umfassenden Ballungsraum von Paris. Zu diesem gehört auch das außergewöhnlich schöne Städtchen Le Vésinet mit seinen rund 15 000 Einwohnern, das sich etwa 18 Kilometer westlich vom Pariser Zentrum befindet und mit der S-Bahn RER A erreichbar ist. Einst zum ehemaligen Jagdgebiet von Versailles zählend, sind hier ab der Mitte des 19. Jahrhundert viele imposante Villen wie Pilze aus der Wiese geschossen. Kein Wunder, denn schon 1835 führte die erste Personenzugstrecke Frankreichs vom Pariser Bahnhof Gare Saint Lazare hierher. Das animierte die wohlhabende Bourgeoisie, die in Paris in Wohnungen residierte, sich hier ihren »Landsitz« für das Wochenende zu errichten. Man wetteiferte darum, wer sich das nobelste Schlösschen mit oft immens großen Gärten hinstellen konnte.

Märchenkulisse

Steigen Sie heute an der RER-Station Le Vésinet-Le Pecq aus (hier gibt es auch einen kleinen Stadtplan), sind Sie in zwei Minuten am Parc des Ibis angekommen. Dieser wird locker umrahmt von herrlichen kleinen Schlösschen. In seiner Mitte erstreckt sich der künstlich angelegte See Lac des Ibis mit einer üppig überwachsenen Insel. Viel Grün schmückt auch den Wintergarten und die große Terrasse des auf der Insel befindlichen Lokals Pavillon des Ibis aus dem Jahr 1900. Die Küche dort ist, dem Ort angepasst, gehoben. Auf die Insel führen kleine geschwungene Holzbrücken, ein künstlicher Wasserfall ergießt sich plätschernd aus einem Felsen, und die Trauerweiden spiegeln sich auf der Wasseroberfläche. Es fehlen nur noch die impressionistischen Klänge von Claude Debussy, der nur wenige Kilometer von hier geboren wurde. Ab und zu lässt sich ein Graureiher auf einem der Felsen nieder und bleibt dort regungslos sitzen. Wenn er nicht plötzlich seine Schwingen ausbreiten und sich in die Lüfte heben würde, könnte man meinen, er wäre eine metallene Gartendekoration. Kein Wunder, dass sich in dieser märchenhaften Umgebung am Wochenende die Hochzeitspaare scharenweise zu Fotoaufnahmen einfinden. Touristen sieht man hingegen kaum.

Der See hier in der Nähe der RER ist einer der größten von Le Vésinet. Insgesamt wurden in diesem kleinen Ort fünf Seen nach allen Künsten der Landschaftsarchitektur des 19. Jahrhunderts angelegt. Sie sind durch Wasserläufe miteinander verbunden, auf denen majestätische Schwäne gleiten. Nicht selten hält ein Auto an, weil ein Schwan mit seinen Küken gerade die Straße überquert. Der Ort scheint ausschließlich aus Alleen mit alten schattigen Bäumen zu bestehen, die sternförmig auf mit Blumen üppig bepflanzte Verkehrsinseln zulaufen. Ein ungefähr dreistündiger

→ Der See Lac des Ibis von Le Vésinet dient oft als Kulisse für Hochzeitsbilder.

Spaziergang durch Le Vésinet, in das die Villen wie in einem riesigen Park eingebettet sind, bietet die perfekte Mischung von Natur und Architektur. Das Palais Rose direkt am Lac des Ibis ist eine Art Nachbau des Großen Trianon von Versailles. Einer der Besitzer war Robert de Montesquiou, Schriftsteller und Kunstsammler. Einst versammelte sich hier die kulturelle und politische Elite, so konnte man etwa Gabriele d'Annunzio, Colette, Rodin, Sarah Bernhardt oder Jean Cocteau antreffen. Neben vielen Villen im normannischen, klassizistischen und neogotischen Stil sticht besonders der Jugendstil hervor, der sich zum Beispiel an der Villa Berthe von Hector Guimard erkennen lässt. Der kleine Ort hat viele Berühmtheiten angezogen, darunter auch die Varietékünstlerin Josephine Baker, die Maler Vlamink und Utrillo, Musiker wie Georges Bizet und der deutsche Schriftsteller Kurt Tucholsky.

Shopping in einer ehemaligen Königsstadt

Die nur drei Kilometer entfernte, knapp 40 000 Einwohner zählende einstige Königsstadt Saint-Germain-en-Laye ist ein wahres Einkaufsparadies. In den rund 800 kleinen Boutiquen, die in ehemaligen Patrizierhäusern untergebracht sind, gibt es ein verblüffend großes Angebot an hochwertiger Ware. Der Geist ist weltoffen, was auch an der dort ansässigen Eliteschule Lycée International liegen mag, die mehr als 3000 Kinder von Expats aus über 14 Nationen besuchen. Es ist ein Genuss, dort durch die Gassen zu bummeln, um dann

↑ Um die fünf kleinen Seen von Le Vésinet reihen sich herrschaftliche Villen aus dem 19. Jahrhundert.
↗ Das Rathaus von Le Vésinet passt sich dem Bilderbuchort an.
→ Auf einer Caféterrasse am Marktplatz von Saint-Germain-en-Laye kann man bestens vom Shopping entspannen.

letztlich immer wieder auf die große Place du Marché Neuf (Neuer Marktplatz) mit ihren Arkadengängen zu gelangen. Dort wird dreimal die Woche ein riesiger Markt aufgebaut, der ein wahres Eldorado für Feinschmecker ist. Versäumen Sie nicht, auf einen Sprung in die kleine Fromagerie Foucher, einen traditionellen Laden direkt am Platz, zu kommen, in dem sich Käseliebhaber wie im Siebten Himmel fühlen.

Doch auch wer in Saint-Germain-en-Laye mehr als nur das Shoppingerlebnis sucht, wird fündig: Neben der Geburtsstätte von Claude Debussy kann auch das Museum des Symbolisten Maurice Denis besichtigt werden. Höhepunkt ist jedoch das Schloss der Stadt, in dem namhafte französische Könige residierten: angefangen mit Ludwig IX., dem Heiligen, über Franz I. bis hin zu Heinrich IV. und Ludwig XIII., der hier starb. Sein Nachfolger Ludwig XIV., der Sonnenkönig, der später das Jagdschloss seines Vaters in Versailles zum größten Zentrum europäischer Macht ausbaute, erblickte hier das Licht der Welt. Sein Geburtszimmer ist einer der Salons des heutigen Viersterne-Hotels Pavillon Henri IV. Der Schlosspark ist um eine zwei Kilometer lange Aussichtsterrasse erweitert, von der aus Sie einen atemberaubenden Blick über die Boucles de la Seine, die »Windungen der Seine«, hinweg auf die Skyline von Paris haben. Heute ist im Schloss außerdem eines der namhaftesten Museen für Archäologie untergebracht, das mit 30 000 Objekten die Entwicklung von der Altsteinzeit bis in die Zeit der Merowinger aufzeigt.

Insel der Impressionisten

Die östliche Nachbargemeinde von Le Vésinet heißt Chatou. Hier ist 1881 das weltbekannte, jetzt in Washington hängende Ölgemälde »Frühstück der Ruderer« von Auguste Renoir entstanden. Das Bild zeigt im Vordergrund zwei Ruderer, mit Strohhüten auf dem Kopf und weißen Unterhemden bekleidet, die mit zwei jungen hübschen Damen auf einer Terrasse an einem reich gedeckten Tisch sitzen. Die Stimmung wirkt heiter-gelassen, es wird Wein getrunken, geplaudert, geflirtet und gegessen. Der Maler hat auf dem Gemälde auch einige seiner Künstlerfreunde verewigt. Vorne links sitzt beispielsweise die 20-jährige Näherin Aline Charigot, die nicht nur Modell für Renoirs Bilder stand, sondern später auch seine Ehefrau wurde.

Doch wie kam es, dass das Bild ausgerechnet hier in Chatou gemalt wurde? Ein gewisser Alphonse Fournaise, der nebenher auch Ruderboote herstellte, hatte hier auf einer

← Das Ausflugslokal Maison Fournaise in Chatou hat Auguste Renoir in seinem Gemälde »Frühstück der Ruderer« verewigt.
↙ Die Speisekarte dort ähnelt noch den Zeiten, als sich hier die Impressionisten zur Landpartie trafen.
↘ Heute ist im Schloss von Monte Christo nur noch das maurische Zimmer im Originalzustand, wie es sich Alexandre Dumas, der Dichter der »Drei Musketiere«, eingerichtet hat.

Seine-Insel, später »Île des Impressionistes« (»Insel der Impressionisten«) genannt, 1857 ein Ausflugslokal eingerichtet. Da das Lokal praktisch an der Bahnlinie lag, kam schnell die gesamte Hautevolee von Paris hierher, um sich sommerlichen Freuden wie dem Baden in der Seine oder dem Rudern zu widmen und das Leben zu feiern. Ihr folgten rasch Vertreter der Bohème wie Claude Monet, Berthe Morisot, Edouard Manet und viele andere. Somit kann dieser Ort zurecht als eine der Wiegen der impressionistischen Epoche bezeichnet werden. Auguste Renoir hat in den 15 Jahren, in denen er regelmäßig hierher fuhr, rund 30 Gemälde in Chatou geschaffen. Auch wenn sich die Umgebung im Vergleich zu damals verändert hat, konnte sich das Restaurant Maison Fournaise seinen ursprünglichen Charme bewahren. Noch immer schützt, wie auf Renoirs Bild, die rot-weiße Markise die Terrasse vor dem grellen Sonnenlicht, das die Wasser der Seine reflektieren. Die Wände sind innen und außen hübsch bemalt. Auch die Speisekarte, mit Rinderbraten oder Tatar im Angebot, steht noch ganz in der Tradition der Entstehungszeit des Lokals, als man sich hier den Vergnügungen des 19.Jahrhunderts hingab.

Gegenüber wurde ein kleines Museum eingerichtet, das die damalige Zeit auch mithilfe von VR-(Virtual Reality-)Brillen zum Leben erweckt und interessante Wechselausstellungen organisiert. Zudem erhalten Sie hier Prospekte, in denen »Les Chemins des Impressionistes« (»Die Wege der Impressionisten«) verzeichnet sind. Diese Wanderwege verlaufen in direkter und etwas weiterer Umgebung entlang der Seine. Unterwegs trifft man auf rund 30 Emailtafeln mit Abbildungen berühmter Gemälde, die jeweils die Orte markieren, an denen die Impressionisten einst ihre Staffeleien aufstellten. Somit können Sie das Heute und Damals gut vergleichen. Falls Sie später noch das Musée d'Orsay in Paris besuchen, werden sich bei so manchen Bildern Aha-Erlebnisse beim Wiedererkennen der Orte ergeben. Es lohnt sich also, hier herauszufahren, und Auguste Renoirs Zitat besitzt immer noch Gültigkeit, der über diesen Ort folgendes sagte: »Vous ne regretterez pas votre voyage, c'est l'endroit le plus joli des alentours de Paris« (»Sie werden die Reise nicht bereuen, das hier ist der schönste Ort in der Umgebung von Paris«).

INFO

SCHLOSS VON MONTE CHRISTO

Weniger als vier Kilometer von Le Vésinet entfernt, kann man das Château de Monte-Cristo besichtigen. Der Schriftsteller Alexandre Dumas und Autor der weltberühmten historischen Abenteuerromane »Die drei Musketiere« und »Der Graf von Monte Christo« hat es sich in der Mitte des 19. Jahhunderts in der Ortschaft Le Port-Marly als Wohnsitz errichten lassen. Die Gewinne, die er mit seinen erfolgreichen Bücher erlangte, ermöglichten ihm das. Bald schon gewöhnte er sich einen sehr aufwendigen Lebensstil an und entwickelte sich zu einem wahren »Bonvivant« (Genussmensch). Mit vollen Händen gab er sein Geld aus und veranstaltete im Schloss oft rauschende Feste mit Hunderten von Gästen. Dadurch verschuldete er sich so stark, dass er nicht nur seinen gesamten Besitz verkaufen musste, sondern vor seinen Gläubigern nach Belgien fliehen musste. Sein bewegtes Leben, das er in seinen »Mémoires« veröffentlicht hat, liest sich selbst wie ein Abenteuerroman. Aufgrund seiner dunklen Hautfarbe ist der Dichter erst 200 Jahre nach seiner Geburt in das Panthéon, den Ruhmestempel der wichtigsten Personen Frankreichs, aufgenommen worden. Von der Originaleinrichtung des Schlosses ist nur noch die im maurischen Zimmer vorhanden, da alle anderen Wertgegenstände unter den Hammer kamen.

WEITERE INFORMATIONEN

www.musee-mauricedenis.fr
www.seine-saintgermain.fr/fr/fiche/797419/un-musee-a-la-gloire-du-celebre-compositeur-claude-debussy/
www.pavillonhenri4.fr/galerie-photos/
https://musee-archeologienationale.fr
www.maisonfournaise.com
www.musee-fournaise.com
www.chateau-monte-cristo.com/main

Das Schloss von Monte Christo leistete sich Alexandre Dumas.

54

SCHLOSS VON BRETEUIL

ZU BESUCH BEIM GESTIEFELTEN KATER

Kinder und Erwachsene waren schon immer von Märchen und ihrer oft tieferen Bedeutung fasziniert. Ein kleiner Ausflug ins Château de Breteuil (Schloss von Breteuil) weckt Erinnerungen an die alten Geschichten und bietet gleichzeitig einen Einblick in die Kultur Frankreichs und das französische Pendant der Gebrüder Grimm.

Gerade mit kleineren Kindern ist ein Besuch dieses 35 Kilometer südwestlich von Paris gelegenen Märchenschlosses sicher eine weitaus entspanntere Wahl als etwa Disneyland. Im wunderschönen Chevreuse-Tal zwischen dem Wald von Rambouillet und Versailles liegt das Schloss aus dem 17. Jahrhundert. Schon seit 200 Jahren wird es von einer der berühmtesten Familien Frankreichs bewohnt. Es kann passieren, dass Ihnen der heutige Besitzer Henri-François de Breteuil persönlich Auskunft über seinen Wohnsitz gibt. Sein Vorfahre Louis Auguste de Breteuil war als Minister Ludwigs XVI. maßgeblich an der Aufklärung der sogenannten Halsbandaffäre, eines Betrugsskandals am französischen Hof, beteiligt. Ein Schlüsselereignis wird im »Salon der Königin Marie-Antoinette« mit Wachsfiguren aus dem Musée Grevin, dem Pariser Wachsfigurenmuseum, nachgestellt. Man sieht, wie de Breteuil gerade die Verhaftung des Kardinals Rohan anordnet und der König diese unterzeichnet. Eine Nachbildung des mit über 540 Diamanten besetzten Colliers, eben des berühmten Halsbandes, ist in der Schatzkammer des Schlosses zu bestaunen. Das echte Schmuckstück ist auf mysteriöse Weise verschollen. Insgesamt bevölkern 50 Wachsfiguren das Schloss. Manche stehen auch in der herrlichen Schlossküche mit dem vielen Kupfergeschirr und zeichnen das Alltagsleben früherer Zeiten nach.

Weltberühmte Märchen, zum Leben erweckt

Ein enger Vertrauter von Louis Auguste de Breteuil war der hohe Beamte und Schriftsteller Charles Perrault. Er ist auch heute noch durch seine Märchensammlung »Histoires ou Contes du temps passé« (Geschichten oder Erzählungen aus alter Zeit) bekannt. Ebenfalls im Schloss werden mit Wachsfiguren in edlen Gewändern, Videoinstallationen und Requisiten aller Art einige Märchenszenen nachgestellt: Der Prinz ist gerade dabei, Dornröschen wachzuküssen, während der umgebende Hofstaat noch schlummert. Der als Edelmann aufgeputzte Gestiefelte Kater grüßt das Bauernvolk. Aschenputtel huscht die Treppe hinunter, um in die Kutsche zu steigen, und verliert dabei ihren gläsernen Schuh. Rotkäppchen betritt, mit Wein und Brot in Händen, das Schlafzimmer der Großmutter und wundert sich, dass diese aussieht wie ein Wolf. Die farbig inszenierten Räume lassen Kinderaugen leuchten und bringen die Kleinen manchmal sogar etwas zum Gruseln. Als Hommage an Marcel Proust hat man auch dessen Zimmer nachgebaut. Dort feilt der Dichter, angezogen mit einem eleganten Schlafrock und auf seinem Bett lümmelnd, an seiner Poesie.

← Besonders mit Kindern lohnt sich ein Ausflug auf das Schloss von Breteuil.
↓ Nicht nur Märchen von Charles Perrault, sondern auch wichtige Szenen aus der französischen Geschichte werden hier nachgestellt.

INFO

EIN TÊTE-À-TÊTE MIT DER PROMINENZ

Wen die Wachsfiguren faszinieren, der sollte zurück nach Paris fahren, um das Wachsfigurenkabinett Musée Grevin am Boulevard Montmartre zu besuchen. Geordnet nach Themenkreisen mit entsprechendem Ambiente werden hier über 200 berühmte Persönlichkeiten gezeigt. Von Napoleon bis Macron ist hier alles vertreten, und natürlich fehlt auch die Prominenz aus der Mode-, Film- und Sportwelt nicht. Lassen Sie sich mit Ihrem Idol fotografieren und beeindrucken Sie die Daheimgebliebenen! In der heutigen Zeit der Selfies ist das ein echter Evergreen. Der Besuch ist an Regentagen nicht nur ein Vergnügen für die ganze Familie, sondern auch eine Reise durch die Geschichte. Ob Ghandi, Elvis, Charlie Chaplin, Marylin Monroe oder Céline Dion, alles was Rang und Namen hat, tritt hier auf. Eine Lasershow und ein Spiegelkabinett runden den Besuch ab.

WEITERE INFORMATIONEN

www.breteuil.fr/fr
www.grevin-paris.com

REGISTER

BILDNACHWEIS

Shutterstock: 4/5 (bensliman hassan); 8 r., 30 o., 141, 146/147, 148, 154 (Kiev.Victor); 6 r. (Takashi Images); 6 l., 81 u. (Rrrainbow); Tunnel 6/7 (Zheng Luc); 7 l., 44 o., u. (Huang Zheng); 8 l. (vitdes); 9 l. (Barks); 12 (Daboost); 13 l., 29 (JeanLuclchard); 13 r. (Free Prod33); 17 (S.Borisov); 21 u., 36 o., 91, 97 (Elena Dijour); 22 (gary yim); 24, 25, 37 o., 37 u., 68 o. , 78, 80 o., 119, 131 (EQRoy); 27 (Travel-Fr); 30 u. (fletchjr); 31 o., 107 u. (Premier Photo); 31 u. (Christian Mueller); 36 u. (Dima Moroz); 40, 41, 89 (Isogood_patrick); 45 u. (More Than Production); 51 o. (Pascale Gueret); 56, 57 (Grzegorz Czapski); 59 (Matthieu Tuffet); 63 (Catharina van Delden); 67 (Idgfr photos); 68 u. (Oliver Cherryman); 71 (Marina Datsenko); 76/77 (zijin); 81 o., 90 (Jerome Labouyrie); 88 (kristyna.photo); 94 (Page Light Studios); 95 (Photoestetica); 96 (Roel van Wanrooy); 98 (Anton_Ivanov); 105 (bensliman hassan), 106 u., 150, 152 (Joao Paulo V Tinoco); 114 u. (Vicente Sargues); 114 o. (OSTILL is Franck Camhi); 115 u. (adrenaline-rushdiaries); 116 (Petr Kovalenkov); 117 (Nadiia_foto); 124, 153, 159 u., 160 o., u., 161 u. (Pack-Shot); 132 (D.serra1); 133 (Volodymyr Dvornyk); 134 (EricBery); 137 (theendup); 140 (Ikonya); 143 (Lisa Rapko); 144 (Bill Perry); 145 (maziarz); 157, 159 o. (mouad bethaoui); 161 o. (UlyssePixel); 162, 163 (Jacky D);

Look photos: 7 r., 9 o., 18, 19, 21 o., 38/39, 43, 45 o., 48 u., 49, 50 o., 58, 64, 70, 72, 82, 83, 92/93, 100, 101, 106 o., 115 o., 123, 142, 155 (Hemis); 9 u. (Strauß, Andreas); 14/15 (Saga Photo); 23 (Superstock); 32, 48 o., 65, 73 (Johaentges, Karl); 34, 86, 87, 149 (Photononstop); 35 (Jalag / Kriwy, Natalie); 46 (ClickAlps); 50 u., 135, 138, 139 (Avalon.red2); 62 (Foto Herzig); 125, 151 (Daniel Schoenen Fotografie);

Mauritius images: 26 (Bildarchiv Monheim GmbH); 52, 53 (John Kellerman), 54, 107 o. (Claude Thibault); 55 (Frank DiMarco); 61 (Garden Photo World); 69 (CNMages); 80 u. (John Kellermann); 84 (Mark O'Flaherty); 85 (Roussel Photography); 118 (Pippa West); 121 (Paul Lindsay); 126 (Claudia beretta); 136 (Viennaslide); 158 (Isabelle Dupont);

Picture Alliance: 51 u. (Johanna Hoelzl); 74 (Riccardo Milani); 98 (akg-images / Hugues Vassal); 113, 120 (Gilles Targat);

Huber images: 102 (Francesco Carovillano);

Weitere: 20 o., u. (Tatjana Labossiere); 60 (Musee_Jacquemart-Andre); 75 (Palais Galliera); 99 (Jeanne Menjoulet /Wikimedia); 104 (atelierschuteslibres); 108 (Le Vieux Belleville / Paolo Pantaleo); 109 (La Bellevilloise); 110/111, 122 (Pierre Lucet-Penato / Brasserie Le Petit Boullion Pharamond), 127 (Auberge Nicolas Flamel / Clémence Avril); 128, 129 (Sophie Lloyd / musée de la Chasse et de la Nature); 130 (Musée Cognacq-Jay/ Pierre Antoine).

DIE AUTORIN

Waltraud Pfister-Bläske hat Germanistik, Kunstgeschichte und Kunsterziehung an der Universität Bamberg studiert. Während ihres Paris-Aufenthaltes von 14 Jahren packte sie die Leidenschaft für die französische Metropole. Seitdem besucht sie Paris regelmäßig und bietet ab und zu auch Individualführungen unter www.parisindividuell.de an. Secret Places Paris ist bereits ihr sechstes Buch über die Stadt.

IMPRESSUM

Verantwortlich: Maren Langendorff
Lektorat: Beate Martin
Layout: Ewald Tange
Korrektorat: Christiane Gsänger

Kartografie: Heike Block
Repro: LUDWIG:media
Herstellung: Alexander Knoll
Printed in Turkey by Elma Basim

★★★★★

Sind Sie mit diesem Titel zufrieden? Dann würden wir uns über Ihre Weiterempfehlung freuen.
Erzählen Sie es im Freundeskreis, berichten Sie Ihrem Buchhändler, oder bewerten Sie bei Onlinekauf. Und wenn Sie Kritik, Korrekturen, Aktualisierungen haben, freuen wir uns über Ihre Nachricht an Bruckmann Verlag, Postfach 40 02 09, D-80702 München oder per E-Mail an lektorat@verlagshaus.de.

Unser komplettes Programm finden Sie unter

www.bruckmann.de

In diesem Buch wird aus Gründen der besseren Lesbarkeit das generische Maskulinum verwendet. Weibliche und anderweitige Geschlechteridentitäten werden dabei ausdrücklich mitgemeint, soweit es für die Aussage erforderlich ist.

Empfehlung der Redaktion
Sie sind auf der Suche nach weiterführender Literatur? Dann empfehlen wir Ihnen den Titel »Secret Places Frankreich« von Hilke Maunder und Klaus Simon.

Bildnachweis Umschlag: Der Medici Brunnen im Jardin du Luxembourg (mauritius images /Aide Paulmichl/ Alamy)
Umschlagrückseite: oben (v.l.n.r.): Auf dem Marché d'Aligre; die Kirche Saint-Eustache; das Musée de la Chasse et de la Nature;
unten: Der einmalige Lesesaal der Nationalbibliothek Richelieu.
Seite 4/5: Der zauberhafte Innenhof der Grande Mosquée de Paris

Die Deutsche Nationalbibliothek verzeichnet diese Publikation in der Deutschen Nationalbibliografie; detaillierte bibliografische Daten sind im Internet über http://dnb.d-nb.de abrufbar.

Infanteriestraße 11a
80797 München
ISBN: 978-3-7343-2761-2

MEIN ALLERERSTES NÄHBUCH

Genialeinfache Nähideen für Kinder ab 5 Jahren

Ina Andresen

Inhalt

Osterkörbchen
Seite 34

Umhängetaschen
Seite 42

Haarbänder
Seite 36

Herztäschchen
Seite 44

Blumenkissen
Seite 38

Froschtäschchen für Kopfhörer
Seite 46

Handtuch mit Seestern

Seite 48

Süße Qualle

Seite 56

Einfacher Rock

Seite 52

Rollmäppchen für dein Badezeug

Seite 60

Zahnsäckchen

Seite 62

Monsterchen

Seite 65

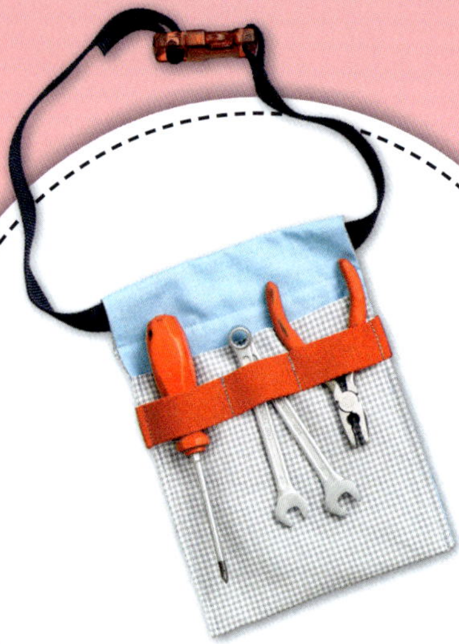

Werkzeuggürtel
Seite 68

Kissenbezüge
Seite 78

Turnbeutel
Seite 82

Beanies
Seite 72

Sternengirlande
Seite 86

Glasuntersetzer Wolke
Seite 76

Tannenbäumchen
Seite 88

Den **Schnittmusterbogen** und die **Nähkünstler-Urkunde** kannst du dir auch online herunterladen und ausdrucken. Wie das geht, erfährst du im Impressum auf Seite 94.

Editorial

Mit diesem Buch kannst du schon früh beginnen, schöne Modelle an einer Nähmaschine zu nähen. Das ist ganz leicht!

Nach einigen Seiten, auf denen du dir das nötige Grundwissen aneignest, kannst du dir eine **Urkunde** verdienen. Und dann geht's los! Es sind einige sehr einfache, aber auch etwas aufwändigere Modelle im Buch. Diese kannst du herstellen, wenn du etwas mehr Erfahrung im Nähen hast. Soll es einmal schnell gehen, wählst du am besten die Modelle aus Filz aus.

Durch die Kennzeichnungen für die verschiedenen Schwierigkeitsgrade findest du die passenden Anleitungen für dich. Mit einfachen Schritt-Illustrationen sind alle Anleitungen verständlich und leicht nachvollziehbar. Einige zusätzliche Tipps findest du auch direkt bei den einzelnen Anleitungen.

Viele Modelle im Buch lassen sich aus kleinen Stoffstücken nähen. Frage doch befreundete Erwachsene, ob sie schöne Reststücke für dich haben. Vielleicht hast du auch Lust, andere Farben zu verwenden, als im Buch auf den Fotos abgebildet sind. Nutze deine Fantasie und sei kreativ, dann kannst du ganz eigene und besondere Sachen herstellen.

Viel Spaß beim Ausprobieren!
Ich freue mich, dass du Nähen lernen möchtest!

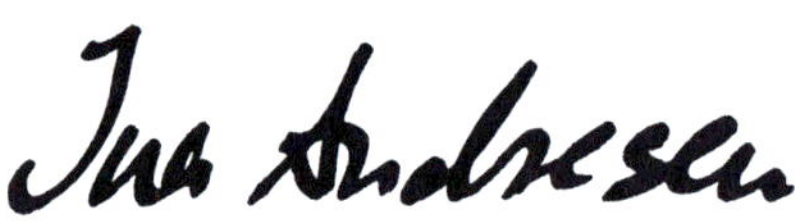

Materialien

Nähgarn

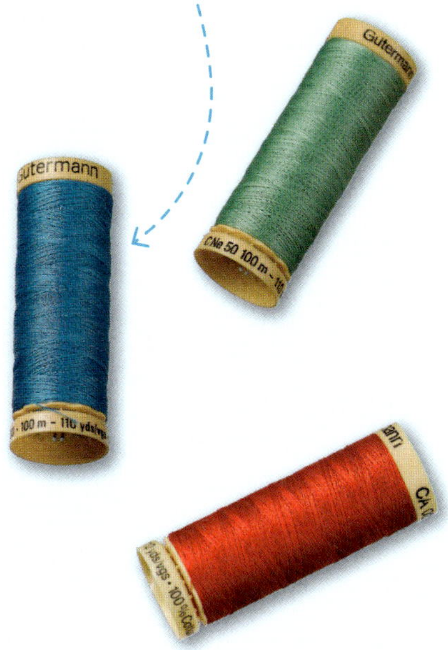

Baumwollstoff und Jersey

Filz

Bänder und Kordeln

Baumwollstoff

Baumwollstoff lässt sich einfach nähen, es gibt ihn in vielen verschiedenen Farben und Mustern.

Jersey

Jersey ist dehnbar und eignet sich für Kleidungsstücke wie z.B. den Beanie oder den Rock in diesem Buch.

Filz

Filz lässt sich besonders leicht verarbeiten, mit ihm kannst du sehr schnell schöne Ideen umsetzen.

Nähgarn

Für die Modelle im Buch kannst du einfaches Allzweck-Garn aus Polyester verwenden, das es in einer großen Farbauswahl gibt.

Füllwatte

Füll- oder Deko-Watte benutzt du zum Ausfüllen einiger Modelle. Es gibt auch waschbare Watte.

Knöpfe

Knöpfe benutzt man als Verschluss z.B. für Taschen oder einfach, um ein Teil zu dekorieren. Es gibt 2-Loch und 4-Loch-Knöpfe in verschiedenen Formen und Farben.

Bänder und Kordeln

Kordeln eignen sich als Tragebänder für Taschen, mit farbefrohen Bändern kannst du deine Modelle verzieren.

Füllwatte

Knöpfe

Nähwerkzeug

Schneiderkreide und Trickmarker

Maßband

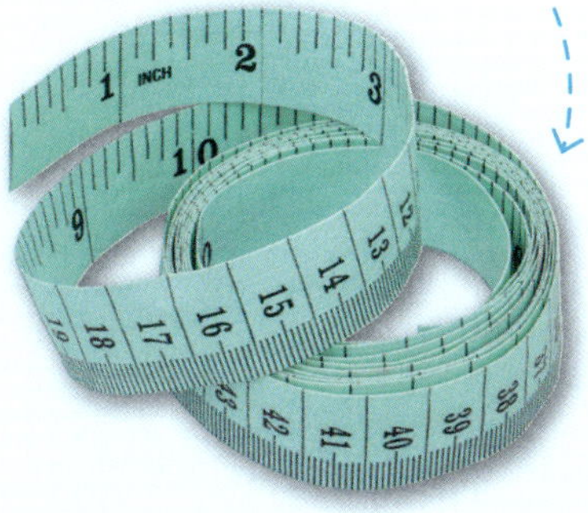

Stoffschere

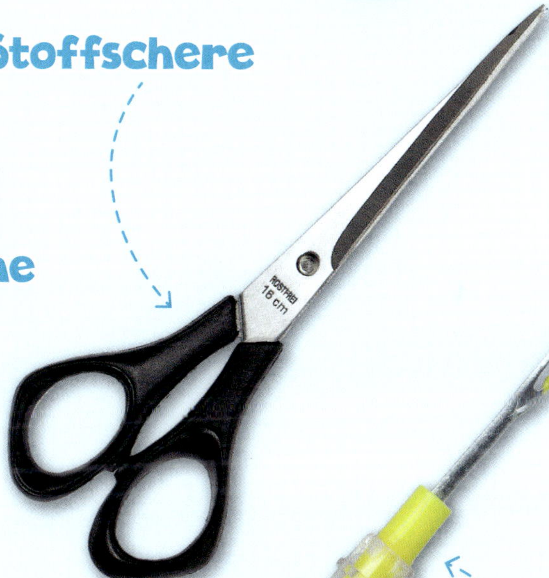

Nähnadeln für die Nähmaschine

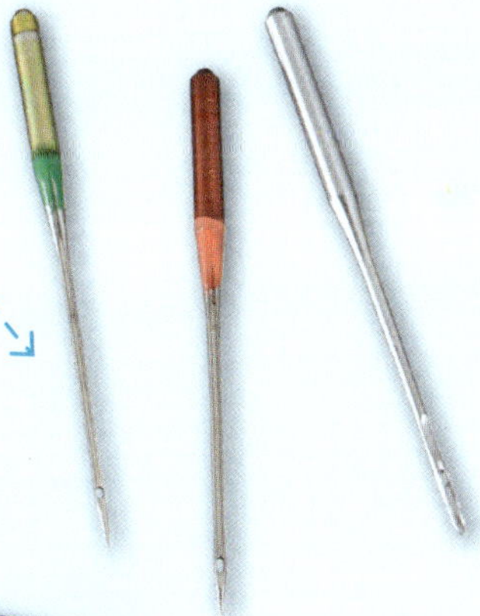

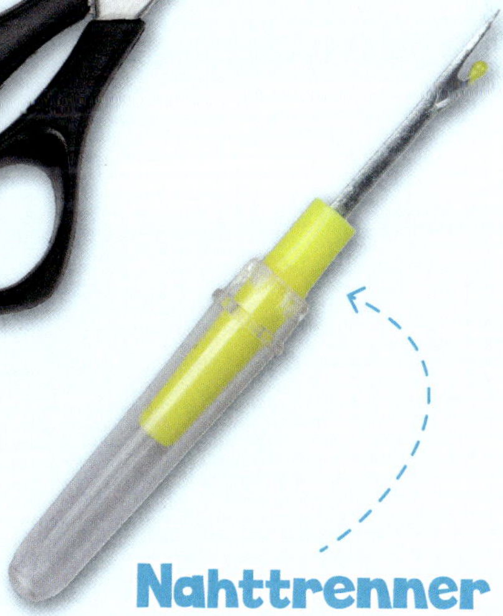

Nahttrenner

Stoffmalstift

Weicher Bleistift

Nähnadeln für die Nähmaschine

Für Baumwollstoffe und Filz verwendest du am besten Nadeln der Stärke 80. Für Jersey gibt es spezielle Jerseynadeln, die eine abgerundete Spitze haben, um den Stoff zu schützen.

Handnähnadeln

Handnähnadeln gibt es in verschiedenen Stärken. Für die Modelle im Buch eignen sich Nadeln mit der Stärke 9.

Stoffschere

Um Stoff zu schneiden, benutzt du am besten eine spezielle Stoffschere. Eine kleinere spitze Schere eignet sich gut für die Modelle im Buch.

Stecknadeln

Mit Stecknadeln werden vor dem Nähen die verschiedenen Stoff- oder Filzteile aufeinander gesteckt. Gut greifen lassen sich Stecknadeln mit etwas größeren Köpfen.

Stecknadeln

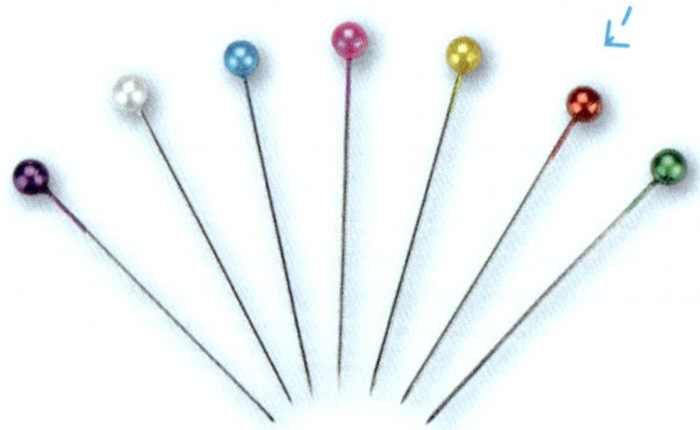

Nahttrenner

Mit ihm kannst du eine Naht auftrennen, wenn du dich einmal vernäht hast. Schiebe das Messer dafür unter die Stiche um sie durchzuschneiden.

Maßband

Das Maßband brauchst du zum Ausmessen von Stoffstücken oder auch um Markierungen anzubringen.

Schneiderkreide und Trickmarker

Mit Schneiderkreide oder Trickmarker kannst du Markierungen auf dem Stoff anbringen, die man später nicht mehr sehen soll. Die Kreide lässt sich wegpusten, der Trickmarker löst sich wieder auf.

Weicher Bleistift

Ein weicher Bleistift der Stärke 5 oder 6 eignet sich für Markierungen auf der linken Stoffseite, die man nach dem Nähen nicht mehr sieht.

Stoffmalstift

Mit einem Stoffmalstift kannst du gut auf Stoff oder Filz malen.

Handnähnadeln

Die Nähmaschine

Ober- und Unterfaden

An jeder Nähmaschine gibt es zwei Fäden, die sich beim Nähen miteinander verschlingen und eine feste Naht ergeben. Sie heißen Ober- und Unterfaden.

Einfädeln nach Bedienungsanleitung

Fädle die beiden Fäden mit Hilfe eines Erwachsenen entsprechend der Bedienungsanleitung ein. Das ist bei jeder Nähmaschine etwas anders.

Nähnadel

Die Nähnadel hält den Oberfaden und sticht ihn durch den Stoff nach unten, wo er sich mit dem Unterfaden verschlingt.

Stichprogramm einstellen

An diesem Rad stellst du das passende Stichprogramm ein. Für die Modelle in diesem Buch werden die geraden Stiche und Zickzackstiche verwendet. An einigen Nähmaschinen wählt man das Programm über Tasten oder einen Bildschirm aus.

Stichlänge einstellen

Hier stellst du die Stichlänge für die Nähte ein. Wenn nicht anders beschrieben, benutzt du für die Modelle in diesem Buch eine Stichlänge von 2,5 mm.

Nähfuß und Füßchenhebel

Unter der Nadel ist das Füßchen, dass den Stoff leicht auf die Fläche darunter drückt. Beim Nähen senkst du das Füßchen mit dem Füßchenhebel herunter.

Handrad

Mit dem Handrad kannst du die Nähnadel absenken oder heben. Zu Beginn einer Naht senkst du die Nadel zuallererst herunter, bis sie im Stoff steckt.

Pedal

Das Pedal treibt die Nähmaschine an. Trete nur vorsichtig mit der Fußspitze darauf, um die Geschwindigkeit besser kontrollieren zu können. Je langsamer du nähst, desto besser kannst du den Stoff lenken.

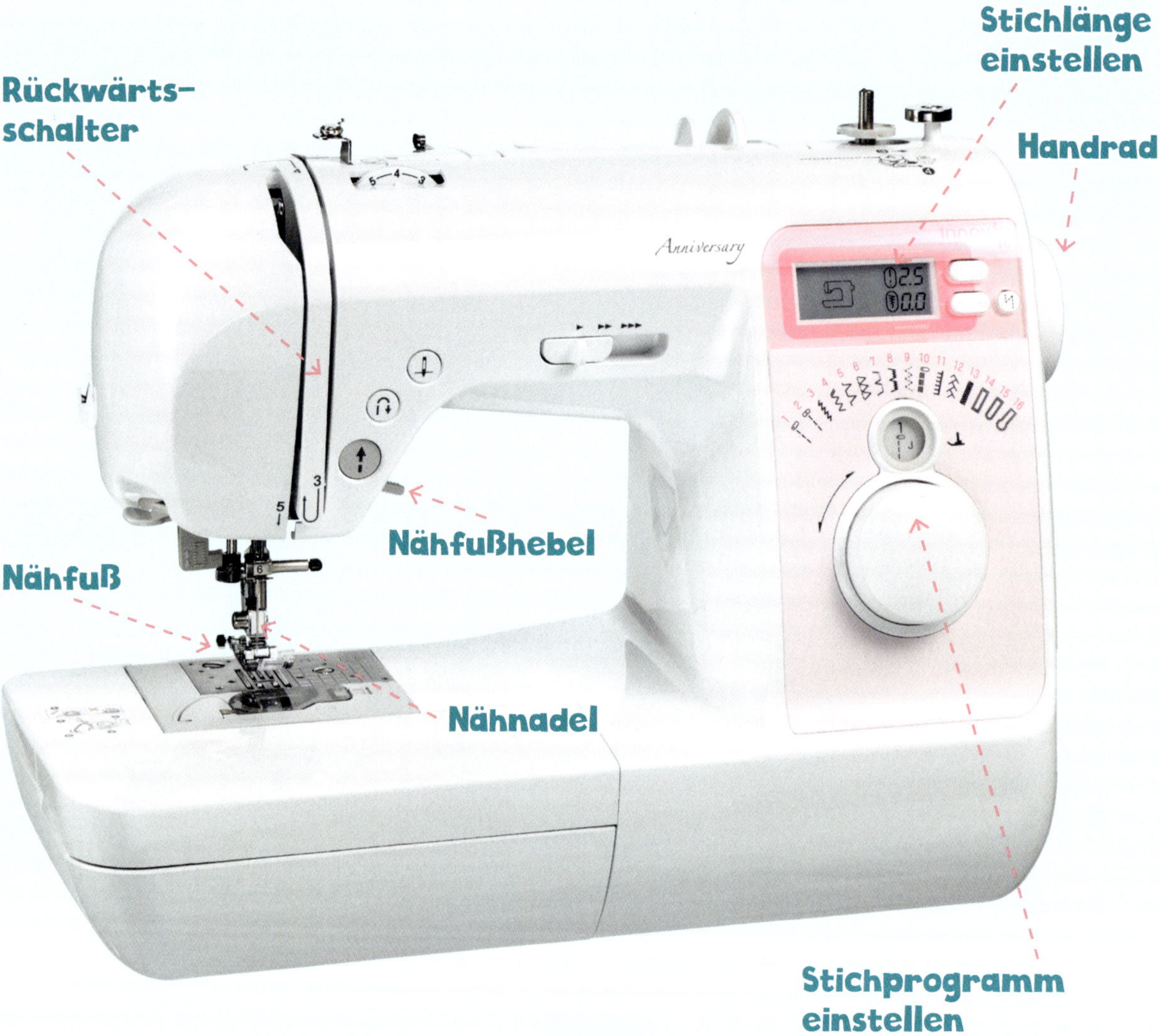
Stichlänge einstellen
Rückwärts-schalter
Handrad
Anniversary
Nähfußhebel
Nähfuß
Nähnadel
Stichprogramm einstellen

Füßchen und Füßchenhebel

Der Schnittmusterbogen

Für jedes Modell im Buch findest du eine Vorlage in Originalgröße auf dem Schnittmusterbogen. Was die Zeichen bedeuten, verrät dir die Legende. Den Schnittmusterbogen kannst du dir auch zum Ausschneiden downloaden und ausdrucken (siehe Impressum auf S. 94).

Schnittkante

Hier schneidest du das Schnittmuster mit einer Papierschere aus.

Markierungslinie

Diese Linie zeigt z.B. an, dass der Stoff gefaltet wird, oder hier ein Band oder zweiter Stoff aufgelegt wird.

Nahtlinie mit Pfeil

Auf dieser Linie nähst du später auf dem Stoffteil entlang, folge dabei der Pfeilrichtung.

Einschneiden

Hier schneidest du den Stoff entsprechend der Markierung ein.

Rückwärts nähen

In diesem Bereich liegen Anfang oder Ende einer Naht, nähe etwas vor und zurück, um die Naht zu sichern.

Knopf

Hier nähst du einen Knopf auf den Stoff oder den Filz.

Faden- und Maschenlauf

Lege die Vorlage so auf den Stoff, dass der Pfeil parallel zur Kante des Stoffes verläuft.

Knopfloch

Entlang dieser kleinen Linie schneidest du ein Knopfloch in ein Filz-Teil.

Vorbereiten

Hier findest du das wichtigste Grundwissen, das du zum Nähen brauchst. Einige Techniken, die nur bei wenigen Modellen verwendet werden, findest du in den entsprechenden Anleitungen.

Modell aussuchen

Beginne am besten mit einem Modell, das den Schwierigkeitsgrad 1 hat. Wenn du schon etwas mehr Übung hast, kannst du nach und nach auch die anderen Schwierigkeitsgrade für dich entdecken.

♥♡♡ Schwierigkeitsgrad 1

♥♥♡ Schwierigkeitsgrad 2

♥♥♥ Schwierigkeitsgrad 3

Stiche an der Nähmaschine einstellen

Wähle gerade Stiche mit einer Stichlänge von 2,5 mm für Baumwollstoffe und Filz. Bei Jersey stellst du Zickzackstiche ein, 3 mm lang und 1,5 cm breit.

Welchen Stich du bei deinen Modellen brauchst, kannst du in jeder Anleitung erkennen.

– – – – Wenn du das Symbol siehst, nähst du gerade Stiche.

^^^^^^^ Wenn du das Symbol siehst, nähst du Zickzackstiche.

Faden- und Maschenlauf

Baumwollstoffe haben einen Fadenlauf, Jersey hat einen Maschenlauf. Beide sind immer parallel zu den Web- oder Strickkanten. Auf den Schnittmustern ist dafür eine Markierungslinie, die du zum Ausschneiden am besten passend auf deinen Stoff legst, dann fällt er besonders schön.

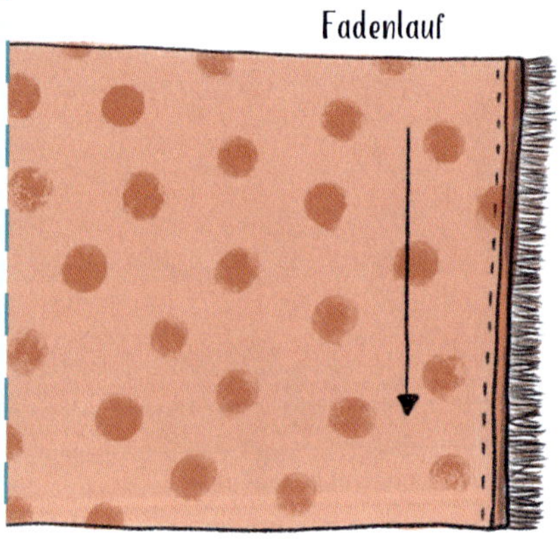

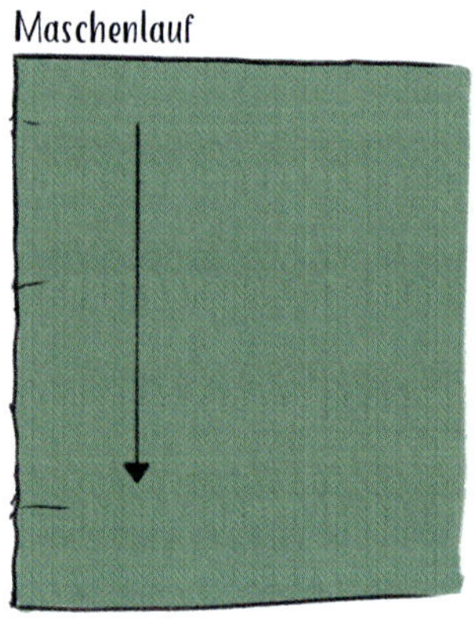

Die schöne Stoffseite

Die schöne Stoffseite bezeichnet man auch als rechte Stoffseite, die nach dem Nähen außen zu sehen ist. Bei der schönen Seite sind die Farben kräftiger oder die Muster gut zu sehen. Die nicht so schöne Seite heißt auch linke Stoffseite.

Stoffe rechts auf rechts legen

Zwei Stoffteile werden mit den schönen Seiten aufeinandergelegt, die linken, nicht so schönen Seiten sind außen zu sehen.

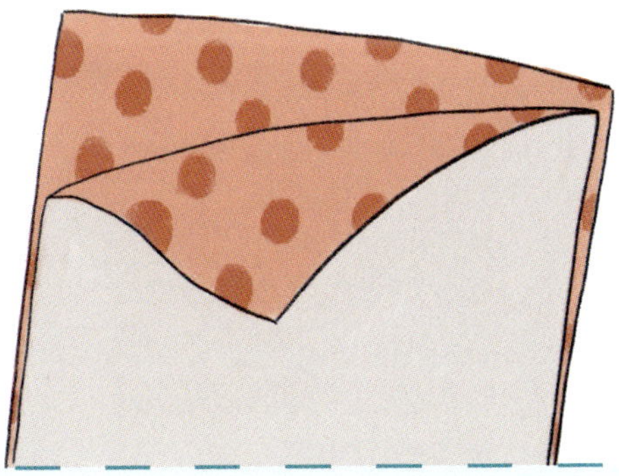

Nahtzugaben

Nahtzugaben nennt man die Stoffbereiche zwischen Schnittkante und Naht. Sie sind wichtig, damit die Naht nicht so leicht wieder aufgehen kann. Manchmal näht man mit Zickzackstichen über die Nahtzugaben, um sie vor dem Ausfransen zu sichern. Alle Schnittmuster enthalten bereits die Nahtzugaben.

Schnittmuster ausschneiden

Pause das passende Schnittmuster für dein Modell mit Bleistift ab. Verwende hierfür durchsichtiges Pauspapier. Schneide dann das Schnittmuster aus dem Pauspapier aus. Übertrage auch die verschiedenen Markierungen. Oder du druckst dir den Schnittmusterbogen online aus und schneidest in direkt aus (siehe Impressum S. 94).

Schnittmuster auf den Stoff übertragen

Lege dein Schnittmuster auf den Stoff und stecke es mit Stecknadeln fest. Umfahre das Schnittmuster mit Schneiderkreide oder einem weichen Bleistift. Übertrage auch alle Markierungen im Schnittmuster auf den Stoff. Dann nimmst du das Schnittmuster wieder ab.

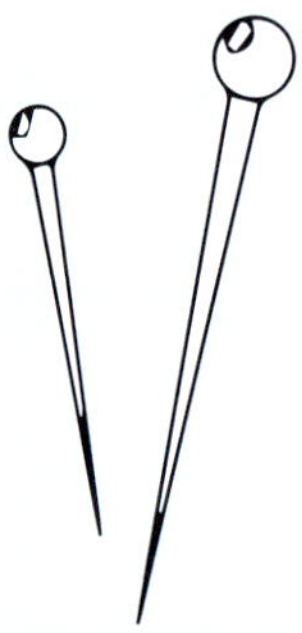

Stoff ausschneiden

Wenn du das Schnittmuster übertragen hast, schneidest du den Stoff entlang der Bleistift-Linie mit einer Stoffschere aus. Am besten möglichst genau, der Stoffrand dient dir gleich als Orientierung für deine Naht.

Stecknadeln befestigen

Um zwei Stoff aufeinander zu stecken, stichst du Stecknadeln von oben nach unten durch beide Stoffe und schiebst die Spitze wieder durch beide Stoffe zurück nach oben. Das geht leichter, wenn du den Stoff etwas anhebst. Befestige die Nadeln so auf dem Stoff, dass sie beim Nähen nicht im Weg sind.

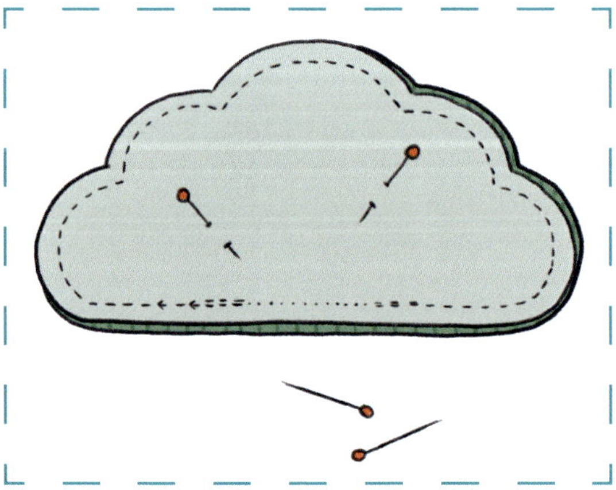

Deine Grundanleitung

Nähen

Zum Nähen legst du den Stoff unter das Füßchen, der Beginn deiner Naht liegt unter der Nadel. Senke das Füßchen auf den Stoff, indem du den Füßchenhebel nach unten drückst. Drehe an dem Handrad, bis die Nadel im Stoff steckt.

Jetzt kannst du beginnen:
Halte mit beiden Händen den Stoff fest, um zu steuern. Halte dabei Abstand zu dem Nähfüßchen ein.

Tritt vorsichtig auf das Pedal, schon näht die Maschine los. Wenn du den Fuß wieder wegnimmst, hört sie auf zu nähen.

Gerade Nähte

Gerade Nähte sind besonders leicht zu nähen, halte den Stoff trotzdem zum Lenken mit den Händen fest, damit du genau auf der Linie bleiben kannst.

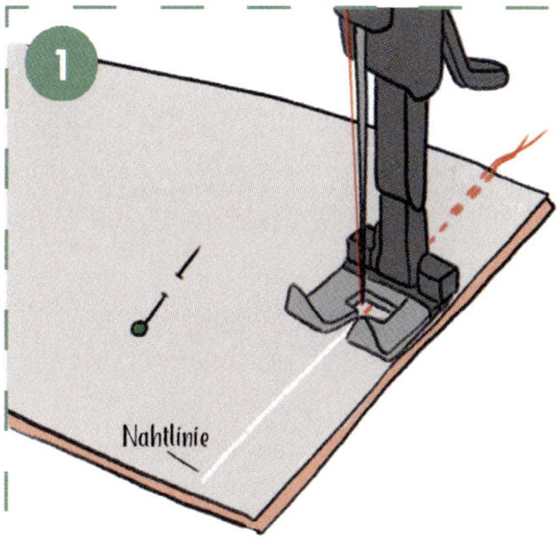

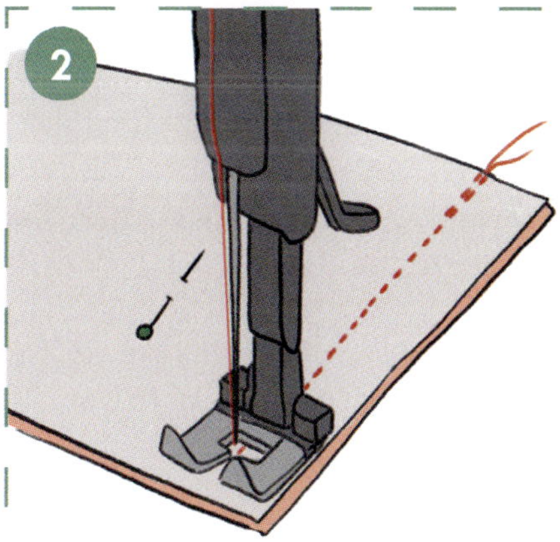

Nähte mit Rückwärtsstichen sichern

Am Anfang und Ende jeder Naht nähst du einige Stiche rückwärts. Damit sicherst du die Naht und sie kann nicht mehr aufgehen. Dafür musst du einen bestimmten Hebel drücken oder vorher einen Knopf betätigen, das ist an jeder Maschine etwas anders.

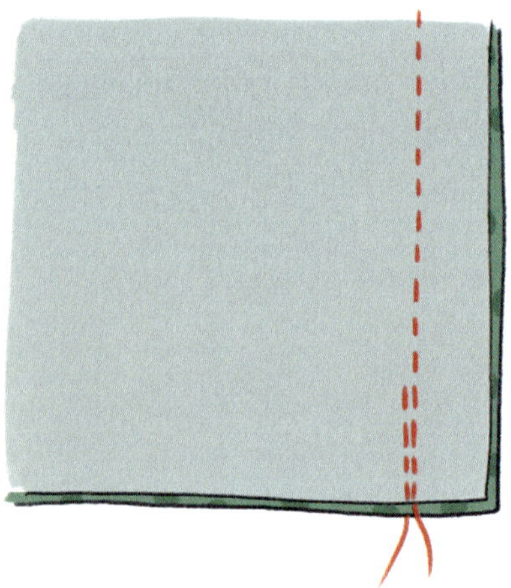

Ecken nähen

Nähe genau bis zu dem Eckpunkt und drehe am Handrad, bis die Nadel im Stoff steckt. Stelle das Füßchen hoch und drehe den Stoff, so dass du auf der Linie nach dem Eckpunkt weiternähen kannst. Senke das Füßchen wieder ab, bevor du weiternähst.

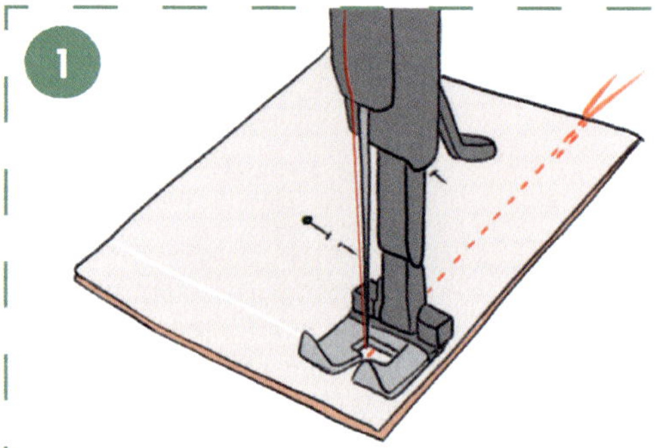

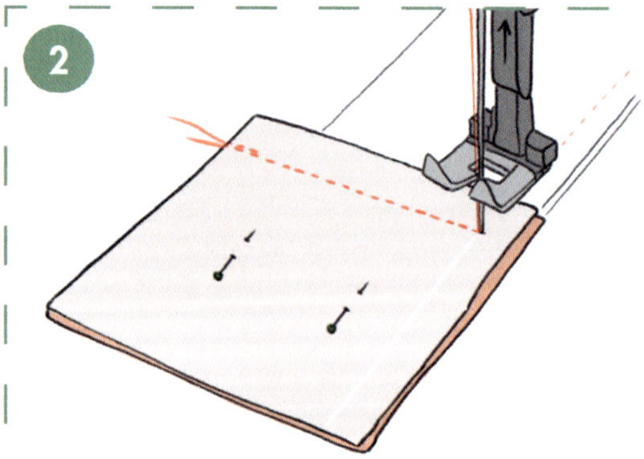

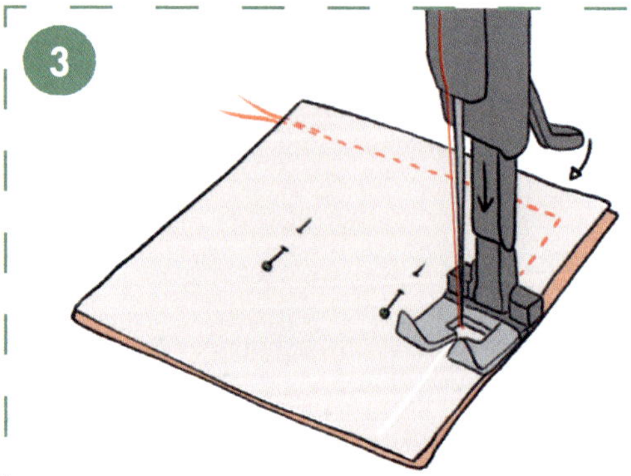

Rundungen nähen

Manchmal ist es schwer, den Stoff so schnell mitzulenken, wie die Rundung genäht werden soll. Dann hältst du einfach kurz an. Senke erst mit dem Handrad die Nadel in den Stoff, hebe dann das Füßchen und richte den Stoff neu aus. Senke das Füßchen wieder ab, bevor du weiternähst.

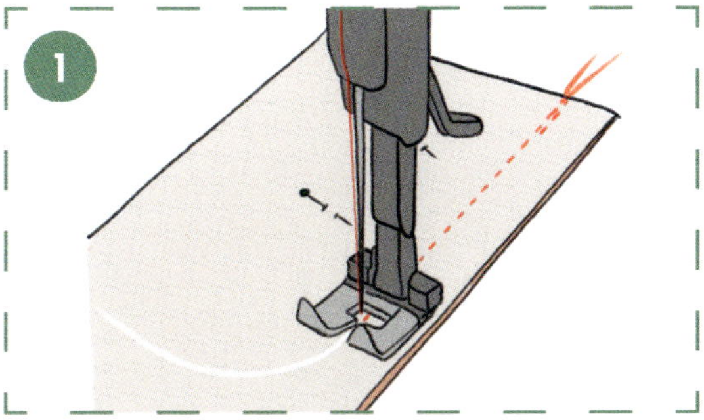

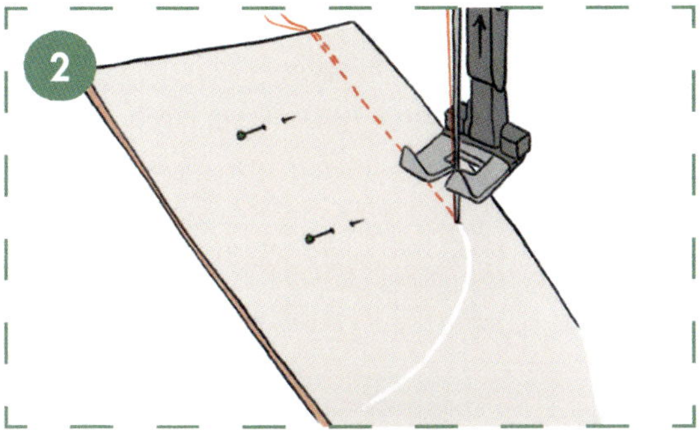

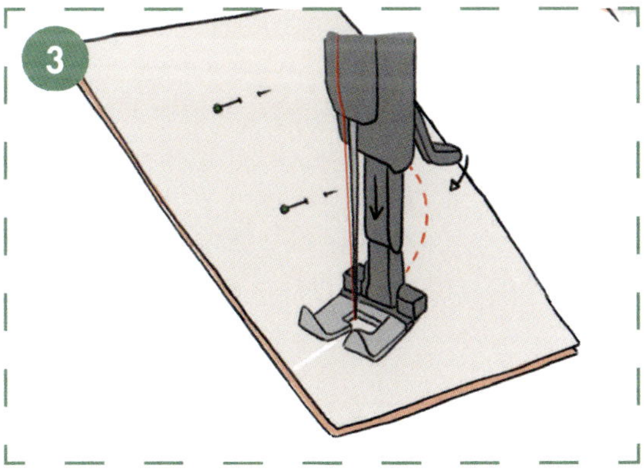

Füßchenbreit nähen

Mit diesem Abstand werden die meisten Modelle im Buch genäht. Dabei läuft der Rand des Füßchens an der Stoffkante entlang.

Wenn du es noch zu schwer findest, füßchenbreit zu nähen, kannst du einen Erwachsenen bitten, dir die Nahtlinien auf den Stoffteilen mit Schneiderkreide vorzuzeichnen.

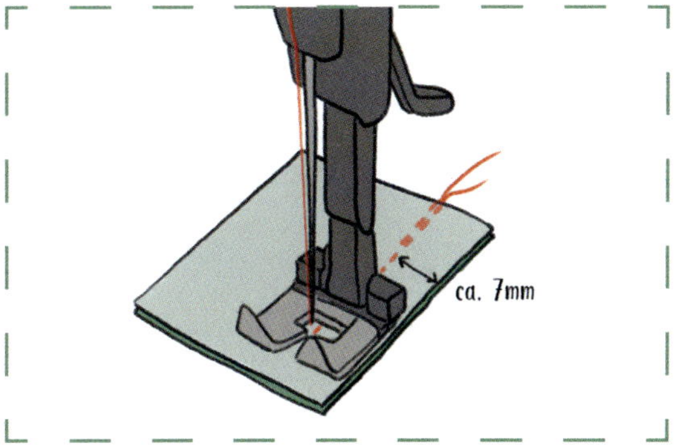

Knappkantig nähen

Nähe so dicht wie möglich an der Modellkante entlang, das eignet sich sehr gut für Modelle aus Filz.

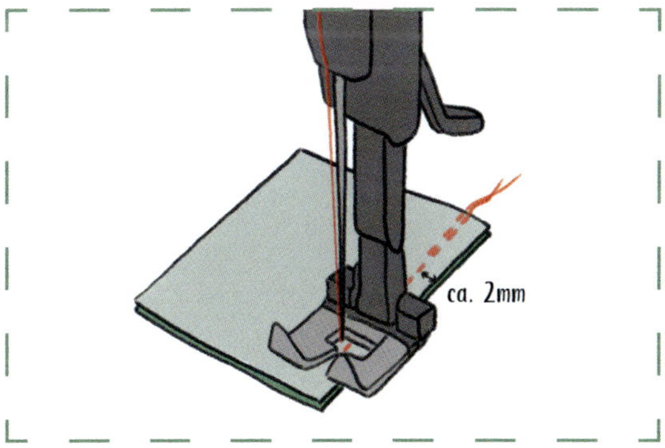

Nähte auftrennen

Hast du dich etwas vernäht, trennst du das entsprechende Stück einfach wieder auf und nähst anschließend noch einmal darüber. Achte dann wieder darauf, am Anfang und Ende der Naht diese mit Rückwärtsstichen zu sichern. Zum Trennen kannst du einen Nahttrenner unter die Nähfäden schieben und sie mit dem Messer daran durchschneiden.

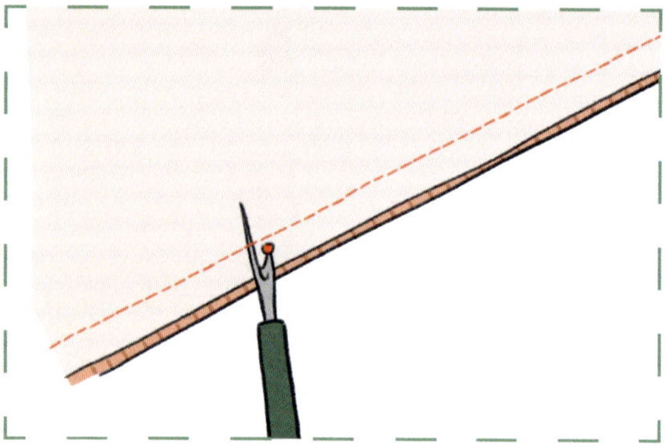

Nahtzugaben einknipsen und abschneiden

Damit sich das Modell nach dem Wenden schön legt, müssen bei einer Ecke die Zugaben abgeschnitten werden.

In den Rundungen schneidest du die Zugaben mit einer kleinen spitzen Schere bis kurz vor die Naht ein.

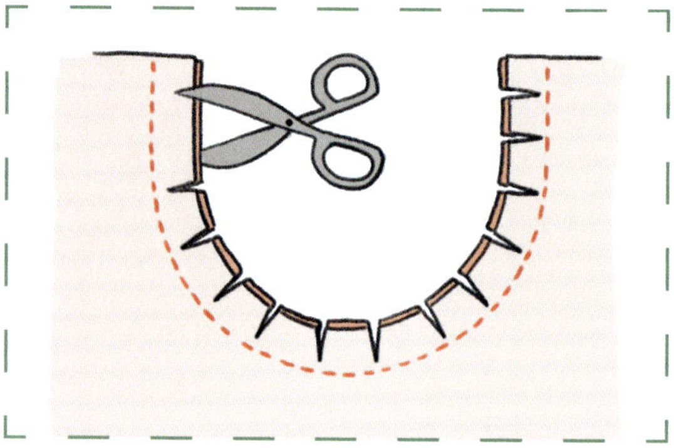

Deine Nähkünstler-Urkunde

Jetzt hast du dir schon angeschaut, was du zum Nähen brauchst, wie die Nähmaschine funktioniert und wie du den Schnittmusterbogen benutzt.

Bevor du mit dem Nähen startest, kannst du dir mit einem Stift Linien auf einen Stoffrest zeichnen und diese nachnähen. Wie wäre es zum Beispiel mit einem Looping oder einem Blitz?

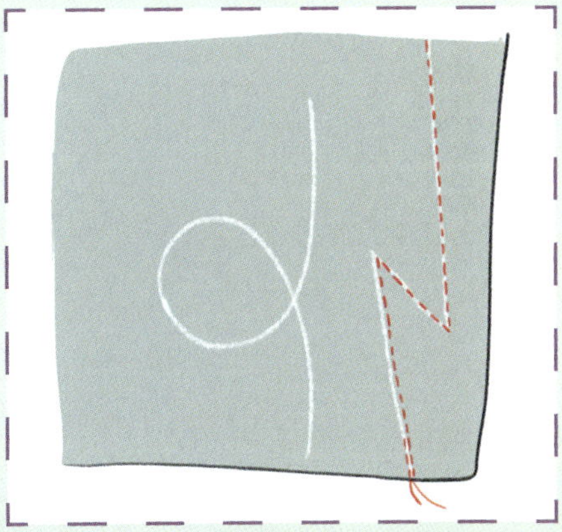

Nähe jetzt dein erstes Modell. Wie wäre es mit dem Stifte-Mäppchen auf Seite 30? Wenn du das geschaffst hast, hast du dir deine Urkunde verdient und du kannst deinen Namen auf der nächsten Seite eintragen.

Toll gemacht!

Urkunde

Toll gemacht!

____

hat am

____

die Nähkünstler-Urkunde erhalten.

Du kannst jetzt:

Wichtige Begriffe zum Grundwissen verstehen

Deine Nähmaschine bedienen

Den Schnittmusterbogen anwenden

Linien und Schnörkel nähen

Deine ersten Werke nähen

Stichlänge 2,5 mm

Nadelheft
für deine Nähnadeln

TIPP

Du kannst die Punkte für den Pilz auch mit einem Locher aus dem Filz in Weiß ausstanzen.

Die Schnittmuster findest du auf Bogen 1B.

Material

- Filz für das Heft, 1 mm stark, 15 cm x 20 cm
- Filz für die Innenseiten, 1 mm stark, 20 cm x 25 cm
- Filz in Rot, 1 mm stark, 5 cm x 5 cm
- Filz in Weiß, 1 mm stark, 5 cm x 5 cm
- Webband, 1 cm breit, 20 cm lang
- Nähgarn

Ausschneiden

Filz für das Heft:
1x das Heftteil
Filz für die Innenseiten:
2x die Innenseite
Filz für das Rot:
1x den Pilzkopf
Filz für das Weiß:
1x den Pilzfuß, 3x den Punkt

Anleitung

1 Lege das Band entsprechend der Markierung auf das Filzteil für das Heft, die Bandenden dabei jeweils 1 cm breit einschlagen, damit es schöne Abschlüsse gibt. Stecke das Band mit Stecknadeln fest. Nähe mit geraden Stichen an beiden Kanten über das Band.

2 Jetzt legst du das Heftteil mit dem Band nach unten zeigend auf deine Arbeitsfläche. Lege die beiden Innenseiten mittig darauf und stecke sie links und rechts mit jeweils einer Stecknadel fest. Markiere die mittlere Markierung aus dem Schnittmuster auf dem Filz. Nähe entlang der Markierung.

3 Klebe zuerst den Pilzfuß etwas oberhalb von dem Band auf die Vorderseite, darauf überlappend den Pilzkopf. Verziere den Pilz mit den Punkten in Weiß.

Stichlänge 2,5 mm

Stifte-Mäppchen

für Ordnung auf dem Tisch

Material

- Filz für die Vorderseite, 1 mm stark, 10 cm x 18 cm
- Filz für die Rückseite mit Klappe, 1 mm stark, 10 cm x 30 cm
- Band, 1 cm breit, 11 cm lang
- Nähgarn

Ausschneiden

Filz für die Vorderseite:
1x das Vorderteil
Filz für die Rückseite:
1x das Rückteil mit Klappe

Anleitung

1. Stecke das vordere Teil auf das Rückteil, die Seiten und die untere Kante liegen dabei bündig, die Lasche zeigt nach oben.

2. Das Band wie auf der Markierung auf das vordere Mäppchenteil legen, die Enden dabei zwischen die beiden Filzlagen falten. Stecke es mit Stecknadeln an beiden Enden fest.

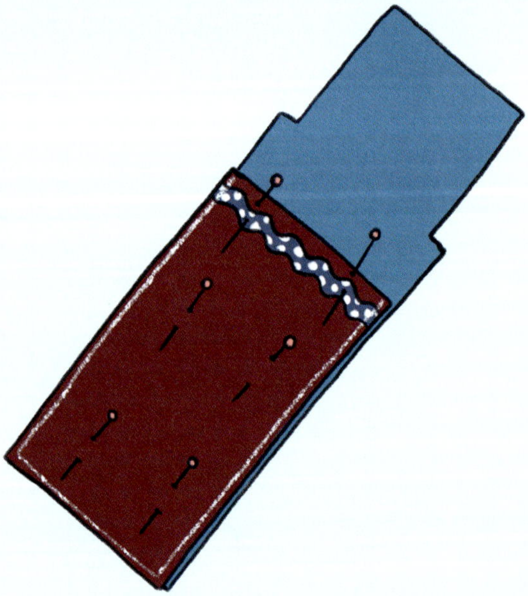

3. Das Stifte-Mäppchen nun an den beiden langen Seiten und der unteren Kante knappkantig zusammennähen, die obere Kante als Öffnung auslassen. Dabei nähst du das Band mit fest.

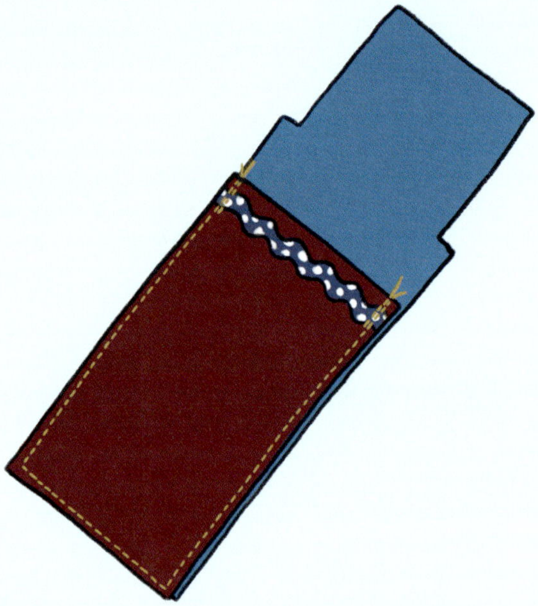

4. Um das Mäppchen zu schließen, kannst du die Klappe unter das Band schieben.

Die Schnittmuster findest du auf Bogen 1B.

Stichlänge 2,5 mm

Weiche Lesezeichen

für Leseratten

TIPP

Lesezeichen sind schöne Geschenke für Verwandte oder befreundete Erwachsene, die gerne Bücher lesen.

Material

Für ein Lesezeichen:

- Baumwollstoff, 15 cm x 20 cm
- Baumwollband, 1-2 cm breit, 10 cm lang
- Nähgarn

Ausschneiden

Baumwollstoff:

1x das Lesezeichen

Anleitung

1 Falte den Stoff für das Lesezeichen einmal rechts auf rechts entlang der Faltlinie. Stecke die Stoffe mit zwei Stecknadeln zusammen. Nähe die Stoffe an einer kurzen und einer langen Kante füßchenbreit zusammen. Schneide dann die Nahtzugabe an der Ecke schräg ab.

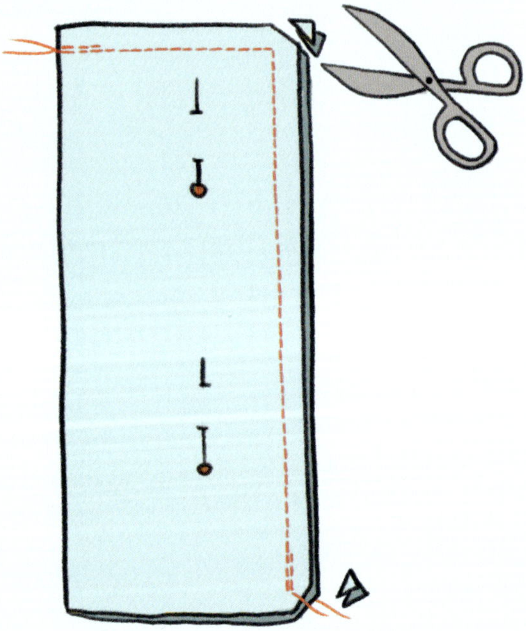

2 Wende den Stoff durch die kurze offene Seite. Die Nahtzugaben 1 cm breit nach innen schieben.

3 Lege das Band zu einer Schlaufe und schiebe es 1 cm breit an der offenen Kante zwischen die Stoffe. Stecke die Stoffe über dem Band mit einer Stecknadel zusammen und nähe die Kante knappkantig zu.

Das Schnittmuster findest du auf Bogen 2A.

Stichlänge 3,5 mm

Osterkörbchen

für kleine Geschenke vom Osterhasen

Die Schnittmuster findest du auf Bogen 1A.

Material

- Filz für das Körbchen, 2 mm stark, 30 cm x 40 cm
- Filz für die Herz-Schnauze, 1 mm stark, 3 cm x 3 cm
- Filz für die Schnurrbarthaare, 3 cm x 5 cm
- Nähgarn
- Bastelkleber

Ausschneiden

Filz für das Körbchen:
1x das Osterkörbchen
Filz für die Schnauze:
1x die Schnauze
Filz für die Schnurrbarthaare:
6x die Schnurrbarthaare

Anleitung

1 Falte ein Seitenteil so auf ein anderes, dass zwei nebeneinander liegende Kanten bündig liegen. Stecke die Filzlagen aufeinander fest und nähe sie füßchenbreit zusammen.

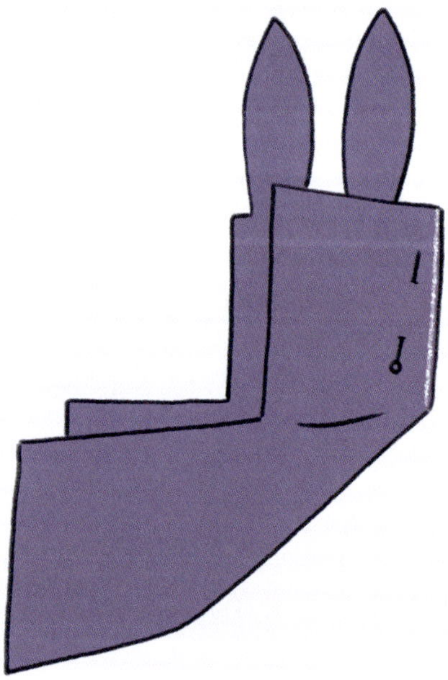

2 Wiederhole Schritt 2 an den anderen drei offenen Kanten, sodass zum Schluss alle Seitenteile des Körbchens zusammengenäht sind.

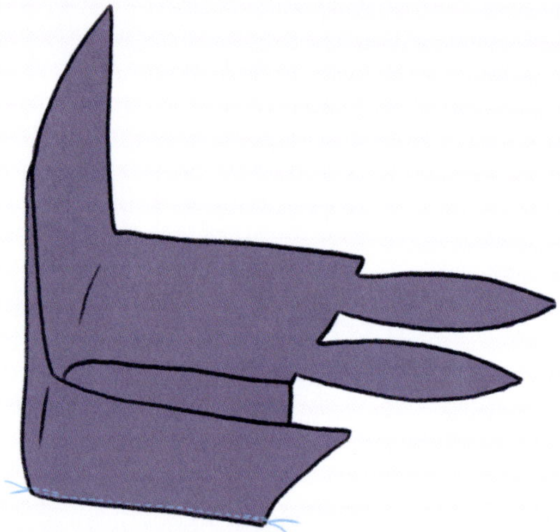

3 Klebe nun auf der Vorderseite des Körbchens die Schnauze und die Schnurrbarthaare auf.

Stichlänge 2,5 mm

Haarbänder

Du hast die Haare schön!

Das Schnittmuster findest du auf Bogen 2B.

Material

- Baumwollstoff, 18 cm x 30 cm
- Gummilitze, 2 cm breit, 40 cm lang
- 2 Knöpfe, 1,5 - 2 cm Ø
- Nähgarn

Ausschneiden

Baumwollstoff:
1x das Haarband

Anleitung

1 Falte das Haarbandteil entsprechend der Markierung rechts auf rechts und stecke die Stofflagen mit Stecknadeln fest. Dann nähst du füßchenbreit entlang der langen Kante.

2 Wende den Stofftunnel und schiebe die Nahtzugaben an den offenen Kanten 1 cm breit nach innen.

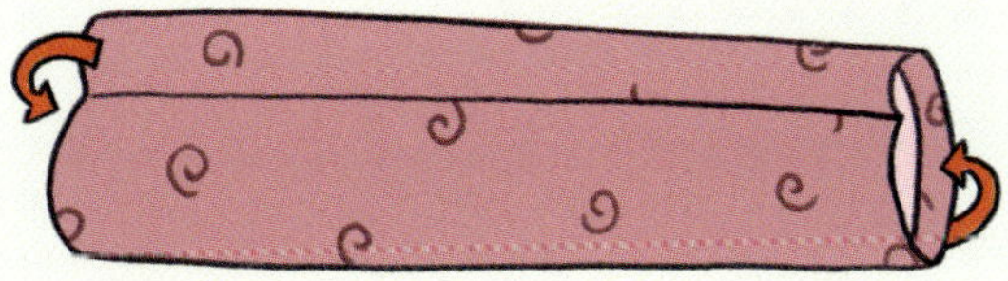

3 Falte die beiden Seitenkanten zur Mitte hin und stecke sie fest. Bitte einen Erwachsenen, alles zu bügeln, damit die Stoffe für den nächsten Schritt schön glatt liegen. Schiebe die Enden der Gummilitze zwischen die Stofflagen an den offenen Enden und stecke sie fest. Probiere das Haarband an und kürze die Gummilitze evtl. etwas, damit es gut am Kopf sitzt.

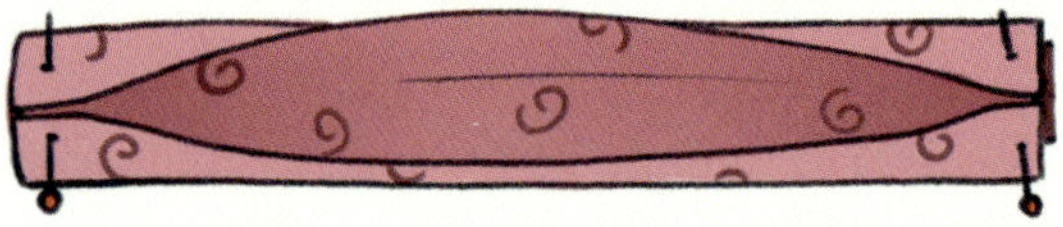

4 Jetzt nähst du die Stofflagen an den offenen Kanten knappkantig zusammen und nähst die Bänder dabei fest.

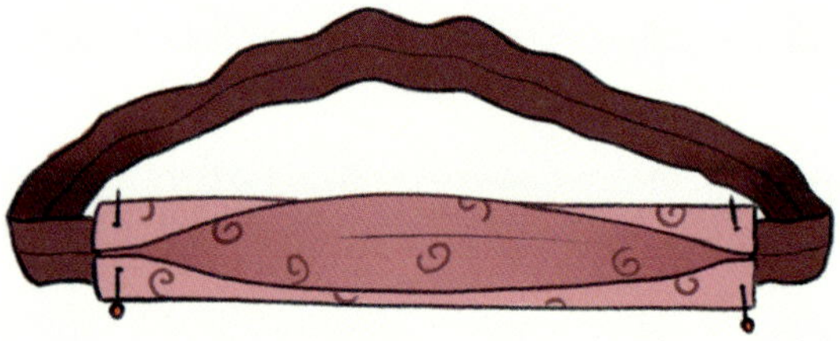

5 Nähe die beiden Knöpfe auf.

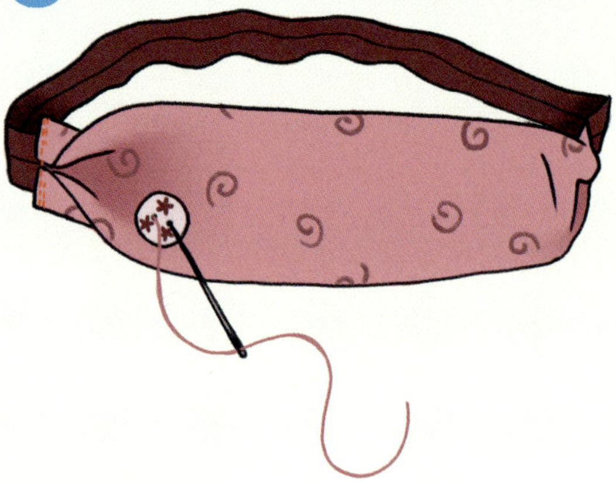

TIPP

Als Gummilitze für das Haarband eignet sich Elastic-Einfassband, das es in vielen Farben gibt. Es ist besonders weich und dehnbar.

Knöpfe annähen

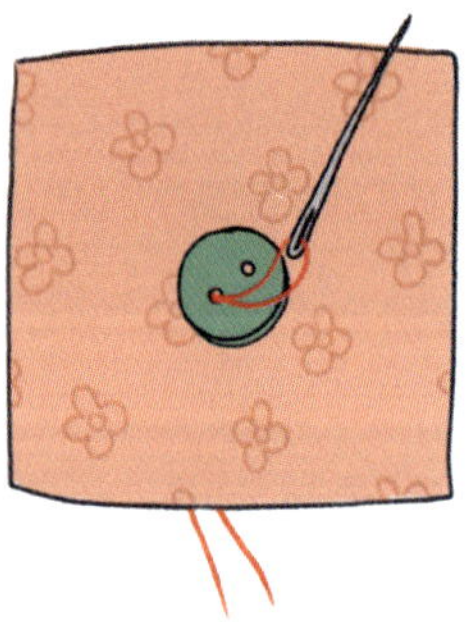

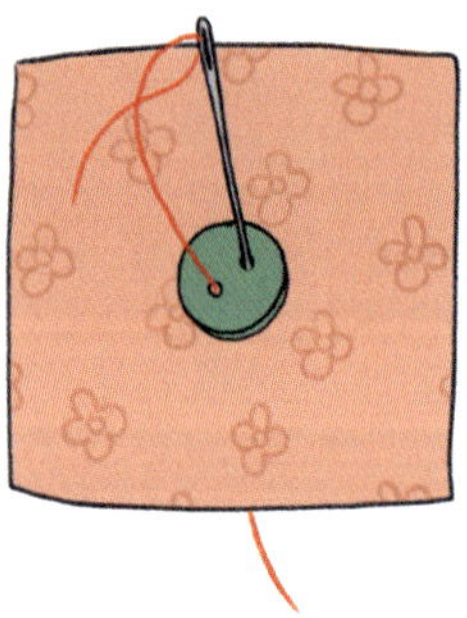

1 Einen Faden in eine Handnähnadel fädeln und ein Fadenende länger herunterhängen lassen. Stich von unten durch die Knopfmarkierung am Vorderteil und fädle den Knopf auf der Oberseite auf. Dabei ein Stück Faden auf der Unterseite hängen lassen.

2 Durch das zweite Knopfloch zurückstechen und die Nadel durch den Filz nach unten schieben.

3 Wiederhole 1 + 2 einige Male, dann die Fadenenden auf der Unterseite verknoten.

Stichlänge 2,5 mm

Blumenkissen

weich und blumig

Die Schnittmuster findest du auf Bogen 1A.

Material

- Baumwollstoff in Gelb, 30 cm x 60 cm
- Baumwollstoff in neun verschiedenen Farben/ Mustern, 9 x 10 cm x 25 cm
- Füllwatte
- Nähgarn

Ausschneiden

Baumwollstoff in Gelb:
2x die Blütenmitte
Baumwollstoff in neun verschiedenen Farben:
je Farbe 2x das Blütenblatt

Anleitung

1 Stecke immer zwei gleiche Blütenteile rechts auf rechts aufeinander. Nähe sie an den Rundungen füßchenbreit zusammen und lasse die untere Seite offen. Nähe so alle neun Blütenblätter zusammen. Die Nahtzugaben einknipsen.

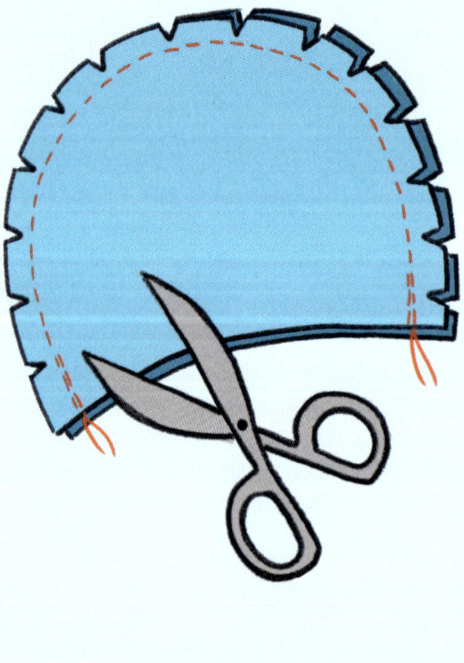

2 Wende die Blütenblätter und bitte einen Erwachsenen, sie zu bügeln. Knipse dann entsprechend der Markierung die Nahtzugaben ein.

3 Jetzt legst du die Blütenblätter wie auf den Markierungen im Schnittmuster auf die rechte Seite einer Blütenmitte. Stecke sie jeweils mit zwei Stecknadeln fest. Ein Blütenblatt auslassen, hier entsteht die Wendeöffnung.

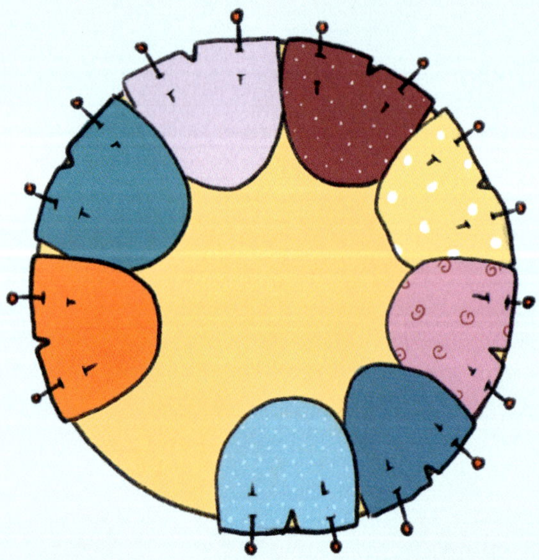

4 Die zweite Blütenmitte rechts auf rechts auflegen und feststecken. Nähe die Blütenmitten rundherum zusammen, die Blätter dabei mitfassen. Ziehe die Stecknadeln immer kurz vorher heraus.

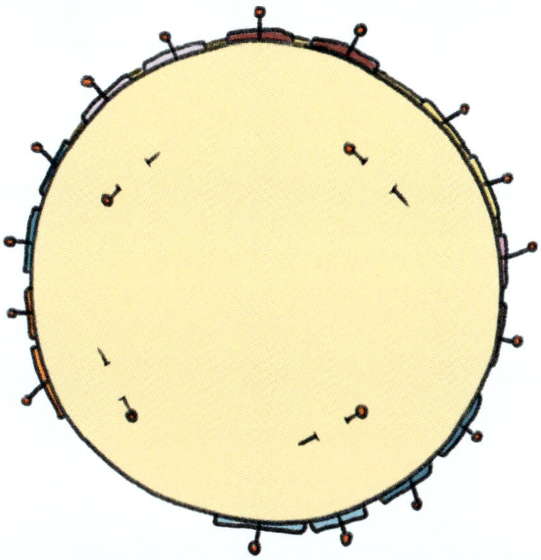

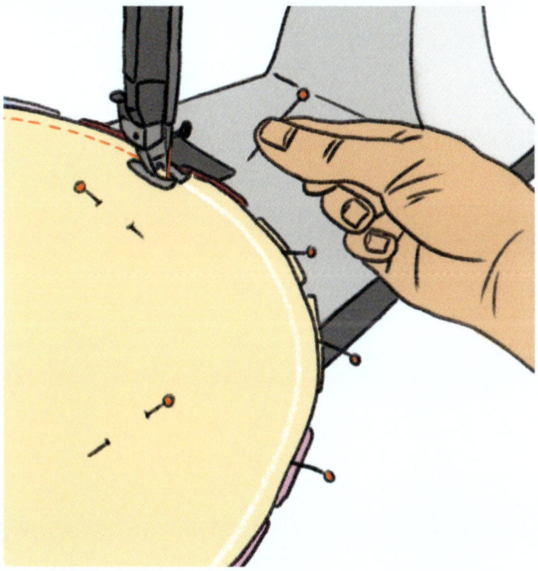

5 Anschließend die Nahtzugaben rundherum einknipsen, jedoch nicht an der Wendeöffnung.

6 Wende die Blume durch die Öffnung und fülle die Blumenmitte mit Watte. Schiebe die Nahtzugaben an der Öffnung 1 cm breit nach innen, das neunte Blütenblatt dazwischenschieben und mit einer Stecknadel feststecken.

7 Die Öffnung mit Handstichen schließen. Fädle einen Faden in eine Handnähnadel ein, das längere Fadenende verknoten. Stich von unten nach oben durch beide Stofflagen, anschließend von oben nach unten zurück. Um die Naht am Ende zu sichern, nähst du mehrere dieser Stiche auf einer Stelle.

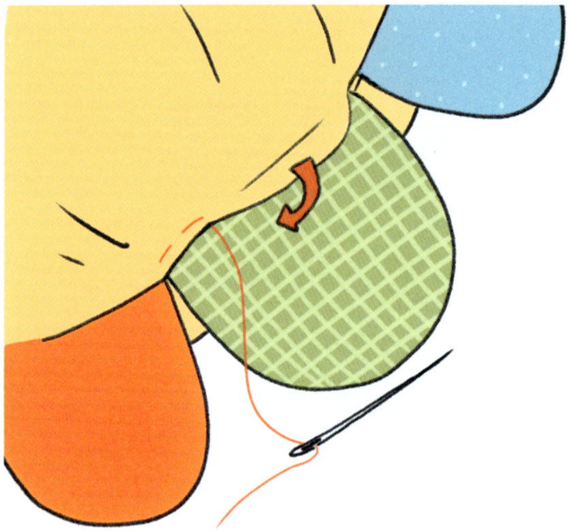

IDEE

Schön sieht es auch aus, wenn alle Blütenblätter die gleiche Farbe haben, dann brauchst du dafür 20 cm x 130 cm Baumwollstoff.

Handstiche

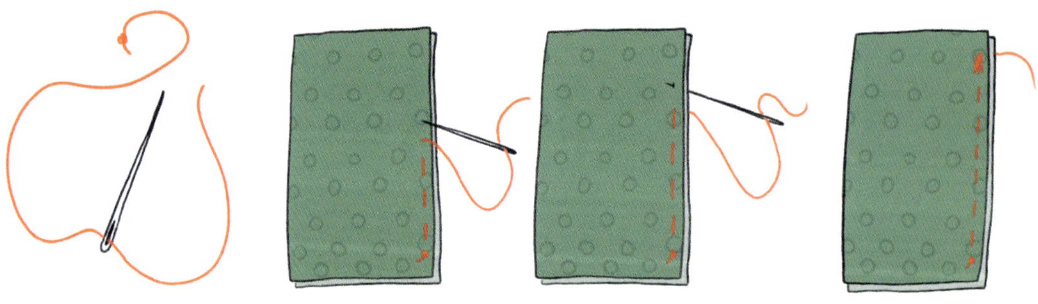

1 Einen Faden in eine Handnähnadel einfädeln. Ein Fadenende länger lassen und am Ende verknoten.

2 **3** Immer abwechselnd von oben und unten durch den Stoff stechen. Dabei immer ca. 5 mm weiterwandern.

4 Um die Naht zu sichern, nähst du am Ende mehrere Stiche auf einer Stelle.

Stichlänge 2,5 mm

Umhängetaschen
für kleine Schätze

Die Schnittmuster findest du auf Bogen 2A.

Anleitung

1 Mit einer spitzen Schere das Knopfloch in die Klappe am Rückteil schneiden.

2 Den Knopf entsprechend der Markierung auf das Vorderteil nähen.

3 Verknote die Kordelenden und lege sie entsprechend der Markierungen auf das Rückteil und nähe sie fest, indem du einige Male darauf hin und her nähst.

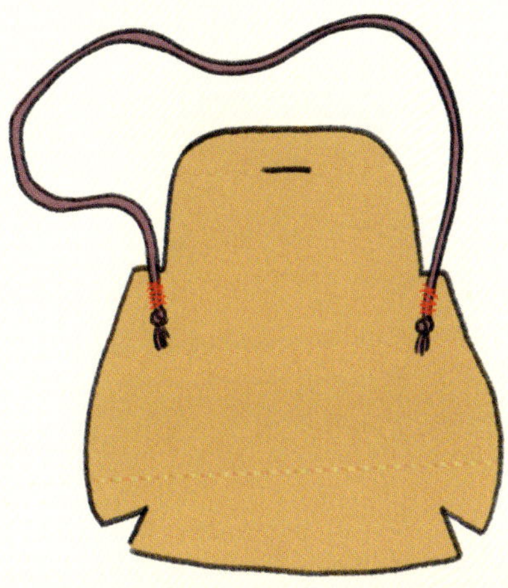

Material

- Filz, 2 mm stark, Din A3 (25 cm x 35 cm)
- 1 Knopf, 1 cm Ø
- Kordel, 5 mm Ø, 1 m lang
- Nähgarn

Ausschneiden

Filz:
1x das Rückteil mit Klappe und 1x das Vorderteil

4 Lege die beiden Taschenteile so aufeinander, dass alle Kanten bündig liegen. Der Knopf zeigt nach unten. Stecke alles mit Stecknadeln fest. Die Tasche an den Seiten und am Boden knappkantig zusammennähen, die obere Kante und die zwei Öffnungen am Boden dabei auslassen.

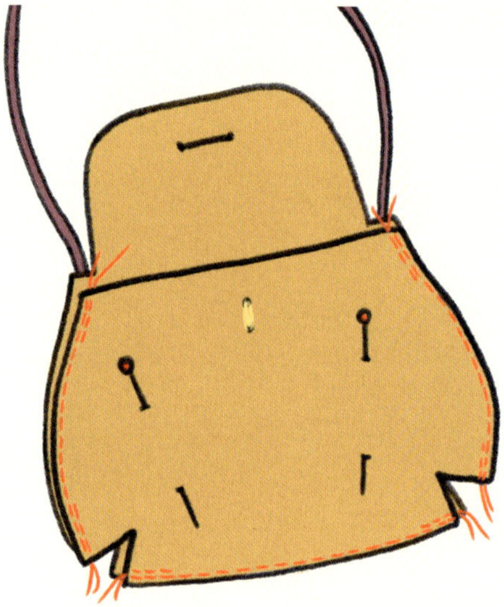

5 Ziehe die Filzteile an den Öffnungen am Boden auseinander und stecke sie so fest, dass die Boden- und Seitennähte aufeinander liegen. Nähe die Öffnungen knappkantig zu.

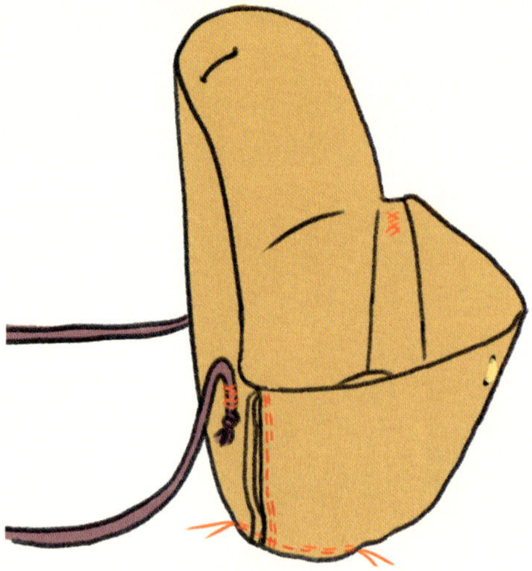

6 Wende die Tasche, so dass die Nähte innen liegen. Jetzt kannst du kleine Schätze reintun und dir die Tasche umhängen!

Knöpfe annähen

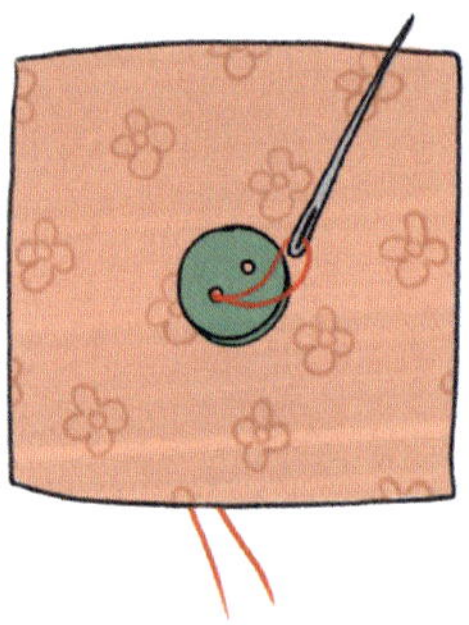

1 Einen Faden in eine Handnähnadel fädeln und ein Fadenende länger herunterhängen lassen. Stich von unten durch die Knopfmarkierung am Vorderteil und fädle den Knopf auf der Oberseite auf. Dabei ein Stück Faden auf der Unterseite hängen lassen.

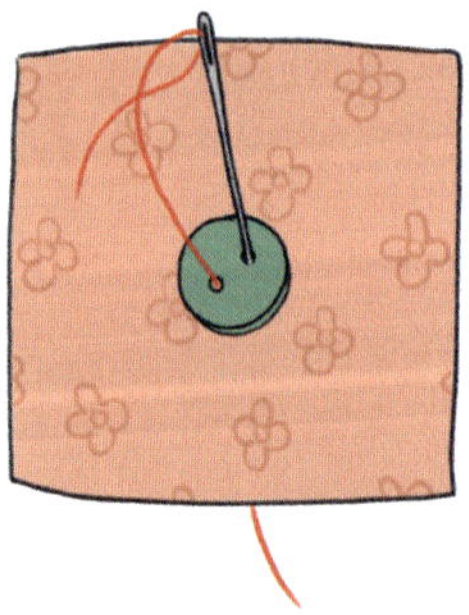

2 Durch das zweite Knopfloch zurückstechen und die Nadel durch den Filz nach unten schieben.

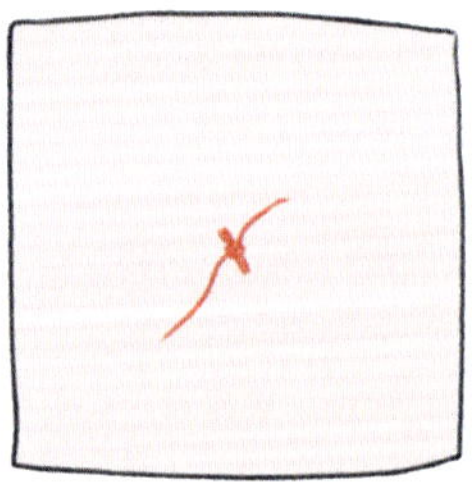

3 Wiederhole 1 + 2 einige Male, dann die Fadenenden auf der Unterseite verknoten.

Stichlänge 2,5 mm

Herztäschchen

für kleine Geschenke

Die Schnittmuster findest du auf Bogen 1A.

Material

- Filz, 2 mm stark, 20 cm x 25 cm
- 1 Knopf, 1 cm Ø
- Nähgarn

Ausschneiden

Filz:
1x das Rückteil mit Klappe und 1x das Vorderteil

Anleitung

1 Mit einer spitzen Schere das Knopfloch in die Klappe am Rückteil schneiden.

2 Den Knopf entsprechend der Markierung auf das Vorderteil nähen.

3 Das vordere Herzteil so auf das Rückteil stecken, dass die Kante mit dem Knopf an der Seite mit der Klappe liegt. Der Knopf zeigt dabei nach oben. Das Herz knappkantig zusammennähen, die Öffnung dabei auslassen.

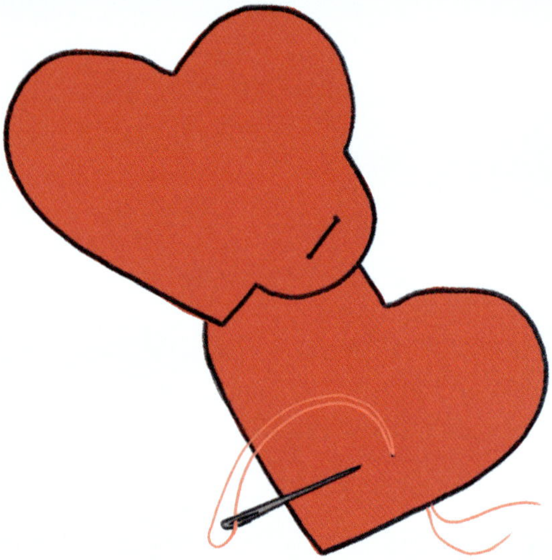

Knöpfe annähen

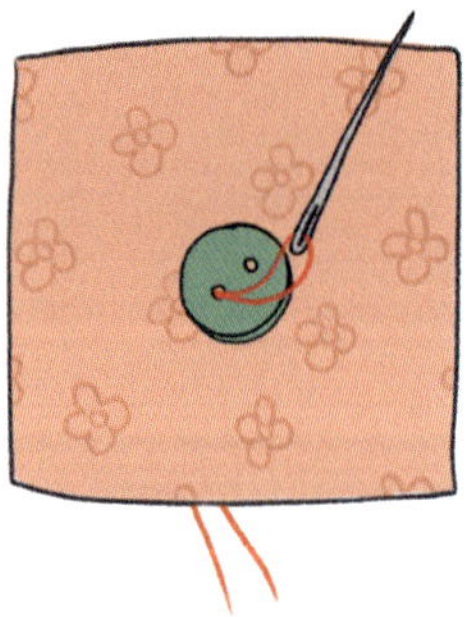

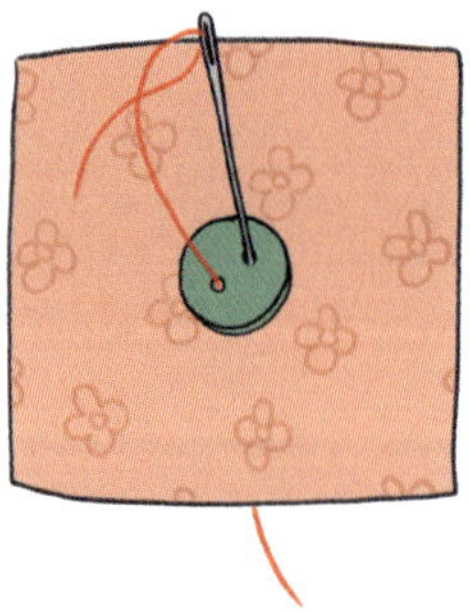

1 Einen Faden in eine Handnähnadel fädeln und ein Fadenende länger herunterhängen lassen. Stich von unten durch die Knopfmarkierung am Vorderteil und fädle den Knopf auf der Oberseite auf. Dabei ein Stück Faden auf der Unterseite hängen lassen.

2 Durch das zweite Knopfloch zurückstechen und die Nadel durch den Filz nach unten schieben.

3 Wiederhole 1 + 2 einige Male, dann die Fadenenden auf der Unterseite verknoten.

Stichlänge 2,5 mm

Froschtäschchen für Kopfhörer

Quak, quak

Die Schnittmuster findest du auf Bogen 2B.

Material

- Filz in Grün, 2 mm stark, 15 cm x 30 cm
- Filz in Weiß, 1 mm stark, 3 cm x 6 cm
- Filz in Rot, 1 mm stark, 2 cm x 4 cm
- Stoffmalstift in Schwarz
- Nähgarn in Rot und Grün

Ausschneiden

Filz in Grün:
1x das Vorderteil, 2x das Rückteil
Filz in Weiß:
2x das Augenteil
Filz in Rot:
2x die Wange

Anleitung

1 Übertrage die Linie für den Mund mit Schneiderkreide auf das Vorderteil. Nähe dann dreimal mit dem Garn in Rot entlang der Markierung für den Mund, am Anfang und am Ende der Naht etwas rückwärts nähen, um die Naht zu sichern.

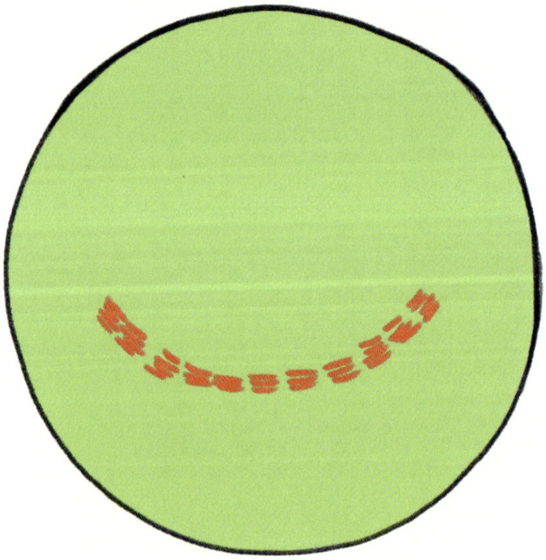

2 Lege nun die beiden Rückteile auf das Vorderteil, so dass die runden Kanten aufeinander liegen. Stecke die Teile fest und nähe sie an der Außenkante rundherum knappkantig fest.

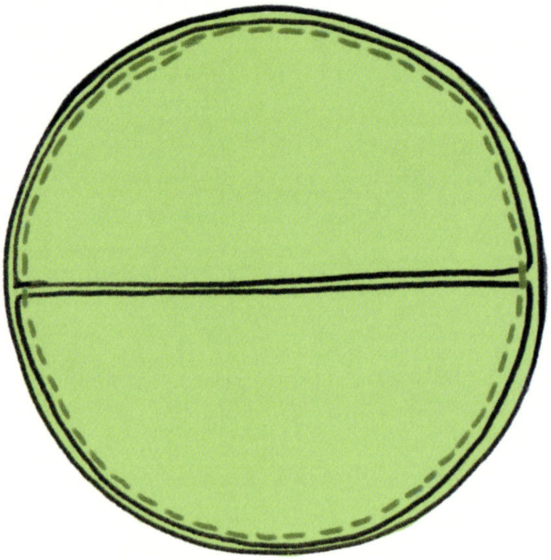

3 Klebe die Augenteile auf den oberen Rand des Vorderteils. Male die Pupillen mit dem Stoffmalstift auf. Klebe die Wangen links und rechts an die Enden der Mundlinie.

Stichlänge 1,5 mm; Stichbreite 4 mm

Handtuch mit Seestern

für Wassermänner

und Badenixen

Material

- 1 Handtuch, 50 cm x 100 cm
- Baumwollstoff, 25 cm x 25 cm
- Vliesofix, 25 cm x 25 cm
- Nähgarn
- Stoffmalstift in Schwarz

Das Schnittmuster findest du auf Bogen 1A.

Anleitung

1 Übertrage die Vorlage mit Bleistift auf die Papierseite von dem Vliesofix. Bitte einen Erwachsenen, das Vliesofix nach Herstelleranleitung auf die linke Seite des Baumwollstoffes zu bügeln.

2 Schneide dann den Seestern aus. Anschließend kannst du das Papier von der Stoffrückseite abziehen.

3 Ein Erwachsener kann dir den Seestern auf das Handtuch bügeln. Überlege dir vorher schon, an welcher Stelle er sein soll.

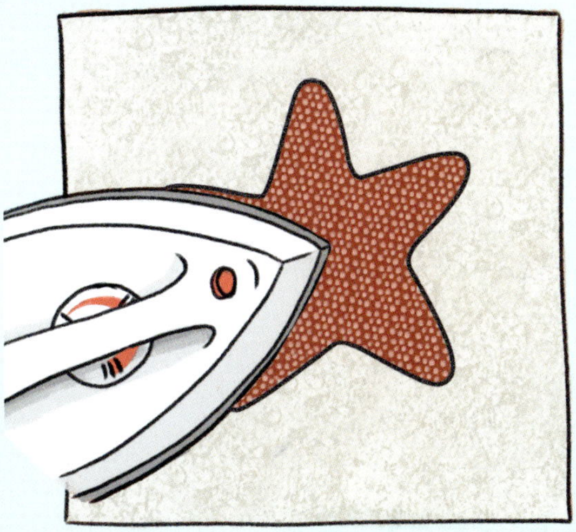

4 Nähe den Seestern fest, indem du rundherum dicht am Stoffrand mit großen Zickzackstichen nähst. Beim Applizieren von einem Stoffmotiv nähst du mit Zickzackstichen an dem Stoffrand entlang. Dabei wird der Stoff gleichzeitig auf dem Unterstoff befestigt und vor dem Ausfransen geschützt.

5 Zuletzt malst du dem Seestern mit dem Stoffmalstift ein Gesicht auf, zwei Tupfer für die Augen und einen Mund. Bitte einen Erwachsenen, die Farbe des Stoffmalstiftes nach Herstelleranleitung zu fixieren.

IDEE

Mit der Applikation auf deinem Handtuch gibt es keine Verwechslungen mehr im Badezimmer! Viele schöne Ideen für Applikationen findet man auch kostenlos im Internet.

Du kannst dir auch selbst welche ausdenken und aufzeichnen, wie wäre es mit einem Fisch oder einem Wal?

Vliesofix

Vliesofix ist ein beidseitig klebendes Klebevlies. Mit ihm kann ein Stoff- oder Filzmotiv auf einem zweiten Stoffstück durch bügeln befestigt werden. Dann lässt sich das Motiv gut festnähen und verrutscht nicht. Vliesofix ist bei 60° C waschbar, die Farbe des Stoffmalstiftes auch.

Applizieren

Beim Applizieren nähst du ein Motiv aus Stoff oder Filz auf ein anderes Stoff- oder Filzstück auf. Damit es leichter geht, kannst du es vorher mit Hilfe eines Erwachsenen mit einem Klebevlies wie z.B. Vliesofix aufbügeln.

Stichlänge 3 mm; Stichbreite 1 mm

Einfacher Rock
dein erstes Kleidungsstück

Material

- Jersey, 1x die Höhe (siehe unten), 130 cm breit
- Gummilitze, 2 cm breit, 80 cm lang
- Jerseynadel für die Nähmaschine
- Nähgarn

Ausmessen

Miss deinen Hüftumfang an der stärksten Stelle deiner Hüfte. Deinen Taillenumfang an der schmalsten Stelle messen. Die Rocklänge legst du selbst fest. Sie wird von der Taille an abwärts Richtung Knie gemessen. Lass dir dabei von einem Erwachsenen helfen und notiere die Maße auf einem Zettel.

Deine Maße für einen Rock:
Höhe:
1x Rocklänge + 6 cm
Breite:
1x dein Hüftumfang + 10 cm

Ausschneiden

Jersey:
1x Höhe x Breite
Gummilitze:
Taillenumfang + 3 cm zuschneiden

Anleitung

1 Falte den Stoff mittig rechts auf rechts und stecke die Stofflagen mit Stecknadeln fest. Markiere dir bei der offenen Seitenkante oben eine 3 cm lange Strecke, die später die Öffnung für den Tunnelzug ergibt. Nähe den seitichen Rand füßchenbreit mit Zickzackstichen zusammen, die markierte Strecke dabei auslassen.

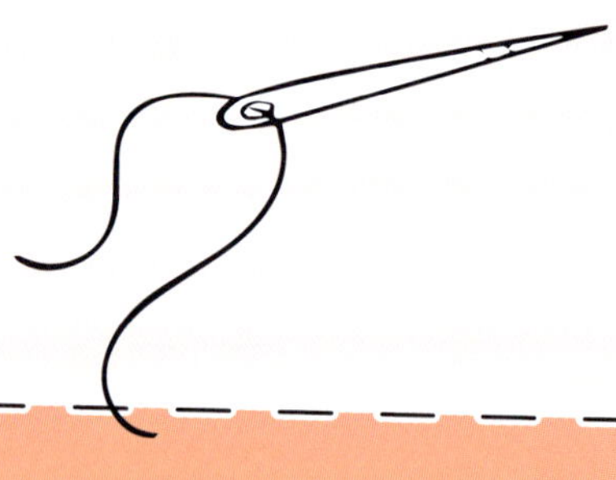

2 Nun die obere Kante des Rockes 3,5 cm breit links auf links falten und mit Hilfe eines Erwachsenen bügeln. Stecke die umgebügelte Kante rundherum mit Stecknadeln fest. Falte die Nahtzugaben an der 3 cm breiten offenen Nahtstelle 1 cm breit nach innen. Nähe den Stoffeinschlag füßchenbreit zur Stoffkante fest, um einen Tunnel für den Gummizug zu erhalten.

3 Die untere Saum-Kante des Rockes 2,5 cm breit links auf links falten und mit Hilfe eines Erwachsenen bügeln. Stecke die umgebügelte Kante rundherum mit einigen Stecknadeln fest. Nähe den Stoffeinschlag füßchenbreit zur offenen Stoffkante fest.

4 Die Sicherheitsnadel an einem Ende der Gummilitze befestigen. Ziehe die Litze mit Hilfe der Sicherheitsnadel durch den Stofftunnel. Pass auf, dass dir das Ende nicht hineinrutscht.

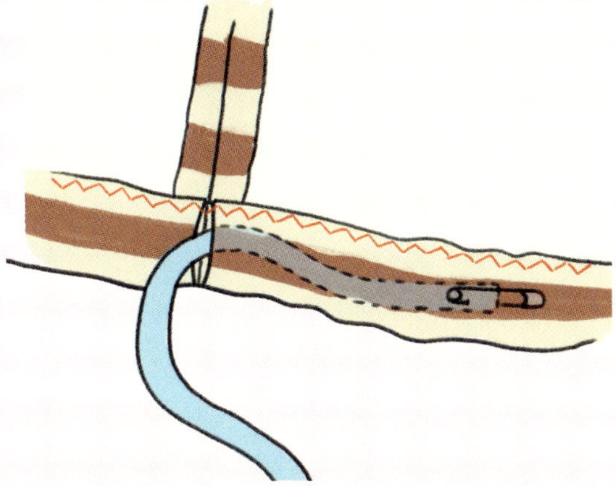

5 Lege die Enden der Litze 1 cm breit übereinander und nähe mit Zickzackstichen einige Male darauf hin und zurück, um sie aneinander zu befestigen. Danach schiebst du die Litze zurück in den Tunnel.

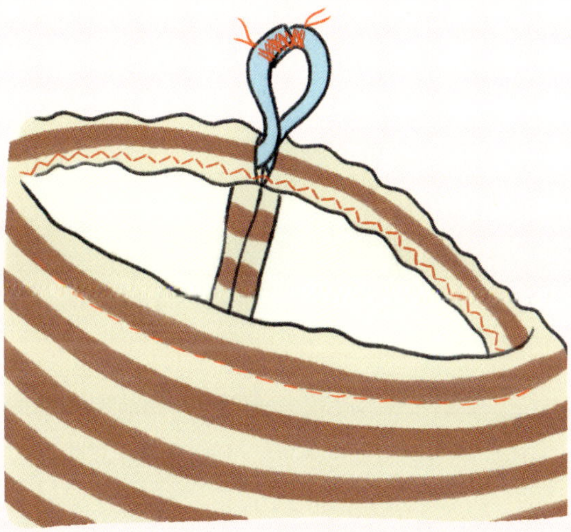

6 Wende zum Schluss den Rock, dann kannst du ihn anprobieren!

Links auf links

Stoffe links auf links legen heißt, die nicht so schönen Seiten liegen innen und berühren sich. Die beiden schönen Stoffseiten zeigen nach außen.

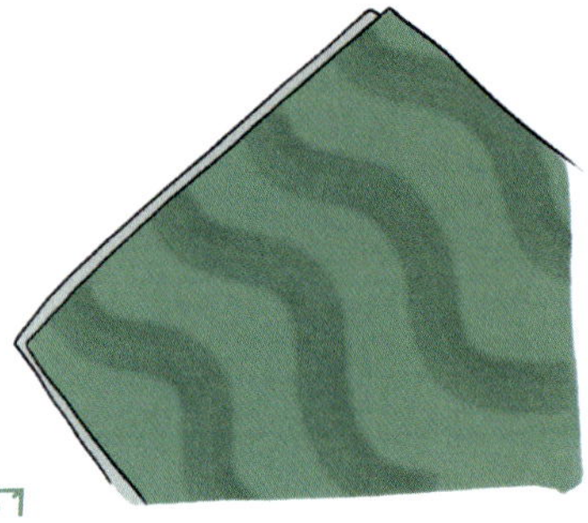

Zickzackstiche für dehnbare Stoffe wie Jersey

Dehnbare Stoffe nähst du mit Zickzackstichen zusammen. Diese Stiche sind auch dehnbar, so dass die Naht nicht reißen kann, wenn sich der Stoff etwas auseinanderzieht. Einige Nähmaschinen haben auch einen speziellen Jerseystich, den du dir einstellen kannst. Dieser lässt sich aber nur sehr schwer wieder auftrennen, falls du einmal etwas neben der Linie genäht hast.

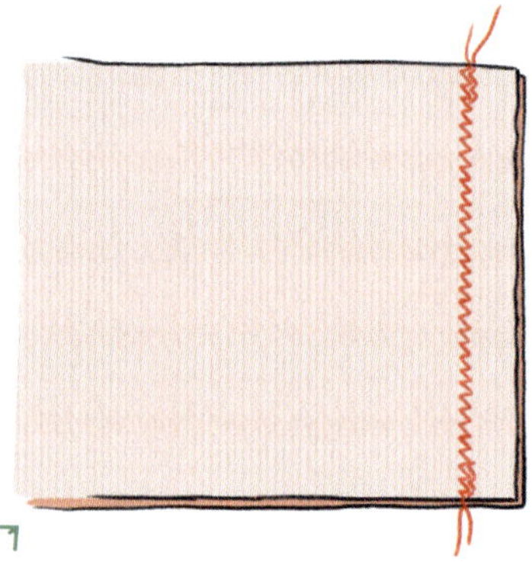

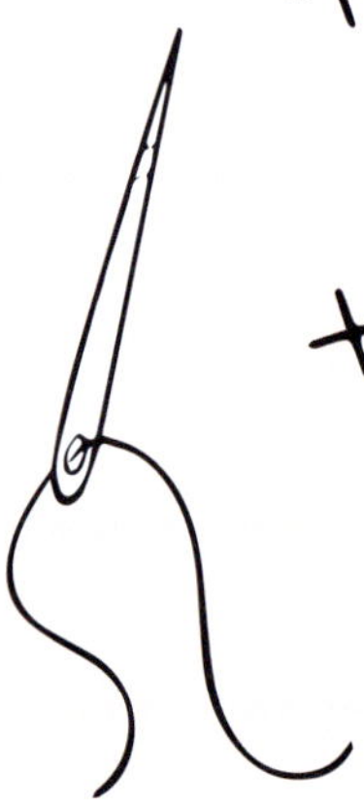

TIPP

Jersey franst nicht aus, du kannst den Rock-Saum deshalb auch einfach offen lassen. Dann brauchst du ihn nicht umzubügeln und festzunähen.

Stichlänge 2,5 mm

Stichlänge 3 mm; Stichbreite 3 mm

Die Schnittmuster findest du auf Bogen 1A.

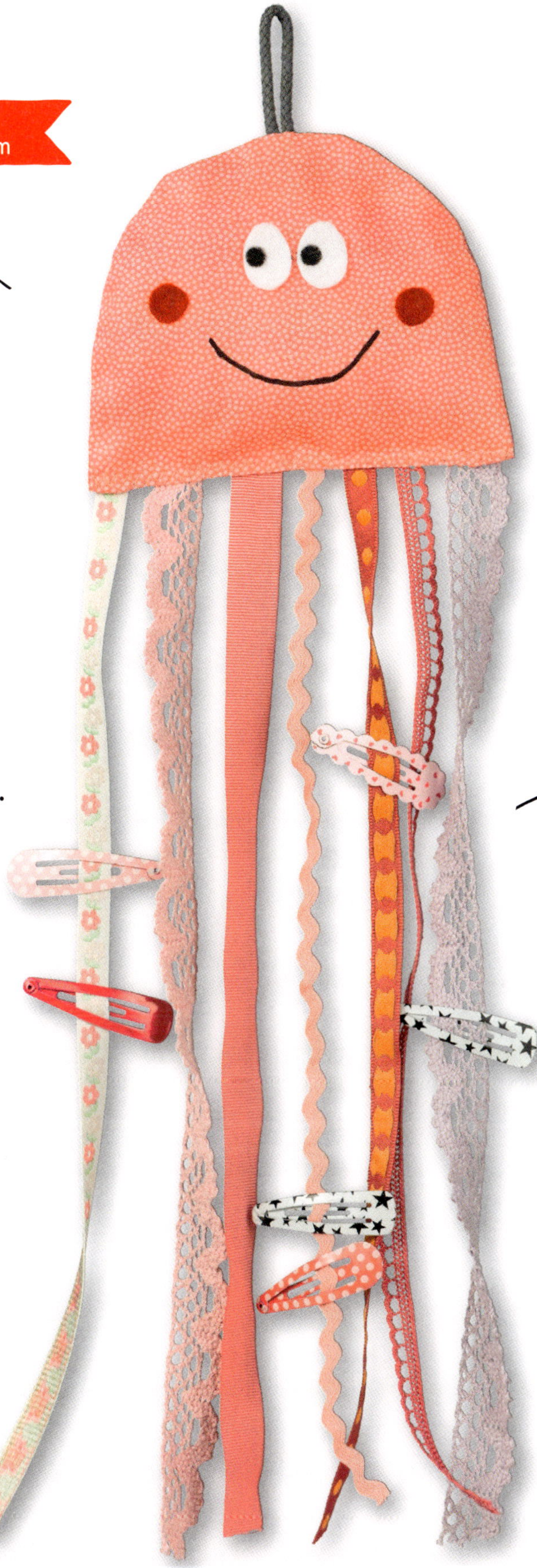

Süße Qualle

passt auf deine Haarklammern auf

Material

- Baumwollstoff für die Qualle, 15 cm x 35 cm
- 7 Baumwollbänder, jeweils 1-2 cm breit und 35 cm lang
- Kordel, 3 mm Ø, 10 cm lang
- Füllwatte
- Nähgarn
- Filz in Weiß, 1 mm stark, 3 cm x 6 cm
- Filz in Rot, 1 mm stark, 2 cm x 4 cm
- Stoffmalstift in Schwarz
- Kleber

Ausschneiden

Baumwollstoff:
2x die Qualle
Filz in Weiß:
2x das Augenteil
Filz in Rot:
2x die Wange

Anleitung

1. Lege ein Quallenteil mit der rechten Seite nach oben auf die Arbeitsfläche. Die Kordel zu einer Schlaufe legen und mittig an den oberen Rand legen, die Schlaufe zeigt dabei nach innen.

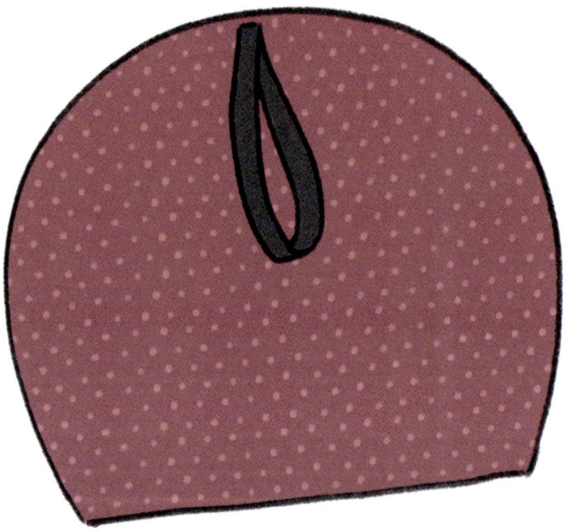

2 Stecke das zweite Quallenteil rechts auf rechts darauf fest. Nähe die Qualle an der Rundung füßchenbreit mit geraden Stichen zusammen, die Kordel wird dabei mit festgenäht. Jetzt die Nahtzugaben an den Rundungen eingeknipsen.

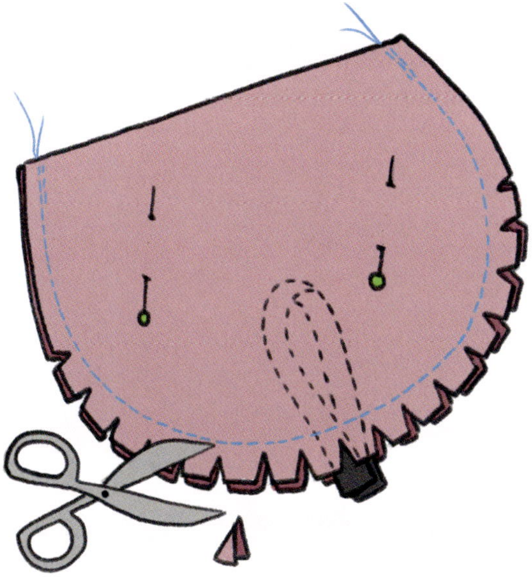

3 Falte die Nahtzugaben an der unteren Kante 1 cm breit nach innen. Bitte einen Erwachsenen, sie zu bügeln, damit der Stoff schön glatt liegt. Fülle etwas Watte in die Qualle, dann kannst du die Stoffe zum Nähen noch unter das Nähfüßchen schieben.

4 Schiebe die Bänder ca. 2 cm tief zwischen die Stofflagen. Dann steckst du die Lagen mit Stecknadeln fest.

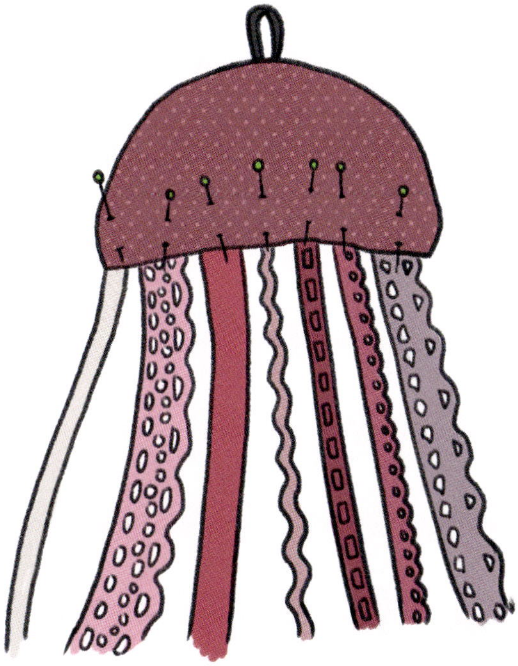

5 Stelle nun die Zickzackstiche ein. Nähe über die Öffnung der Qualle, die Bänder dabei mit festnähen.

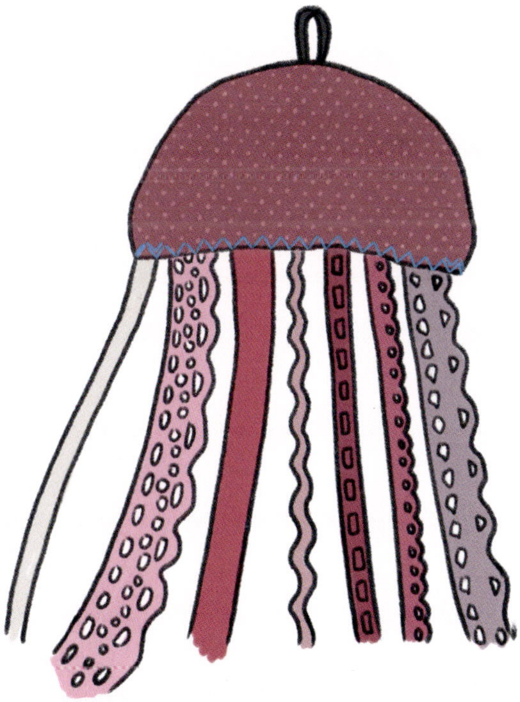

6 Zuletzt klebst du die Augenteile und die Wangen aus Filz auf und malst die Pupillen und einen Mund mit dem Stoffmalstift auf.

Stichlänge 3 mm

Rollmäppchen

für dein Badezeug

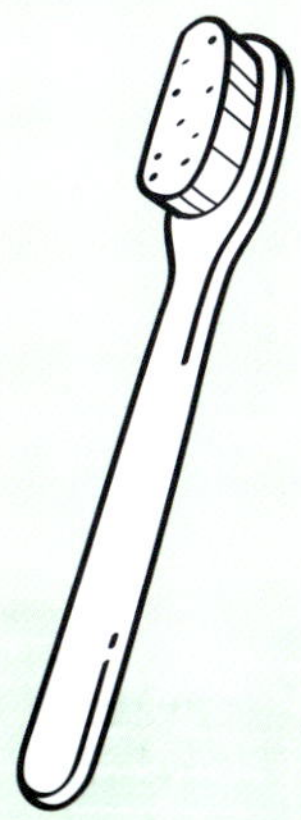

Material

- 1 Gästehandtuch, 30 cm x 50 cm groß
- Baumwollband, 1 cm breit, 1 m lang
- Schneiderkreide oder Trickmarker
- Nähgarn

Anleitung

1 Falte zuerst die untere Kante von dem Handtuch 15 cm breit nach oben.

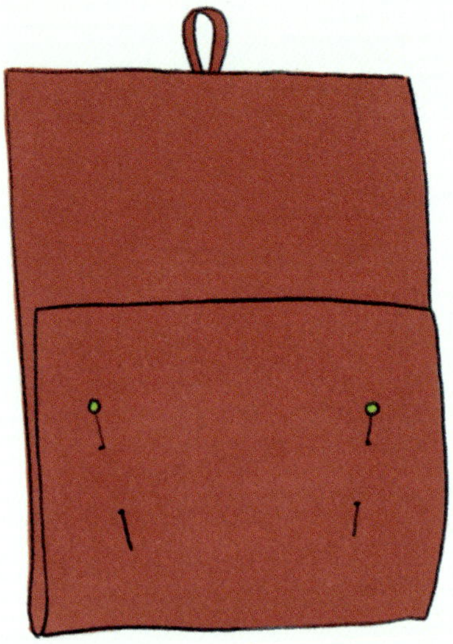

2 Das Band zur Schlaufe falten. Schiebe es dann mit 4 cm Abstand zur oberen Kante des Umschlages zwischen die Frottee-Lagen. Stecke die Handtuchlagen und die Bänder mit Stecknadeln fest. Nähe sie an beiden Seiten füßchenbreit zusammen.

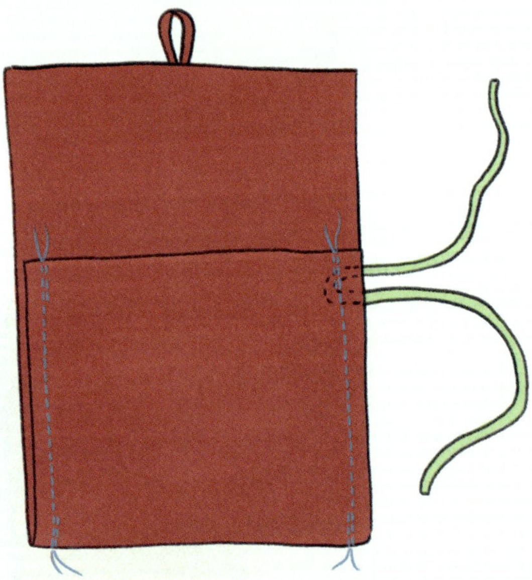

3 Markiere dir mit Schneiderkreide zwei Linien mit jeweils 9 cm Abstand zu den Seitenkanten auf dem Umschlag. Nähe entlang der aufgezeichneten Linien.

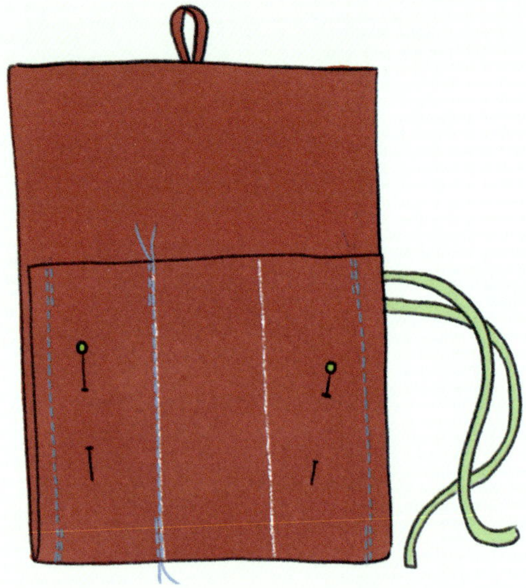

4 Jetzt kannst du die drei Taschen des Rollmäppchens füllen. Um es zu schließen, klappst du die obere Kante nach unten und rollst es zusammen. Binde dann die Bänder zu einer Schleife.

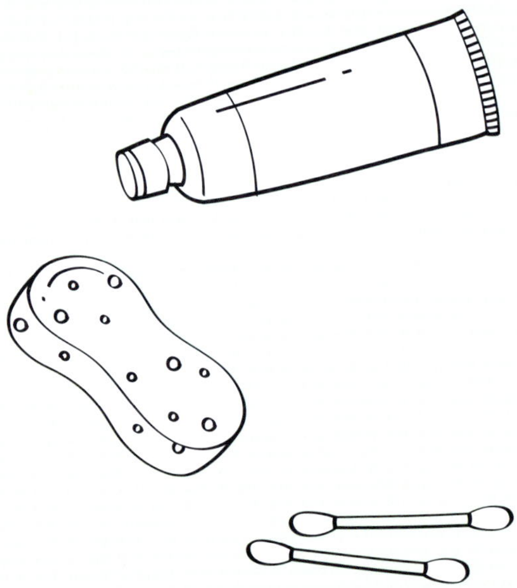

Stichlänge 2,5 mm

Zahnsäckchen
für die Zahnfee

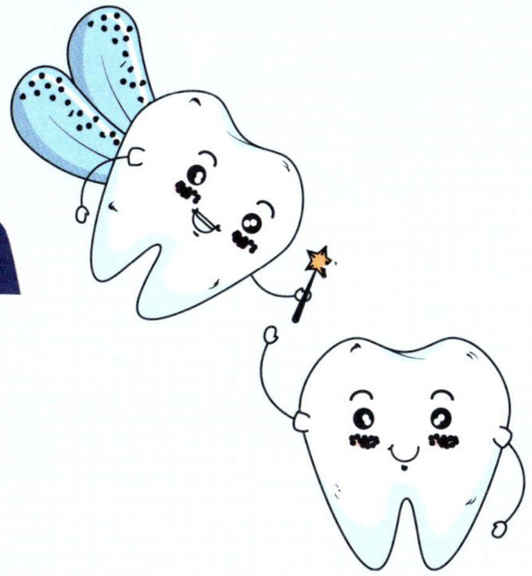

Die Schnittmuster findest du auf Bogen 2B.

Material

♡ **Filz für das Säckchen:**
1 mm stark, 16 cm x 24 cm
♡ **Filz in Weiß:**
1 mm stark, 7 cm x 7 cm
♡ **Filz für die Schleife:**
1 mm stark, 1,5 cm x 2 cm
Außerdem: 1 Glitzerstein zum Aufkleben, 5 mm Ø
♡ **Für den Pirat:**
Filz in Schwarz und Rot, jeweils 2 cm x 3 cm
♡ Nähgarn
♡ Band, 1 cm breit, 80 cm lang
♡ 1 Sicherheitsnadel
♡ Kleber

Ausschneiden

Filz für das Säckchen:
2x das Säckchen
Filz in Weiß:
1x den Zahn
Band:
2x 40 cm
Filz für die Schleife:
1x die Schleife
Für den Pirat:
Filz in Schwarz:
1x die Augenklappe und 1x das Klappenband
Filz in Rot:
1x das Kopftuch, 2x die Knotenzipfel

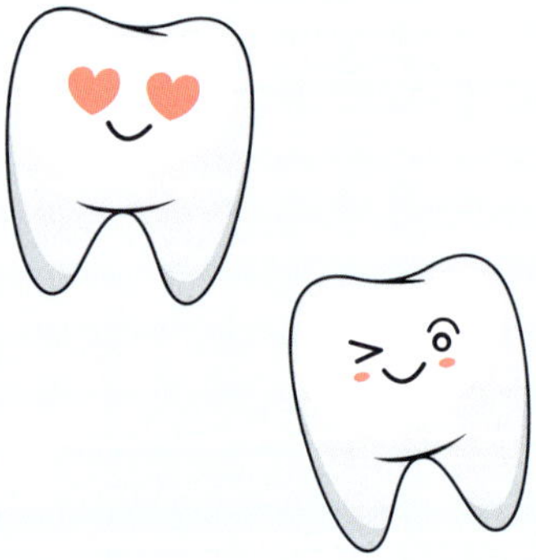

Anleitung

1 Die oberen Kanten an den Säckchenteilen an der Faltlinie nach unten klappen und mit Stecknadeln feststecken. Nähe die Umschläge füßchenbreit fest.

2 Jetzt legst du beide Teile aufeinander mit den umgefalteten Kanten außen. Nähe das Säckchen an beiden Seiten und an der unteren Kante füßchenbreit zusammen. Die Nahtzugaben an den beiden genähten Ecken schneidest du schmal ab.

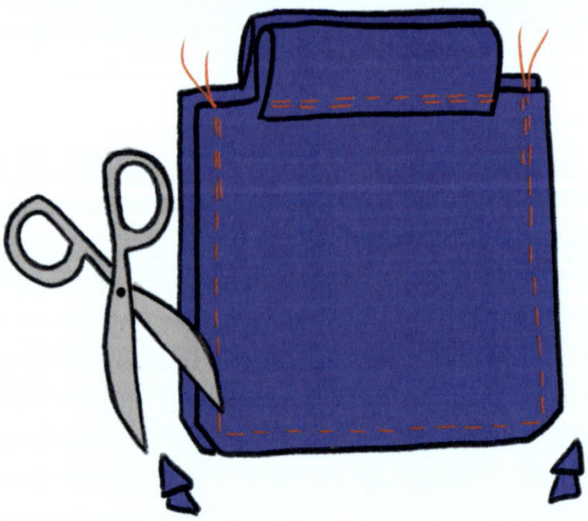

3 Befestige an einem Ende eine Sicherheitsnadel. Schiebe das Band mit der Sicherheitsnadel durch einen Tunnel und anschließend durch den anderen Tunnel zurück.

4 Nimm die Sicherheitsnadel ab und verknote die Bandenden miteinander.

5 Wiederhole Schritt 3 und 4, indem du dieses Mal bei der anderen Seite des Säckchens beginnst.

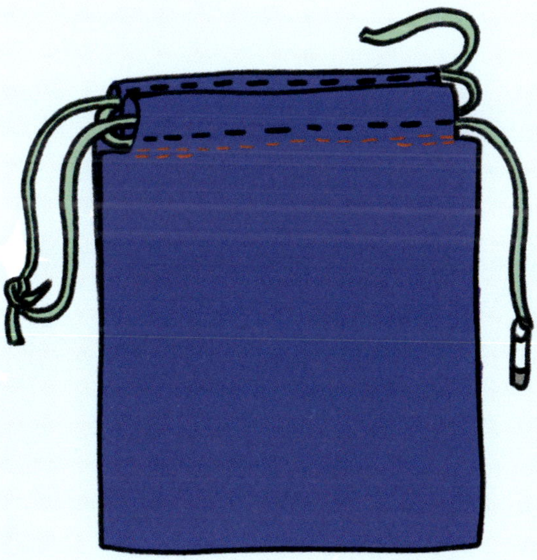

6 Klebe zuletzt den Zahn und die passenden Filzteile auf. Augen und Mund mit dem Stoffmalstift aufmalen.

IDEE

Die Säckchen eignen sich auch für andere Dinge sehr gut als Aufbewahrung. Lass einfach das Zahnmotiv weg oder denke dir selbst ein anderes aus, vielleicht der erste Buchstabe von deinem Namen?

Stichlänge 2,5 mm

Monsterchen

Es beißt nicht, versprochen!

Material

Für ein Monster:

- Filz für den Körper, 1 mm stark, 2x Din A4
- Filz in Weiß, 1 mm stark, 7 cm x 15 cm
- Filz in Schwarz, 1 mm stark, 3 cm x 6 cm
- Filz für den Stern, 1 mm stark, 6 cm x 6 cm
- Füllwatte
- Bastelkleber
- Nähgarn für das Monster und Nähgarn in Schwarz

Die Schnittmuster findest du auf Bogen 1B.

Ausschneiden

Filz für das Monster:
2x das Monster
Filz in Weiß:
1x das große Auge,
1x das kleine Auge,
3x den Zahn
Filz in Schwarz:
2x die Pupille
Filz für den Stern:
1x den Stern

Anleitung

1. Übertrage die Linie für den Mund mit Schneiderkreide auf ein Monsterteil. Stecke die drei Zähne so auf die Linie, dass sie nach oben leicht überlappen. Nähe jetzt mit dem schwarzen Garn entlang der Mundlinie, die Zähne nähst du dabei mit fest. Nähe insgesamt drei Mal über die Linie.

2. Die Monsterteile aufeinander stecken, das Teil mit der Mundlinie und den Zähnen liegt dabei oben. Nähe das Monster rundherum knappkantig zusammen, die Wendeöffnung dabei auslassen.

3. Fülle das Monster von oben nach unten mit Watte.

4 Stecke die Nahtzugaben an der Öffnung aufeinander. Die Öffnung mit Handstichen schließen. Fädle dann einen Faden in eine Handnähnadel ein, das längere Fadenende verknoten. Stich von unten nach oben durch beide Stofflagen, anschließend von oben nach unten zurück. Um die Naht am Ende zu sichern, nähst du mehrere dieser Stiche auf einer Stelle.

5 Zum Schluss klebst du die Pupillen auf die Augenkreise und diese dann auf das Monster. Klebe den Stern im unteren Bereich auf.

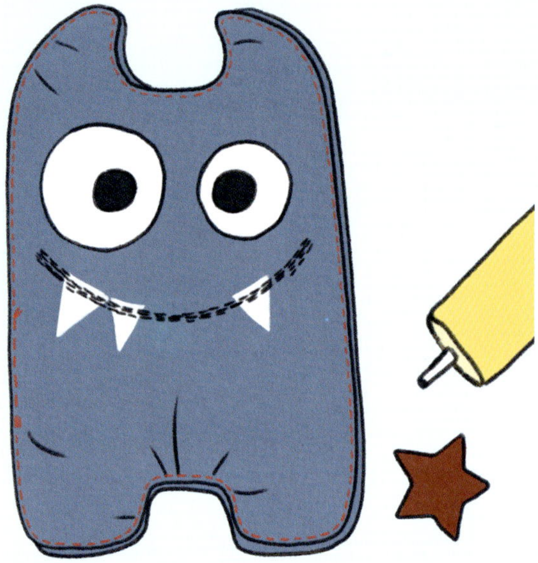

Handstiche

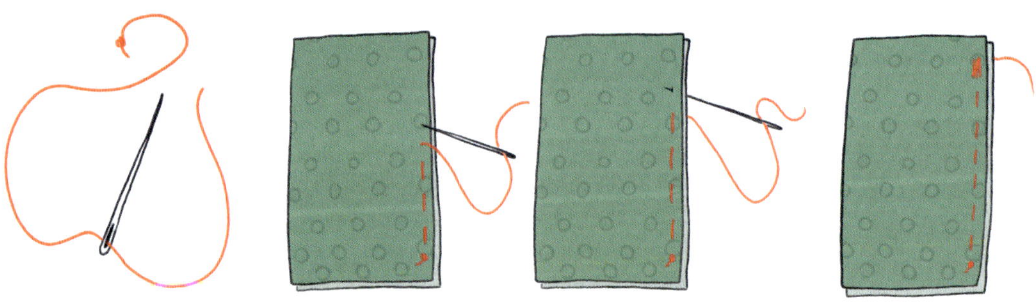

1 Einen Faden in eine Handnähnadel einfädeln. Ein Fadenende länger lassen und am Ende verknoten.

2 3 Immer abwechselnd von oben und unten durch den Stoff stechen. Dabei immer ca. 5 mm weiterwandern.

4 Um die Naht zu sichern, nähst du am Ende mehrere Stiche auf einer Stelle.

Stichlänge 2,5 mm

Werkzeuggürtel

für kleine HandwerkerInnen

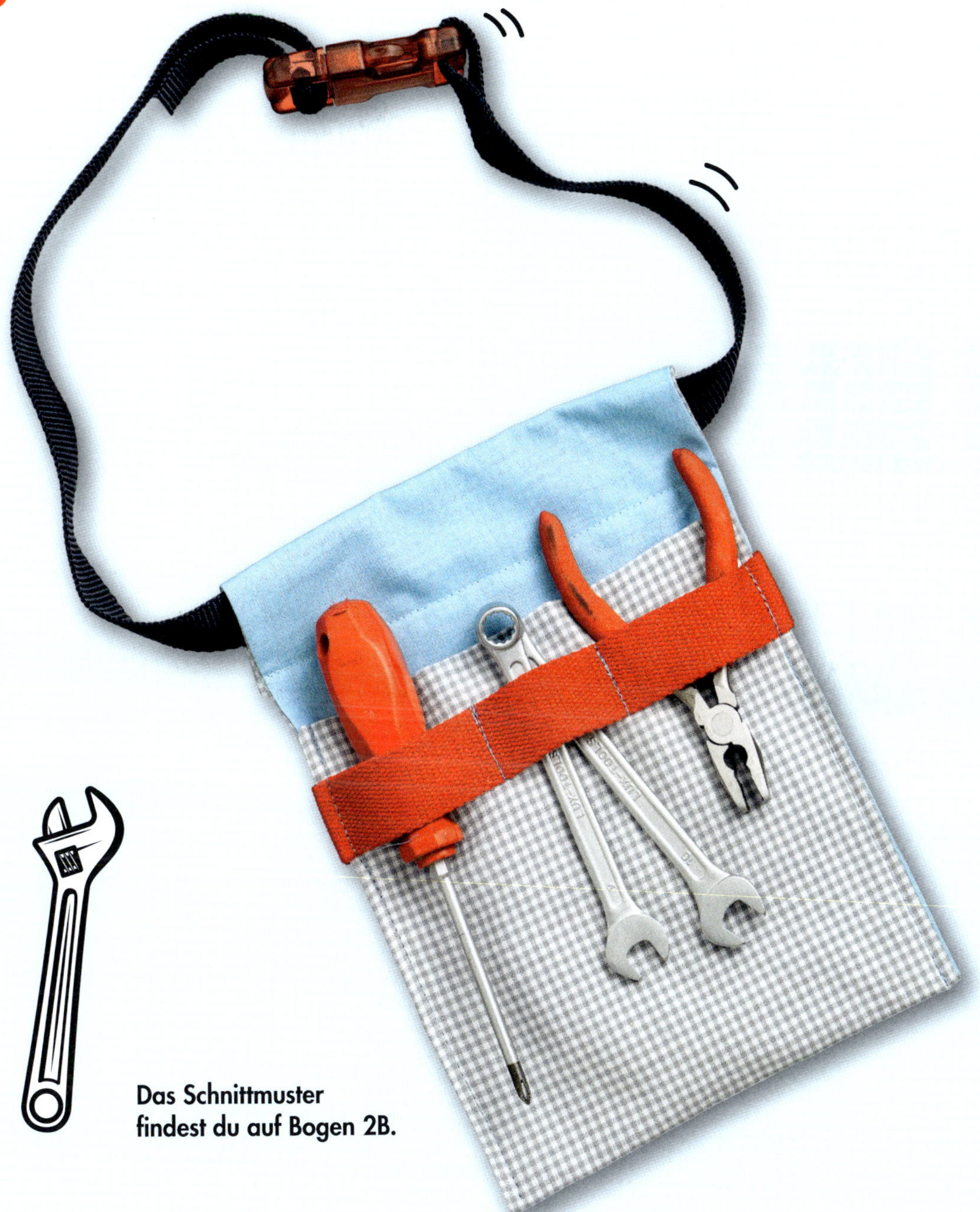

Das Schnittmuster findest du auf Bogen 2B.

Prima Sache, so hab ich alles zusammen

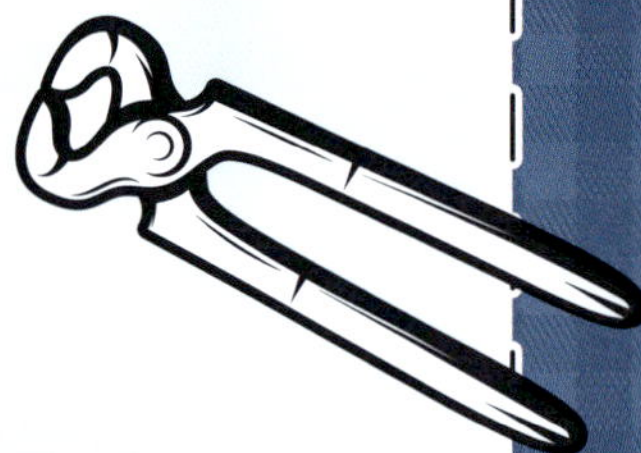

Material

- Baumwollstoff in zwei Farben, jeweils 20 cm x 55 cm
- Gurtband für den Gürtel, 2,5 cm breit, 80 cm lang
- Gurtband für die Taschenhalterung, 2,5 cm breit, 22 cm lang
- Klemmschließe, 3,5 cm x 7 cm groß
- Nähgarn

Ausschneiden

Baumwollstoffe:
je 1x das Taschenteil

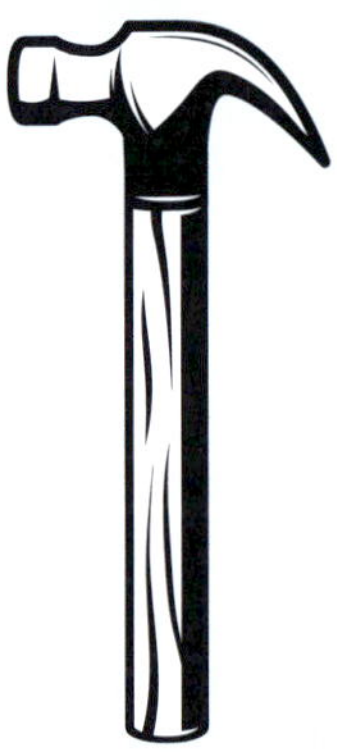

Anleitung

1 Stecke die Taschenteile rechts auf rechts aufeinander. Nähe dann füßchenbreit entlang der beiden langen Seiten und der unteren Kante. Die Nahtzugaben an den Ecken schmal abschneiden.

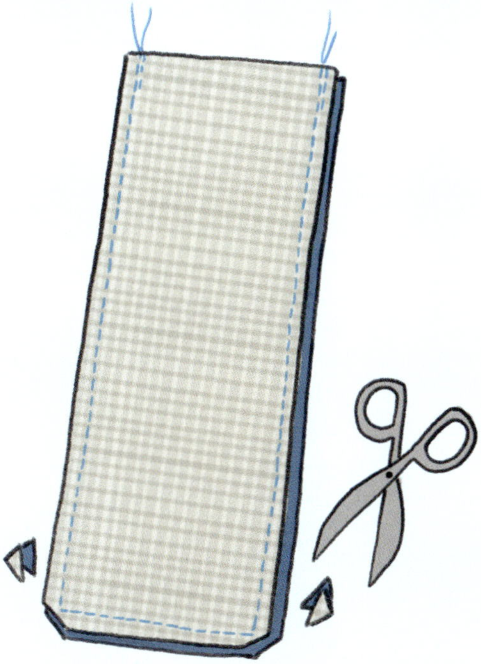

2 Das Taschenteil wenden. Schiebe die Nahtzugaben an den offenen Kanten 1 cm breit nach innen. Bitte einen Erwachsenen, darüber zu bügeln, dann liegen die Stoffe schön flach.

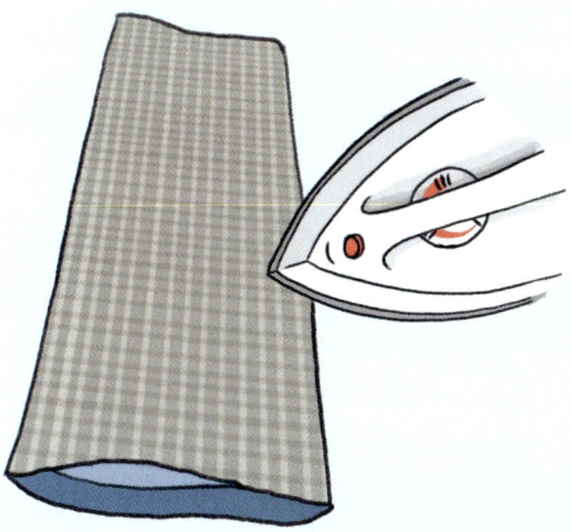

3 Stecke das Gurtband an drei Stellen entsprechend der Markierungen im Schnittmuster auf die vordere Taschenseite. Die Enden liegen bündig zu den Seitenkanten der Tasche, die Weite des Gurtes ist gleichmäßig verteilt. Nähe das Band fest.

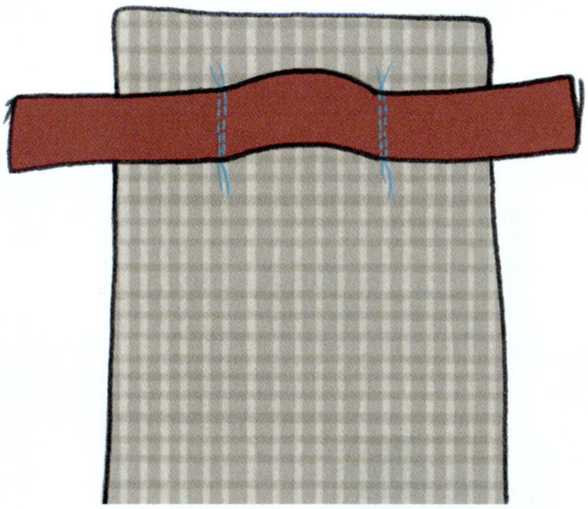

4 Schlage die untere Kante der Werkzeugtasche laut Markierungslinie nach oben und stecke die Kante fest. Schiebe die Enden des Gurtes für die Taschenhalterungen zwischen die Stofflagen. Nähe dann den Umschlag an beiden Seiten füßchenbreit fest, das Gurtband dabei mit annähen.

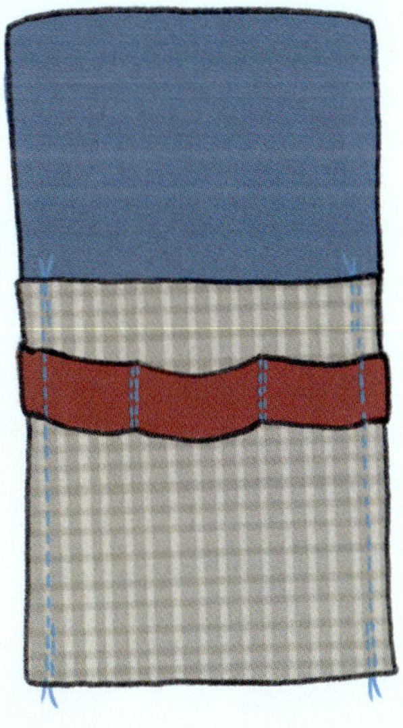

5 Die oberen offenen Kanten schlägst du zur Rückseite um, so erhältst du einen Tunnel für deinen Gürtel. Nähe sie knappkantig fest, dabei schließt du gleichzeitig die Wendeöffnung.

6 Schiebe den Gürtel durch den Tunnel. Ein Gurtende durch die Seite an dem Schließteil mit einem Schlitz führen und 3 cm breit umschlagen. Nähe den Umschlag füßchenbreit fest. Das andere Gurtende durch die beiden Schlitze an dem zweiten Schließteil führen, diese Seite ist verstellbar.

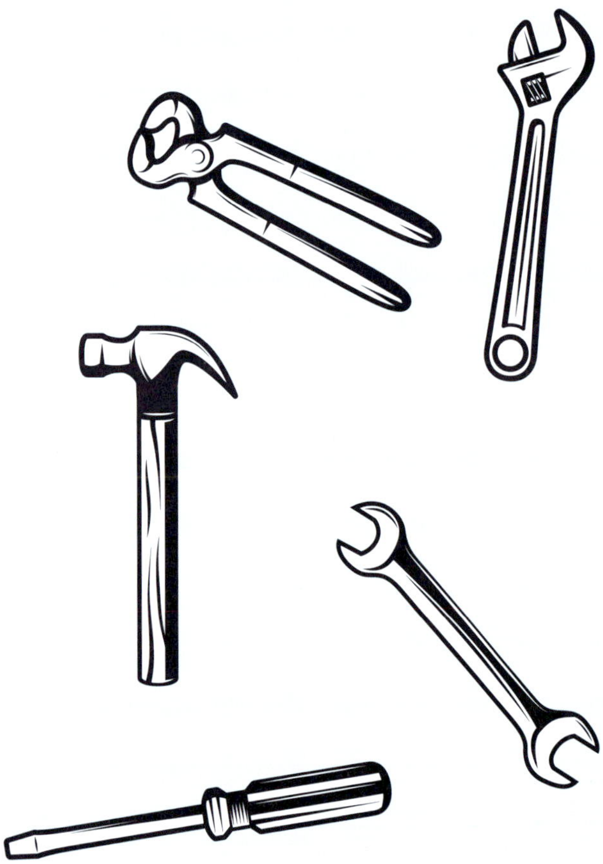

TIPP

Achte beim Umgang mit Werkzeugen immer darauf, dass du ausreichend geschützt bist!

Stichlänge 3 mm; Stichbreite 1 mm

Die Schnittmuster
findest du auf Bogen 1B.

Beanies

für Modebewusste und für schlaue Köpfe

Material

- Jersey, 40 cm x 60 cm
- Nähgarn

Ausschneiden

Jersey:
1x die Mütze im Stoffbruch ausschneiden

Ausmessen

Miss zuerst deinen Kopfumfang mit Hilfe eines Erwachsenen an der stärksten Stelle mit einem Maßband aus. Notiere den Umfang auf einem Zettel. Jetzt kannst du die passende Schnittmustergröße für dich auf dem Schnittmusterbogen auswählen.

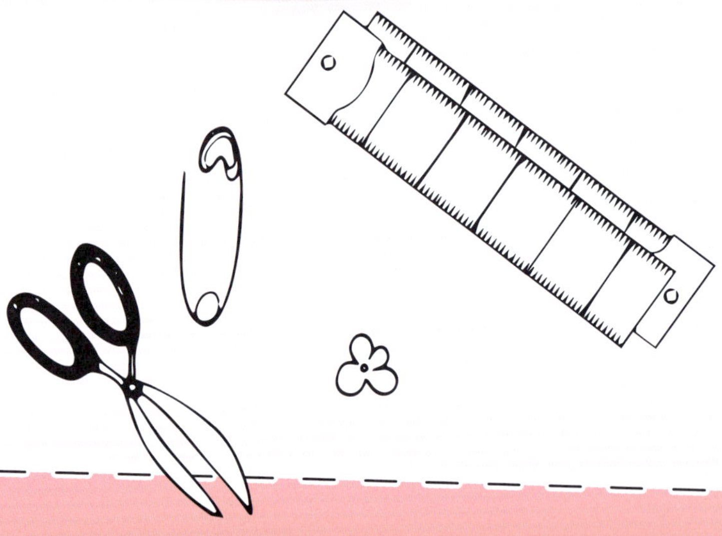

1 Das Mützenteil mittig rechts auf rechts falten. Stecke nun die Jersey-Lagen mit Stecknadeln aufeinander fest. Von der Bruchkante ausgehend nähst du die offene Kante bis zur Spitze füßchenbreit mit leichten Zickzackstichen zusammen. Die offene Kante von der Spitze zum unteren Rand ebenfalls zusammennähen.

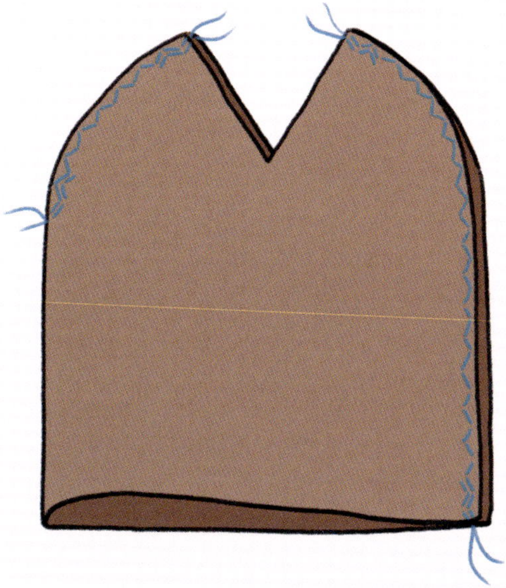

2 Ziehe den Stoff auseinander und lege ihn so rechts auf rechts, dass die Nähte aufeinander liegen. Mit Stecknadeln feststecken. Die offenen Kanten an der oberen Rundung zusammennähen.

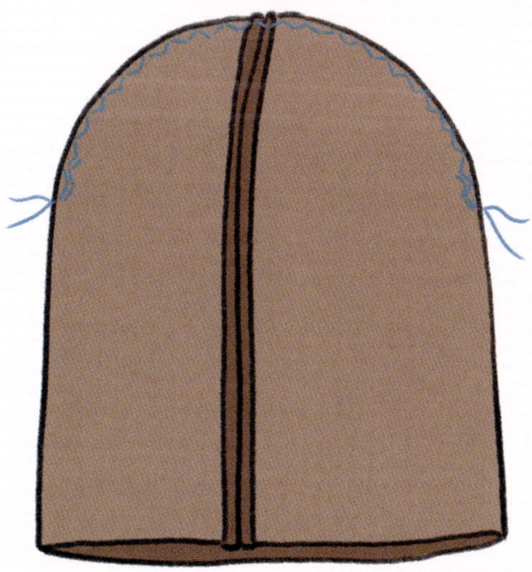

3 Die untere Saumkante der Mütze nun mit Hilfe eines Erwachsenen 4 cm breit links auf links falten und bügeln. Stecke den Saum rundherum mit einigen Stecknadeln fest. Nähe ihn dann von der offenen Kante ausgehend füßchenbreit fest.

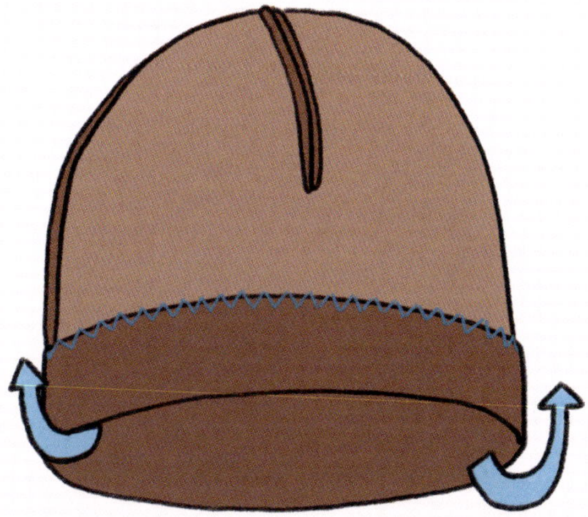

4 Jetzt kannst du die Mütze wenden und aufprobieren!

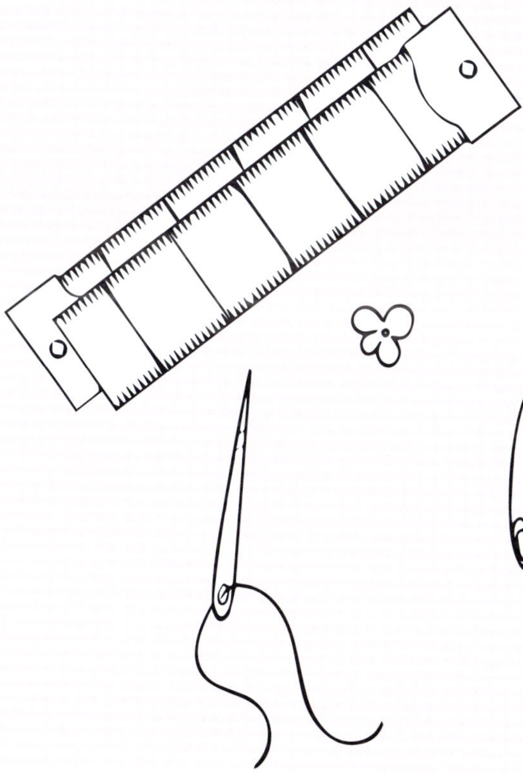

Ausschneiden im Stoffbruch

Falte den Stoff mittig rechts auf rechts. Dann das Schnittteil darauflegen, mit der Markierung, auf der Stoffbruch steht, an dem gefalteten Stoffrand. Übertrage das Schnittmuster auf den Stoff. Jetzt schneidest du den Beanie aus. Wenn du den Stoff anschließend auseinanderfaltest, ist das Teil doppelt so groß wie das Schnittmuster.

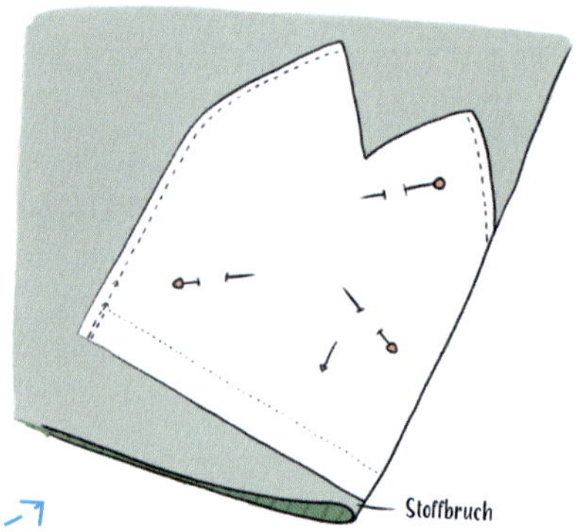

Links auf links

Stoffe links auf links legen heißt, die nicht so schönen Seiten liegen innen und berühren sich. Die beiden schönen Stoffseiten zeigen nach außen.

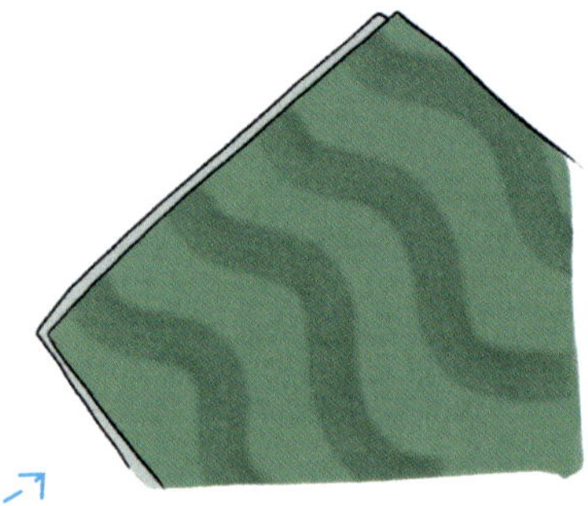

Zickzackstiche für dehnbare Stoffe wie Jersey

Dehnbare Stoffe nähst du mit Zickzackstichen zusammen. Diese Stiche sind auch dehnbar, so dass die Naht nicht reißen kann, wenn sich der Stoff etwas auseinanderzieht. Einige Nähmaschinen haben auch einen speziellen Jerseystich, den du dir einstellen kannst. Dieser lässt sich aber nur sehr schwer wieder auftrennen, falls du einmal etwas neben der Linie genäht hast.

Stichlänge 2,5 mm

Glasuntersetzer Wolke

mit Platz für Leckereien

Material

- Baumwollstoff, 16 cm x 60 cm
- Nähgarn

Ausschneiden

Baumwollstoff:
2x die Wolke

Anleitung

1. Die Wolkenteile rechts auf rechts aufeinanderlegen und mit Stecknadeln feststecken. Nähe nun die Wolke rundherum füßchenbreit zusammen. Lasse die Wendeöffnung aus.

Jetzt werden die Nahtzugaben an den Rundungen eingeknipst. Schneide dafür mit einer Schere vom Stoffrand bis kurz vor die Naht.

2. Wende die Wolke durch die Öffnung im Stoff. Die Nahtzugaben an der Öffnung 1 cm breit nach innen schieben und mit einer Stecknadel feststecken. Nähe die Öffnung knappkantig zu.

Das Schnittmuster findest du auf Bogen 1A.

Stichlänge 2,5 mm

Stichlänge 3 mm; Stichbreite 4 mm

Die Schnittmuster findest du auf Bogen 2A.

Kissenbezüge

mit einfachem Verschluss

für kuschelige Nächte

Material

Kissen aus einem Stoff:

Die Maße von dem Kissenbezug passen für eine Kissenfüllung von 40 cm x 40 cm.

- Baumwollstoff, 45 cm x 130 cm
- Nähgarn

Ausschneiden

Kissen aus einem Stoff:

Baumwollstoff:

1x das Vorderteil, 2x das Rückteil

Anleitung

Kissen aus einem Stoff:

1 Zuerst alle Teile rundherum mit Zickzackstichen versäubern.

2 Falte an den Kissenteilen für die Rückseite jeweils eine lange Kante entsprechend der Markierung im Schnittmuster nach links. Bitte einen Erwachsenen, die Umschläge zu bügeln.

Stelle die geraden Stiche ein und nähe die Umschläge füßchenbreit zur Schnittkante fest.

3 Das Kissenvorderteil mit der rechten Seite nach oben auf die Arbeitsfläche legen. Ein Rückenteil rechts auf rechts darauflegen.

4 Das zweite Rückenteil ebenso rechts auf rechts auflegen, die Umschläge überlappen sich in der Mitte. Nähe das Kissen rundherum füßchenbreit mit geraden Stichen zusammen. Schneide die Nahtzugaben an den Ecken schmal ab.

5 Jetzt kannst du das Kissen wenden und eine Kissenfüllung durch die Öffnung an der Rückseite schieben.

Nahtzugaben versäubern

Bei einigen Modellen aus Baumwollstoff ist es wichtig, die Nahtzugaben vor dem Ausfransen zu sichern. Dafür nähst du direkt am Stoffrand mit breiten Zickzackstichen (3 mm breit, 3 mm lang) entlang.

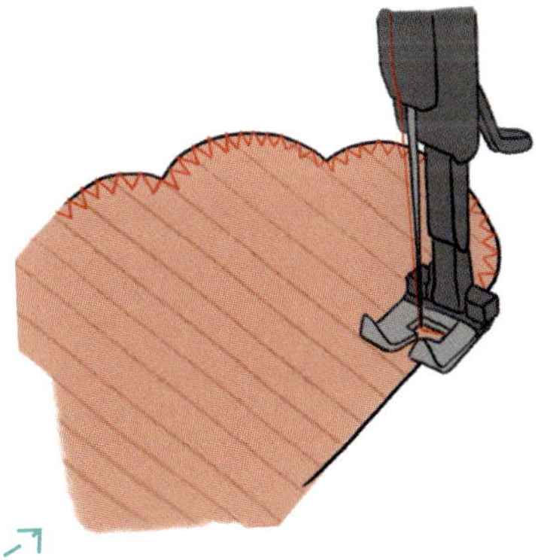

Material

Kissen aus verschiedenen Stoffen – Patchwork:

- Baumwollstoffe für die Vorderseite, 4 x 45 cm x 15 cm
- Baumwollstoff für die Rückseite, 30 cm x 90 cm
- Nähgarn

Ausschneiden

Kissen aus verschiedenen Stoffen – Patchwork:
Baumwollstoffe für die Vorderseite:
je Farbe 1x das Vorderteil
Baumwollstoff für die Rückseite:
2x das Rückteil

Anleitung

Kissen aus verschiedenen Stoffen – Patchwork:

1. Zuerst alle Teile rundherum mit Zickzackstichen versäubern.

2. Stelle nun die geraden Stiche ein und nähe die vier Stoffstreifen für die Vorderseite zusammen. Dafür legst du zwei Stoffe rechts auf rechts und nähst sie an einer langen Kante füßchenbreit fest.

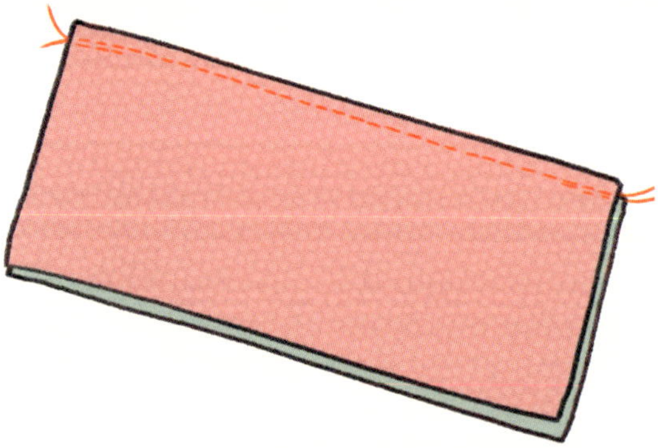

3. Klappe dann die Stoffe auseinander und lege die anderen beiden Stoffe so rechts auf rechts darauf, dass sie jeweils an einer langen Kante bündig liegen. Nähe die Stoffe füßchenbreit zusammen.

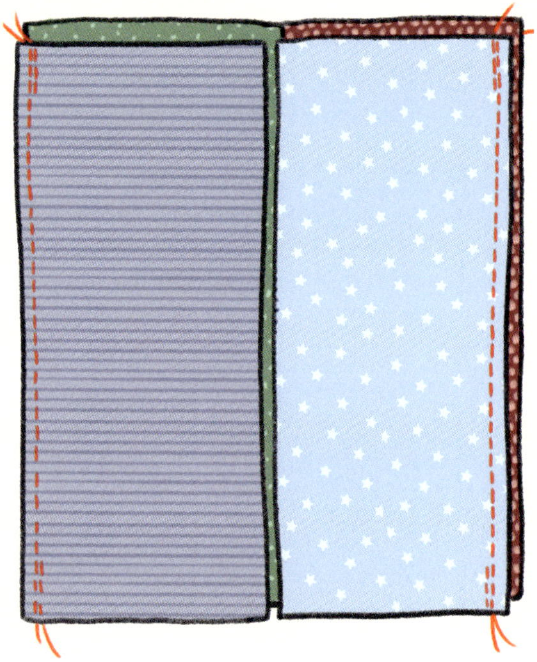

4. Das Kissen wie in der Anleitung für das Kissen aus einem Stoff fertigstellen (Schritt 2-5).

Stichlänge 2,5 mm

Stichlänge 3 mm; Stichbreite 4 mm

Die Schnittmuster findest du auf Bogen 2B.

Turnbeutel

für deine Sportklamotten

Material

- Baumwollstoff für den Turnbeutel, 50 cm x 70 cm
- Baumwollstoff für die Hasenohren, 35 cm x 50 cm
- Kordel oder Band für die Tragegurte, 8 mm Ø, 3 m lang
- Band für die Schlaufen, 1 cm breit, 12 cm lang
- Nähgarn
- Filz für den Puschelschwanz, 1 mm stark, 10 cm x 10 cm
- Bastelkleber

Ausschneiden

Baumwollstoff für den Turnbeutel:
2x den Turnbeutel
Baumwollstoff für die Ohren:
4x das Hasenohr
Kordel für die Tragegurte:
2x 150 cm
Band für die Schlaufen:
2x 8 cm

Anleitung

1. Zuerst versäuberst du die Ränder der Stoffrechtecke, damit sie später nicht ausfransen können (siehe Seite 85).

2. Die beiden Turnbeutelteile an den Markierungen einschneiden. Falte die Stoffränder über den Markierungen 1 cm breit nach links.

3. Dann klappst du sie entsprechend der Faltlinie nach unten. Bitte einen Erwachsenen, die Umschläge zu bügeln, damit sie schön flach liegen. Stelle jetzt die geraden Stiche ein und nähe füßchenbreit zu dem Stoffrand, um einen Tunnel für die Tragebänder zu erhalten.

4 Beide Stoffteile rechts auf rechts aufeinanderlegen, so dass die Umschläge außen liegen. Die 6 cm langen Bänder zu Schlaufen legen und entsprechend der Markierung im Schnittmuster zwischen die Stofflagen schieben. Die Schlaufen zeigen dabei nach innen. Stecke alles fest.

5 Das zweite Stoffteil rechts auf rechts darauf feststecken. Jetzt nähst du den Turnbeutel mit geraden Stichen an beiden Seiten und am Boden knappkantig zusammen, an der oberen Kante und den Tunnelöffnungen bleibt er offen. Die Nahtzugaben an den beiden genähten Ecken abschneiden.

6 Wende den Turnbeutel, sodass die schönen Seiten außen liegen. Um eine Kordel durch die beiden Filztunnel zu ziehen, befestigst du an einem Ende eine Sicherheitsnadel. Schiebe das Band mit Hilfe der Sicherheitsnadel durch einen Tunnel und anschließend durch den anderen Tunnel zurück.

7 Nimm die Sicherheitsnadel wieder ab, ziehe ein Band durch die Schlaufe am Boden des Turnbeutels und verknote die Bandenden miteinander.

8 Wiederhole Schritt 6 und 7, indem du dieses Mal bei der anderen Seite des Turnbeutels beginnst.

9 Jeweils 2 Hasenohren rechts auf rechts stecken und an den langen Kanten zusammennähen. Schneide die Nahtzugaben an den Spitzen schmal ab und knipse sie an den Rundungen ein.

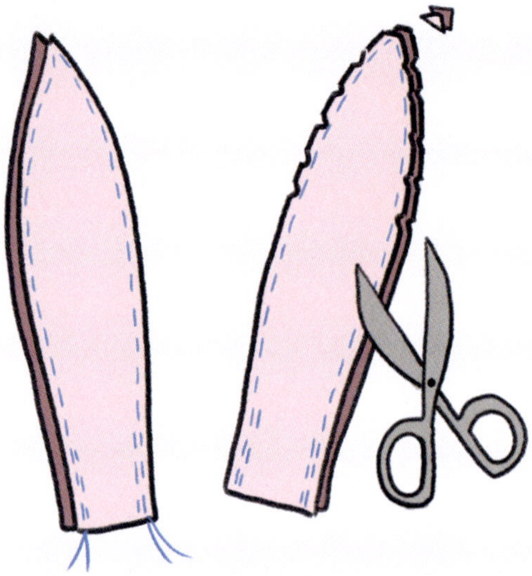

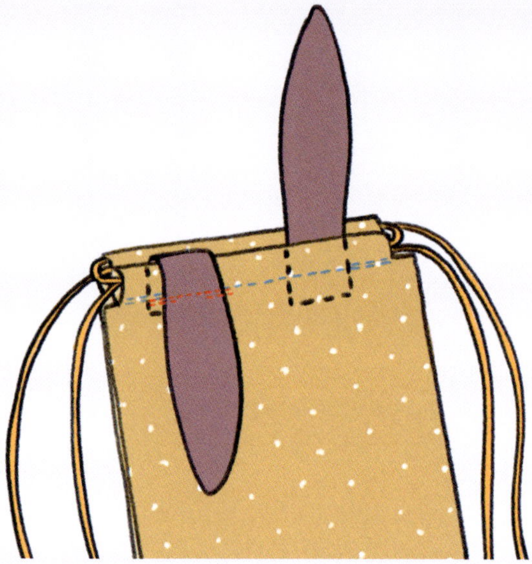

10 Wende die Ohren und versäubere die Nahtzugaben an den offenen Kanten an der Wendeöffnung mit Zickzackstichen.

11 Jetzt faltest du die unteren Enden der Ohren entsprechend der Markierung im Schnittmuster 4 cm breit über den oberen Rand an einer Seite des Turnbeutels. Sie sollen dabei innen im Turnbeutel 5 mm über die Tunnelnaht gehen. Nähe die Ohren im Bereich der Tunnelnaht fest.

12 Klebe jetzt den Puschelschwanz entsprechend der Markierung im Schnittmuster auf.

Nahtzugaben versäubern

Bei einigen Modellen aus Baumwollstoff ist es wichtig, die Nahtzugaben vor dem Ausfransen zu sichern. Dafür nähst du direkt am Stoffrand mit breiten Zickzackstichen (3 mm breit, 3 mm lang) entlang.

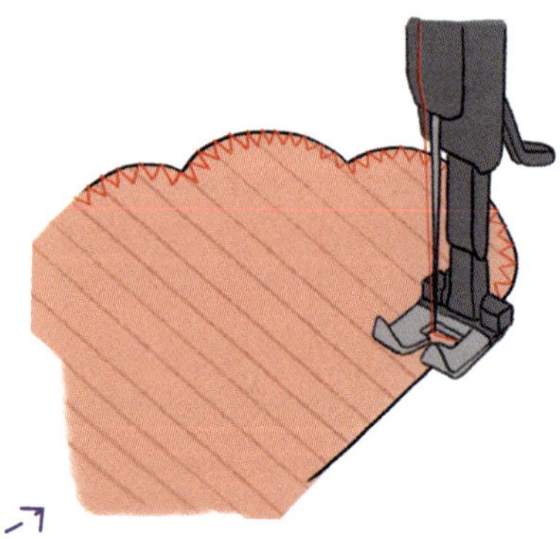

Stichlänge 2,5 mm

Sternen-Girlande

Funkel kleiner Stern

Material

- Filz in sechs Farben, 1 mm stark, jeweils 12 cm x 24 cm
- 7 Knöpfe mit zwei oder vier Löchern, 1-2 cm Ø
- Nähgarn

Ausschneiden

Filz: in jeder Farbe 2 Sterne

Anleitung

1 Lege die Sternchen alle vor dich auf deine Arbeitsplatte und sortiere sie, wie es dir gut gefällt.

2 Ziehe die Nähfäden an der Maschine lang nach hinten, damit du nachher Fadenenden zum Befestigen der Girlande hast.

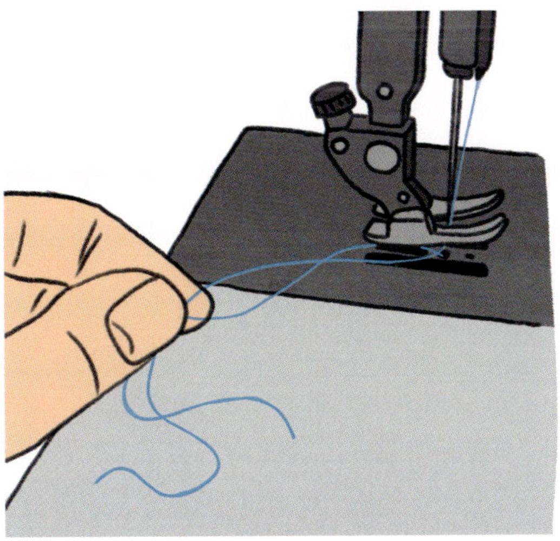

3 Jetzt nimmst du den ersten Stern und legst ihn unter das Nähmaschinenfüßchen. Nähe am Anfang einmal vor und zurück, um den ersten Stern gut zu befestigen. Nähe dann quer über den Stern.

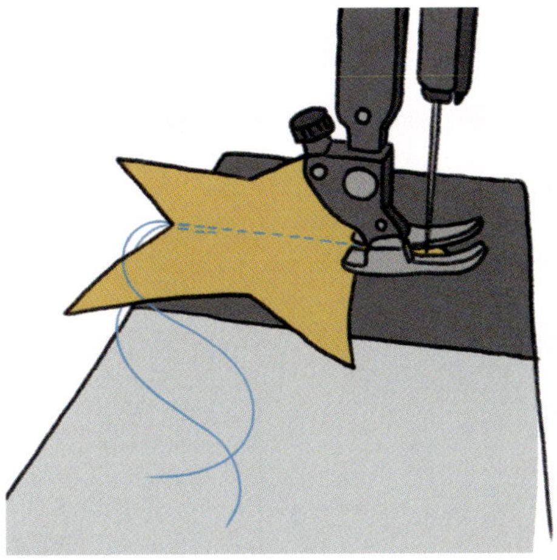

4 Ziehe den Stern etwa 1 cm lang nach hinten von der Nähnadel weg und lege den nächsten Stern darunter.

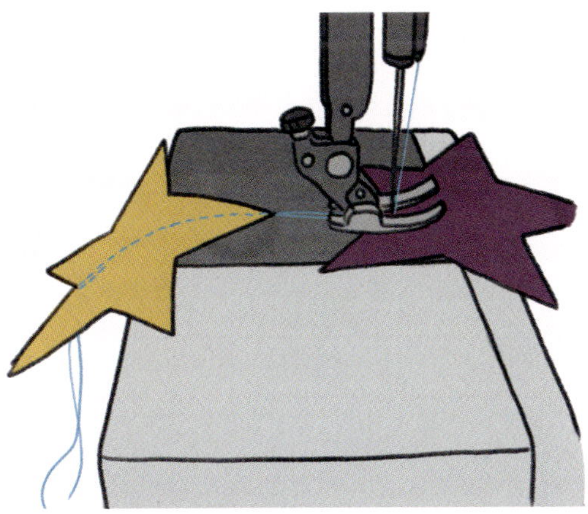

5 Wiederhole Schritt 4, bis alle Sterne festgenäht sind. Bei dem letzten Stern sicherst du die Naht am Ende wieder mit Rückwärtsstichen. Zum Schluss nähst du auf jeden Stern einen Knopf auf.

Das Schnittmuster findest du auf Bogen 1B.

Knöpfe annähen

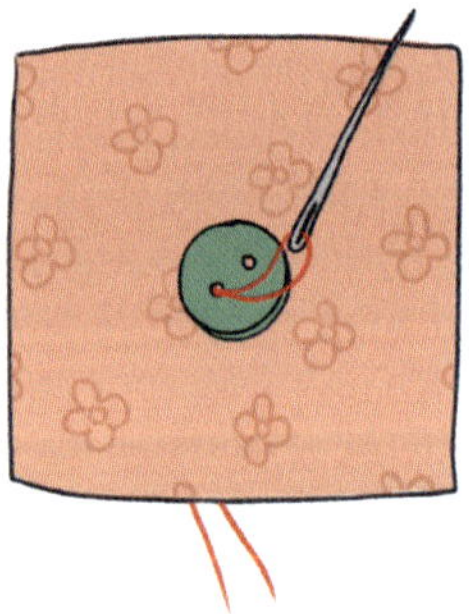

1 Einen Faden in eine Handnähnadel fädeln und ein Fadenende länger herunterhängen lassen. Stich von unten durch die Knopfmarkierung am Vorderteil und fädle den Knopf auf der Oberseite auf. Dabei ein Stück Faden auf der Unterseite hängen lassen.

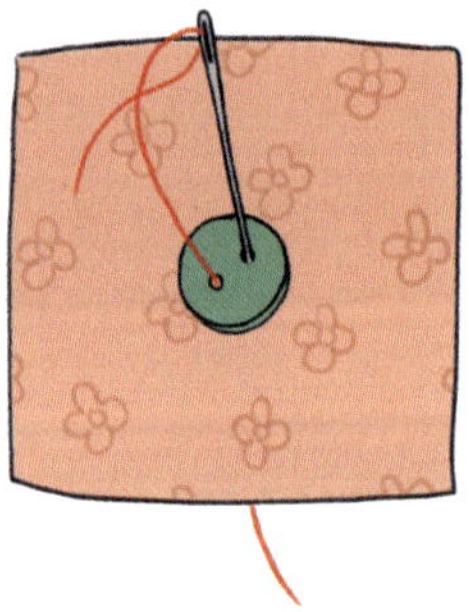

2 Durch das zweite Knopfloch zurückstechen und die Nadel durch den Filz nach unten schieben.

3 Wiederhole 1 + 2 einige Male, dann die Fadenenden auf der Unterseite verknoten.

Stichlänge 2,5 mm

Tannenbäumchen

für den Weihnachtstisch

Das Schnittmuster findest du auf Bogen 1B.

Material

Für ein Bäumchen:

- Filz in Grün, 1 mm stark, 20 cm x 20 cm
- Baumwollband, 1 cm breit, 25 cm lang
- 1 Knopf, 2 cm Ø
- Nähgarn
- 1 Holzstäbchen, 5 mm Ø, 20 cm lang
- 1 Tontopf, 7 cm Ø, 6 cm hoch
- Steinchen zum Befüllen des Tontopfes

Ausschneiden

Filz:
2x das Tannenbäumchen
Band:
1x 5 cm, 1x 7 cm und 1x 10 cm

Anleitung

Für ein Bäumchen:

1 Zuerst nähst du die Bänder auf, lege sie dafür locker verteilt auf ein Baumteil. Nähe einmal mittig über jedes Band, die Naht am Anfang und Ende durch Rückwärtsstiche sichern. Überstehende Bandenden abschneiden.

2 Stecke die Bäumchen-Teile mit Stecknadeln aufeinander. Die Bänder liegen dabei oben. Nähe dann die beiden Seiten knappkantig zusammen.

3 Befestige an der Spitze eines zusammengenähten Bäumchen-Teiles den Knopf.

4 Stecke den Baum auf das Holzfüßchen und in den Tontopf. Fülle den Topf dann mit kleinen Steinen oder Moos aus.

IDEE

Du kannst auch einen schönen Stock suchen, um einen genähten Filzbaum darauf zu stecken. Wie wäre es gleich mit einem ganzen Wald für die Fensterbank?

Knöpfe annähen

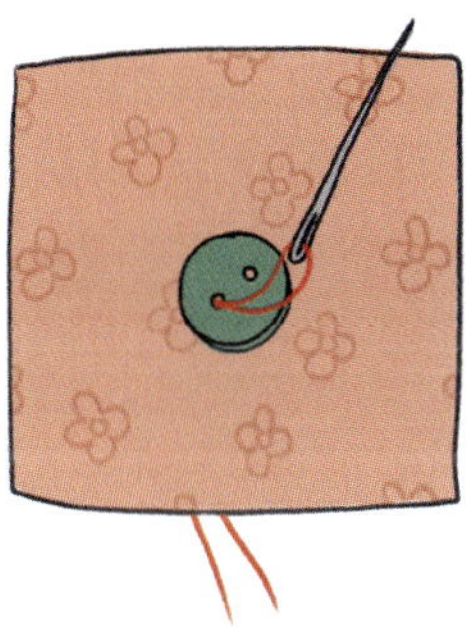

1 Einen Faden in eine Handnähnadel fädeln und ein Fadenende länger herunterhängen lassen. Stich von unten durch die Knopfmarkierung am Vorderteil und fädle den Knopf auf der Oberseite auf. Dabei ein Stück Faden auf der Unterseite hängen lassen.

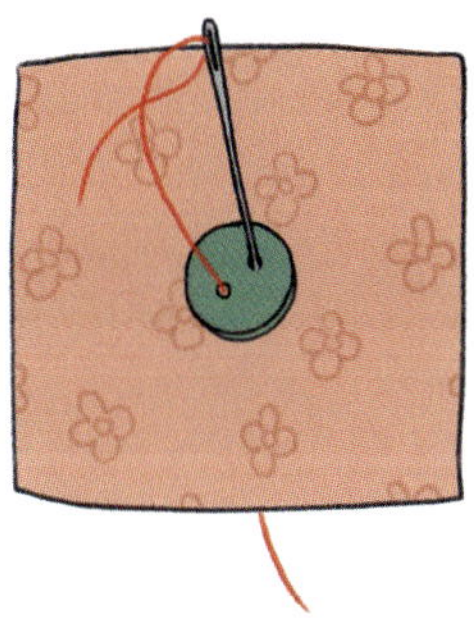

2 Durch das zweite Knopfloch zurückstechen und die Nadel durch den Filz nach unten schieben.

3 Wiederhole 1 + 2 einige Male, dann die Fadenenden auf der Unterseite verknoten.

Die Autorin

Ina Andresen ist in Hamburg geboren und hat bereits im Alter von fünf Jahren ihre erste Nähmaschine erhalten. Dieses Modell, das noch per Handrad angetrieben wurde, hatte ihr der Vater aus England mitgebracht. So nähte sie bereits im Alter von 5 Jahren Kleider für ihre Puppen und Kuscheltiere. Nach dem Abitur hat sie schließlich Mode-Design studiert und außerdem das professionelle Nähen bei der Couture-Schneiderin Eva-Maria Zorn in Hamburg gelernt. Zu dieser Zeit hat sie elektrische und alte gusseiserne Nähmaschine der Großmutter bekommen, auf der sie heute noch näht und die ein wunderbares Stichbild hat. Heute lebt Ina Andresen mit ihrem Mann und drei Kindern in Ottenhöfen im Schwarzwald.

Danke

Vielen Dank für die Bereitstellung von Materialien an die Firmen Prym, Gütermann, Rayher, Lillestoff und Westfalenstoffe für die freundliche Unterstützung mit Materialien.

Lieben Dank an meine treuen Nähkursteilnehmer*innen, durch die ich viel Erfahrung im Nähen mit Kindern und auch einige Ideen für dieses Buch bekommen habe!

Herzlichen Dank an Meike Teichmann für die flexible, zuverlässige und konstruktive Zusammenarbeit! Die Illustrationen spiegeln die Anleitungsschritte wunderbar wider und sind gleichzeitig für Kinder diesen Alters zuckersüß gestaltet. Eine tolle kreative Leistung.

Die Zeichnerin

Meike Teichmann ist in Hamburg geboren und lebt mittlerweile mit ihrem Mann und Hund in NRW. Sie hat schon als Kind angefangen zu malen und Geschichten zu erzählen. So war es nicht verwunderlich, dass sie sich nach dem Studium als Illustratorin selbstständig machte und seitdem für Verlage und Firmen liebevolle Motive erstellt und die Welt ein bisschen bunter macht.

Wer wir sind, wie wir arbeiten, was wir lieben …

Folge uns auf Instagram, Facebook und Pinterest, um mehr über uns und unsere Arbeit zu erfahren und immer mit den neuesten Informationen versorgt zu sein.

Alle News, alle Infos und alle Links findest Du auf www.TOPP-kreativ.de

Buchempfehlungen und tolle Bastelsets für dich

ISBN 978-3-7724-4449-4

ISBN 978-3-7724-4451-7

ISBN 978-3-7358-9030-6

ISBN 978-3-7358-9130-3

ISBN 978-3-7358-9102-0

Noch mehr Kreativ-Bücher findest Du auf www.TOPP-kreativ.de

ISBN 978-3-7724-4470-8

ISBN 978-3-7724-4471-5

GTIN 4007742181659

DEINE DOWNLOADS

Den Schnittmusterbogen und die Urkunde zum Downloaden und Ausdrucken sowie etwaige Korrekturen für uns bekannte Fehler im Inhalt findest du in der Digitalen Bibliothek. Nach Eingabe des Freischaltcodes gelangst du ohne weitere Registrierung auf die Produktseite:
www.topp-kreativ.de/digibib
Freischaltcode: 10134
Lass dir dabei von einem Erwachsenen helfen.

Impressum

Fotos: frechverlag GmbH, 70839 Gerlingen; lichtpunkt, Michael Ruder, Stuttgart
Schrittbilder: Meike Teichmann
Text und Anleitungen: Ina Andresen
Produktmanagement und Lektorat: Tanja Kasten
Layout & Grafik: Marion Kremer
Herstellung: Heike Köhl
Cover: Eva Grimme
Druck und Bindung: DZS Grafik, Slowenien

5. Auflage 2026

produktsicherheit@frechverlag.de

ISBN 978-3-7724-4450-0
Best.-Nr. 4450

MIX
Papier | Fördert gute Waldnutzung
FSC® C106600

Penguin Random House Verlagsgruppe
FSC® N001967

Service-Hotline

Hast du Fragen oder gibt es ein Problem? Wir helfen dir gern. Ruf uns an oder schreib uns eine E-Mail:
Telefon: 0711 / 123 757 20*
*normale Telefongebühren
E-Mail: hilfe@frechverlag.de
Weitere Informationen zum Verlag und zu unserem gesamten Programm findest du unter:
www.topp-kreativ.de